21世紀デモクラシーの課題

意思決定構造の比較分析

佐々木毅 編

成田憲彦／藤嶋亮／飯尾潤／池本大輔
安井宏樹／後房雄／野中尚人／廣瀬淳子

吉田書店

21世紀デモクラシーの課題
意思決定構造の比較分析

目　次

序　21世紀の民主政への展望
　　——執政中枢をめぐる歴史的・政治的条件 ………… 佐々木　毅 ……001

第Ⅰ部　統治システムをめぐる潮流

第1章　主要国の統治システム改革の潮流と日本の位相
………………………………………………………………… 成田　憲彦 ……017

はじめに　*017*
1　世界の統治システム改革の潮流　*019*
2　代表制民主主義の改革：選挙制度　*026*
3　代表制民主主義の改革：議会制度　*039*
4　トップリーダーをめぐる改革　*057*
5　日本の統治システム改革　*069*
おわりに　*091*

第2章　半大統領制の下位類型に関する一試論
　　——ヨーロッパの事例を中心に ………………… 藤嶋　亮 ……101

はじめに　*101*
1　半大統領制の下位類型　*107*
2　大統領の憲法権限の測定　*114*
3　測定結果と権限配置に基づく類型　*119*
おわりに　*129*

第Ⅱ部　意思決定構造の各国比較

第3章　日本：統治構造改革の到達点と課題
……………………………………………………………………… 飯尾　潤 ……141

はじめに　*141*
1　改革における世界的課題と国別の歴史的課題　*141*

2 平成の政治・行政改革における問題認識と制度改革への期待　*149*
  3 権力主体の創造——政権交代可能な政党政治への転換　*153*
  4 行政府を中心とする統治構造の集中化と並行的課題　*165*
  5 統治構造改革に付け加えられるべき課題　*178*
  おわりに　*183*

第4章　イギリス：中央集権型統治システムの動揺
……………………………………………………池本　大輔……*187*

はじめに　*187*
  1 ウェストミンスター・モデルの特徴とその変化　*188*
  2 イギリス政治の大統領制化？　*193*
  3 合意政治型への接近？　*199*
  4 グローバル化と地域統合の挑戦　*209*
  おわりに　*215*

第5章　ドイツ：「改革渋滞」と「21世紀型統治システム」
……………………………………………………安井　宏樹……*219*

はじめに　*219*
  1 内閣制度：「宰相民主主義」？　*220*
  2 政府−与党関係：連立政権　*224*
  3 政府−議会関係：分割政府　*232*
  おわりに——ドイツにおける「21世紀型統治システム」の
　　　　　　　可能性　*238*

第6章　イタリア：「政権交代のある民主主義」プロジェクト
　　　——日本との比較のなかで………………………後　房雄……*245*

はじめに　*245*
  1 プロジェクトの原点　*247*
  2 選挙制度改革のインパクト　*257*
  3 統治制度改革の前進と挫折　*268*
  4 パーソナル・パーティの台頭　*278*
  5 プロジェクトの完成と進化に向けて　*285*

おわりに　*290*

第7章　フランス：第五共和制の「半大統領制」と「合理化された議会主義」——大統領・首相・議会と集権化された統治システム
　　　　　　　　　　　　　　　　　　　　　　　　　………野中　尚人……*299*

はじめに　*299*
1　第五共和制の大統領と首相——「半大統領制」と大統領・首相　*300*
2　政府の意思決定・政府‐議会関係における首相の役割——「合理化された議会主義」と集権化された政府‐議会関係　*319*
3　統治システムの変容と日本への含意——持続する変化とリバランス　*334*
おわりに　*342*

第8章　アメリカ：変革なき権力分立型統治システムの課題——オバマ政権1期目の事例から　………廣瀬　淳子……*349*

はじめに　*349*
1　アメリカの統治システムの特徴と変化　*352*
2　オバマ政権1期目における政治的意思決定の課題　*370*
3　共和党の課題——ティーパーティ系議員の政策影響力　*390*
おわりに——オバマ政権1期目の事例が示すアメリカの統治システムの課題　*400*

あとがき　*409*

人名索引　*413*

事項索引　*415*

序
21世紀の民主政への展望
執政中枢をめぐる歴史的・政治的条件

佐々木　毅

　本共同研究は21世紀の政治の姿として何が展望できるか、そのメルクマールというものがあるとすれば当面何が想定できるかという、かなり野心的な企てから始まった。『21世紀デモクラシーの課題』という表題はこの共同研究成果としての落ち着きどころを現している。その一つの手がかりとして執政中枢の動態の変化に注目し、たとえば、「大統領制化」（presidentialization）といった仮説を点検・検討してみるということも企図されていた。実際日本においても、橋本改革によって執政中枢にかかわる問題が初めて正面から取り上げられ、また、われわれの眼前において政党の機能不全と対をなす形で首相公選論が台頭したことなどは、明らかに何かを示唆するものと考えられたからである。さらに私事ながら、小泉政権下で「首相公選制を考える懇談会」[1]座長を務めた経験もあって、制度論を含め執政中枢問題は個人的な関心事でもあった。

　しかしその後、日本においても毎年首相が交代するといった事態が起こったことに端的に示されたように、また、以下の諸論文が示しているように、現実政治の動向は極めて多様で複雑であり、なおそれらを特徴づける特定の仮説を共有できるところまでは至らなかった。それは政治の実態からして当然の結果といえなくもない。しかしそれにもかかわらず、本共同研究はそれを探る幾つかの重要な

---

1) 報告書の内容については、大石・久保・佐々木・山口編（2002）を参照。

手掛かりを与えてくれたこともまた確かである。したがって、これを起点にして所期の課題を念頭に粘り強く研究し続けることが今後の課題である。

冷戦終結以来四分の一世紀が経ち、その間民主政はかつての西側諸国民主政の範囲を超えて広範に拡大したのみならず、既存の民主政においても多くの改革の試みが確認されている。ジョバンニ・サルトリ風に言えば、広い意味において constitutional engineering の時代であったといえよう。われわれはこの間の多様な変化の足跡を主として制度論的に辿ることから始めたが、この間ユーロ危機といった注目すべき事象もあり、EUやユーロ圏といった国際的な枠組みの急速な整備もまた逸することのできない問題であった。究極的には日本の民主政の将来像を探るという関心があったこともあって、旧西側民主政の動向を中心に研究成果をまとめた。その際、参加者は手分けをして各国を訪問して関係者にインタビューなどを行い、また、日本については執政中枢のメンバー経験者などと率直な意見交換を行った。

さて、成田論文（第1章）はこれら既存の民主政について、代議制や議会制度改革、執政中枢などに焦点を当て、そうした検討結果の全体を総論的に俯瞰しようとした試みである。また、新興民主政の急速な台頭はこの間の最大の出来事であり、制度論的に見ても新興民主政を中心に半大統領制が急速に拡大し、その分析は新たな民主政研究の一つの焦点になっている[2]。藤嶋論文（第2章）はこの政治体制の新たな分析・分類可能性に挑戦しようとした論考である。後半では各国ごとに、飯尾論文（第3章）は日本を、池本論文（第4章）は英国を、安井論文（第5章）はドイツを、後論文（第6章）

---

2) Elgie（2011）。

はイタリアを、野中論文（第7章）はフランスを、そして廣瀬論文（第8章）はアメリカを取り上げている。各国それぞれに伝統を異にし、環境を異にするため、簡単に要約できるものではないが、敢えて言えば、執政中枢の強化と並んで議会を中心にした代表性の実を挙げるという課題に各国が必死に取り組んでいる姿が浮かび上がったといえよう。総じて、この点で欧州諸国と日米の間には大きな落差があることもかなりはっきりしたといえる。そのことは憲法改正を含む多くの制度改正の提案の数々を見ただけでも歴然としたものがあり、日米の不活発な状況は一目瞭然である。実際、日本における憲法改正論議においても政治の仕組みにかかわる議論がまったく欠けているのは誰の目にも明らかである。

　以下、本研究会での議論を通して私の頭に浮かんだ、上記の各論文とはいささか角度を異にした見取り図を提示してみたい。まず、EU、とくにユーロ圏の国々と他の国々との区別が必要になりつつあるということである。アメリカと日本はこの「他の国々」であり、イギリスは時にはEU問題を深刻な内政問題として抱えつつも、ユーロ圏には属していないという意味で中間的である。本研究の訪問ヒアリングでイタリアに滞在中にベルルスコーニ首相の責任・退陣がユーロ危機との関係でユーロ参加国の間で問題になり、実際に退陣したことがあった。これは統一通貨ユーロの危機の克服が優先事項であり、政策のみならず、人事も国内政治の力学だけでは決められないという一つの現実が浮かび上がらせた。実際、1990年代以降のイタリア政治を巨視的に見ると、ユーロ問題といった財政金融面での危機感が高まると実務家政権が誕生し、それが一段落すると政治家たちの支配が復活するといった、二つのタイプの民主政が使い分けられているように見える。これは一方で統一通貨を導入し

つつ、他方で財政問題は各国政府任せという、ユーロ圏における主権問題の中途半端な取扱いに原因があるが、そこでは national government という概念が政治的にも事実上も空洞化していることは否定できない。予算の決定にしても大きな制約が外部から課せられるという制度的な枠組みが設定されるなかで、「決める」仕組みが大きく変容しつつある。キャッチフレーズ的に言えば、これはまさにユーロに「埋め込まれた民主政」である。もちろん、「埋め込まれた民主政」下の市民が、自己決定できる民主政のもとの市民よりも不幸であるといったことを言うつもりはない。確かなことは、1000兆円の財政赤字を抱えている政府が「埋め込まれない」で自己決定を享受している一方で、GDP比で財政赤字が小さな国であってもユーロ圏では容赦されないだけのことである。つまり、両者の間には大きな権力構造の非対称性があるということ、それが執政中枢論などに大きな影響を与えるということである。この「埋め込まれた」という制度的な構造は当然のことながら、諸々の政策や仕組みにおける相互のハーモナイゼーションと事実上連動していることを示唆している。そこにおけるデファクト・スタンダードを無視し続けることはできないため、どこまでハーモナイゼーションに付き合うかが内政問題を発生させる。ユーロ圏に入っていないがEUメンバーであるイギリスもこの面では時に難しい問題に直面していることはよく知られている。したがって、民主政の比較研究においてこうした21世紀の制度的な現実を分析視点としてどう取り込むかは避けられない課題になる。

　しかし、やや一般的に言えば、今やどの国の民主政もグローバル化と金融市場によって包囲され、その動向に左右されるようになったという意味で「埋め込まれている」とも言える。民主政と金融市場との関係と言えば思い出されるのは19世紀から20世紀にかけて

の、金本位制に各国政治が「埋め込まれていた」時期であった。金にリンクした為替レートの維持が至上目的とされ、国内政策はそれによって制約されて柔軟性を失い、結果として民主政に対する不満と不信感がますます増幅するような事態も生じた。金解禁という政策にほとんど殉じたように見える浜口内閣の姿はそれを鮮烈に思い起こさせる。金本位制からの離脱と一国経済体制への転換という1930年代の転換は、政治が金本位制に「埋め込まれた」状態から自らを解放する側面をもっていたし、それに続く第二次世界大戦は政治による経済の支配をさらに確固たるものにした。共産主義、ファシズム、社会民主主義のいずれも、この点では共通していた（自由主義の没落）。ここからニクソンショックまでの時期は、金融に対する政府の厳格なコントロールを基盤とした一国経済体制と民主政との（幸福な）接合の時代であった。ブレトン・ウッズ体制下にあっては、各国政府が固定為替レートの変動幅を金融財政政策や貿易政策を管理して一定の範囲内に収めることが前提になっており、各国政府は大きな責任を引き受けることを通して自己決定権を享受していた。そして、低廉な原油など恵まれた交易条件のなかでの経済成長を基盤として、コンセンサス・ポリティックスと20世紀民主政の原型が現実化されたのである。

　その後の事態はこうした接合の弛緩と金融の自由化を介して再び金融市場に政府を「埋め込む」方向が継続的に模索されている[3]。「小さな政府」論は政府の役割の縮減を企図するが、それは特定の政策領域への関与を削減するという形においてのみならず、自国通貨の価値を一定に保つ責任の放棄とも結びついていた。ニクソンショック自身がドルを金とのリンクから解き放つことに最大の眼目が

---

3) この点については、佐々木（2011）を参照。

あったように、「小さな政府」論と変動相場制とは一体不可分の関係にあった。政府は自国通貨の維持に必要な政策的複雑性から自由になるのみならず、不人気な政策で政治的なマイナスを蒙る必要がなくなり、従来であれば無謀だと思われる政策を採用しても政治的な責任を問われることもなくなる(レーガノミックスはその代表例)。そのうえ、「見えざる手」が働く市場に通貨価値の判断を委ねるほうが望ましいという安心感まで付いていた。自国通貨の維持をめぐる政治の機能という民主政において重要な機能の放棄が民主政にとって極めて重大な帰結をもつことは言うまでもない。確かなことは、政策の責任と結果との関係が市場を介するために間接化し、ルーズになるという変化が発生する。そしてさらに勘ぐれば、実体経済の付随物としての金融ではなく、それから独立した金融市場を創出するという目論見もあったかもしれない。実際のところ、金融市場は情報革命と結びついて急速な発展を遂げ、今や「犬の尻尾(金融)が頭(実体経済)を振り回す」ようになっている。この政治の機能放棄は民主政が(金融)市場に「埋め込まれる」ことと表裏一体であるのみならず、永遠に事後的にせよそのコストの支払いを免れるわけにいかず、たとえば、金融危機や信用危機への対応という形で迫られることになる。実際、バブルとその破裂に際して、政府がその後始末に奔走させられたことはリーマン・ショックに代表されるように明らかであり、中央銀行が資金提供を野放図に増加させたり、政府が大規模な財政出動を行ったりしてコストを払わざるをえない。それはさながら金融市場の生み出した不良資産を公的資産に付け替えるに等しく、その結果、政府債務の信認問題がソブリンリスクとなって政治に跳ね返ることになったのである[4]。政府債務の信認問

---

4) 最近の総括については、日本経済新聞社編(2014)を参照。

題が財政などをめぐる政治問題になることは、日本にせよ、アメリカにせよ、ユーロ圏にせよ、違いはない。超大国アメリカにしても金融危機から完全に自由になることができないことは、リーマン・ショックで明らかになった。つまり、フリーランチはないということである。リーマン・ショックは明らかにアメリカの一極体制の根底を揺るがす大事件であった。80年代以来の金融自由化政策が究極的に何をもたらすかを誰も知らないし、知ろうとしないし、したがって、誰も責任をとろうとしない。確かなことはこの政治的リスクの高い政治・金融市場関係をこのまま放置しないということは、何らかの形で政治がかつて放棄した責任を一定の仕方で取り戻すことを意味する。それは過去の経験からすれば、もう一段の深刻な経済的・政治的危機なしには達成困難であろう。

　この巨大な変化は新自由主義問題としてしばしば取り上げられるが、それはイデオロギー問題に止まらず、政治の構造変化と結びついている。何よりもまず利益問題が脱政治化することと符合するような形で、19世紀以来政治の前提をなしていた経済的社会的基盤が随所で弱体化・解体している。それはかつて巨大な組織を誇ってきた政党の足腰に波及し、組織の基盤は着実に浸食されつつある。これは既存の民主政で全体的に見られる傾向であり、いわゆるボトムアップ型組織の有効性に陰りが見えている[5]。それは安定的な利益政治の基盤が徐々に浸食されることと不可分である。その一方でグローバル化した市場とメディアの影響力が政治のマーケットにおいて顕著に拡大している。この変化がどのような経緯を辿るのかはそれぞれの民主政のリソースや組織的伝統の強弱によって左右されるのであって、個別的な分析が必要になる。

---

5) Webb, Farrell and Holliday, eds.（2002）。

こうして発生した利益政治の変容は、富の少数者への集中と所得格差の拡大となっても現れている。20世紀型民主政が中間層の形成と完全雇用に焦点を当てていたのに対し、今や中間層は日々解体され、縮小の道を歩みつつある。かつてダールが、安定したポリアーキーの前提として平等化を挙げていたが、それとははっきりと違う方向が定着しつつある。先のユーロ危機において、一部の国では若年層の失業率が過半数に迫るような状態のなかでさらなる緊縮政策が求められたが、これは半世紀前の常識からの乖離が如何に急速に進んだかを如実に物語っている。当然、社会の二極化が進行する。金融バブルの崩壊はこの格差をなくすどころか、むしろ拡大させる。これはマルクスの亡霊が登場してもおかしくない事態である。アリストテレスの国制論以来、中間層の分厚い存在が穏健な民主政の重要な基盤とされ、20世紀型の民主政はまさにそれを現実化したが、今やそれとは逆の方向へのトレンドが支配的になる。つまり、民主政は自らの基盤を弱体化させるサイクルに「埋め込まれ」、豊かな少数者のための体制に事実上変質していく（寡頭制化傾向）。多数の人間の労働によって富が生み出され、その分配が比較的平等に行われる体制から、カネがカネを生み、したがってカネを掌握した少数者がその果実を独占する体制への変化である。ダールがかつて『ポリアーキー』で描いたように、平等は民主政にとって最もセンシティブな価値であった。この民主政とその実態との乖離がどこまで拡大可能で、どこに限界があるのかは21世紀の民主政においてテストされる最大の基本問題であり、難問でもある。最近注目を集めているピケティの『21世紀の資本』（*Le Capital au XXIᵉ siecle*, Seuil, 2013）が問いかけているのもこの問題に尽きる。

　新興民主政にあっては、総じて政府や軍が唯一最大の組織であり、それに抗する組織は伝統的に存在する余地がなかったこと、利益の

集約化が政府から独立的に行われることがなかったこと、したがって、政党にしても多くの場合政府との関係抜きには考えられず、政府やその有力者との結びつきに多くを依存していることは広く知られた事実である[6]。そこでの民主政は競争型であるよりもリーダーと国民との一体性重視型である。したがって、政党やそれが体現する政治的競争に対する評価は余り高くない。また、自由化や平等化の定着度が歴史的に希薄であり、そこでは格差は大なり小なりいわば自然状態であり、不透明な権力関係がこの格差を下支えしている。新興民主政や一定程度市場経済化した独裁的体制もまた金融市場に「埋め込まれている」ことは否定できないし、その圧力に不断にさらされていることも厳然としている。そこに見えてくるのは高い経済成長をセールスポイントにした、あらゆる点で極めてボラティリティの高い政治体制の姿である。

　このような事態を執政中枢の側から見ればどうであろうか。一つは、既存の民主政においても執政中枢は強固な利益政治の枠組みにもはや依存することができず、また、必ずしも依存する必要もなくなることを意味する。特定利益を改革する利益政治が小泉政治に代表されるようにこの間の流行であった。このタイプの反利益政治の新バージョンはモグラたたきゲームのように続けることができるが、およそ利益を政治の有効なツールとして使うためには経済成長とそれへの期待感が前提である。この政治的演出をどこまで続けられるのか、無理な成長政策がより深刻な帰結につながらないかどうか、これは冷静な現実認識と不可分の関係にある。典型的にはゼロ金利政策を採用しても成長のエンジンが効かないような事態は深刻な経済政策上の天井感をもたらすはずである。

---

6) たとえば、Webb and White, eds.（2007）を参照のこと。

第二に、利益政治の有効性の限界を見据えつつ、それを補完する要素を導入する方向である。20世紀型民主政の機軸をなしていたのは利益政治であったが、その一昔前の政治はイデオロギー政治と呼ばれたことはラスウェルなどの議論に明らかである。利益はいつの世においても政治の重要な手段であったが、利益政治は経済の絶えざる成長を前提にしてのみ可能であったという点で明らかに時代性をもっていた。もはや成長が過去のものになってしまったと人々が認識すれば、利益政治の前提が内側から崩壊することになろう。人口減少も加わり、この点において、確かに日本は課題先進国であるかもしれない。あるいは、一般には利益政治の現状に不満を抱く広範な人々にどう応答するかという問題もある。階級政治が不人気ななかで、古典的な手法としてはナショナリズムやアイデンティティ・ポリティックスの動員がある。

　現に、アラブ世界では民主化がアイデンティティ・ポリティックスに格好のはけ口を与えたような感がある。また、西欧諸国においてもEU統合の避けられないコストのような形で右翼政党が一定の支持を得ている。しかし、これらはそれぞれに独特な歴史的な文脈のなかで登場したものであって、そこには独特のリスクとコストが潜んでいる。確かにナショナリズムを扇動することは膨大なカネを要しないが、結局はブレーキがかからなくなり、陰惨で想像を絶する高いコストにつながりうる。イデオロギー同様、それは制御が難しい政治スタイルを内包している。利益政治はそれが機能する限り、安定した民主政を可能にする。それは政治を取引関係の観点から冷静に判断する習慣を定着させ、観念や妄想による暴走から政治を守るからである。イデオロギーやナショナリズム中心の政治にはこうした機能は期待できない。21世紀においては、執政中枢は地政学的なリスクを含め、徐々にボラティリティの高い政治に巻き込まれ

ていく可能性が高まる。新興国はそうした傾向を増幅することはあっても、それを抑制することは到底期待出来ない。

　第三に大きく浮上するのが、執政中枢とメディアの関係である。メディアによる報道や評価はその組織面で弱体化しつつあることを補完し、執政中枢の支持基盤を強化するうえで、欠かせないファクターである。端的に言えば、政党内ポピュラリティよりもメディアでのポピュラリティのほうが政治リーダーにとって重要になる。小泉現象はその典型例であった。またベルルスコーニに代表される、いわゆる「パーソナル・パーティ」の登場という形でもメディアの威力が現れた。既成政党の組織の弱体化に乗じて政策よりもリーダーとしての特定個人への関心が高まり、それが新たな政党や政治集団を誕生させるという事態がそれである[7]。つまり、選挙に先立ってメディアが権力を誕生させる。これに対して、新興民主政においては国営放送が事実上、既成の権力をバックアップする体制になっていることが多い一方で、抵抗勢力はインターネットなどに拠点を置いている。いわゆる世論の二重構造である。また、市場などに大きな影響力を与えうるグローバルメディアに対しても、執政中枢は常に一定の目配りをしなければならない。メディアはその性格上、ボラティリティを高くする可能性をもち、したがって、執政中枢にとって報道の自由を前提にしたメディアとの戦略的な取り組みとともに、執政中枢の現実に対するリアリズムを補強するツールとしてメディアを賢明に活用する能力を蓄える必要がある。

　21世紀は極なき世界と言われるように、国際関係においても国内政治においても、確実性や安定性を欠いた状態にある。20世紀後半の民主政は冷戦という固い構造のうえに安定性を実現したが、

---

7) Calise (2000) 邦訳『政党支配の終焉』(2013)。

冷戦の終焉は既存の構造の破壊でこそあれ、それに代わる構造の誕生にはつながっていない。新興国の急速な台頭に見られるように権力はますます拡散し、そうしたなかで執政中枢にとって現実を見定めることはますます困難になる。同時に、定まったモデルがないという意味で自由度が高まると考えられるが、それは大きなリスクと背中合わせである。EUやユーロ圏はこうしたなかで多くの国々が一つの構造を共有することによって不確実性と不安定性の縮減問題に先駆的に取り組んだ。20世紀に欧州が体験した苦い地政学的なリスクがそうした対応を促したに違いない。実際、EU・ユーロ圏だけは冷戦後唯一新しい政治的取り組みを行った地域であった。

　冷戦後の二大シンボルであった市場経済化と民主化は今やその両義性を露わにしつつある。これは言い方を変えれば、理想主義（自明性）とそれに基づくコンセンサスの動揺に他ならない。実際、市場経済にしろ民主政にしろ、その内実は初めから明確に規定されているわけではなく、それらが一定の多様性をもたらすのは当然である。TPPの登場はこの両義性の高まりに対する一つの応答の例である。もちろん、この二つの看板が下ろされることはないし、下す必要はないが、下さないためにはその両義性の問題に正面から立ち向かう必要がある。民主政論もこの課題を免れることはできない。

　いつの時代においても執政中枢の役割は重要であるが、21世紀の新しい両義的な環境のもとで何をアジェンダとして設定するか、その内実のもつ意味は政治体にとってより重要になる。その際、執政中枢の掲げるアジェンダのリアリズムの質が厳しく問われることになるし、デマゴーグの可能性は決して小さくない。両義性の登場は、別の言い方をすれば「夢を売る政治」の時代は終わったということを意味する。日本の政治もその例外ではない。日本は課題先進国と言われてきたが、今や難題先進国と呼ぶのがよりふさわしい。

内には人口の高齢化と減少、膨大な財政赤字と経済活動の停滞があり、近隣ではあらゆる面で巨大化した国家が誕生しつつある。これだけでも「夢を売る政治」が絶滅しても不思議はないはずであるが、夢がなくなるとますます夢を売ることが蔓延(はびこ)るというのも、起こりうる政治の病理現象の一つである。21 世紀にどのような民主政が可能なのか、執政中枢の抱える課題は複雑で重く、しかも、見通しは甚だ覚束ない。

参考文献

大石眞・久保文明・佐々木毅・山口二郎編（2002）『首相公選を考える——その可能性と問題点』中公新書。
佐々木毅（2011）「日本政治と国際金融市場」佐々木毅・清水真人編『ゼミナール現代日本政治』日本経済新聞出版社。
日本経済新聞社編（2014）『リーマン・ショック 5 年目の真実』日本経済新聞出版社。

Calise, M.（2000）*Il partito personale*, Laterza.（カリーゼ、マウロ［村上信一郎訳］（2013）『政党支配の終焉——カリスマなき指導者の時代』法政大学出版局）
Elgie, R.（2011）*Semi-Presidentialism: Sub-Types and Democratic Performance*, Oxford University Press.
Webb, P. , Farrell D. and Holliday I. eds.（2002）*Political Parties in Advanced Industrial Democracies*, Oxford University Press.
Webb, P. and White S. eds.（2007）*Party Politics in New Democracies*, Oxford University Press.

ional tensions within the region and the external environment in which they operate.

第 I 部

統治システムをめぐる潮流

第 *1* 章
主要国の統治システム改革の潮流と日本の位相

成田　憲彦

はじめに

　本書の基になった共同研究は、主要国の政治意思決定構造の最近の変化を比較しつつ、そこから予感的なかたちであれ21世紀型統治システム[1]と呼びうるものの輪郭を描くことが可能か、もし可能ならばそれはどのような姿を取るのかを、大摑みにでも明らかにすることを試みたものである。

　各国の統治システムは、もともとその姿においても変化の方向においても多様であるし、20世紀型とか21世紀型というように1世紀ごとにかたちを変えていくものでもない。しかし第二次世界大戦後の各国の内政、外政を規定した冷戦と資本主義対社会主義の対立が一応終焉するとともに、20世紀の国家像の到達点とも思われた福祉国家モデルが行き詰まりを見せたことは、各国に共通する重要な条件の変化である。またこれらと関連しつつ、右肩上がりの経済の終焉、財政赤字の拡大、それにともなう負担の分配問題の発生、グローバリズムの進展、少子高齢化、中間層の縮小、情報化と既存秩序の融解などの課題も先進各国共通に生じた。これらは当然第二次世界大戦後に成立した20世紀型システム[2]の機能不全をもたら

---

1) システムの意味は広範だが、ここでは制度を中心に考える。
2) 20世紀型システムについては、佐々木（2006）。

しているはずで、そこで統治システムの側からも何らかの応答があり、それをラフな形ではあれデッサンすることは可能かもしれないというのが、少なくとも共同研究に加わった時点での私の問題意識であった。

共同研究によって明らかになったこと（少なくとも私が得た認識）は、次のようなものであった。即ち冷戦終結後の20世紀末以降、アメリカなど一部の国を除く西欧の各国はレジームの交代と呼んでよい程の大掛かりな統治システムの変更を経験しつつあり、そこに一定の共通の要素や方向性もみられるが、しかしそれによって、先進諸国の統治システムの姿がより似通ったものになったとか、タイポロジカルにひとつの形に収斂しつつあるとはいうことはできない。世界の統治システムは、相変わらず多様で、共通な部分とともに例外と個性に満ちている[3]。なおかつ変動を続けている部分も多く、したがって21世紀型の統治システムというものを、少なくともひとつのモデルとして描き出すという試みは、モデルの抽象化の度合いにもよるが、少なくとも現在までのところ成功したとは言い難い。

そこで次の課題としては、各国において近年統治システム上でどのような変化が生じているか、その背景は何なのかを個別に見ていくことになる。ところで本研究における私の直接の分担は日本であった。したがって私の関心は最終的に日本の統治システムにあるが、日本のその変化を測る座標軸として、まず西欧各国の統治システムの近年の変化を概観し、そのうえでそれらの変化が日本ではどのような形で共有されているか、あるいはされていないのか、その理由や背景や日本の特殊性についても考察することにする。それは、世

---

3) ゲーム理論の用語でいうなら、ナッシュ均衡である複数の均衡点が存在するということである。

界のシステム改革の潮流における日本の位相について知ることでもある。

1 世界の統治システム改革の潮流

(1) 近年の大規模な統治システム改革

まず近年における世界の統治システムの改革の潮流を概括的に述べておこう。冷戦の終結に先立って、1970年代の石油ショックは、先進国の経済と福祉国家モデルに深刻な動揺を与え、「民主主義の統治能力」の議論にまで発展し、その後英米などでは統治システムにおいても新自由主義による民営化と小さな政府が志向された。そしてそれに続く冷戦の終結は、さらに大きなインパクトを各国の統治システムに及ぼしたが、その影響の仕方は国によって異なった。

日本とイタリアは、第二次世界大戦の敗戦国であり、ともに戦前と戦後で統治システムの断絶を経験し、戦後には日本の保守対革新、イタリアの西側最大の共産党対反共産党勢力という世界の冷戦構造を反映する政治編成を実現した。そういう両国にとって冷戦の終結は土台を覆すような出来事であり、後述するように選挙制度の改革をベースとする統治システムの抜本的な変更がもたらされた（両国の違いについては後述する）。イタリアは憲法改正も試みていて、実現すれば全面的な統治システムの改革になる。

敗戦国として統治システムの断絶を経験した点ではドイツも共通している。しかしドイツは分裂国家となったため、西ドイツ（ドイツ連邦共和国）は日本やイタリアのように体制選択の問題を国内に抱え込むことがなかった。さらに冷戦の終結により、西ドイツが東ドイツの州を連邦に加盟させる形で再統一が行われたため、基本的に連邦共和国の統治制度が存続し、東ドイツの加入による国内政治

マーケットの拡大と変質の影響は見られても、統治システムへの直接的なインパクトは日本やイタリアに比べると少なかった。

　イギリスとフランスは、ともに戦勝国であり、イギリスは戦争による統治システムの断絶は経験せず（ただし戦後労働党が2大政党の一翼を占めたことによる政治変化は大きい）、またフランスは戦後直後の第四共和政とその後の第五共和政の発足によるレジームの変化は経験したが、冷戦の終結は統治システムには直接のインパクトとはならなかった。しかしヨーロッパで、20世紀末から21世紀初頭にかけて最も大掛かりな憲法レベルでの統治システムの変更を経験しているのはイギリスとフランスである。

　イギリスでは、1997年の労働党政権の誕生以降、「新たなイギリス憲法」と呼ばれうる「根源的な憲法変動の時代を通過しつつある」とする見方がある[4)5)]。1998年には「ウェールズ政府法」（The Government of Wales Act 1998）と「スコットランド法」（Scotland Act 1998）により両地域に独立の議会の設置を含む大幅な地方分権を行い、その分イギリスの主権を担うイギリス議会の第一次立法管轄権は縮小した。同じ1998年には欧州人権条約を国内法化する「人権法」（Human Rights Act 1998）が制定され、それまでのコモンローによる人権保護の考えを転換した。1999年には「貴族院法」（House of Lords Act 1999）により700年の伝統を破って世襲貴族の

---

4) Turpin and Tomkins（2011：24）。同書の著者たちは、内容的に従来からの部分が多く残っているので、この表現は言い過ぎとしている。一方議会主権を核とするダイシー的な解釈によるイギリス憲法は過去のものとなり、文字どおりの「新たなイギリス憲法」（the new British constitution）に移行しつつあることを主張するものとして、Bogdanor（2009：ⅷ）。
5) 言うまでもなく、議会主権のイギリスでは重要な議会制定法の制定が憲法改正となる。

うち92人だけが上院議員に残った。2000年には「情報の自由化法」(Freedom of Information Act 2000) が制定され、同年「政党、選挙及びレファレンダム法」(Political Parties, Elections and Referendums Act 2000) により初めて政党の政治資金の規制を行った。2005年には憲法改正法 (Constitutional Reform Act 2005) により最高裁判所が設置された。2010年には憲法改正及びガバナンス法 (Constitutional Reform and Governance Act 2010) により国王大権で組織されていた公務員制度を法制化し、また条約は必ず議会の承認を得ることにした。2010年の総選挙で保守・自由民主連立政権に移行した後も、「固定任期議会法」(Fixed-term Parliaments Act 2011) により、下院を解散する国王大権 (実質的には首相の権限) を廃止して、原則として下院を5年の固定任期制にした。

一方フランスでは、2007年の大統領選挙で「第五共和政の諸制度の現代化」(modernisation des institutions de la Ve République) を掲げたサルコジが当選し、2008年に条文のほぼ半数に及ぶ大幅な憲法改正を行った。その内容は、男女の職業等への平等なアクセス権と意見の多元的表明の保障等、大統領の3選禁止と議会への教書の送付権限等、国民投票の拡充、議会の自律権および野党の権限の強化と対議会関係での政府の権限の縮小、司法改革、会計検査院の改革、EU関連など、人権保障と統治システム双方の広範囲に及んでいる。

なぜ戦敗国の改革の後に戦勝国の改革が行われたのかの問題は、その前後関係が意味をもつのかも含めて、独立の研究テーマになりうる。ただ両国とも1970年代ないし80年代から憲法レベルでの統治システム改革の議論が始まりながら、その後の政治事情でその実現が抑えられていたのが、選挙による政権交代で一挙に改革が実現されたという共通点がある。

イギリスでは、70年代以降政治・経済・社会の変化に直面して憲法レベルの改革が論じられるようになった。これに対して保守党は伝統的な憲法体制の擁護の立場をとり、最もラディカルに憲法改正を主張したのは自由民主党で、憲法改正を巡る議論は2極化した[6]。労働党は70年代には憲法に関しては伝統的な立場だったが、80年代には社会主義的な憲法観を取り、その後自由民主党に類似する立場にシフトして1997年に政権を得てこれを実施したが、その立場はプラクティカルだったとされる[7]。労働党による憲法改正には、政党ばかりでなく、憲章88などの団体のキャンペーンやシンクタンクの報告により論点化されたものの影響も大きい[8]。労働党が18年間政権から遠ざかっていたこと、また2010年の総選挙では、労働党は野に下ったものの、代わりに長年統治から排除され、総選挙で「急進的な政治改革」（radical political reform）を唱えていた自由民主党がキャスティングボートを握って政権に加わったことも、ラディカルな改革の実現に寄与した。自由民主党のクレッグ党首は、連立政権で副首相兼政治および憲法改革担当相に就任し、保守党、労働党単独ではできない改革を推進することになった。

　フランスでは、2008年の憲法改正について、1993年のヴデル委員会報告による憲法改正構想との類似性が指摘されている。同委員会は、1991年に社会党のミッテラン大統領が行った第五共和政における政府と議会の不均衡の是正の提案[9]に基づいて設置され、1993年2月に大統領宛てにフランスの統治システムの全般にわた

---

6) Norton（2010a：253-276）。
7) Norton（2010a：274）。
8) Turpin and Tomkins（2011：25）。
9) Propositions de réforme de la Constitution de F. Mitterrand, in Duverger（1996：562-566）。

る改革のための詳細な報告書[10]を提出した。その後大統領と首相の所属勢力が異なる「コアビタシオン」や政権交代により、2008年以前には、報告書に含まれた課題は、「つぎはぎだらけ」の部分的な憲法改正として実現された[11]。

2008年に全面的な憲法改正を実現したサルコジは、前任の大統領のシラクと同じ国民運動連合所属であり、政権党が交代する意味での政権交代ではないが、しかしシラクが近年多くの大統領や首相を輩出しているエリート養成機関の国立行政学院（ENA）の出身者で、伝統的な国家中心主義者であったのに対して、サルコジは移民の子でエリート養成機関とは無関係で、対立候補の社会党のロワイヤルが「第六共和政への移行」を打ち出したこともあり、「急進改革者」としてフランス・システムの全面的な見直しを主張していた[12]。その意味では、フランスの憲法改正も広い意味での政権交代の結果と言える。

イギリスとフランスにはさらに、政権が議会の多数を保持している限り、トップリーダーが強い指導力を発揮できるという統治システム上の共通性があり、またそもそもの憲法改正の背景としてのヨーロッパ統合の影響も大きい[13]。しかし、ここではこれ以上は深入りせず、両国の憲法改正が選挙の公約として実現されたことに注意を喚起しておくにとどめる。

---

10) Rapport remis au Président de la République le 15 février 1993 par le Comité consultative pour la revision de la Constitution, in Duverger（1996：566-619）。
11) 辻村（2010：23-27）。
12) Levy and Skach（2008：122）。
13)「新たなイギリス憲法」を主張する前掲のBogdanorは、同国の憲法変動は1973年のECへの加盟から始まったとする。Bogdanor（2009：viii）。

今回の研究会で対象とした国は、他にアメリカとスウェーデンがあるが、この両国は部分的な制度改革は別にして、近年は他の国のような統治システムの抜本的な改革を経験していない。アメリカについては、現在のシステムが国民に支持されていることに加え、厳格な三権分立とさらに議会内でも上院と下院が互いに抑制と均衡の関係に立つ分散的なシステムが、改革に抑制的に機能しているという事情もある。しかも近年は大統領と議会多数派が異なる「分割された政府」(divided government) が常態となっているうえに、政党間のイデオロギー距離が広がった対決的な二極化の状況が改革を阻んでいる。

スウェーデンが余り大きな統治システムの改革を経験していないのは、長年中立政策を取ってきたポジショニングに加え、コンセンサス型政治によって統治システムに対する各政党および国民の支持率が高いこと、さらにコーポラティズムによって社会の諸課題が、政府や議会などのフォーマルな統治の回路の外部で解決されており、したがって統治システムが改革のターゲットとされる度合いが少ないことなどによっている。

(2) どのような改革が行われているか

以上のように今日多くの国で大規模な統治システム改革が行われているが、その内容、方向性、また背景や意図は多様である。それぞれの国の問題状況や改革の姿は、本書の各章で扱われるが、西欧諸国で極めて共通性の高い改革としては、EUとの関係にかかわる改革および地方分権の推進のための改革がある。EUはヨーロッパ特有のことだが、地方分権はわが国にとっても重要なテーマであり、統治システムの根幹にかかわるが、主として議会、執行府、政党等の国政の組織・機関を中心的に扱う本論では触れない。

本論がテーマとする範囲での改革についても、各国の事情は多様で、背景や改革の意図もさまざまである。しかし個々の事情を捨象し、極めて大摑みに見れば、西欧諸国の統治システムでは大きくふたつの共通の変化や改革が進行していると言える。ひとつは代表制民主主義の過程、即ち民意を統治の主体の選定およびその活動に変換する仕組みに関する改革であり、具体的には選挙、政党、議会および場合により政官関係も含む広範な制度にかかわる改革である。もうひとつはその代表制に拘束されつつ、今日の政治の諸課題に最前面で対処する大統領や首相などの執行権のトップリーダーの主導性を確保するための変化や改革である。

　総体的には、代表制民主主義については民意が影響力を増す方向か、あるいはシュンペーター的な言い方をするならエリートたちによる有権者の支持の調達競争が政治のより重要な要素となる方向に改革のモメントが働いていると言える。もちろん例外もあるし、選挙、政党、議会などの各エレメントで、その方向性が必ずしも同一あるいは整合的に実現されているわけでもない。

　トップリーダーの主導性の確保については、その権限の強化およびサポート体制と情報の集約機能の強化などがほとんどの国で観察される。また選挙を中心とする政治過程がトップリーダーによって人格化（personalize）され、そのために与党や内閣など行政組織からのトップリーダーの自立性が増大していることを指摘する見解もある。

　興味深いのは、以上のふたつが同時進行的に実現されていることである。また執行権が強かったイギリスやフランス第五共和政では民意の代弁者としての議会がより活性化する改革が重視され、逆に執行権の弱かったイタリアではトップリーダーの強化のための改革が重視されている。つまり極めて図式的に言えば、民意とトップ

リーダーの関係がリバランスされる方向に改革されている。民意の反映は民主主義の三角形の底辺の拡大、トップリーダーの強化は三角形の頂点の伸延であり、底辺と頂点のリバランスは、全体としての民主主義の三角形の面積の拡大と表現できよう。また、やや飛躍するかもしれないが、このことはレイプハルトの多数派支配型とコンセンサス型の民主主義のタイプ[14]の境界を曖昧にする改革とも言えるかもしれない。

以下、具体的に改革の状況を見ていこう。

2　代表制民主主義の改革：選挙制度

(1) 代表制民主主義の問題状況

代表制民主主義（representative democracy）の問題は、主権者たる国民の代わりに日々の政治を担う代表（公職者）の集団をどのように組織し、彼らにどのような権限と行動のルールを与えるかの問題である。具体的な政治装置としては、選挙、政党、議会など今日の国家レベルの統治ステムの装置の全体にまたがる広範なものを含み、それぞれが独立のテーマを構成しうる問題である。

普通選挙および女性の参政権が実現した後は、どのような代表制が望ましいか、とくに個々の政治装置をどのように設計し、運用すべきかは、極めて抽象レベルでの議論を別にすれば、決着のつかない問題であり、望ましい単一のモデルは存在しない。経験的には、政治装置の改革は、従来の政治装置のもとでのパフォーマンスの低下や政治腐敗の発生などに対する世論やマスコミの批判、実現すべきアジェンダの変更にともなうツールとしての政治装置の改革の必

---

14) Lijphart (1999)。

要性等、その時々の状況に応じて、ターゲットとされた問題（多くはシステム全体から見れば部分的な問題）を解決するために、その時点での政治の文脈と力学および制度的な手続きに従って行われている。

代表制民主主義に関する近年の各国の制度改革を鳥瞰すると、大きくふたつのことが目につく。ひとつは選挙制度であり、もうひとつは議会制度である。これらと関連の深いものとして政党の組織や行動原理および政党制の変貌も顕著である。政党は制度の問題ではないので、本論では主題的には扱わないが、後で簡単に触れる。政党に関連する制度で各国共通の傾向が見られ、かつ大きな影響を与えているものに、政党の政治資金の規制制度の強化がある。イギリスでは「2000年政党、選挙及びレファレンダム法」(Political Parties, Elections and Referendums Act 2000)によって初めて政党の支出制限や収支報告の制度を導入し、フランスでは、1988年の「政治生活の財政的透明性に関する法律」(Loi du 11 mars 1988 sur la transparence financière de la vie politique) の1995年改正により、政党・政治団体を除く法人の寄付を全面的に禁止した。これらはわが国にとっても参考になりうる重要な改革であるが、議論の範囲を広げ過ぎることになるので、やはりここでは扱わない[15]。

(2) Electoral Formula の改革

選挙制度の問題の前に選挙のプレーヤーである政党について触れておこう。政治史家のプーレは、西欧の政党には組織的近代化のふたつの波があるという。ひとつ目の波は1920年代に大衆政党ないし大衆統合政党を生み出し、ふたつ目の波は第二次大戦後に包括政

---

15) 主要国の政治資金規制制度の概要については、桐原（2004）を参照。

党(catch-all party)ないし国民政党(Volkspartei)をもたらしたとする。そして包括政党ないし国民政党は、大衆統合政党の伝統的支持層を超えて、得票の極大化を最優先するようになったという[16]。彼は、西欧の政党は現在第三の波を通過中で、その波はより高度に組織化された政党へというこれまでの１世紀の流れを逆転させるように、第一の波以前の非組織的でより人格化された、時には個人的なキャンペーンとしての性格をもった、よりアド・ホックな動員としての政党の特徴をもたらしているとするが、しかし包括政党や国民政党の基本的な仕組みは、全体としては不変であるいう[17]。

　プーレと同様の指摘は多くの研究者から異口同音になされているが、そのような指摘がなされる選挙と政党に関する近年の先進各国の顕著な現象は、選挙のたびに政党の議席が大きく変動するという「選挙振幅」(electoral volatility)が増大していることである[18]。その原因は、従来の安定的であった政党支持構造の解体(dealignment)にあるが、さらにその要因を探れば、産業構造の変化や移民の増大による有権者構成の変化、争点投票(issue voting)や業績投票(retrospective voting)など有権者の投票態度の変化、有権者に対する政党の統合機能の低下、パフォーマンスの低下や政治腐敗による国民の政治不信の増大など、多くのものが複雑に絡まっている。要するに代表制民主主義の統治システムにおける政権の安定性や持続性は失われている。

　そのような変化は、先進各国の政治に選挙の重視、選挙活動の恒常化とコストの増大、マスコミへの依存度の増加、またトップリー

---

16) Puhle(2002：66-67)。
17) Puhle(2002：79-80)。
18) Krouwel(2012：85-90)、Mair(2002：101-106)、Kriesi(2008：38-39)。

ダーを中心とする政治の「人格化」(personalization) をもたらしている[19]。しかし本論では統治システムの問題を中心的に扱うので、以下では、以上のような変化が選挙制度に与えている影響を見ていく。そのひとつは、有権者の投票を政党の議席数に変換する仕組みとして選挙制度の根幹をなすelectoral formula[20]の改革が行われているケースである。

 かつて私は「世界の選挙制度の『1993年の改革』」を問題にしたことがある[21]。一般に選挙制度は安定的で変化し難い政治制度とされるが[22]、1993年にはイタリア、ニュージーランド、ロシアなどで選挙制度の改革が行われた。翌94年までかかったとはいえ、日本の衆議院の選挙制度改革もこれに加えてよいであろう。しかも時期に加えてこれらの国に共通しているのは、いずれもそれまで主要国においてはドイツしか採用していなかった小選挙区制と比例代表制の組み合わせ型の選挙制度を採用したことである。改革の時期の一致と新たな制度の類型の同一性は何によってもたらされたのか。すべての国に共通する単一の説明変数を見つけるのは難しいが、幾つかのグルーピングは可能なように思われる。

 前述したように、日本とイタリアは第二次世界大戦の敗戦国であり、ともに戦前と戦後で政治システムの断絶を経験し、戦後には日本の保守対革新、イタリアの西側最大の共産党対反共産党勢力という世界の冷戦構造を反映する政治編成を実現した。そういう政治にとって冷戦の終結は当然決定的な出来事であった。ベクトルは異な

---

19) Magon (2011：342-346)。
20) Blais and Massicotte (2002：41)。
21) 成田 (1997)。
22) Lijphart (1994：52)。

るが、冷戦の終結が選挙制度の改革をもたらしたという点では、エリツィンによる民主化の過程で改革が行われたロシアも共通である。日本、イタリア、ロシアは、冷戦の終結を背景に選挙制度の改革が行われたという点でひとつに括ることができる。

　次にこのグループからは漏れるニュージーランドをどう取り込むか。実は、ニュージーランド、イタリア、そして日本はひとつのグループになる。ニュージーランドとイタリアは、国民投票で選挙制度を改革することが決められた。日本は国民投票は行われなかったが、衆議院の選挙制度改革を中心とする政治改革は、国民の強い支持のもとで行われた。いずれの国も国民が選挙制度の改革を求めたのである。理由は、従来の選挙制度のもとで実現されていた政治に対して、国民が強い不満をもっていたことにある。イタリアでは従来の比例代表制がimmobilismoと呼ばれるクライアンテリズム型の政治腐敗をもたらし、日本では中選挙区制が利益誘導型政治や政官業と呼ばれる政治腐敗をもたらし、ともに国民の強い政治不信が醸成されていた。しかし、冷戦下では自由主義陣営を離れる政権交代は国民の選択肢とはならず、したがって政権交代のハードルは高かったが、冷戦の終結によってそのハードルが一気に低下した。イタリアではタンジェントポリ、日本ではリクルート事件という政治スキャンダルが選挙制度改革の直接の引き金になった点でも共通している。

　ニュージーランドは、イタリアや日本のような目に余る政治腐敗はなかったが、1970年代以降小選挙区制の宿弊といわれる「敵対の政治」(adversarial politics)の性格を強め、やはり国民の強い批判にさらされていた。その結果上述したようにニュージーランドではイタリアとともに、政治家は望まなかったにもかかわらず、国民

が国民投票によって選挙制度改革の端緒を開くことになった[23]。国民投票はなかったとはいえ国民世論への感応性の強い日本を加えれば、この3カ国はひとつのグループを構成する。カッツは、1950年以降に大幅な選挙制度改革が行われた14のケースを分析して、なぜ時の政権党の利益に反するように見える場合にも選挙制度改革が行われるのかについての一般的な理由のひとつとして、イタリア、日本、ニュージーランドを明示して、国民の「憤激」(outrage) を挙げている[24]。

イタリア、ニュージーランド、ロシア、日本という4カ国については、もうひとつのグループ分けが可能である。選挙制度改革の後に再改革を行った国と、行っていない国である。前者にはイタリア、ロシアが入り、ニュージーランドと日本は後者に入る。イタリアは1993年に小選挙区制と比例代表制を組み合わせた複雑な選挙制度を採択した後、2005年に再改革を行い、比例代表制であるが最も多くの得票を得た政党（候補者名簿）に過半数の議席を与える「プレミア付比例代表制」を導入した。またロシアは1993年に導入した小選挙区制225議席、比例代表制225議席の並立制を、2005年に得票率7％の阻止条項をもつ比例代表制に改めた。ロシアではその後も選挙制度および関連する政党法の改正が繰り返されている。一方ニュージーランドでは、2011年の総選挙の際に同時に選挙制度の再改革を行うか否かの国民投票が実施されたが、国民は1993年の制度の維持を選択した。また日本では、中選挙区制への復帰を含む再改革の議論が各党や議員の間に存在するが、具体的な動きに

---

[23] イタリアとニュージーランドの選挙制度改革の経緯については、成田 (1996；1998a；1998b)、Renwick (2010)、Shugart and Wattenberg (2001)。
[24] Katz (2009：69)。

はなっていない。

　イタリアとロシアで再改革が行われたのは、エリートたちの選択による。イタリアでは連立与党が自分たちに有利になるように改革を行い、ロシアではプーチンの権力集中化の一環として再改革が行われた[25]。1993年の改革の力学とは大きく異なっている。

　4カ国のケースだけで結論を出すのは早計だが、しかし1993年の世界の選挙制度改革およびその後の改革は、安定的で変化し難い政治制度とされる選挙制度が、①大きな体制変革、②国民の声、③エリートの選択で変わることがありうることを示している。とくに国民の声が選挙制度を変えることがあることは重要である。そのためには国民投票制度があるか、あるいは国民とエリートとの共闘が必要であるが、いずれにしても統治にとって選挙の意味が大きくなるにつれ国民の声のもつ政治的意味も大きくなっている。マイアーは、1970年代には石油ショックの経済的困難さが統治能力の危機をもたらしたが、今日の先進諸国が直面しているのはむしろ市民の「不満」であると述べている[26]。

　4カ国がいずれも小選挙区制と比例代表制の組み合わせ型を採用した具体的な経過は、それぞれで異なっている。ロシアではエリツィンが強権的に大統領令で新選挙制度を定めるとき、ブレーンたちが小選挙区制と比例代表制で争って結局フィフティ・フィフティの折衷案が採用された。イタリアでは、上院と下院の委員会で改革案が作られる際にさまざまな案が飛び交って、「イタリアの立法者たちにしか思いつかない制度」と呼ばれる複雑なモザイクのような制

---

25) イタリアの2005年の選挙制度改革については芦田（2006）、ロシアの2005年の選挙制度改革については小泉（2012）。

26) Maier（1994）。

度になった[27]。日本とニュージーランドの共通点は、専門家の第三者委員会の勧告によった点である。選挙制度の選択の問題は、従来の選挙制度で実現されていた政治のどこを変えたいかについての、国民およびエリートの認識と評価、そして新たな選挙制度の選択の制度的手続きと力学の問題に行き着く。

なお electoral formula の改革を実現していない国では、イギリスで 2010 年の総選挙後自由民主党が保守党と連立を組む条件とした下院の選挙制度改革に関する国民投票が、2011 年 5 月に行われたが、67.9％ が現行小選挙区制の維持を選択した[28]。またドイツでは、小選挙区比例代表併用制の仕組み自体を変更する議論は出ていないが、併用制特有の超過議席をめぐって、憲法裁判所の 2 度の違憲判決を受けての選挙法の改正など、細部（ある意味では根幹にかかわる）の見直しが行われているが、この点は投票価値の平等の問題として後述する。

またフランスでは、従来の小選挙絶対多数 2 回投票制を 1985 年に比例代表制に改めたが、これは総選挙での与党フランス社会党の敗北を少しでも少なくすることを目指したミッテラン大統領の政略によるもので、総選挙後勝利したシラク首相の保守によって速やかに旧制度に復された。

(3) 投票価値の平等

各国で行われている選挙制度の改革は、無論 electoral formula の改革にとどまらない多様なものがある。また、選挙制度改革のカテゴリーに入るが、他の政治装置との結びつきで考えたほうがよい

---

27) Weber (1997)。
28) The Electoral Commission (2014)。

改革もある。その重要なものとして、たとえばフランスの大統領の任期を7年から下院議員の任期と同じ5年に改めた改革がある。この改革は、大統領選挙と総選挙のサイクルを一致させ、実質的に大統領の指導性を強めたので、本論ではトップリーダーの強化の項で扱う。またイギリスの下院議員の固定任期制も、選挙制度の問題として画期的だが、議会の項で扱う。

選挙制度に関して、近年先進諸国で共通に重要なテーマになっているものに投票価値の平等の問題があるので、以下この問題について述べる。言うまでもなく、これはわが国でも深刻な課題になっていながら、政治が極めて消極的な対応に終始している課題である。

注目すべきものとして、イギリス、フランス、ドイツの例がある。まずイギリスは、従来選挙区の地理的、行政区画的一体性を重視して、議員一人当たりの有権者数（他の国と異なりイギリスは人口ではなく有権者数を基準とする）による投票価値の平等にはそれ程注意を払わず、最大格差が5倍近くあった。しかし2011年2月に「2011年議会投票制度及び選挙区法」(Parliamentary Voting System and Constituencies Act 2011) を制定し、選挙区の区割り基準として各選挙区の有権者数を、島嶼や極めて人口密度の低い選挙区など明示的に例外とされた幾つかの選挙区を除き、全国平均の±5%以内に収めることにした。ただし、選挙区区画委員会（イングランド、スコットランド、ウェールズ、北アイルランドごとに設置）が選挙区の地理的、行政区画的一体性を考慮するなど格差基準を厳守せずに裁量的な区割りを行う余地は完全に封じられたわけではない[29]。

---

29) SCHEDULE 2 (Rules for distribution of seats), Parliamentary Voting System and Constituencies Act 2011, in parliamentary voting system and constituencies act (2014).

この改革は、自由民主党が連立を組むに当たって条件とした選挙制度改革（自由民主党は単純小選挙区制から代替投票制への移行を求めていた）の是非を問う国民投票の実施のための議会制定法に盛り込まれたもので、同時に保守党と自由民主党がともに選挙マニフェストで謳っていた下院議員の総数の削減（650人から600人に）も規定された。ただしこの再区画についての連立政権（とくに保守党）の狙いは、労働党の地盤のスコットランドとウェールズが過剰代表となっていたのを是正する党派的意図も込められていた。この法律により、各選挙区区画委員会は2013年までに新たな区割りを報告することになっていたが、「2013年選挙登録・管理法」（The Electoral Registration and Administration Act 2013）の審議の際に上院の労働党とスコットランド民族党に自由民主党の議員も加わった修正で、報告の期限は2018年まで延期された（2020年の総選挙からの適用を想定)[30]。

フランスも選挙区間格差の大きな国であり、1958年の第五共和政の発足時と1985年に一旦比例代表制に改めた下院の選挙制度を1986年に再び現行の小選挙区2回投票制に戻す際に行った他は選挙区の改定は行われなかった。しかし2007年の大統領選挙で当選したサルコジの主導のもとに、2008年から政府において再区画の作業が始まり、2009年6月のオルドナンスが2010年1月に議会の承認を受け、2月に憲法院によってその合憲性が確認されて下院選挙区の再区画が確定した[31]。これによって従来1対3.6だった格差

---

30) http://www.politicshome.com/uk/story/32111/
31) http://fr.wikipedia.org/wiki/Red%C3%A9coupage_des_circonscriptions_l%C3%A9gislatives_fran%C3%A7aises_de_2010. Ehrhard（2013：117- ）。

が1対2に縮小されたという[32]。今回の改革は、サルコジが2007年の大統領選挙の公約で掲げた「第五共和政の諸制度の現代化」（modernisation des institutions de la Ve République）に基づく大規模な憲法改正を含む統治制度改革の一環でもある。しかし投票価値の平等がサルコジによって初めて提起されたわけではない。すでに1986年の選挙法は2回の国勢調査を経た後に選挙区の改定を行うことを定めていた。また憲法院は、2003年と2005年に投票価値の平等の観点から改定の必要性を指摘し、内務省においても選挙区改定の調査が行われるなど、選挙区の再区画の動きは始まっていた。サルコジは、再区画の実現のための政治力学を提供したと言える。

なお、2008年の憲法改正で新設された第五共和政憲法第25条第3項は、下院の選挙区を決定し、または下院もしくは上院の議席配分を変更する政府法案または議員提出法案について、公開の意見を表明する独立委員会の設置について規定しており、この規定に基づいて独立委員会を設置する法律が2009年1月制定された[33]。1986年法によっても選挙区の再区画について意見を述べる第三者委員会が設置されたが、この委員会は6人の委員のうち2人は参事院のメンバー、2人は破棄院の判事、2人は会計院上席判事であったが、2009年法による委員会には大統領の指名する委員の他、下院議長と上院議長がそれぞれ指名する委員も加わることになった。フランスの選挙区再区画の特徴のひとつは、議会の役割ではなく、裁判官の役割のようだということにあるとされたが[34]、その特徴は部分的

---

32) http://en.wikipedia.org/wiki/2010_redistricting_of_French_legislative_constituencies
33) 鈴木（2009）。
34) Benelbaz（2010：1664）。

に解消された。なお、2009年法による委員会は、2010年の選挙区改定には間に合わず、この時には代わりにアドホックな独立委員会が設置された[35]。

ドイツは、従来から投票価値の平等を重視していて、総選挙のつど区割りを見直すことになっており、総選挙による新議会期の開始後15カ月以内に連邦統計局長官、連邦行政裁判所の裁判官その他5人の委員からなる常設の選挙区画委員会（Wahlkreiskommission）が選挙区の見直し案を連邦内務省に提出することになっている[36]。格差基準については、従来各選挙区の人口が1議席当たりの平均人口の±25%より大きくないことを原則とし、±33 $\frac{1}{3}$ %より大きい場合には新たな区割りを行うことになっていたが、1996年11月の選挙法の改正で、それらの数値をそれぞれ15%と25%に改めた。その経緯は、選挙区間の人口格差が大きいとドイツ独特の選挙制度である併用制がもたらす超過議席が大きくなるが、当時憲法訴訟で超過議席の合憲性が争われていたことから、議会がその判決前に超過議席の発生を抑制する意味で法改正を行ったということにある[37]。

しかしドイツがこだわる投票価値の平等は、選挙区間の人口格差の問題だけではない。ドイツの下院の選挙制度である併用制に特有の現象である超過議席にかかる法律の規定をめぐって、2008年7月に連邦憲法裁判所が違憲判決を下し、それを受けて議会が選挙法を改正したのに対して2012年7月に連邦憲法裁判所が再び違憲判決を下し、議会も再度2013年3月に選挙法の改正を行った。その

---

35) http://www.lepoint.fr/actualites/2008-09-16/l-executif-remodele-la-carte-electorale-l-opposition-aux-aguets/1037/0/274481
36) Bundeswahlgesetz §3 Abs.4。
37) 山口（1997a：114）、山口（1997b：138）。

内容は極めて技術的なものなのでここでは触れないが[38]、要は有権者の投じる票がもつ効果としての投票価値の平等の評価にかかわる問題で、2013年の法改正では超過議席が出た場合には他の党に調整議席を配分して一票の効果の平等性を確保するようにした。

小括

electoral formula の改革を行った国も、新たな選挙制度にともなう選挙区の区割りの際にできるだけ選挙区間格差の縮小に努めたから、アメリカ（投票価値の平等に最も厳格な国として知られる）も加えて、先進諸国に最も共通する選挙制度上の最近の改革は、投票価値の平等の確保のための改革ということになる。民主主義の統治システムにおいて、選挙の意義は政党にとっても有権者にとっても増大している。政党にとっては選挙で勝利するのと敗北するのとで得るものの差は大きくなっており、また有権者にとつては、party identification の時代には、特定の政党との一体感が政治生活のコアで、選挙での勝敗は必ずしも第一義的なものではなかったが、争点投票や業績投票の時代になると、事情は変わってくる。選挙が真剣なものになる程、政党にとっても有権者にとっても一票の価値の重要性は増す。

一方 electoral formula の改革は、それぞれの国の個別の政治事情と改革に必要な手続き（国民投票の有無や政府ないし多数党にとっての法改正の容易さ等）に依存している。レイプハルトは、1945～90 年の世界の 27 カ国の選挙制度を分析し、全体として「トレンドは比例性が増大する方向にある」と述べている[39]が、プレミア制を

---

38) 詳しくは、河島・渡辺 (2013)。
39) Lijphart (1994 : 54)。

含むイタリアの 2005 年の改革や、極めて高い阻止条項をもつ同年のロシアの改革、1994 年の日本の並立制の採用など、事態は単純ではない。electoral formula は、統治システムの土台であり、近年のその改革は、21 世紀の統治システムが直面している問題の大きさと複雑さを示している。

3　代表制民主主義の改革：議会制度

　選挙された者が組織する国民代表機関が議会である。議会はすべての国において立法機関であり（立法の範囲や手続きには差がある）、多くは予算や条約の承認、議院内閣制の場合には首相や内閣の信任権や不信任権、行政監督権などをもつ。したがって選挙だけでなく、議会がどのように組織され、どのような権限が与えられ、かつ実際にどのように活動しているかによって、全体としての代表制民主主義の機能は大きく変わる。西欧の各国では議会についても、20 世紀末から 21 世紀初頭にかけて大幅な制度改革が観察される。

　概括的に言うなら、相対的に政府の権限が強く議会の権限が弱かった国では議会の権限強化が、議会に対して政府の権限が弱かった国では政府の権限強化の傾向が見られる。前者に含まれるのはイギリスとフランスである。

(1) イギリスの議会改革
　イギリスの近年の議会改革の最も大きなテーマのひとつは、貴族院の改革であるが、今日貴族院があるのはイギリスだけであり、その改革はイギリス固有の事情による部分が多いのでここでは扱わな

い[40]。イギリス下院の近年の改革で重要なのは、1997年に労働党が政権を獲得後に設置した「下院現代化特別委員会」(Select Committee on the Modernization of the House of Commons)[41]の勧告による改革である。総選挙の際の労働党のマニフェストでは、統治システム改革に関する見出しでは、貴族院の改革、政党資金の改革、地方分権、ロンドン市長の公選制、情報の自由と人権の尊重が並べられていて、下院改革については細目見出しで「効果的な下院」(An effective House of Commons)が掲げられ、そのなかで「下院の現代化が必要と信ずる」と述べられるにとどまっていた。しかし政権獲得後の現代化委員会の勧告による下院改革は、これまで絶えず組織や手続きの見直しが行われてきたイギリス議会においても、とくに大きな改革になった。見方によっては、将来イギリス議会がさらに大きく変わる芽になったとも評価できるかもしれない。

現代化委員会は1997年6月に「下院の運用(practices)および手続をいかに現代化すべきかについて審議し、勧告を行うこと」を任務に設置された。委員は15人で、任期は議会期の終了(解散)までとされた。労働党が勝利した2001年、2005年の総選挙後にも設置されたが、2010年総選挙の後に保守党と自由民主党の連立政権が樹立された後は設置されなかった。

現代化委員会の報告は極めて多く、すべてではないがそのうちの

---

40) ただし、1999年の労働党政権下での貴族院改革後の貴族院の活性化と専門化による復権は、イギリス政治を考えるとき無視しえない。cf. Norton (2013:41-45)。
41) modernizationを「近代化」と訳すか「現代化」と訳すかは迷うところである。イギリスでも語の意味が問題とされたが(たとえばRush 2005:313)、意図的にreformよりも多義的な語が選択されたとされるので、本論では特定の原理・価値を内包する「近代化」より単に「今の時代に合わせる」という意味の「現代化」を採用する。

多くが下院で承認されて実施された[42]。主なものだけ挙げると[43]、立法手続きに関しては、政府法案が正式に議会に提出される前の草案段階で委員会の意見を徴する法案化前審査（Pre-legislative Scrutiny）の積極的な活用が勧告された。この手続きは、保守党政権時代からあったが、勧告後に利用が進み、既設の特別委員会（各省の行政監視を目的に1979年に創設された省別委員会など）やアドホックな上院との合同委員会で審査が行われ、これを補佐する専門家の審査ユニット（Scrutiny Unit）も設置された[44]。

政府法案の会期不継続についても勧告が行われた。イギリスは日本と同じく会期不継続を残す国であるが、現代化委員会はすでにその緩和が行われていた議員提出法案に加え、政府法案についても個別の院議により会期をまたぐことを可能にするように勧告した。当初下院はこれを実験ベースで実施したが、2004年には議事規則の改正により恒常的な手続きになった。

法案の審議スケジュールの決定は、イギリスでも与野党の対決法案をめぐる対立点になる。ポイントは、野党の抵抗で審査に手間取っている委員会からいつ、どうやって法案を本会議に戻すかにあった。これまでは、政府が野党と話し合って合意する非公式の「通常の経路」（usual channel）と、強硬策として政府（多数党）が多数決

---

42) 委員会の報告については、http://www.parliament.uk/business/committees/committees-archive/select-committee-on-modernisation-of-the-house-of-commons/select-committee-on-modernisation-of-the-house-of-commons-reports-and-publications/
43) 改革は膨大な量に上るが、以下の整理は主としてHouse of Commons Library（2005）による。このレポートは2005年までの改革しか扱っていないが、主要な改革はこの期間になされている。その後のものは本文で補う。
44) Rogers and Walters（2004：362）、House of Commons Library（2005：30）。

によって委員会から法案を本会議に取り戻す公式（議事規則に定めのある）のギロチンがあったが、現代化委員会は両者の中間的なものとして、各党が合意した審議スケジュールをあらかじめ本会議で決定し、法案を審査する委員会に設置した小委員会が詳細な審査計画を作成して審査を主導するprogrammingという方法を勧告した。programmingはすべての法案について行われるわけではなく、政府が必要と判断したものについて法案の第2読会後に議決される。この方法は、当初は円滑に行われたが、やがて与野党の対立点となり、2004年に与党によって恒久的な議事規則の一部に加えられた。

　法案の審議手続きに関する重要な改革に、2006年に行われた常任委員会改革がある。従来法案は、第2読会を通過した後は、常任委員会に付託されていた。イギリスの常任委員会（standing committee）は、常任委員会A、B、C……等の名称で常置されているものの、法案ごとにメンバーが入れ替わる実質的な特別委員会であった。かつ常任委員会は、法案の修正についての議論しかすることができず、特別委員会（select committee）のように参考人の出頭または文書の提出による調査はできなかった。これを公法律委員会（public bill committee）に改め、上述の法案化前審査がなされていない法案について、審査に必要な参考人の出頭または文書の提出による調査もできるようにした[45]。

　行政監視についても改革がなされた。質問（question）については、対首相質問が従来火曜と木曜に15分ずつ行われていたのを、ブレア内閣で週1回水曜に30分に改められたのは、ブレア内閣側の一方的措置だった[46]が、現代化委員会の勧告による改革では、口

---

45) Norton (2013：92)。
46) House of Commons Library (2005：26)。

頭質問の質問内容の提出が従来の10会議日前から3会議日前に改められ、よりタイムリーな問題を扱えるようになった。また、質問の電子的方法による提出が認められるようになった。

首相は2002年5月の下院決議によって、リエゾン委員会（下院の特別委員長と人権両院合同委員長で組織し、特別委員会の任務や本会議で討論に付されるべき特別委員会報告等について協議する）で年に2回国政について報告するようになった。これは後述する日本の首相に比べれば余りにも少ない頻度だが、イギリスの首相はもともと本会議以外には出席せず、かつ長期的トレンドとして議会への出席の頻度が低下しており[47)48)]、リエゾン委員会への出席も下院の特別委員会からの持続的な圧力や、大臣たちの議会に対するアカウンタビリティの低下に対するマスコミや世論の懸念に譲歩したものとされている[49)]。

新たにウェストミンスター・ホールでの討論も創設された。ウェストミンスター・ホールというのは、儀式の他議事堂の参観ツアーの集合場所としても使われる広いホールで、そこに隣接する部屋で主に一般議員（backbenchers）の本会議での討論機会の不足を補うために、1999年から討論の場が設定された。討論の内容は会議録に掲載される[50)]。

イギリスの下院の本会議および委員会の開会時間は、曜日によって固定され、その設定の仕方は従来から下院の重要なイッシューのひとつで、さまざまな議論と試行が繰り返されてきた。理由として

---

47) Dunleavy et al.（1995：275-297）。
48) とくにブレアは議会の出席率が低く、1997年から2007年までの議会での投票への参加率は、史上最低の8％とされる。cf. Cowley（2007：16）。
49) Oliver（2011：172-173）。
50) Norton（2010b：315）。

は「もっと家族や友人との時間を」(more 'family-friendly' hours) とされるが、実際には選挙区サービスの負担が増えている事情もうかがえる[51]。この件をめぐっては現代化委員会の勧告・再勧告の内容も変遷したが、従来は本会議の主要議事の時間帯が月曜から木曜までは14時30分から22時まで、金曜だけ9時30分から14時30分までだったのが、最終的に月曜、火曜は従来どおり、水曜は11時30分から19時まで、木曜は10時30分から18時まで、金曜は従来どおり9時30分から14時30分までになった。

イギリス議会の構造変化をもたらすと言えるほど重要で、現代化委員会が2009年11月に勧告し、総選挙を経て保守・自由民主連立政権が成立してから実現したものに、一般議員業務委員会 (Backbench Business Committee)[52] がある。基本的に週1回一般議員が申請し、この委員会が選定したテーマで本会議で討論が行われる。いつ行うかは政府が決め、時間もその時によって変動するが、政府が審議テーマを組織してきた本会議を、一般議員が自分たちで組織する時間が設けられた点は画期的である。

現代化委員会による改革の評価は分かれている。ケルソは、「誰がそれを必要とするのか?」と題して、通常は特別委員会は一般議員で組織されるのに現代化委員会は、下院院内総務（下院の議事運営の責任者である閣内相）が委員長を務めたことなどから、「下院の利益よりもはるかに政府の利益を追求した」と述べている[53]。議会改革には、効率性 (efficiency) の追求と効果 (effectiveness)（政府に

---

51) Norton (2013: 231-232)。
52) http://www.parliament.uk/business/committees/committees-a-z/commons-select/backbench-business-committee/how-the-backbench-business-committee-works/
53) Kelso (2007: 155-156)。

対する議会の存在意義）の実現の両面があるが、現代化はより効率性を実現したという指摘もある[54]。これらの指摘で最も問題視されているのは、政府法案の審議スケジュールをあらかじめ決める programming である。一方レヴィイは、法案審査の委員会を従来の常任委員会から公法律委員会に変えたことによって、専門家を参考人として呼ぶことが可能になり、委員が利用できる情報の質と量を高めたとしている[55]。一般議員業務委員会の設置によって、実際に下院の審議が活性化しているという報告もある[56]。ロジャーズとウォルターズは、改革は多くの人々に改善と見られるだろうが、政府と議会のバランスについては大きな変化をもたらさなかったとしつつ、しかし 2001 年にブレア首相がイラク派兵で議会の明示的な承認を得ようとした例も挙げ、将来の首相はますます議会にコミットさせられると予想した[57][58]。このことは、キャメロン首相が 2013 年 8 月に下院の承認が得られずにシリアへの軍事介入を断念した事実に照らして興味深い。オリバーは、改革は大臣たちに対する下院の影響力を強め、下院の政府からの独立を強化したとし、また改革は政治の文化とエトス（具体的には与野党間の関係）が変わらなければ修

---

54) House of Commons Library（2005：35-36）。
55) Levy（2009：28-29）（http://www.google.co.jp/url?sa=t&rct=j&q=&esrc=s&source =web&cd=1&ved=0CCcQFjAA&url=http%3A%2F%2Fwww.ucl.ac.uk%2Fspp%2Fpublications%2Funit-publications%2F145_-_FINAL.pdf&ei=CIdkU9vRUs1J8AWVltoHoDA&usg=AFQjCNFb2 TAtMEiGtyXPtt6ngL9ffTSQNA）
56) 奥村（2011：103-119）。
57) Rogers and Walters（2004：413-414）。
58) 筆者も 2010 年 9 月にイギリスの首相官邸、内閣府、政府首席院内幹事室、下院図書館を訪問した時、「議会の影響力は確実に強まっている」という話を異口同音に聞いた。

繕以上のものでないが、2009年ころから新たな段階に入ったとしている[59]。カウリイは、改革の方向と程度は誰が下院院内総務になるかによって変わり、クックとストローのときは重要な改革に成功したとしている[60]。

現代化委員会は、2010年の総選挙で保守党と自由民主党の連立政権ができてからは設置されなかった。「現代化」という言葉自体が、イギリスの政治から消えた[61]。代わりに政権の一翼を占めた自由民主党の主張する改革が実現することになった。自由民主党は、1920年代までは保守党と交互に政権を担う地位にありながら、労働党にその地位を奪われて第二次世界大戦後は小さな第3党になった自由党と、1981年に労働党から分裂した社会民主党が1988年に合併して結成した政党で、長らく統治から排除されていたために統治システムについては多くの主張をもっていた。とくに小選挙区制下で得票数に比べて極端に不利な議席数しか得られなかったことから、選挙制度の改革に強いこだわりをもっていた。そのため小選挙区制の見直しのための国民投票の実施とともに、「議会の固定任期制」（Fixed-Term Parliament）の実現が、連立協定のなかに盛り込まれた。自由民主党党首のクレッグは、副首相兼政治および憲法改革担当相になった。

新政権は成立後直ちに法案を提出し、貴族院の修正を経て、「2011年固定任期議会法」（Fixed-term Parliaments Act 2011）[62]が2011年9月に成立した。これにより次回の総選挙は2015年5月に

---

59) Oliver（2011：173, 176-177）。
60) Cowley（2007：19-20）。
61) Drewry（2011：207）。
62) http://www.legislation.gov.uk/ukpga/2011/14/contents/enacted

行われ、その次は 2020 年の 5 月で、以後 5 年ごとに総選挙が行われることが予定されているが、2 回の総選挙後に見直しの委員会が設置されることになっている。また固定任期を原則としつつ、下院が 3 分の 2 以上で議決した場合などには下院は任期満了前に解散される。この法律は、下院の解散という形式的には国王大権、実質的には首相の政治的武器を奪うという意味で大きな意義をもつ[63]。

なお、クレッグが政治および憲法改革担当相になったことに対応して、省別特別委員会として「政治・憲法改革特別委員会」（Political and Constitutional Reform Select Committee）が設置され、上記固定任期議会法の審議と並行してヒアリング等の調査を行ったが、現在この委員会は固定任期議会の最終年がどういう政治的効果をもたらすかの他、首相の役割と権限、内閣マニュアルなどイギリスの統治システムの根幹にかかる問題の調査を行うとともに、定期的にクレッグ副首相から連立政権の政治・憲法改革プログラムについてヒアリングを行っている。

(2) フランスの議会改革

フランスでは第三、第四共和政の時代には、強い議会をもっていたが、1958 年の現第五共和政憲法において、「合理化された議会主義」（parlementarisme rationalisé）の名のもとに議会の権限を大幅に縮小し、政府の権限を強化した統治体制を築いた。この憲法は、ドゴール憲法と呼ばれたように第五共和政の創始者のドゴールの個性に合わせて作られ、当初はドゴールと運命をともにすると思われていたが、ドゴールの退任後も引き継がれ、1981 年にドゴールの政敵で第五共和政に反対していた社会党のミッテランが、この憲法に

---

[63] 河島（2012：4-34）、小堀（2012：146-169）。

よって大統領に就任して統治することで、憲法的コンセンサスが成立したとみられた。

　一方で大統領への権力集中が進んだことから、2007年の大統領選挙では、有力候補の一人の社会党のロワイヤル候補が統治機構改革を掲げ、これに対抗して保守の国民運動連合のサルコジ候補も、大統領の多選禁止、国会や野党の権限強化などを掲げた[64]。そして当選後間もない同年7月に、サルコジは国民運動連合のバラデュール元首相を委員長とし、元社会党政権の閣僚で2007年の大統領選挙の社会党の政策取りまとめ責任者の一人でもあったラングと前憲法院院長のマズーを副委員長とする「第五共和政の諸制度の現代化と再均衡に関する検討および提案委員会」(Comité de réflexion et de proposition sur la modernisation et le rééquilibrage des institutions de la Vᵉ République)[65]（通称バラデュール委員会）を発足させた。委員会は、各党の代表者、両院の議長、憲法院院長その他の国家機関の長等からのヒアリングを行って、2007年10月に大統領に「より民主的な第五共和政」(Une Vᵉ République plus démocratique) と題する77項目の提案を含む報告書[66]を提出した。影響を受ける憲法の条項は、半数近くの41条に及ぶものだった。

　サルコジが委員会に検討を依頼した時の彼の狙いは、半大統領性とか大統領制と議院内閣制の二重構造と呼ばれる第五共和政の統治システムを、より大統領制に近いものにすることにあったと思われ

---

64) 辻村（2010：17）。
65) http://fr.wikipedia.org/wiki/Comit%C3%A9_de_r%C3%A9flexion_et_de_proposition_sur_la_modernisation_et_le_r%C3%A9%C3%A9quilibrage_des_institutions
66) http://www.ladocumentationfrancaise.fr/var/storage/rapports-publics//074000697/0000.pdf

る[67]が、バラデュール委員会は超党派的な構成と共産党から極右の国民戦線まで幅広くヒアリングを行ったことなどから、その報告書はむしろ大統領権限を抑制し、サルコジが大統領制化の代償と覚悟していた以上に議会の権限を強化するものになった。

この報告書による提案は、一部手直しのうえ、翌2008年7月23日に、「第五共和政の諸制度の現代化に関する2008年7月23日憲法的法律第2008-724号」（Loi constitutionnelle n° 2008-724 du 23 juillet 2008 de modernisation des institutions de la Ve République)」として制定された。

この改革で改正された条項は39カ条、新設された条項は9カ条に上っているが、とくに重要なものでは、まず再選回数に制限のなかった大統領の選挙が連続2回までとなった。次に大統領の任命する官職について、両院の所管委員会の有効投票の5分の3が反対したときは、任命できなくなった。非常事態の権限も30日を経れば議会の提訴により、60日を過ぎれば憲法院自身の判断により、憲法院の審査に服することになった。恩赦権の行使も個別的に行使するものとされ、包括的に恩赦を与えることはできなくなった。一方で大統領は、両院に教書を送り、また両院合同会議で演説ができることになり、議会が休会中のときはこのために特別に召集されることができることになった。これはアメリカ大統領の一般教書演説を意識したもので、サルコジがこだわり、その行使如何によっては大統領の国民に対する求心力を高めることも可能になる。

---

67) サルコジの狙いは、2007年7月12日にエピナールで行った演説（Le monde 2007：2007/07/12）で詳細に述べられている。演説は幅広く議論のテーマを例示したものだが、「責任の観念」を中心に検討を求めると述べるとともに、フランスは大統領が統治しているとして、大統領権限の強化への志向を示唆している。

一方法案審議や行政監督に関する議会の権限は大幅に強化された。野党の権利も明示的に認められた。「合理化された議会主義」のもとでは、法律事項は憲法で限定列挙され、それ以外は命令事項とされたが、法律事項の範囲がメディアの自由にかかるもの等拡張された。新たに議院の決議権が明記された（政府の責任が問われることになるものを除く）。さらに法案審議について、これまで政府は極めて強い主導性ないし介入権限を有していたが、大幅に議院の自主権が認められた。たとえば議事日程の作成にあたっては、これまで政府の意向が優先され、議院の作成した議事日程が優先されるのは月に1回だったのが、政府の意向によるのは4週に2回までになり、4週のうち1週の本会議は行政監視等のために議院が定める議事日程のために留保されるように改められた。また月に1回の本会議は、野党会派および少数会派の発議によって議院が定める議事日程に留保されることになった。委員会を通過した政府法案は、委員会で修正案が採択されても、その後の本会議では政府の原案を対象に審議されていたのが、委員会で修正された案文について審議されるようになった（予算法案等の先議の院での1回目の審議の場合を除く）。首相は政府法案の下院での採択について政府の信任をかけることができ、この場合は24時間以内に政府不信任案が可決されない限り、法案は採択されたことになる制度があるが、改正後はこの手続きは予算法案および社会保障財政法案以外の法案については、1会期に1度しか使えないことになった。上院、下院の意思が一致しなかった場合の両院協議会の開催要求は、これまで首相の専権事項だったが、議員提出法案の場合には両院の議長が共同で要求することも可能になった。また常任委員会の数はこれまで各議院6個までに限られていたのが8個までになった。これらを具体化し、実施するために必要な組織法や法律の制定、各議院の議事規則の改正も行われた。

2008年の憲法改正は、合理化された議会主義によって制度的に政府に与えられていた審議の組織権限を議会が取り戻し、議会の自律権の回復に寄与した。

(3) イタリアの議会改革

政治制度の改革は、従来の制度のもとでの状況に対するアクターたちの評価により異なる方向に向けて行われる。議会の状況を efficiency と effectiveness のふたつの尺度で測り、イギリスとフランスの議会改革を efficiency から effectiveness へとすれば、イタリアの議会改革は effectiveness から efficiency への改革と言える。

イタリアは、クライアンテリズムの強い政治風土とそれぞれの社会セクターの勢力がそのまま議会の議席に反映される比例代表制の選挙制度のもとで、各党が相互に自己のセクターへの利益誘導を行い、各勢力が共存し合う「共存民主主義」(democrazia consociativa) の性格の強い議会を作ってきた。それは同時に、現状が変更されず既得権益が維持される immobilismo の腐敗の政治装置でもあった。議会の全体構造も、たとえば政府とか与党執行部によって一元的に統制されることのない分散的な性格を有していた[68]。上院と下院は立法はもとより政府の信任・不信任、予算および条約の承認についても対等の権限をもち、かつ両院協議会など意思が異なったときの調整方法は存在せず、議院の内部においても各常任委員会は自律的で、また1988年に廃止されるまで本会議での投票は秘密投票で行われ、表向き強い規律をもちながら投票行動に対する会派の議員への統制は保障されていなかった。さらに議院の審議プログラムの策定も長らく全会派の同意を要した。

---

[68] Della Sala (1998 : 73-96)。

以上のようなイタリア議会の特徴を端的に示すのが、立法活動の中心が「小立法」(leggine) と呼ばれる限られた一部のセクターにマイナーな便益をもたらす法律の制定にあったことと、憲法第72項第3項の規定により、一定の留保のもとに委員会が議決すれば本会議での議決なしに法律が成立する「委員会立法」(legge a Commissione in sede legislativa) とよばれる立法手続きが存在した（現在も存在する）ことである。委員会立法は、他国の議会にはないイタリア独自の制度で、本会議が他の議事に専念できるようにすることを名目としたが、要は小立法による社会の部分的利益の分配に適した制度である。

　このようなイタリア議会も、1960年代から70年代の経済危機、1970年代の州（「通常州」）の創設とそれにともなう国との間での事務の再配分、冷戦の終結と既存政党の解体による第二共和政（憲法は変わっていないので比喩的に言われる）の発足、ヨーロッパ統合とグローバル化などの影響を受けて、その都度改革が行われ、姿を変えてきた。近年におけるとくに大きな改革とされるのが、1996年4月の総選挙で「オリーブの木」が勝利し、中道左派連合政権が樹立された第13立法期における改革である[69]。

　本会議の審議計画は、従来は議長の召集する会派長会議で今後2週間以内のものについて全会一致で決定し、全会一致が得られないときは、議長が会派長会議の議論の傾向と少数意見を考慮して案を作り、本会議に諮ることになっていた。1990年3月の議事規則の

---

69) http://www.camera.it/leg17/437?conoscerelacamera=237　議事規則改正の時期、数、箇所については http://www.camera.it/application/xmanager/projects/camera/file/conoscere_la_camera/Tavola_cronologica_modifiche_Regolamento.pdf

改正によって、審議計画は今後3週間以内のものについて政府の方針に基づき各会派の提案も取り入れて作成することとし、それで会派長会議で全会一致が得られないときは、議長が政府の方針に少数会派を含む各会派の提案も考慮して作成することとされた。

1997年9月の改正では、会議に先立って政府が今後本会議に提出する議案について議長および会派長に通知するとともに、審議計画はやはり政府の方針に基づき各会派の提案も取り入れて作成するが、合計で下院の4分の3の議員を代表する会派長たちの賛成があれば決定されることになり（ただしこの場合も議長は異論のある会派にその議員数に比例した発言時間を配分する）、この方式で決定に至らないときは、議長が反対会派に発言時間の5分の1を割り当てて定めることになった。また財政、予算に関する法案、政府の命令の法律化のための法案はこの手続きの枠外とされた[70]。その他委員会の審査への政府の関与、委員会の審査期間の短縮（4カ月以下から2カ月以下へ）、予算委員会の勧告権の強化、議長の選定した多数党・少数党の議員が立法について意見を述べる立法委員会（Comitato per la legislazion）の設置などが含まれていた。

全体として1997年のイタリア下院の議事規則の改正は、選挙法改正による政治システムの新たな二極化モデルを考慮に入れて、政府・多数派と野党のそれぞれの役割を強化したものだったとされる[71]。かつての反体制派の共産党とイタリア社会運動がともに解体し、イタリア議会ではもはや主要政党で恒常的に野党である政党が

---

70) 各年度の議事規則の比較について、http://www.camera.it/leg17/525?shadow_regolamento_capi=946&shadow_regolamento_articoli_titolo=Articolo%2024%20(*)&shadow_regolamento_note=1346
71) Ulrich（2009：650）。

存在しなくなったことで、内閣がより強く、より凝集的になったこと[72]も背景にある。

　もうひとつ重要なことは、議会制度の抜本改革を含む第二共和政にふさわしい憲法の改正が試みられていることである。1996年に成立した中道左派連合のプローディ内閣から本格的な憲法改正作業が始まったが、この作業は議会内の与野党の対立で頓挫した。その後2001年発足の中道右派連合のベルルスコーニ内閣は、2005年11月に憲法改正案の議会通過に成功したが、翌年の総選挙でこの改正案に反対する第二次プローディ内閣に代わったために、総選挙後の6月に実施された国民投票では、憲法改正案は賛成38.7％、反対61.3％で否決された。この改正案では、イタリア議会の最大の特徴のひとつである完全に対等な両院制を改め、上院は州代表として、首相の信任・不信任権は下院のみの権限とし、また立法についても上院の管轄は州との競合立法事項のみとする等下院の優越を定め、首相についても現在は大統領にある議会の解散権を首相の権限とする等その強化を図っていた[73]。

　このときの憲法改正は実現しなかったが、さらにその後も2013年の総選挙後に成立したレッタ内閣、さらにその後を継いだレンツィ内閣で憲法改正の試みが続けられている。各党の思惑や、権限が縮小される上院の対応などのハードルはあるが、対等な両院制の改革、法案審議における政府の役割の増大、首相の地位と権限の強化などは、どの改正案でも共通しており、いずれイタリアの統治システムはその方向に改革されていくことになろう。

---

72) Nanetti and Leonardi（2014：347）。
73) 髙橋（2008：55-77）、岩波（2006：107-114）。

(4) アメリカの議会改革

 本論は西欧の議院内閣制の国を中心に扱い、大統領制のアメリカは扱ってこなかった（実際、前述したように統治システムに関してアメリカはめぼしい制度改革を実現していない）が、ただ efficiency の文脈における近年のアメリカの議会改革として、上院のフィリバスターの改革があるので、これについて触れておこう。

 アメリカの上院に特有の議事妨害策としてのフィリバスター（長時間演説）はよく知られている。この妨害策は、1980年代以降に民主・共和の党派対立が激しくなるとともに頻繁に使われるようになり、上院の審議の停滞を招いてその改革の必要性が指摘される一方で、上院の審議の特徴である個々の議員の権利の尊重を縮減し、多数派支配型の下院との違いがなくなるという根強い反対論が続いている。フィリバスターに関する議事規則の改正は何度もなされてきたが、1975年以降フィリバスターを打ち切るためには在籍議員の5分の3以上の賛成が必要であった。それが2013年1月の上院議事規則の改正により、人事承認案件については、連邦最高裁判所判事の承認を除き、過半数の賛成のみでフィリバスターを打ち切ることが可能になった。法案審議に関しては、両院協議会設置についてフィリバスターが制限されるようになったが、しかし討論打ち切りには依然として5分の3の賛成が必要となっている[74]。

小括

 西欧各国の議会では、EU法と自らの立法権との関係という西欧固有の事情にともなう改革を別にしても、近年活発な改革の動きが

74）廣瀬（2014：35-50）。

みられる。改革の方向は国によって異なる。イギリス、フランスなど、政府が強い指導力をもっていた国では、議会の力の強化の方向への改革（effectiveness の改革）が行われ、逆に議会が政府の介入を排して強い自律性をもっていたイタリアでは、政府の権限強化の動き（efficiency の改革）がみられる。大統領制のアメリカでも、政府（大統領）と議会（上院）の直接的な対抗関係が生じ得る人事承認案件について、議事妨害のフィリバスターの打ち切りを容易にする改革（efficiency の改革）が行われた。

　それぞれの国の改革の背景や力学は、ミクロには異なっている。しかし立法における政府の主導性が強かった国では、政治における選挙のウェイトの増大を背景に、一般議員が議会における活躍の場の拡大を必要としている事情が共通にみられる。逆に、政府が立法において主導性を発揮できなかった国では、グローバル競争やヨーロッパ統合で勝ち抜き、財政赤字その他の現代の諸問題に対処するために立法における政府の主導性の確保が求められている。即ち政府と議会のリバランスが求められている。

　しかしイギリス、フランスとイタリアにおける議会と政府の関係は仔細に見ればやや込み入っている。イギリスでは政府に対する議会には与党も入る。フランスも同様である。これに対してイタリアで、これまで政府に対して強かった議会には与党も含まれるが、その議会に対して政府の力を強めるときには、政府＋与党対野党の関係が問題になっている。つまりイタリアでは、議会の権限の削減は与野党共通に削減されるのではなく、野党の権限は削減されるものの与党の権限は強化されている。これはイタリアの議会改革が、選挙制度改革によってもたらされた政党構造の変化を反映しているためと考えられる。与党の地位と役割は、国によって事情を異にする複雑な問題を含んでいる。

4 トップリーダーをめぐる改革

(1) 問題状況

統治システムに関する近年の主要国の改革で目に付くのは、民主主義の底辺の拡大ばかりではない。逆の動きとして頂点のトップリーダーの主導性確保のための改革も各国で共通にみられる現象である。

ポグントケとウェブは、「政治の大統領制化」(Presidentialization of Politics) を提起して、各国の政治研究者たちに大きな影響を与えた[75]。彼らは、大統領制の特徴として①リーダーシップのための権力的リソース、②リーダーシップの自律性をもつこと、③選挙過程の人格化の3つの特徴をあげ、ここから政治の大統領制化とは①政党および行政府のなかでリーダーシップのための権力的リソースが増大し、②リーダーシップが中心となる選挙過程が増加することと定義した。そして大統領制化は、行政、政党、選挙の3つの分野に影響を与えるとした。

大統領制化の原因として彼らが挙げているのは、政治の国際化、国家機構の成長、テレビに始まる電子メディアの成長などマスコミ構造の変化、伝統的な社会的クリーヴィジによる政治の衰退などである。二人は、マスコミ構造の変化と社会的クリーヴィジによる政治の衰退を、ともに選挙過程を介して大統領制化に結び付けている。

これらの大統領制化の状況を、各国および日本について検証することは本論の目的ではないし、本論が彼らの言う意味での大統領制

---

[75] Poguntke and Webb (2005)。

化の主張に加担する立場に立つわけでもない[76]。ただ二人の問題意識の中心にあるトップリーダーの強化の傾向は一般的に見られるので、彼らの問題提起を念頭に置きつつ、各国でそれにかかわるどのような制度変化が生じているかを見ていく。

(2) イギリスの首相

イギリスは議院内閣制の国の代表であり、また首相の地位は制度上は「同輩中の首席」にとどまるとされるが、近年その強化が観察されている。とくにサッチャーについては、首相か内閣かの議論をひき起こし、さらにブレアはイギリスにおいても大統領制化の文脈で論じられた。しかしイギリスでは首相のポスト、役割、権限等は、制定法によっているものもあるが、多くは習律によっているので[77]、人や政治状況によって変わりうる[78]。

イギリスの内閣では従来から「大臣のための手続問題」(Questions of Procedure for Ministers) という文書が存在し、これは当初非公開であった。それが1992年にメージャー内閣によって公開され、1997年にブレア内閣で大臣コードと改められて公開され[79]、さらに2010年の連立政権の発足にともなって新たなコードが公開された。大臣コードは首相が大臣たちに示す心得書であるが、そのなかではたとえば行政府の全般的な組織および業務の配分は首相の

---

76) 大統領制化をめぐる肯定・否定の諸議論については、阪野(2008：47-51)。とくにイギリスにおけるその妥当性について Foley (2000：348-357)。Diamon は、イギリスの政策形成の中心は依然として自律的な省にあるとする。cf. Diamon (2014：274-275)。
77) Turpin (2005：222)。
78) Burch (1997：18)。
79) 1997年10月28日の上院におけるキャンベル卿の説明。*Hansard,* vol 582 cc1025-46。

責任であると説明されており、業務配分の変更は首相の承認を要すると書かれている。これらは日本では法律事項（国家行政組織法および各省設置法等）であり、また主任の大臣の間における権限についての疑義は、内閣総理大臣が、閣議にかけて裁定することになっている（内閣法第7条）。イギリスにおいて、これらが首相が定める閣僚コードにおいて首相の権限であると明言され、それが公表されて確立した統治システムの一部になっていることは注目される。

サッチャーやブレアによる首相の主導力の強化は、イギリスにおける伝統的な行政府の戦略的行動の自由（freedom of manoeuvre）によってもたらされたとされる[80]。しかし、その具体的内容はたとえば閣議よりも閣僚委員会、さらには閣僚委員会よりも首相と所管大臣二人の協議（とくにブレア）を多用するというように、首相の個性による運用のスタイルによる部分が大きいので、この問題はここではこれ以上扱わない（ただし、首相の個性によって変わる余地が大きいということ自体が、イギリスの首相制度の特徴であるという点は重要である）。

イギリスにおける首相権限の強化を外形からも明瞭にうかがわせるのは、首相のスタッフおよび補佐機構の拡大・強化である。1916年に設置された内閣府（Cabinet Office）は、内閣全体の補佐機関であるが、首相官邸を内部に含み、現在は2000人のスタッフを擁して、首相のための補佐機関としての性格を強めている。首相直属の組織として首相官邸内にウィルソンが設置した「政策ユニット」（Policy Unit）は、政策に関する日々の動きに関して首相にアドバイスする小さな組織だったが、サッチャーの時代にスタッフ、権限と

---

80) Heffernan and Webb（2005：27）。

もに強化され[81]、ブレアになって大幅に強化された。

さらにブレアは2002年に、政策ユニットと内閣府のディリバリィ・ユニット（Delivery Unit 政策の目標と成果を比較し改善のための総合的な調整を行う）およびコミュニケーション・ユニットを統合して、内閣府に「戦略ユニット」（Strategy Unit）を置いた。戦略ユニットは、首相の政策の優先順位にてらしての戦略レビューと政策アドバイス、効果的な戦略および政策についての各省へのアドバス、随時の戦略監査と政府の政策課題の発見の役割を担い、最高時には90人、平均で55人程度のスタッフを擁した。しかし2010年のキャメロン内閣の発足後、戦略ユニットは解体され、キャメロンと副首相のクレッグにサポートを提供する官僚による「政策・実施ユニット」（Policy and Implementation Unit）が設置された[82]。このように首相直属の政策補佐機関が近年頻繁に組織改革がなされていること自体が、最近の首相にとって補佐機関が自らの政治のイメージと実質を形成する装置としての重要性を増している証左と言える。

タービンとトムキンズは、政府の中枢における発達の結果、首相は政策の発展、調整および提示のためのより強力な装置を与えられ、それは名称以外はすべての点で首相府（Prime Minister's department）ではないのか、と述べている[83]。

2010年の総選挙の結果保守・自由民主党連立政権となった後は、当初キャメロン首相は、首相官邸の規模の縮小と合理化を図ったが、後に方針を転換し、とくに各省の政策形成と実行の状況を把握する

---

81) Thomas（1998：174）。
82) http://en.wikipedia.org/wiki/Number_10_Policy_Unit. Guide to 10 Downing Street（2011：11-15）。
83) Turpin and Tomkins（2011：415）。

ための組織の改編とスタッフの強化が行われている[84]。

(3) フランスの大統領

すでに触れたフランスの2008年の憲法改正は、政府に対する議会の権限を大幅に強化した。形式的に政府の枠外に立つ大統領についても、3選の禁止、一定の官職の任命に対する議会の拒否権の創設、非常事態権限に関する憲法院の関与(30日後に審査可能)、恩赦権の限定など、その地位、権限に制約を設けた。しかしフランスの大統領の任期は5年だから、任期4年で同じ3選禁止のアメリカの大統領より長くできるし、非常事態権限や恩赦権の制約は通常の事態における大統領の政治的な力への制約としては大きいとは言えない。官職の任命に対する議会の拒否権の影響は無視できないが、コンセイユ・デタ評議員、大使・特使、将官、中央行政庁の長官等重要なものは対象外で、かつ拒否するためには上下両院の所管の常任委員会の有効票の合計の5分の3が必要で、次に述べるように大統領と議会多数派のネジレが生じにくくなっている現状では実効性は疑わしい。2008年の憲法改正が、現実に大統領の権限を制約する度合いは大きいとは言えない。

従来フランスの大統領の政治力を制約していた最大のものは、大統領制と議院内閣制の二重構造と言われる制度のもとで、大統領と議会(下院)多数派がネジレ状態になる「共存」(cohabitation)であった。共存は過去3度あり、その重要な原因のひとつが大統領が7年、下院議員が5年の任期の差にともなう選挙サイクルのズレにあったことから、2000年に国民投票によって憲法改正が行われ、大統領の任期が5年に短縮された。通常は権限の縮小となるはずの

---

[84] 濱野(2011:160-163)。

任期短縮がそうならなかったのは、改正後は5年ごとに大統領選挙が4月末から5月、総選挙が解散がなければ6月という時期の近接にある。保革のうち大統領選挙で勝利したほうがそのまま総選挙も制し、共存を生じさせ難くし、その結果実際の大統領の権力は増大した。

このような状況のもとでなされた2008年の憲法改正は、上述のように大統領権限を実質的には制約せず、逆にアメリカの大統領と同様に両院合同会議での演説権を認めた。議会の権限は拡大されたが、その犠牲となったのは首相以下の政府権限であり、かつ議会の権限の伸長は議会多数派の権限の伸長でもある。2008年の憲法改正は、国民投票によらず、上下両院合同会議の5分の3の多数を得るという手続きで行われたが、採決結果は賛成票がわずかに1票上回るという薄氷の勝利であった。社会党が反対にまわったためだが、その理由はおもに大統領中心主義・議会内多数派中心主義への懐疑や人民発案・マスコミの多元主義・元老院の民主化等の改革の不徹底への批判にあったとされる[85]。一票差であれ、2008年の憲法改正が実現したことで、2000年の憲法改正と併せてフランスは半大統領制から大統領制への道を歩み始めたと言える。

(4) ドイツの首相

ワイマール共和国時代と異なり、ドイツ連邦共和国の大統領は、儀礼的な役割を果たすにとどまり、政治の実権は首相に与えられている。首相は、わが国の首相が国会の通常会期の冒頭で行う施政方針演説に相当する「政治の基本方針」(Richlinien der Politik) を、単独で定めることができる権限 (Richtlinienkompetenz) を有する(基

---

[85] 辻村 (2010：22)。

本法第65条)(なお、日本の施政方針は閣議決定を要する)。また連邦政府(日本の内閣に相当)が決定し、連邦大統領が認可した連邦政府職務規則に従って、連邦政府の事務を指揮する権限(Leitungskompetenz)を有する(同条)。首相のこのふたつの権限は、ドイツの執行府における首相原理(Kanzlerprinzip)の表明と考えられているが、基本法はその他に首相の基本方針の枠内で各大臣が独立して自己の管轄事務を指揮すること(管轄原理 Ressortprinzip)、また連邦政府として集合的に意思決定する場合があること(この場合は閣議で決定)(集合原理 Kollegialprinzip)を規定しており、結局ドイツの政府は以上の3つの原理によって組織されるとされる[86]。

上述の首相原理や、また連邦議会(下院に相当)における首相不信任は後任の首相の選出を先に行わなければならないとする「建設的不信任」(基本法第67条)制度の存在、さらに解散・総選挙の機会が制約されていることは、ドイツの首相の権限の強さと地位の安定を示しているが、一方で首相の権力行使を抑制するものがふたつある。ひとつは、連邦参議院の存在である。連邦参議院は、16ある州の政府の意思を連邦の立法および行政に反映する機関であるが、通常の法律も成立のためには連邦参議院の同意が必要で、「連邦参議院の同意を要する法律」(州に影響を与える法律)の場合には、その同意が得られなければ成立の余地はない(通常の法律の場合は、両院協議会およびそこで協議が整わなかった場合の手続きがある)。「連邦参議院の同意を要する法律」は時代とともに増え、成立する連邦法の60%にまで上っていた。またドイツの立法が、連邦のみが専属的に立法権をもつ事項、連邦と州が競合的に立法権をもつ事項、連邦は枠組みについてのみ立法権をもつ(大綱法)事項、州が自由

---

86) Busse u. Hofmann(2010:55)。

に立法できる事項に分かれている複雑な連邦構造もまた、連邦の、ひいては首相の主導性を制約していた。

ふたつ目は、議席配分効果としては基本的に比例代表制として機能する連邦議会の小選挙区比例代表制併用制の選挙制度のために、一党で連邦議会の過半数議席を制することはほぼ不可能で、常に連立政権となっていることから、連立相手の政党の抑制を受けることである。連立政権の樹立に当たっては、詳細な連立政権の政策合意がなされ、政権運営の期間中にも連立与党間の意思の調整は欠かせない。

このうち連邦参議院の権限を含む連邦制の構造の問題については、かねてからその複雑さが問題とされており、連邦議会と連邦参議院の合同調査会で検討が行われてきたが、連邦と州の利害対立に党派的な対立も加わり頓挫していた。しかし2005年9月の総選挙の結果キリスト教民主同盟・社会同盟と社会民主党の大連立（第二次大連立）の第一次メルケル政権が成立したことから、協議が進展し、2006年8月の憲法改正により、連邦と州の立法権限の再編成と連邦参議院の立法権限の縮小が行われ、「連邦参議院の同意を要する法律」の削減も行われた[87]。大綱法も廃止された。州との調整は、最終的には首相の出番を要するから、その軽減は首相の主導力を他の分野に振り向けるのに役立った。

連立与党との調整は、常に必要だが、制度化ないし慣行化されているわけではなく、わが国の与党の事前審査制度のような詳細かつ強力な抑制機能をもつわけではない。わが国の場合は、政府法案について言えば、基本方針、法案要綱、法案テキストの各段階で与党の所管の政策機関の同意が必要とされるが、ドイツの場合は、政府

---

[87] 服部（2008：107-118）、岩波（2007：141-143）。

と与党の幹部の基本的な方針の調整にとどまり、そのような場での首相の発言力は強いと言える[88]。

　近年のドイツの首相の主導力の強化を示すものとして、首相府（Bundeskanzleramt）の強化がある。首相府のスタッフは、発足時の1949年には120人だったが、シュレーダー政権時代には470人[89]、さらにメルケル政権になって530人[90]に増えている。ドイツは、イギリスやフランス第五共和政と比較すると、consociationalな政治構造と分散的・コンセンサス形成型の統治システムを有しているが、それでも首相の主導力は確実に増加している。

(5) イタリアの首相

　イタリアの大統領は、分類としては名目的、儀礼的な大統領に属するが、ドイツの大統領よりは大きな政治的権限をもっている。ドイツの大統領が連邦議会に首相候補を提案するのは政党間の連立協議が整った後の形式的な行為に過ぎないが、イタリアの大統領はまったく自由意思で首相を任命することができ（憲法第92条第2項）、近年は非議員の首相を任命することがあるのは周知のとおりである（ただし、両院の信任手続きが必要）。また議長の意見を徴したうえで一院または両院を解散することができ（同第88条第1項）、議会への教書の提出権や、法律の効力を有する規則や命令の制定権（いずれも同第87条）、議会の制定した法律の再議請求権（同第74条）など、その行為はとくに政治的な危機の場合には決定的と言ってもよい影響力を有することがある。

---

[88] Poguntke（2005：70）。
[89] Busse（2005：119）。
[90] Busse u. Hofmann（2010：128）。

しかし日常の政治は首相および内閣に委ねられていて、政体としては議院内閣制に分類できる。イタリアの首相は、正式名称は閣僚会議議長（Presidente del Consiglio dei Ministri）で、戦前の王政時代もそうだったが、一時期ムッソリーニが prime minister を名乗ったことがあり[91]、イタリア共和国において首相の語は避けられてきた。しかし「第二共和政」になって、政治ジャーナリズムでは、premier の語の使用が広まったとされる[92]。 実際、第二共和政になって変わったのは、議会および議会と内閣の関係よりも内閣それ自体、とくに首相の地位だと言える。第一に短命で知られていたイタリアの内閣の寿命が一般的に長くなった。2001年6月発足の第二次ベルルスコーニ内閣は、イタリア共和国史上初めて選挙から選挙までの任期を全うした内閣になった。連立を構成する各党の意向に縛られていた閣僚人事についても、首相の裁量権が増し、従来は各省が勝手に自分の目的を追求する雑多な集団だった内閣が、首相によってよりコントロールされるようになった[93]。

　これらの背景としては、1993年の選挙制度改正およびそれと前後する政党再編成の他、第二共和政への移行の混乱のなかで共和政下で初めて非議員のチャンピが首相に任命され、首相ポストと議員ないし政党との関係が断ち切られたこと、それもあり閣僚人事に関する首相の裁量権が拡大したことの影響も考えられる。しかし実はすでに1988年の法律で、首相の地位の強化が図られていたことも見過ごせない。1988年の「政府の規律及び首相府の組織に関する

---

91) http://it.wikipedia.org/wiki/Capo_del_governo_primo_ministro_segretario_di_Stato
92) http://it.wikipedia.org/wiki/Presidente_del_Consiglio_dei_ministri_della_Repubblica_Italiana
93) Nanetti and Leonardi（2014：342）。

法律」[94]は、もともと憲法で認められていた首相の任務・権限（「政府の一般政策を指揮し、それに対して責任を負う。首相は、各大臣の活動を推進、調整し、政治的及び行政的方針の統一を保持する」第95条第1項）を具体化するとともに、憲法で法律で定めるとされながら（第95条第3項）、長らく実現していなかった首相府に対する法的基礎を初めて与えた。

首相府は、当初は内務省内に間借りし、1961年に初めて独立の建物に居を構えたが、法的基礎をもたなかったため十分有効に機能しなかった[95]。1988年法によって法的基盤をもつ組織になった後もなお、整合性を欠いた組織の拡大と、部局間および連立政党間それぞれの対立により、個別の任務を有する部署の集合体にとどまり、一体として任務や機能を果たすものとはならなかったとされる[96]。しかしイタリア政府機構の全面的な見直しを行ったバッサニーニ改革（riforma Bassanini）[97]の一環として、1999年7月の立法命令303号により、首相にその命令によって自由に首相府内の組織を組み直す強い権限が与えられ、また会計および予算における自律性が認められ、2000年度から首相府単独の予算が設けられ、さらに首相直属のスタッフとして自由任用による専門家の雇用も可能になった[98]。2011年現在、首相府には2438人の職員がいるとされ[99]、イタリアにおいても首相主導の体制は着実に整備されている。

---

94) Legge 23 agosto 1988, n. 400. Disciplina dell'attività di Governo e ordinamento della Presidenza del Consiglio dei Ministri.
95) http://it.wikipedia.org/wiki/Presidenza_del_Consiglio_dei_ministri
96) 芦田（2007：122）。
97) http://it.wikipedia.org/wiki/Riforma_Bassanini#La_.22riforma_Bassanini.22_del_1999
98) 芦田（2007：123-124）。
99) Nanetti and Leonardi（2014：342）。

小括

　西欧の各国では、行政のトップリーダーの主導性強化の動きが共通にみられる。トップリーダーは、大統領だったり首相だったりするが、フランスは大統領制と議院内閣制の二重構造ないし半大統領制と呼ばれていたのが、大統領制への移行を明確にしつつある。甲乙付け難い2頭を抱えていた制度においてどちらが本当のトップかが決まりつつあることは、トップリーダーの主導性強化がフランスにおいてもまた真剣なテーマであることを裏付けている。

　トップリーダーの主導性強化の動きにおいて重要な視点は、それが誰の権力の代償（削減）のうえに成立しているかである。イタリアのように議会の力が強過ぎて、それがimmobilismoの腐敗的な政治構造をもたらしていたところでは、最終的に代償を払わされたのは議会および議会の少数派である。しかしそれ以外のところは、すでに述べたように全般的に議会の権力・権限の拡張がみられ、トップリーダーの主導性強化が議会の犠牲のうえに成り立っているわけではない。

　結局代償を払わされたのは、イギリスでは内閣および閣僚、ドイツでは州政府、フランスでは首相、そしてイタリアでは上記の議会および議会少数派とともに閣僚および各省である。またトップリーダーのスタッフ体制と情報集約機能の強化も各国共通に進んでいる。これらから、トップリーダーの権力の拡張は、イタリアを除き議会の権限を侵さない政府内部の現象として進行していると言える。

　ポグントケとウェブが「政治の大統領制化」の特徴のひとつとして、政党および行政府のなかでリーダーシップのための権力的リソースの増大を挙げ、議会との関係を問題にしていないことは各国の実際の動きに照らしても正当と言える（もっとも彼らのイメージしている大統領制は、アメリカ型のイメージが強く、大統領の権力はもと

もと議会から切り離されている。なお、本論では国家統治機構レベルのシステムを問題にしているので、政党のことは扱わなかった)。

　トップリーダーの主導性は、グローバル化と国家間競争への対応（他国との競争に打ち勝つ必要性と、他国との合意を国内で了承させる必要性の双方）、政治的諸課題をめぐる調整の必要性の増大等（政策的リソース動員のための政策の優先順位の決定や、veto player の最終説得者としての役割等）を背景に、また選挙の人格化などの影響を受けて、今後ともその強化が予想される。すでに述べた代表制民主主義の拡充と合わせて、民主主義の三角形の底辺とトップのリバランスが進んでいる。

5　日本の統治システム改革

(1) 日本の状況

　以上の西欧の統治システム改革の潮流を踏まえて、日本の状況を考察しよう。一見して明らかなことは、西欧諸国で大幅な統治システム改革が進行しているのに対して、わが国ではその動きに乏しいことである。1990年代の政治改革や1996年以降の橋本内閣による行政改革、さらに最近では2014年の内閣人事局の創設を含む国家公務員制度改革など、日本でもそれなりに改革が行われているのは確かだが、改革の規模、適切さ、その後のフォローアップ等を含め、全体として日本の統治システムの改革は十分とはいえない。

　改革が行われていないのみならず、現在の統治システムがパフォーマンスの点で十分機能しているか否かの吟味もなされていない（改革によって既得権益を奪われる側による情報の隠蔽、遮断が疑われる）。国民の側でも統治システムのパフォーマンスに対する関心が低いばかりでなく、そもそも統治が制度化されたシステムに従って

行われなければならないという認識自体が薄いように思われる（後述するように、制度化されたシステムで対応できないときは制度外のシステムが作られるが、制度改正によって正規のシステムの遵守を維持すべしという要求が国民の側からなされることはほとんどない）。

　たとえば本論執筆時点で日本の最大の憲法問題は、集団的自衛権をめぐる憲法解釈の変更の是非であるが、憲法の解釈変更の手続きが、有識者の懇談会の報告を受けての「閣議決定」であったり、かつ閣議決定の内容をめぐる議論が大臣間でほとんど皆無で、専ら連立与党間でなされていたり、また内閣法制局が「憲法の番人」と報じられても[100]異論が出されることのない議論の過程は、戦後の日本政治における憲法第9条の特殊性を前提としても、民主主義の統治システムの観点からはいびつなものを感じる。即ち今日の日本の状況では、ある政治問題を解決するためにどの機関が何を担当するかということが、民主主義の教科書に書かれていることから極めて遠いものになっている。そして、どこからもそれに対する異議や違和感が提出される状況は観察されていない。

　別の例として、2012年4月に自民党が発表した「憲法改正草案」[101]を取り上げよう。この草案では、前文の他、天皇、国旗・国歌、元号、安全保障、家族に関する規定等を改正ないし新設しているが、統治機構の部分では、たとえば、国会は、国の最高機関で「あつて」を「あって」、国会は、衆議院および参議院の両議院で「これを」構成するの「これを」を取るなど、用字用語の修正が大部分である。多少実質的修正があるのは、緊急事態の章の新設を除けば、

---

[100] 現在高校の政治・経済のほぼすべての教科書で、「憲法の番人」は最高裁判所ないし裁判所と説明している。
[101] https://www.jimin.jp/policy/policy_topics/pdf/seisaku-109.pdf

地方自治の部分で、このことは日本の国会議員が国政の仕組みよりも選挙区の自治体の仕組みに関心をもっていることを示している。国の統治機構に関する若干の修正としては、解散の決定権を内閣の権限から首相の権限にしたことがあるが、これは実態にあわせただけといえる。議院の本会議の定足数（総議員の3分の1）がこれまでは議事を開く場合にも適用されたのが、議決の場合だけに限られるようにしたことや、首相と国務大臣の議院への出席義務が、職務の遂行上とくに必要がある場合は免除されるようにしたことなどは、これまでの規定で不便を感じていたからであろう。

　日本の政治に関して、国会でも、内閣でも、国と地方の関係でも、抜本的な改革を考える場合にすぐ行き当たるのは憲法の制約である。長年国政を担ってきて、当然その制度上の問題点も熟知しているはずの自民党が、現行憲法の定める統治システムについて、改革の構想も意思ももっていないことは驚きである。これまで西欧諸国の憲法レベルを含む大幅な統治システム改革の動きを見てきたが、日本では統治者たちが、安全保障や天皇制、伝統・文化の尊重などには関心をもっているが、現在の統治システムに異議を唱えることなく、これを継続させようとしていることは、これまで見てきた西欧諸国の統治システム改革の動きとの位相の違いを感じさせる。

(2) 日本の統治システムの特徴

　日本の統治システムは、さまざまに誤解されている。たとえば日本では政府が強く、国会は弱いと思っている者は、国民、政治家、マスコミ、さらには学者も通じて多いように思う。実は日本では国会が強く、政府は弱い[102]。政府が強いように見えるのは、強い

---

102) 野中（2013）。

「与党」をもっているからであり、その与党が国会への議案提出に先立ってすでに自分たちの要求を政府に飲ませていて、国会で政府にたてつくのは少数派の野党しかいないからである。

　日本の統治システムの特徴としては、①統治システムの点から見た憲法が第一次世界大戦後型と呼ぶべき古いタイプのものであること、②憲法と国会法や内閣法などの憲法付属法との間で整合性に欠ける部分があること、③憲法、憲法付属法と統治において実際に行われていることとの間に乖離が見られることなどがあげられる。

第一次世界大戦後型の憲法

　まず日本国憲法は、戦後の民主化の過程で1946年11月に公布され、戦争放棄条項も含むことから、世界史的に見ても新しい憲法だと思われがちだが、実は近代憲法ではあっても、そのなかではむしろ古い部類に属する。明治憲法と比較した場合や戦後政治の護憲対改憲の綱引きが、日本国憲法を実際以上に新しいものに見せていることもあろう。憲法学ではそういう言い方はしないようだが、私は「第一次世界大戦後型」の憲法と呼んでいる[103]。それは、別に「第二次世界大戦後型」の憲法を想定するからである[104]。

　第一次世界大戦後型の憲法というのは、普通選挙が実現し、また自由権が保障されて国民全体の民意が自由に表明され、それに基づいて政治が行われるようになれば民主主義は完成するという信念のもとに選挙権拡張が政治の最も重要なテーマとして追求され、それ

---

103) 成田（2001）。
104) この区別はある程度比較憲法学の「近代型」、「現代型」と重なるが、この区分は包括的過ぎ、対比関係も具体性に欠けるのでここでは用いない。cf. 樋口（1992：430-438）、辻村（2011：27, 47-49）。

が実現した段階の憲法ということである。普通選挙の実現は、イギリスが1918年（男子と30歳以上の女子）、イタリアが1918年（男子）、ドイツが1919年（男女）など、第一次大戦後に集中していることから、第一次世界大戦後型と呼ぶことにしている。この類型に属する憲法の代表はワイマール憲法である。日本ではまだ第一次世界大戦が終わる前ではあるが、大正デモクラシーの時代の1916年に吉野作造が「憲政の本義」で民本主義と普通選挙を説いた。吉野の理想を憲法化すれば、日本国憲法になっただろう。

第一次世界大戦後型と呼ぶもうひとつの理由は、憲法学でも第一次世界大戦後に議院内閣制の第一次合理化が行われ、第二次世界大戦後に議院内閣制の第二次合理化が行われたという議論がなされていることによる[105]。第一次合理化は選挙で選ばれた議会に責任を負う内閣が制度化された（内閣はもともと君主に責任を負っていた）ことをいい、第二次合理化は、第一次合理化では政府が不安定になることがあったので、政府の安定・強化を図ったことをいう。結論から言えば日本国憲法は、第一次合理化により選挙で選ばれた国会を国権の最高機関とする統治システムを築いたが、第二次合理化は経ていない。

それでは第二次世界大戦後型の憲法とはどういうものか。それはイタリア共和国憲法（1948年）、ドイツ連邦共和国憲法（1949年）、フランス第五共和国憲法（1958年）などと比較してみればわかる。第一にこれらでは議院内閣制の第二次合理化を経ている。イタリアの内閣は少なくとも1993年以前は日本より不安定だったという指摘があろうが、ここで扱っているのはシステムの問題である。イタリアでは、政府不信任は議院の10分の1以上の署名を要し、提出

---

[105] 近藤（1997：48-50）。

後3日を経なければ討議に付すことができない（第94条第5項）。しかし日本の内閣不信任案は、ただの決議案や法案と同じ一般議案に過ぎず、制度上より慎重な扱いにはなっていない。こういう憲法は異例である[106]。

　上記3カ国の憲法を含め、第二次世界大戦後型の憲法のもうひとつの特徴は、憲法裁判所の存在である。わが国の最高裁判所もアメリカに倣って違憲立法審査権を有するが、それは具体的訴訟事件のなかで行使されるいわゆる具体的規範統制で、第二次世界大戦後の憲法裁判所が通常有する（その具体的な手続きはさまざまだが）議会が法律を制定した後その条文を憲法に照らしてその全部または一部を無効にすることができる抽象的規範統制とは異なっている。このような憲法裁判所の設置は、第一次世界大戦後型の憲法の原理を180度転換させるものである。第一次世界大戦後型の憲法では、普通選挙で実現した民意に基づいて法律を制定し、それに従って行政が行われる仕組みになっていた。憲法裁判所は、そのような議会が制定した法律を、一握りの法律の専門家が憲法に照らして無効にしてしまうことができる。これは、普通選挙によって成立した議会が立法することで、民主主義は完成すると信じられていた第一次世界大戦後型憲法の原理の大転換である。

　こうなったのは、民意による議会を実現したら、国民がヒトラーやムッソリーニを歓迎し、ファシズムが発生したことによる。民主主義の病理現象としてのファシズムを防止し、再び「授権法」が制定されないように、憲法に照らして議会の制定法の合憲性を判断する専門家が求められたのであり、民意よりも（あるいは民意に加えて）憲法と法律の専門家によって民主主義と自由は守られるとの考

---

[106] 近藤（1997：120）。

えに基づいている。日本でももし憲法裁判所があれば、集団的自衛権をめぐる憲法解釈問題の政治光景は一変するだろう。

　日本国憲法がどうして第一次世界大戦後型の憲法になったかは、主としてその基になったマッカーサー草案の立案過程にある。第一次世界大戦後型憲法の特色を最も示す現在の第41条「国会は、国権の最高機関であつて、国の唯一の立法機関である」はすでにマッカーサー草案に含まれていた。この条文は、アメリカ本国のSWNCC228（国務・陸軍・海軍三省調整委員会指令228号）やGHQ民政局内のラウエルらの研究、民政局次長ケーディスの指示などによって形作られた[107]。彼らが参考とした憲法は、アメリカの州憲法、ワイマール憲法、ソ連憲法だったようである。当然、イタリア共和国憲法やドイツ連邦共和国憲法は参考にすることができなかった。もうひとつは、民政局と日本側との限られた時間のなかでの交渉は、全体としては日本側が三権分立を強調して国会を極端に強い機関とするのを防いだが、逆に強くしてしまった部分もあることによる。この点は後述する。

憲法と付属法の乖離

　次に上記②の憲法と憲法付属法との間での整合性の欠如の点では、たとえば国会について、憲法ではイギリス型の議院内閣制を定めながら、国会法ではGHQ民政局国会課の介入（親切心からであったことは疑いがないが）によって、大統領制下のアメリカ議会をモデル

107）私は「国の唯一の立法機関」には、鈴木安蔵らの憲法研究会案が影響を与えた可能性を考えていたが、廣田真美氏の研究によると、それはなかったとされる。cf. 廣田（2012：25-27）。

とする国会が形作られた[108]。これにより、戦前の帝国議会がイギリス議会に倣って3読会制と法案ごとの特別委員会制による本会議中心主義であったのが、国会ではアメリカ議会の特徴である常任委員会中心主義に移行した。その結果国会運営が分散化したことで、政党が各常任委員会の審議を統括するために国会対策委員会が生まれ、次第にその力が強くなっていわゆる国対政治が発達し、さらに後には常任委員会、政権党（自由民主党）の政調部会、行政省庁の三者をつなぐ族議員を生むことにもなった。

　もうひとつには、厳格な三権分立のアメリカ議会と同様に、政府の干渉を排した自律的な国会が作られたことである。自律権自体は近代議会の原理だが、帝国議会が政府の干渉を許していたことの反省もあり、政府は国会では、帝国議会でのように議事日程や委員会の開会予定を知らされることすらなくなり、議案提出権はもつものの、成立させるためには全面的に与党に頼るほかなくなった。これが、後に予算や政府提出法案の与党の事前審査制というわが国独特の制度を生み出す制度的背景になった。

　首相の権限についても、憲法と内閣法で齟齬が認められる。憲法では首相は「内閣の首長」だが、内閣法では「内閣がその職権を行うのは、閣議によるものとする」（第4条第1項）として閣議至上主義が貫かれ、首相はあたかもその座長に過ぎないかのごとくである。日本国憲法が帝国議会を通過した後、その付属法の立案作業が行われたが、内閣法案をめぐる日本の法制局とGHQ民政局の間で行われた協議において、民政局側は新憲法の首相の権限に比べて内閣法案の首相の権限は弱過ぎると難色を示した。しかし、日本側は新憲法においても「行政権は、内閣に属する」と規定していること、首

---

108) 成田（1990：63-72）。

相の権限を強くすると将来独裁者の出現を容易にする（要するに東條の再来を許す）と反論し、若干の修正で押し切った[109]。意図的かあるいはそういうものと思い込んでいたのかはともかく、日本側（法制局）は強力な権限をもつ首相を嫌い、旧憲法下の「同輩中の首席」の首相を戴く縦割り省庁の集合体としての内閣の地位を守った。

　時代は変わって「政治主導」が叫ばれるようになり、橋本行革では首相権限の強化が行われたとされる。具体的には、内閣法の「内閣総理大臣」の前に「国会の指名に基づいて任命された首長たる」を冠してその地位を明確にし、首相がその主導性を発揮できるよう、「内閣の重要政策に関する基本的な方針」等を閣議に発議できることを明記する等の改正が行われた。しかし、前者は憲法に書いてあることをリフレインしたに過ぎず、後者は行政改革会議で、従来から首相が発議することは何ら支障はないと官僚側がその明記に抵抗したと言われるように、実益のあるものではなかった。依然として憲法と内閣法の間には齟齬があるというべきである。

　なお、前述の自由民主党の「憲法改正草案」では、「内閣総理大臣は、行政各部を指揮監督し、その総合調整を行う」（第72条）となっているが、行政各部の指揮監督は現行憲法にあるし、「総合調整」は、命令や指示とは異なり、首相の優越的な決定権を排してあくまでも縦割りのシステムを残すということである。

制度と実態の乖離

　最後に③の憲法、憲法付属法と統治において実際に行われていることとの間に乖離が見られることであるが、細かなことから言えば、

109）岡田（1994：136-139）。

憲法、国会法、衆参の議院規則で書かれている国会運営の方法と実際の国会運営はまったく違う。憲法は、「両議院は、全国民を代表する選挙された議員でこれを組織する」(第43条第1項) と規定し、国会法は議員の発言について規定し (第61条　内容は直接的には、議員の発言時間を制限することができること、制限により発言を終わらなかった部分は会議録に掲載すること等について定めているが、その前提は議員は自由に発言できるということであろう)、さらに衆議院規則は会議において発言しようとする者は予め参事 (事務局の職員) に通告を要すること、通告しない議員は通告した議員がすべて発言が終わった後でなければ発言を求めることができないこと、通告しないで発言しようとする者は、起立して議長と呼び、自己の氏名を告げ、議長の許可を得た後、発言することができること等を規定する (第125条～第127条)。

　これらを読むと、全国民を代表する議員は本会議でいつでも自由に発言できるかのようである。明治の帝国議会では、実際にそういう運用がなされていた。しかし現在の国会運営は、会派によってがんじがらめに縛られており、本会議も委員会も、会派間の交渉により議題も発言者も発言時間もすべてが予め決められ、無所属の議員には本会議での発言の機会は与えられない。万事会派間での合意どおりに進められ、議事進行に必要な動議は、予め選任された議事進行係が、自分の前に設置されているマイクに向かい、両手で原稿をもって「ギチョー」と叫んで提出する。他の議員が議院規則に書いてあるように、「議長」と呼んで立ち上がっても、呆れられ、たしなめられるだけだろう。

　国会に限らず、書かれたルールとの乖離は数多く、それを知らないものはその世界では素人ということになる。国会議員になって最初に学ぶことは、そのようなルールである。憲法、国会法、議院規

則を精読しても、玄人になることはできない。

与党について

　書かれたルールと実際との乖離の最大のものは、「与党」という憲法にはない権力機構が作り出されていることである。自民党政権で言えば、政府法案と予算の他、今日では政府が閣議決定するほとんどすべての政策、さらに本論執筆時点では政府の憲法解釈まで、事前に与党の審査を要している。そして法案の場合は、基本方針、要綱、法案テキストの各段階で、部会や調査会など与党の政務調査会の所管機関の承認を要し、それが済むと政調審議会の審議と決定を経て、最終的に総務会で党として決定して、その後に初めて閣議決定が行われて政府の政策になる。

　「与党」は今日の日本政治の特徴を示す最大のキーワードである[110]。「与党」という語で示される政府と併存し事前審査などで政府を拘束する議員の組織体自体が、欧米諸国にはない[111]。日本では、自民党では「政府与党一体の原則」[112]などということが言われ

---

110) 川人（2005）は、政治学の立場から戦後の国会制度の変容を綿密に分析した秀逸な業績である。その基本構図は、日本国憲法が含む国会中心主義と議院内閣制という相対立・矛盾する制度理念のもとで、徐々により議院内閣制に合致するように制度が変容していったということにあるが、そのような変容を促進する一方で、両者を現在もなお（部分的にではあれ）両立させる役割も果たしている「与党」の分析が加えられれば、よりリアリティが増すように思われる。
111) 飯尾（2007：78-81）。
112) この語は、与党の事前審査制の正当化（およびその結果として国会内で与党が政府案を支持することの正当性）のために用いられるが、欧米では government party ないしは政府自身が政府案を議会で修正することは普通のこととして行われるので、この点からもこの「原則」は日本（とくに自民党）独特のものである。

るが、諸外国では政府との一体性が問題とされる組織としての与党がそもそもないので、そういう表現も使われない。

　日本では「与党」があるのみならず、それが強力な権力機構となっている。大臣は国務大臣として閣議で国政の全般について発言できる建前だが、実際には所管事務についてしか発言できないのに対して、与党の幹事長等の役職者は、すべての案件にタッチできる強い権力をもっている。しかも与党の行為は、憲法はもとより何らの法的な制約を受けない。手続きは自由で、議事録の公開もないし、よく指摘されるように収賄罪の適用もない。また与党の裏には縦割りの府省が付いており、「与党」は日本の統治システムの構造の全体にかかわる問題でもある。

　憲法以下の制度と実態の乖離は、それが生じた具体的な経過は別にして、ある意味では山本七平の指摘する「令外の官」[113]の日本の伝統的な現象に属するが、内容的には制度の建前と統治の必要性との一種の均衡と言えよう。「与党」という権力機構が発達したのは、①で述べた第一次世界大戦後型憲法の強い国会の制約のもとで、政府が統治を行うためには与党の力を借りる必要があったことによる。また②で述べたこととの関係で言えば、GHQに指導された国会法は、とくに冷戦下の保守対革新の55年体制下の政党構造に適していなかった。②で温存された縦割り行政も、「与党」発達の条件になったし、国会の短い会期と会期不継続（つまり短い会期に多くの政府法案を成立させなければならない）など、さまざまな制度の細部も現在の均衡を支える条件になっている。

　現在のような強い与党は、日本国憲法施行後直ちにできたわけでないのはもちろん、1955年に自民党が結成されてすぐに現在のよ

---

[113] 山本（2004：136-139）。

うな形になったわけでもなく、漸進的な変化の積み重ねの上に、最終的には1970年代の石油危機の時代のいわゆる党高政低の時代に完成した[114]。しかし時間をかけて成立したことが現在の状態を正当化するわけではない。制度との均衡を実現した統治の実態は、利益誘導型政治であり、既得権益の擁護であった。諸外国、とくにヨーロッパの先進国に比べれば、資源配分は道路や箱モノ、原発に偏り、福祉、とくに子育て世代や失業者、低所得層などの弱者に薄い。そういう形で均衡が成立しているのである。前述の自由民主党の「憲法改正案草稿」で統治機構の部分がほとんど手付かずなのは、憲法の建前からは乖離した現在の実態としての統治システムが、自民党の集合体としての為政者たちにとって居心地が良いものだからである。問題は、それが国民にとっても、とくに将来の国民にとっても、居心地の良いものであるかということである。

　さらに書かれていない統治システムが機能すると、書かれているシステムは形だけになるという大きな問題がある（ただし形がもつ機能は残る）。第一次世界大戦後型の憲法により国権の最高機関となった国会は、与党という権力機構ができたおかげで骨抜きにされている。社会の諸団体との政治的調整までを含む法案の調整は、与党審査の段階で終了し、国会は「通すだけ」の機関になっている。「国権の最高機関」は、与党が政府に対して事前審査を要求する根拠でもあるが、「最高機関」の看板は野党に花を持たせる効果だけになっている。花を持たせつつ、通すことが国会の役割である。

(3) 日本の統治システム改革の位相と課題

　近年における主要国の統治システム改革の状況を概観し、日本の

---

114) 奥（2014：47-81）。

統治システムの特徴について述べた。最後に、日本はすでに述べた近年の主要国の統治システム改革をどう教訓とすることができるかについて述べて本論を締め括ろう。

選挙と選挙制度

　主要国でも近年は統治において選挙が占める重みが増大している傾向が確認できた。無論日本でも、選挙の重みは極めて大きい。55年体制では、政権は動かなかったが、野党にもそれなりの役割が与えられ、分配が行われていた。しかし「政権交代可能な政治」という民主主義の真っ当な理念を掲げて実現された90年代の政治改革の結果、本当に政権が動くようになると、政権を取った側は野党に何も与えなくなった。だから昔に戻ろうというのは正しくない。日本でもいずれまた政権交代は起きよう。諸外国の改革からの教訓は、選挙を本当に大切にすることと、その結果組織される議会を、与党審査の出がらしを材料に単に政府を追及する場ではなく、政府、与党、野党、さらには国民がそれぞれの役割を果たして、政策形成に本当に役立つ機関にすることである。

　まず選挙について西欧の各国が共通かつ真剣に取り組んでいるのは、投票価値の平等の確保である。実際上この問題が生じない比例代表制の国を除き、イギリスもフランスも抜本的な対応を行っている。日本も、その場しのぎの対応を止めて、議員である限り選挙区の変動を宿命として受け入れる抜本的な解決策を講ずる必要がある。とくに参議院については、従来は最高裁も衆議院よりも緩やかな格差基準を許容しているとみられていたが、2012年10月の判決で「参議院議員の選挙であること自体から、直ちに投票価値の平等の要請が後退してよいと解すべき理由は見いだし難い」と明確にしたことから、衆議院と同様の基準での格差是正を図るのでなければ、「自

分たちも全国民の代表」として衆議院と同等の発言権を主張する正統性は失われる。

　衆議院の小選挙区比例代表並立制については、その導入にかかわりをもった私の立場上、論じ出すと収拾がつかなくなるのでやめるが、ひとつ触れておきたいことは、それが実現した経緯である。その具体的な話はすでに述べたので[115]繰り返さないが、本論のテーマにとって重要なことは、7年を要したとはいえ、明治維新や戦後の占領下とは異なって外圧のないなかで、なぜこれほどの改革が多くの抵抗を排して実現したのかということである。Electoral Formulaの項で述べたように、日本の政治改革は国民とエリートの共闘によって実現した。たとえばロッキード事件は、国民の怒りによる改革の下地はあっても、若手議員の離党による新自由クラブの結党は別にして、自民党中枢のエリートが本物の改革の機会として利用することはなかった。そのために政治倫理綱領や政治倫理審査会の設置程度でお茶を濁されて終わった。政治改革は、リクルート事件の国民の怒りに、肚に秘めた行き着く先は違っても、後藤田正晴、小沢一郎といった自民党中枢のエリート、さらに新党ブームの火付け役の細川護熙が共闘した。国民の改革への動きが、政治スキャンダルの不祥事によってしか発揮されないことは問題だが、しかし本当に国民が求めたとき、中枢のエリートがどう共闘するかで統治システム改革の行方は決まるということは、今後の日本の統治システム改革にとっての大きな教訓になるだろう。

　ここではあるべき選挙制度については述べないが、個人的には中選挙区制に戻すことだけはすべきではないと考えている。中選挙区制というのは基本的に、高度経済成長の果実の分配の政治に適合し

---

[115] 成田（1997：7-57）。

た選挙制度である。並立制になって党の執行部の力が強くなり、党内の自由闊達さが失われたという指摘もある。それはそれで改革が必要であろうが、しかしその一種の郷愁は、あるひとつの政党が恒常的に政権を維持し、代わりに疑似政権交代を自党のなかで行った時代に向けられている。中選挙区制に戻すことは、歴史の歯車を逆転させることである。

政府と国会のリバランス

西欧諸国で目下行われている政府と議会、民意と執行権のリバランスを参考にすれば、目下日本に最も求められる改革は、国会の改革である。選挙制度改革、政治資金制度改革、行政改革は一応行ったが（済んだわけではない）、国会改革は55年体制以前の改革を除いて、近年は政府委員の廃止や党首討論の導入などの他は、抜本的な改革を経ていない。しかしイギリスやフランスのように、日本でも国会の権威と権力をさらに増加させる改革を求めるのは皮相である。すでに述べたように、日本国憲法は、普通選挙による民意を至高のものとすることによって民主主義は完成すると考えた憲法であり、議院内閣制の第二次合理化を経ていない。

最も抜本的な改革は、議院内閣制の第二次合理化を行ったうえで、政府が自律性をもって法案を取り纏め、国会に提出した後に国会内で与党、野党、政府が協議して法案の修正を行うという欧米の通常の議会運営、かつ日本でも昭和20年代には行われていた国会をつくることである。最大の変更点は与党の事前審査制の廃止だが、しかしそのためには、会期の長期化と会期不継続の廃止、国会の質疑と答弁という審議方式の改革と政府の国会業務の負担軽減、衆参の意思の調整方式の改革、議員のスタッフ機構の充実など大きな改革が幾つも必要であり、また一旦与党の果実を味わった政党（現在の

与党および将来与党を目指す政党）がそれを手放すかという実際的な問題がある。
　以下では、上記の改革があくまでも本来の改革であることに留意したうえで、政府と国会のリバランスに関する当面の改革について若干の指摘をしておこう。
　行政機関は明治憲法下では天皇の官制大権により勅令（実態は政令）で決められていたが、戦後は法律で定められるようになった（行政機関法定主義）。とくに内閣については、憲法自身が「内閣は、法律の定めるところにより、その首長たる内閣総理大臣及びその他の国務大臣でこれを組織する」（第66条第1項）と規定している。憲法の教科書はいずれもまったくと言ってよいほど関心を払っていないが、法律で（即ち国会が）どこまで内閣の組織に干渉できるかは、政府と国会のバランシングにとって大きな問題である。この規定はマッカーサー草案では首相の選挙の他、首相の任命した個々の閣僚も就任にあたって国会の承認を要するとしていたのが、日本側との折衝の結果現在の規定になったもので[116]、日本側としては首相による閣僚の任命に対する国会の関与を不要にしようとして、かえって内閣に対する国会の包括的な干渉を招く結果になった。オーストラリア連邦憲法が議会が国務大臣の数および職務を定める旨規定し、スペイン憲法が首相、副首相、国務大臣以外の閣僚について法律で定めるとしている例はあるが、内閣の組織から運営までこれほど広範囲にわたって法律事項としている国はない。日本の内閣法は内閣官房の事務や組織まで規定しており、私は三権分立に反すると思っている。

---

[116] この間の経緯は、佐藤・佐藤（1994：29以下）にあるが、同書でも具体的な経緯には不明なところがある。

憲法政策論的には内閣法は不要だと思うが、現行憲法を前提とする限り制定せざるをえないから、内容をもっとシンプルにして内閣自身の裁量に委ねる部分を多くすべきである。他方内閣以外の行政機関については、法定主義が憲法で明示的に定められているわけではない。わが国の憲法学の通説では行政機関法定主義は日本国憲法の要請とし、実務でも国家行政組織法や各省設置法をはじめ、行政機関は法定されている。それは言うまでもなく、行政府の組織の仕方は国会が決めるということである。2009年成立の民主党政権は、マニフェストで国家戦略局の設置を掲げていたが、政権の不手際もあって手間取っている間にネジレ国会になり、結局設置できなかった[117]。また議員提出法案で提出していた副大臣と大臣政務官の増員も実現しなかった[118]。諸外国の統治システム改革の動向のなかでトップリーダーの主導性の強化のための首相府や内閣府の強化について紹介したが、行政権が属し、その行使について国会に対して責任（結果責任）を負う内閣が、行政に必要な組織を自分たちで自由に作ることができないというのは、おかしな話だと私は思う。それだけ行政に干渉するなら、国会自身が行政の責任を取ればよいだろう。各省設置法が官僚機構が縦割り行政を維持する砦になっている実態もあるし、内閣府設置法のように行政組織の余りにも細部にわたって国会が介入することには問題も多い。憲法解釈の問題とし

---

[117]「政府の政策決定過程における政治主導確立のための内閣法等一部改正法案」（内閣提出）は、2010年2月5日提出で、2011年5月12日撤回承諾になった。
[118]「国会審議の活性化のための国会法等一部改正法案」（議員提出）は、2010年5月14日提出で、2011年5月17日撤回許可になった。

て、行政機関法定主義は見直す必要があると思う[119]。

　2014年5月に自民、公明、民主、日本維新の会の4党の実務者が協議し、首相の出席を一部の法案審議等に限定すること等の国会改革が合意されたことは、一定の前進と言える。首相の国会出席が過重であることは、かねてから問題視されていたが、日本アカデメイアは、2012年9月に「有志による国会改革に関する緊急提言」[120]を発表し、日本においては諸外国に比べて極端に首相が国会に拘束される日数が長く、首相や国務大臣が国益のために行動する時間が制約されると指摘した。

　野田佳彦首相も、2012年3月の参議院予算委員会で、「日本のリーダーが摩耗する仕組みになっている」と指摘した[121]。衆参の予算委員会の基本的質疑では、首相は午前9時から1時間の昼休みを除いて少なくても午後5時まで拘束される。閣議がある場合は8時からで、その前に自宅や公邸での答弁打ち合わせが6時とか6時半とかからある。そうすると起床は場合によっては5時前ということになる。さらに予算委員会が終わってから外交日程や国政の会議が続く。リーダーが摩耗されるというのは誇張ではない。この状況は、衆参のネジレによってとくにひどくなった。また国会開会中の閣僚の海外出張は、議院運営委員会の了承を要し、与野党が対決的な状況では国会開会中に閣僚が所管の国際会議に出席できないことも、とくに国際化の進展とともに問題になってきた。自民党長期政権時代には、自民党が首相はじめ閣僚の国会への拘束の緩和を求め、こ

---

[119] 憲法学の観点から行政機関法定主義に疑問を呈するものとして上田（2008：329-355）。
[120] https://j-akademeia.jp/activity/suggestion.php
[121] 『第180回国会参議院予算委員会会議録』第13号、38頁。

れに対して野党が「国会軽視」として反発し、非自民政権になると非自民連立が同じことを求め、これに対して野党に転落した自民党が「国会軽視」として反発することを繰り返してきた。

質疑と一問一答方式

今回与野党がいきがかりを捨てて（私の目からは野党の我慢のほうが大きかったが、与野党の議席差が大きく開いた効果もあろう）、合意に至ったことは前進ともいえるが、根本的な問題は、諸外国に比べて日本の首相が極端に国会に拘束される時間が長いのはなぜかということである。答えは簡単である。欧米では議会の審議の中心は、法案の修正をめぐる議員どうしの議論にあり、国によってはこれにヒアリングが加わるが（大統領制の場合はもとより議院内閣制でもヒアリングに首相が呼ばれることは基本的にない）、これに対して日本の国会審議の中心は質疑という形での政府の追及にあるからである。質疑は、委員会では一問一答の形式で行われる。日本でも、1890年に帝国議会が開設された当初は、委員会では議員どうしが予算や法案をどうするかを議論し、また委員会での答弁（というより説明）も官僚の政府委員が中心だったが、次第に政府の追及に移り、それもまちまちに発言していたのが、順番を決めて質疑するようになり、明治の末年頃に持ち時間を決めての一問一答方式が定着した。したがってこれはどこからか輸入した審議方式ではなく、日本で開発された極めて日本的な審議方式である。そして、政府の追及にあたっては、当然首相が最大のターゲットになる。

一問一答の質疑は、ひとつ尋ねてひとつ答え、続けて尋ねてまた答えるということを繰り返す。これは無限に続く過程で、終わるのは持ち時間が尽きたところである。こうして1日の委員会が終われば野党は「次回も」と言い、与党は「そろそろ採決を」という。日

本で強行採決とそれに抗議しての審議拒否が行われるのは、欧米のように必ず終わりがあり、終わりに至らなければ採決が意味をもたない逐条審議とは異なり、審議が無限の過程としての一問一答方式によって行われているためである。

　一問一答方式は、政府の追及には適した方式と思われるだろう。しかし私は首相の答弁原稿を書いていた経験があるが、はぐらかすこともできるし、すれ違いに持ち込むこともできるし、アピールしたいことは与党に質問させて大いにアピールすることもできる。面倒なのはスキャンダルの追及で、日本の国会がスキャンダルの追及に適した構造になっていることは余り気づかれていない。

　一問一党方式が、直接首相に迫ることで、政府から情報を引き出すのに適した方式だと思われているのなら、それも誤りである。実は日本の国会は、情報発信機能において著しく劣っている。例として、法案の提出理由がある。たとえば小泉内閣で2005年の通常国会に提出された「郵政民営化法案」[122]は、首相自身が執着した日本の国のかたちを変える極めてドラスティックな改革をめざし、法案自体も浩瀚であったが、法案に印刷された提出理由は「郵政民営化について、その基本的な理念および方針並びに国等の責務を定めるとともに、郵政民営化推進本部及び郵政民営化委員会の設置、日本郵政株式会社等の設立、日本郵政株式会社等に関して講ずる措置、日本郵政公社の業務等の承継等に関する事項その他郵政民営化の実施に必要となる事項を定める必要がある。これが、この法律案を提出する理由である」で全文である。

　イギリスでは、法案とは別の冊子として説明書（Explanatory Notes）を作成して提出する。政府法案を起草する官庁の担当者向

---

[122] 第162回国会、閣法84号。

けの「立法の手引き」によれば、説明書は通常、①序、②概要および背景、③法案の構成、④施行地域、⑤注釈、⑥財政上の影響、⑦公的部門の人員の増減、⑧影響評価書の概要、⑨欧州人権条約との適合性、⑩欧州連合法の国内法化に係る説明、⑪施行日の項目が含まれる[123]。通常数十ページのものだが、100ページを超えるものもある。説明書は法案を提出する場合にともに提出するが、これとは別に法案の構想段階で議会の内外での議論のためにグリーンペーパーを刊行することも行われている。

ドイツでは、法案と説明書が一体になっている。まず問題の定義と目標があり、政府が目指す解決策等の説明があり、次に法案のテキストがきて、その後に表やグラフまでついた詳細な理由の説明がある。委員会の報告書などと一緒にDrucksache（ドイツ語の意味としては「印刷物」）として刊行される。その他の国でも、議会刊行物は豊富で、議会は国民への政策情報の発信基地になっている。国権の最高機関として、長時間首相その他の閣僚を拘束し、一問一答で迫って、NHKに中継させている日本では、詳細な政策情報が国民にいきわたることはない。

キーワードは「与党」にあるし、与党を支えている縦割りの官僚制にある。総選挙の勝利で得られる魅力あるポストは、実は政府以上に「与党」なのである。

私が言いたいことは、議会政治では日本と西欧は位相がずれているということである。現在の西欧の議会改革から学ぶ前に、まず各国が第二次世界大戦後に行った議会改革から学ぶ必要がある。私が言う「日本の位相」とはそういう意味である。

---

[123] 古賀（2011：91）。

首相のリーダーシップ

　最後に世界のトップリーダーの主導性強化から学ぶべき点について述べておこう。日本では「政治主導」が強調されたとき、それは「首相主導」だと言われた。それ自体は正しいが、問題は「主導」の中身である。自民党の憲法改正草案が示すように、とくに官僚機構は首相の「主導性」は「総合調整」だという。しかし私は「主導性」は「決定力」でなければならないと考えている。

　西欧で首相の主導力強化のために情報の集約機能とスタッフ機能の強化が行われていることを紹介した。日本も橋本行革で内閣府が設置され、体制が強化された。さらに国家安全保障会議が設置され、その事務局として国家安全保障局が設置された。私は国家安全保障会議は評価するが、首相周りが内閣官房、内閣府、国家安全保障局、さらには新設の内閣人事局と輻輳し過ぎるように思っている。内閣制度に基づく内閣官房長官と、本来は大統領制の補佐機関の補佐官が混在していることにも問題がある。私はもともとすべてを首相を長とする首相府に統合する首相府論者だが[124]、少なくともあまりにも複雑になり過ぎた現状を（かつ法律事項の範囲も見直して）再整理する必要があると思っている。

おわりに

　西欧の議院内閣制の先進諸国では、憲法改正を含む大幅な統治システムの改革が進んでいる。日本では、集団的自衛権をめぐる憲法解釈の変更や、愛国心、文化と歴史などが強調されているが、統治システムの総合的な見直しについては、抽象的な「政治主導」の掛

---

[124] 成田（2002：90-95）。

け声以外は、与党を含め具体的に関心がもたれていない。野党も、政府の批判はあっても、日本の統治システムをどうするについての十分説得的で現実的なプランを示していない。代表制民主制の基本の一票の格差の是正についても、その場しのぎの対応がなされているだけである。

日本の統治システムは、憲法自体が第一次世界大戦後型と古いままである。憲法の制定過程を見れば、GHQ民政局の関与によって、日本側が自発的に作ったものよりは進んだ憲法ができたことは間違いない。その代わり、憲法付属法との齟齬、さらに運用実態との齟齬が生じている。

憲法問題が第9条と歴史認識を核とした護憲・改憲の硬直化した対立軸を形成し、構造化させていることは、憲法レベルまで遡った日本の統治システムを考える大きな障害になっている。この対立をほぐしながら、西欧の統治システムの改革から学んでいく必要がある。その際には、日本の統治システムの歴史的位相を自覚し、西欧の改革を単に表面的に真似るのでなく、本来民主主義によって実現されるべき基本的価値や、現在日本が直面しているアジェンダ、改革後の各政治装置の予想される機能と有効性などを含め立ち入った考察が求められる。日本の統治システムは、書かれた基本システムのレベルから具体的な運用のレベルまで複雑に入り組んだ多くの問題を抱えているが、それを丹念に解きほぐす努力と忍耐が必要であり、困難ではあるがやり遂げていかなければならない作業である。その作業は、政治家とともに、また研究者にとっての責務でもある[125]。

---

125) 川人（2005：244-251）は、日本の国会研究における政治学と憲法学の理解の相違について述べている。経験科学と規範学の違いからそれはある意味

参考文献

芦田淳（2006）「イタリアにおける選挙制度改革」『外国の立法』（国立国会図書館調査及び立法考査局）230号、2006年11月。

芦田淳（2007）「イタリアにおける首相府改革——1999年の委任立法命令第303号による自律性の強化」『外国の立法』（国立国会図書館調査及び立法考査局）233号、2007年9月。

飯尾潤（2007）『日本の統治構造——官僚内閣制から議院内閣制へ』中公新書。

岩波祐子（2006）「イタリア2006年憲法改正国民投票」『立法と調査』259号、2006年9月。

岩波祐子（2007）「二院制改革の動向——英独仏伊の最新事情」『立法と調査』263号、2007年1月。

上田健介（2008）「行政組織編成権について——憲法学の観点から」初宿正典他編『国民主権と法の支配——佐藤幸治先生古稀記念論文集』上巻、成文堂。

奥健太郎（2014）「事前審査制の起点と定着に関する一考察——自民党結党前後の政務調査会」『法学研究』87巻1号、2014年1月。

奥村牧人（2011）「英国下院の議事日程改革——バックベンチャー議事委員会の設置を中心に」『レファレンス』731号、2011年12月。

岡田彰（1994）『現代日本官僚制の成立』法政大学出版局。

河島太朗（2012）「イギリスの2011年議会任期固定法」『外国の立法』（国立国会図書館調査及び立法考査局）254号、2012年12月。

河島太朗・渡辺富久子（2013）「連邦選挙法の第22次改正」『外国の立法』（国立国会図書館調査及び立法考査局）255-1号、2013年4月。

川人貞史（2005）『日本の国会制度と政党政治』東京大学出版会。

桐原康栄（2004）「欧米主要国の政治資金制度」『調査と情報』（国立国会図書館調査及び立法考査局）454号。

小泉悠（2012）「ロシアにおける政党制度及び選挙制度改革——中央集権化をめぐって」『外国の立法』（国立国会図書館調査及び立法考査局）254号、

で当然のことでもあり、違いは互いに刺激を与えることにもつながるが、両者のギャップは実は川人が述べている以上に大きい。その原因のひとつは互いの研究成果の無関心にもあり、所詮国会はひとつであるから、双方の学問の共同作業が望まれる。

2012年12月。

古賀豪（2011）「英国の政府提出法案の立案過程——英国内閣府の『立法の手引き』」『レファレンス』731号、2011年12月。

小堀眞裕（2012）「英国首相解散権の廃止——固定任期議会法の成立」『ウェストミンスターモデルの変容』法律文化社。

近藤敦（1997）『政権交代と議院内閣制——比較憲法政策論』法律文化社。

阪野智一（2008）「イギリスにおける中核的執政の変容」伊藤光利編『政治的エグゼクティヴの比較研究』早稲田大学出版部。

佐々木毅（2006）「二〇世紀型体制についての一試論」『政治学は何を考えてきたか』筑摩書房。

佐藤達夫著・佐藤功補訂（1994）『日本国憲法成立史』第3巻、有斐閣。

自由民主党「日本国憲法改正草案」（https://www.jimin.jp/policy/policy_topics/pdf/seisaku-109.pdf）

鈴木尊紘（2009）「『一票の格差』是正評議会の設置」『外国の立法』（国立国会図書館調査及び立法考査局）239-1号、2009年4月。

高橋利安（2008）「憲法体制転換期におけるイタリア憲法の変容——第1共和制から第2共和制への移行の中で」『修道法学』30巻2号、2008年2月。

辻村みよ子（2010）『フランス憲法と現代立憲主義の挑戦』有信堂。

辻村みよ子（2011）『比較憲法』新版、岩波書店。

成田憲彦（1990）「序説　日本国憲法と国会」内田健三・金原左門編『日本議会史録』第4巻、第一法規出版。

成田憲彦（1996）「主要国の選挙制度と政治資金制度の現状と課題」（一二）、『選挙』49巻12号、1996年12月。

成田憲彦（1997）「『政治改革の過程』論の試み——デッサンと証言」『レヴァイアサン』20号、1997年春。

成田憲彦（1998a）「主要国の選挙制度と政治資金制度の現状と課題」（二六）、『選挙』51巻5号、1998年5月。

成田憲彦（1998b）「主要国の選挙制度と政治資金制度の現状と課題」（二七）、『選挙』51巻6号、1998年6月。

成田憲彦（2001）『参議院憲法調査会会議録』第151回国会第4号、2001年3月14日。

成田憲彦（2002）「官邸ではなく『首相府』を作れ」『中央公論』117-12（通巻1423）、2002年12月。

成田憲彦（2010）「議会制度120年を振り返る——帝国議会以来の変遷から何を汲み取るか」『改革者』2010年11月。

日本アカデメイア有志「国会改革に関する緊急提言」(2012年9月6日公表)
  (https://j-akademeia.jp/activity/suggestion.php)
野中尚人 (2013)『さらばガラパゴス政治——決められる日本に作り直す』日本経済新聞出版社。
服部高宏 (2008)「ドイツ連邦制改革」『ドイツ研究』42号、2008年5月。
樋口陽一 (1992)『比較憲法』全訂第3版、青林書院。
濱野雄太 (2011)「英国キャメロン連立内閣の政権運営」『レファレンス』731号、2011年12月。
廣瀬淳子 (2014)「アメリカ連邦議会上院改革の課題——フィリバスターの改革」『レファレンス』758号、2014年3月。
廣田真美 (2012)「憲法研究会案とマッカーサー草案の関係——『ラウエル所見』の再検討をふまえて」『青山ローフォーラム』創刊号、2012年5月。
山口和人 (1997a)「海外法律情報 ドイツ 選挙法の改正と違憲審査」『ジュリスト』No.1106, 1997.2.15。
山口和人 (1997b)「海外法律情報 ドイツ 超過議席に合憲判決」『ジュリスト』No.1115, 1997.7.1。
山本七平 (2004)『日本人とユダヤ人』(角川oneテーマ21)、角川書店。
『第180回国会参議院予算委員会会議録』第13号、2012年3月23日。

Benelbaz, C. (2010) "Le redécoupage electoral sous la Ve République", *Revue du droit public*, No 6-2010.
Blais, A. and Massicotte L. (2002) "Electoral Systems". In LeDuce, L. et al. eds., *Comparing Democracies 2*, SAGE.
Bogdanor, V. (2009) *The New British Constitution*, Hart Publishing.
Burch, M. (1997) "The United Kingdom". In Blondel, J. and Müller-Rommel, F. eds., *Cabinets in Western Europe*, 2nd ed., Macmlllan Press.
Busse, V. (2005) *Bundeskanzleramt und Bundesregierung*, 4.Aufl., C. F. Müller.
Busse, V. u. Hofmann, H. (2010) *Bundeskanzleramt und Bundesregierung*, 5.Aufl., C. F. Müller.
Camera dei deputati, *Il Regolamento della Camera* (http://www.camera.it/leg17/437?conoscerelacamera=237)
Capo del governo primo ministro segretario di Stato (http://it.wikipedia.org/wiki/Capo_del_governo_primo_ministro_segretario_di_Stato)
Comité de réflexion et de proposition sur la modernisation et le rééquilibrage

des institutions (http://fr.wikipedia.org/wiki/Comit%C3%A9_de_r%C3%A9flexion_et_de_proposition_sur_la_modernisation_et_le_r%C3%A9%C3%A9quilibrage_des_institutions)

Comité de réflexion et de proposition sur la modernisation et le rééquilibrage des institutions de la Ve République, Une Ve République plus démocratique (http://www.ladocumentationfrancaise.fr/var/storage/rapports-publics//074000697/0000.pdf)

Cowley, P.（2007）"Parliament". In Seldon, A. ed., *Blair's Britain 1997-2007*, Cambridge Univ. Press.

Della Sala, V.（1998）"The Italian Parliament: Chambers in a Crumbling House?". In Norton, P. ed., *Parliaments and Governments in Western Europe*, FRANK CASS.

Diamond, P.（2014）*Governing Britain: Power, Politics and the Prime Minister*, I. B. Tauris.

DODS Politics Home, Peers vote to delay boundary review (http://www.politicshome.com/uk/story/32111/)

Drewry, G.（2011）"The Executive: Towards Accountable Government and Effective Governance?". In Jowell, J. and Oliver, D. eds., *The Changing Constitution*, 7th ed., Oxford Univ. Press, 2011.

Dunleavy, P. et al.（1995）"Leader, Politics and Institutional Change: The Decline of Prime Ministerial Accountability to the House of Commons, 1868-1990". In Rhodes, R. A. W. and Dunleavy, P. eds., *Prime Minister, Cabinet and Core Executive*, St. Martin's Press.

Duverger, M.（1996）*Constitutions et documents politiques: THÉMIS Textes et documents*, 14e, Presses Universitaires de France.

Ehrhard, T.（2013）"Le découpage electoral des circonscriptions législatives: le parlement hors jeu ?", *Pouvoirs*, 146.

Foley, M.（2000）*The British presidency*, Manchester Univ. Press.

Guide to 10 Downing Street, *The House*, Apr., 2012, pp.11-15 (http://www.dodsmonitoring.com/downloads%5C2012/House_Issue_Supplement_10_Guide.pdf)

Hansard, vol 582 cc1025-46.

Heffernan, R. and Webb, P.（2005）"The British Prime Minister: Much More Than 'First Among Equals, '". In Poguntke, T. and Webb, P. eds., *The Presidentialization of Politics*, Oxford Univ. Press.

House of Commons Library (UK) (2005) *Modernization of the House of Commons 1997-2005* (Research Paper 05/46).

How the Backbench Business Committee works (http://www.parliament.uk/business/committees/committees-a-z/commons-select/backbench-business-committee/how-the-backbench-business-committee-works/)

Il Regolamento della Camera-Capo VI - Articolo 24-Calendario dei lavori (http://www.camera.it/leg17/525?shadow_regolamento_capi=946&shadow_regolamento_articoli_titolo=Articolo%2024%20(*)&shadow_regolamento_note=1346)

Katz, R. S. (2009) "Why are There So Many (or So Few) Electoral Reforms?". In Gallagher, M. & Mitchel, P., eds., *The Politics of Electoral Systems*, Oxford Univ. Press.

Kelso, A. (2007) "The House of Commons Modernization Committee: Who Needs It?". In *British Journal of Politics and International Relations*, 9 (1), Feb. 2007.

Kriesi, H. (2008) "Contexts of party mobilization". In Kriesi, H. et al. eds., *West European Politics in the Age of Globalization*, Cambridge Univ. Press.

Krouwel, A. (2012) *Party transformation in European democracies*, State Univ. of NY Press.

Le monde, 12/07/2007 (http://www.lemonde.fr/societe/article/2007/07/12/je-ne-tournerai-pas-la-page-de-la-ve-republique_934977_3224.html)

Levy, J. D. and Skach C. (2008) "The Return to a Strong Presidency". In Cole, A. et al. eds., *Development in French Politics 4*, Palgrave Macmillan.

Levy, J. (2009) *Strengthening Parliament's Powers of Scrutiny? : An assessment of the introduction of Public Bill Committees*. (Constitution Unit Publications 145), The Constitution Unit, University College London.

L'exécutif remodèle la carte électorale, l'opposition aux aguets, *Le Point. fr*, 16/09/2008 (http://www.lepoint.fr/actualites/2008-09-16/l-executif-remodele-la-carte-electorale-l-opposition-aux-aguets/1037/0/274481)

Lijphart, A. (1994) *Electoral Systems and Party Systems: A study of Twenty-Seven Democracies*, Oxford Univ. Press.

Lijphart, A. (1999) *Patterns of Democracy: Government Forms and Performance in Thirty-Six Countries*, Yale Univ. Press.

Magon, J. (2001) *Contemporary European Politics*, Routledge, 2011.

Maier, C. S. (1994) "Democracy and its Discontents". In *Foreign Affairs*, 73:4,

July 1994.

Mair, P.（2002）"Comparing Party System". In LeDuce, L. et al. eds., *Comparing Democracies 2*, SAGE.

Ministero della Repubblica Italiana（http://it.wikipedia.org/wiki/Riforma_Bassanini#La_.22riforma_Bassanini.22_del_1999）

Modernisation Committee: Reports and Publications（http://www.parliament.uk/business/committees/committees-archive/select-committee-on-modernisation-of-the-house-of-commons/select-committee-on-modernisation-of-the-house-of-commons-reports-and-publications/）

Nanetti, R. Y. and Leonardi, R.（2014）"Italy". In Hancock, M. D. et al. eds., *Politics in Europe*, 6th ed., SAGE.

Norton, P.（2010a）"The Changing Constitution". In Jones, B. and Norton, P. eds., *Politics UK*, 7th ed., Pearson Education Ltd.

Norton, P.（2010b）"The House of Commons". In Jones, B. and Norton, P. eds., *Politics UK*, 7th ed., Pearson Education Ltd.

Norton, P.（2013）*Parliament in British Politics*, 2nd ed., Palgrave MaCmillan.

Number 10 Policy Unit （http://en.wikipedia.org/wiki/Number_10_Policy_Unit）

Oliver, D.（2011）"Reforming the United Kingdom Parliament". In Jowell, J. and Oliver, D. eds., *The Changing Constitution*, 7th ed., Oxford Univ. Press.

Parliamentary Voting System and Constituencies Act 2011 （http://en.wikipedia.org/wiki/Parliamentary_Voting_System_and _Constituencies _Act_2011）

Poguntke, T. and Webb P.（2005）*The Presidentialization of Politics*, Oxford Univ. Press.

Poguntke, T.（2005）"A Presidentializing Party State?". In Poguntke, T. and Webb, P. eds., *The Presidentialization of Politics*, Oxford Univ. Press.

Presidente del Consiglio dei ministri della Repubblica Italiana（http://it.wikipedia.org/wiki/Presidente_del_Consiglio_dei_ministri_della_Repubblica_Italiana）

Presidenza del Consiglio dei ministri（http://it.wikipedia.org/wiki/Presidenza_del_Consiglio_dei_ministri）

Puhle, Hans-Jürgen（2002）"Still the Age of Catch-allism?: Volksparteien and Parteienstaat in Crisis and Re-equilibration". In Gunther, R. et al., *Political Parties: Old Concept and New Challenges*, Oxford Univ. Press

Redécoupage des circonscriptions législatives françaises de 2010（http://fr.wikipedia.org/wiki/Red%C3%A9coupage_des_circonscriptions_l%C3%A9gislatives_fran%C3%A7aises_de_2010）

Renwick, A.（2010）*The Politics of Electoral Reform*, Cambridge Univ. Press.

Rogers, R. and Walters, R.（2004）*How Parliament Works*, 6th ed., Pearson Education.

Rush, M.（2005）*Parliament today*, Manchester Univ. Press.

Shugart, M. S. & Wattenberg, M. P.（2001）eds., *Mixed-Member Electoral Systems*, Oxford Univ. Press.

Tavola cronologica delle modificazioni introdotte al Regolamento della Camera dei deputati approvato il 18 febbraio 1971（Pubblicato nella Gazzetta Ufficiale n. 53 del 1° marzo 1971）（http://www.camera.it/application/xmanager/projects/camera/file/conoscere_la_camera/Tavola_cronologica_modifiche_Regolamento.pdf）

The Electoral Commission, UK-wide referendum on the Parliamentary voting system（http://www.electoralcommission.org.uk/find-information-by-subject/elections-and-referendums/past-elections-and-referendums/referendums/2011-UK-referendum-on-the-voting-system-used-to-elect-MPs）

Thomas, G. P.（1998）*Prime Minister and Cabinet today*, Manchester Univ. Press.

Turpin, C.（2005）*British Government and the Constitution*, 5th ed., Cambridge Univ. Press.

Turpin, C. and Tomkins, A.（2011）*British Government and the Constitution*, 7th ed., Cambridge Univ. Press.

Ulrich, H.（2009）"Das politische System Italiens". In Ismayr, W. Hrsg, *Die politischen System Westeuroas*, 4. Auflage, VS Verlag für Sozialwissenschaften.

Weber, P.（1997）"Die neue Ära der italienischen Mehrheitsdemokratie: Fragliche Stabilität bei fortdauernder Parteienzersplitterung", *Zeitschrift für Parlamentsfragen*, Jahrgang 28.

2010 redistricting of French legislative constituencies（http://en.wikipedia.org/wiki/2010_redistricting_of_French_legislative_constituencies）

＊本章におけるURLは、いずれも2014年6月15日時点で最終確認したものである。

第*2*章

半大統領制の下位類型に関する一試論
ヨーロッパの事例を中心に

藤嶋　亮

はじめに

(1) 半大統領制の世紀か？

　執政制度を議院内閣制、大統領制、半大統領制の三つに分類した場合、この 20 年における最も注目すべき変化は、半大統領制的な憲法枠組みをもつ諸国の劇的な増加であろう。たとえば、2009 年の時点で、半大統領制に分類できる憲法規定をもつ国は、50 カ国以上を数える（明らかな「非民主主義国」を除外すると 41 カ国）[1]。対象を民主政の一定の基準を満たした諸国に限定した場合（2005 年時点、81 カ国）[2]、該当する国は減少するものの、議院内閣制の 28 カ国、（純粋な）大統領制の 24 カ国に対して、半大統領制が 29 カ国を占

---

1) Elgie (2011b)、Wu (2011)。Wu (2011) における「非民主主義国」の基準は、2005 年から 2009 年の時期において、フリーダムハウスの指標で「非自由 (Not Free)」かつポリティ・プロジェクト (Polity IV) の指標で 6 未満とされている (Polity IV では、6 以上が民主政に分類される)。さらに、半大統領制的な憲法枠組みをもつ国のうち、以上の条件に該当しない場合、一括して（たとえば「部分的自由 Partly Free」の場合でも）「半大統領制的民主主義国」と位置づけられているが、これは民主政の基準としては、問題が多いと考えられる。
2) サミュエルズおよびシュガートの場合、「民主主義国」の基準は、Polity IV の指標で最低限 5 以上が、5 年間以上継続とされている (Samuels and Shugart 2010)。

めている[3]。

　これは 1990 年以前には、想像しえなかった事態である。確かに、半大統領制の起源は、第一次世界大戦後のフィンランド[4]とドイツ（「ワイマール共和国」）にまで遡る。その後、1980 年代までは、フランス（「第五共和制」）という有力なモデルが存在したものの、半大統領制を採用する国はごく少数の西欧諸国に限られていた[5]。しかし、いわゆる「第三の波」により民主化した諸国、とりわけ、中・東欧のポスト共産主義諸国の多くが半大統領制的な憲法枠組みを採用したことから、半大統領制が、議院内閣制や大統領制と拮抗するモデルとして注目を集めることになったのである。

　半大統領制モデルが急速に広まった背景としては、導入された文脈に応じてさまざまな要因が考えられるが、ヨーロッパの事例に限定するならば、以下の 2 点が重要である[6]。

　第 1 は、半大統領制の折衷的で曖昧な性格である。憲法制定過程において、このような性格が議院内閣制支持派と大統領制支持派に妥協点を提供し、とりわけ、（本稿で詳しく検討するように）大統領権限の具体的な内容・強弱にはさまざまなバリエーションが存在したことから、交渉の余地が大きかった。さらに、大統領と首相・議会多数派による権力共有という特徴こそが、1990 年代初頭の中・東欧で生じたような、体制転換という不確実で流動的な政治状況に

---

3) Samuels and Shugart（2010：4-6）。
4) フィンランドの 1919 年憲法においては、国民の投票により大統領選挙人を選出し、次いで大統領選挙人団が大統領を選出するという方式が採られていた。
5) 西欧諸国以外で 1980 年以前に半大統領制的な憲法枠組みを採用した事例としては、スリランカ、ペルーなどが存在する。
6) 旧ソ連諸国の場合、共産党体制（党書記長／中央委員会と閣僚会議の分業）からの継続性が強調されることが多い（大串 2011）。

おいて、対峙する政治アクターの双方（体制側と反対派側）に「取り分」を与える、制度的保障ととらえられたのである（「諸君の大統領、われらの首相」[7]）。

第2は、政治的リーダーシップを強化しようとする意図である。この典型としては、アルジェリア問題に起因する先鋭な政治的危機を、強化された執行権を大統領に与えることで乗り切ろうとしたフランスの事例が挙げられる。また、議会における（安定的）多数派形成の困難に対し、大統領の直接選出で対応しようとした事例、さらには議会が大統領を（特別多数で）選出することが困難となり、国民による直接選挙に切り替えたスロヴァキア（1999年）・チェコ（2012年）のような事例も見られる。

(2) 半大統領制の定義

同時に、このような半大統領制の「普及」は、この類型がもつ問題点・曖昧性を際立たせることにもなった。1980年代までは、半大統領制という類型は、フランスをモデルとして構築されていた。換言すれば、第五共和制の特徴を説明するための類型という性格が濃厚であり、「フランス風の（à la française）」執政制度が即ち半大統領制であった。したがって、類似した憲法枠組みをもつ諸国については、運用・慣行におけるフランスとの異同に注意が向けられるとともに[8]、半大統領制を評価する際には、肯定的・否定的いずれの立場をとるにせよ、フランスが引照基準とされてきたのである[9]。

---

[7] ポーランドの「連帯」運動の理論的指導者であったミフニクが、（共産党側の候補ヤルゼルスキの）大統領選出が難航した際に唱えた妥協案（ミフニク1995：159-161）。ただし、この時点では大統領は議会による選出。

[8] Duverger（1980）。

[9] Elgie（2011c）。

しかし、「半大統領制モデル」を採用する諸国の、数的増大・地理的拡散によって、このようなアプローチの有効性は大きく損なわれることとなった。

以上を背景として、現在、いかなるシステムが半大統領制であるかについては、共通了解が成立し難い状況にあり[10]、研究者がその目的に応じてさまざまな定義を用いているといえよう。その多様なアプローチについて、敢えて大別するならば、半大統領制の要件（必要とされる属性）について、主として憲法上の規定・形式面に着目して緩く括るのか、あるいは制度の運用や作動様式を重視し、より厳密な分類を行うかという二つの立場がみられる。

前者の代表としては、「国民一般により選出された固定任期の大統領と、立法府に集団的に責任を負う首相および内閣の両方が存在する」システムというエルジーの定義[11]が挙げられる。これは憲法枠組みの（形式的）特徴に基づく定義という意味で、議院内閣制・大統領制の定義にも対応しており、客観的な識別が容易であるという長所をもつ。他方で、半大統領制という同じカテゴリーの内部に、極端なバリエーションが存在し、アイスランドやオーストリアのような実質的な権限をもたない大統領から、時に「超大統領制（su-

---

10) たとえば、西欧に限定した場合でも、半大統領制諸国として挙げられているのは、デュヴェルジェの場合、オーストリア、フィンランド、フランス、アイスランド、アイルランド、ポルトガルに加えて、（歴史的事例として）ワイマール共和国という7カ国であるのに対し（Duverger 1980）、シュガートはこれらの事例からフィンランド、アイスランド、アイルランドを除いた4カ国（Shugart 2005）、同様にサルトーリはオーストリア、アイスランド、アイルランド、1982年の憲法改正以降のポルトガルを除いた事実上の3カ国（Sartori 1997）、ステパンおよびスカッチの場合には、フランスとポルトガルの2カ国のみである（Stepan and Skach 1994）。
11) Elgie（1999a：13）、Elgie（2011b：3）。

perpresidentialism)」とも形容される強い権限をもつロシアの大統領までをも含むという問題が生じることになる。

これに対し、後者の代表としては、「半大統領制」概念を最初に提起した、デュヴェルジェを挙げることができる[12]。彼によれば、半大統領制とは、以下の3点を満たす制度である。①大統領は普通選挙によって選出される、②大統領は相当な権力（quite considerable powers）を有する、③大統領と執行権をもつ首相・閣僚が並存し、後者は議会が不信任を表明しない限りにおいて、その職にとどまることができる[13]。ここで重要なのは、大統領が相当な権力を有するという要件であり、これにより儀礼的な役割が中心の大統領をもつ諸国を除外することができるが[14]、同時に「相当な権力」の具体的な意味内容が問われることになる。この定義を大枠で受け入れたうえで、より厳密な要件を課したのが、サルトーリである。彼は、五つの基準を挙げているが、本稿の観点から見て最も重要な点は、大統領が執行権力を首相と共有し、それにより首相との二頭制的／二元的権威構造（dual authority structure）が生じる場合にのみ、つまり、（国民一般により選出された）相当に強力な大統領と相当に強力な首相の両方が存在する場合にのみ、半大統領制と呼びうるとし

---

12) デュヴェルジェが提示した半大統領制概念の有用性についての多角的検討としては、Bahro, Bayerlein and Veser（1998）。また、デュヴェルジェの半大統領制論についての的確かつ示唆に富む解説としては、時本（1993）、とりわけ（三）。
13) Duverger（1980：166）。
14) ただし、デュヴェルジェ自身は、憲法の運用・慣行に基づき、オーストリア、アイルランド、アイスランドを「儀礼的大統領」と位置づけたうえで、それでもなお、これらの3カ国を半大統領制の範疇に含めている。また、憲法枠組みの「形式的」特徴を重視するという意味では、エルジーのアプローチとも重要な共通点を有する。

たことである[15]。これらのアプローチは、半大統領制というカテゴリーを明確化し、他の執政制度との間に境界を画すという意味では優れているが、大統領と首相の実際上の権力、制度の運用という流動的な要因に着目するため、客観的な識別や共通了解はより困難となる。

　以上のような共通了解の欠如は、とりわけ、半大統領制を他の類型と比較する場合、あるいは半大統領制内部のバリエーションを分析する際に、大きな問題となろう。それぞれの研究者が異なる定義を用いて、(半大統領制諸国として)異なる事例を抽出したうえで、他の類型と比較した場合の半大統領制の特質や長所・短所、民主政の定着・安定に与える影響等を論じているということになりかねないからである。したがって、先行研究の長所・短所を踏まえたうえで、半大統領制の比較の出発点として有効と考えられるアプローチを提示することが、本稿の中心的課題となる。

　全体的な枠組みとしては、上述した二つのアプローチの長所と考えられる要素を折衷した、以下のアプローチを採用する。まず、制度の客観的識別という利点を重視し、憲法枠組みの形式的特徴に着目する。つまり、上述したエルジーの定義を暫定的な基準として用いて、半大統領制のカテゴリーに含まれる事例を抽出する(対象国を緩く括る)[16]。次に、同一類型内に幅広いバリエーションが存在

---

15) Sartori (1997:131-132)、Sartori (2002:9)。
16) ただし、筆者は、半大統領制概念の明確化・特徴の描出という意味では、やはりエルジーの定義では不十分であり、デュヴェルジェの概念の彫琢、即ち、二元的権力構造を生み出すような「相当な権力」の特定こそが重要であると考えている(本稿における大統領権限の指標化・下位類型の構築は、そのための予備作業としても位置づけられる)。その前提として個別事例研究の蓄積が不可欠であるが、そのような試みの一つとして、藤嶋 (2013)。また、同様な立場からのエルジーのアプローチに対する鋭い批判としては、

するという問題について、十分に考慮する必要がある。確かに、議院内閣制と大統領制に関しても、それぞれの内部に多様なバリエーションが存在することが、近年とくに強調されるようになった。しかし、中・東欧諸国に限定しても、ロシアのような「超大統領制」から、スロヴェニアのような儀礼的な大統領（職）までをも含むという、極端なバリエーションが存在する類型は、半大統領制のみであろう。この問題について、本稿では、半大統領制内部の下位類型の構築を通じて、比較モデルとしての有用性を高めることを目指している。その際、半大統領制的な憲法枠組みにおいて、最も顕著な違いがみられる領域、即ち、大統領の憲法権限（デュヴェルジェの定義のなかで最も論争的な要素でもある）に着目する。ただし、ここでも同様の問題が生じることになる。憲法枠組みの形式的特徴を重視するか、制度の運用や作動様式を重視するかというアプローチの相違である。したがって次節では、下位類型の構築をめぐるアプローチの相違について検討する。

1 半大統領制の下位類型

(1) デュヴェルジェの先駆的研究

半大統領制の下位類型をめぐる議論も、やはりデュヴェルジェをもって嚆矢とする。彼の議論は多岐にわたるが、本稿の問題関心から見て重要なのは、以下の2点である。

第1は、憲法の運用・慣行、とりわけ大統領と首相の力関係に着目して、（当時の）西欧の半大統領制諸国を、「名目的（儀礼的）」大統領をもつオーストリア、アイルランド、アイスランド、これとは

Simovic（2007）.

正反対の「万能型」大統領をもつフランス、両者の中間に位置する「二重執政型（大統領と政府の均衡型）」大統領をもつフィンランド、ポルトガル、（歴史的事例としての）ワイマール共和国の三つに分類したことである[17]。

　第2は、憲法に規定された大統領の権限の強弱を計測する試みである。彼は、大統領の憲法権限のうち、首相指名権をはじめとする14の権限に着目し、それが「決定権限（pouvoir de décision）」なのか、「阻止／共同決定権限（pouvoir de blocage ou de codécision）」なのか、あるいは該当する権限がまったく存在しないのかという基準を用いて、上述した7カ国の事例について計測を行い、その結果を図示した[18]。これを踏まえ、大統領の憲法権限の強弱という観点から（さらには実際の権力の強弱についても）、7カ国の順位づけも試みているが、如何なる基準で合計値が算出されたのかは不明確である[19]。

(2) 運用形態／作動様式に基づく類型論

　まず、制度の運用や作動様式を重視したアプローチに関しては、フランスをはじめとして多くの優れた事例研究の蓄積が見られる。しかし、半大統領制の類型論という観点から見た場合、大統領と議会、大統領と首相の力関係（およびその変化）が重要であるという共通了解は存在するものの、まさに運用の多様性・流動性ゆえに、下位類型の精緻化には多くの困難が伴う。したがって、デュヴェルジェ以降、明白なブレイクスルー（breakthrough）を指摘すること

---

17) Duverger（1980：167-177）。
18) Duverger（1978：22-31）。
19) Duverger（1978：23, 31-33）、Duverger（1980：178-179）。

は難しいが、近年の重要な業績としては台湾の政治学者ウーの論文を挙げることができる[20]。

ウーは、首相および内閣を決定し、それを制御する権力が大統領と議会（多数派）のいずれに存在し、それが両者の関係により、どのように変動するのか／しないのか、という観点から、半大統領制の下位分類を試みた。具体的には、統一政府の場合でも分割政府の場合でも[21]、大統領が実質的な内閣形成権をもたない「擬似議院内閣制型」、統一政府の場合は大統領が、分割政府の場合は議会多数派が内閣形成権をもつ「交替型」、分割政府の場合でも大統領が内閣形成に一定の影響力を保持する「妥協型」、いずれの場合でも大統領が内閣形成権を保持する「大統領優位型」という、4類型を提示した[22]。

(3) 憲法枠組み／制度デザインに基づく類型論

これに対し、形式的な憲法枠組み／デザインに着目した類型論、さらには大統領の憲法権限の測定に関しては、重要な進展・蓄積が見られた（後者については、次節で検討）。画期となったのは、1992年にシュガートおよびキャリーが著した『大統領と議会』、次いでシュガートが2005年に発表した論文である（以下では、半大統領制に焦点を絞り、類型論を精緻化したという意味で、主として後者を取り上げる）[23]。まず、シュガートは、執政制度を分類するうえで、異

---

20) Wu (2011)。
21) 大統領与党と議会多数派が一致している場合「統一政府」、一致していない場合「分割政府」／コアビタシオンとする。
22) Wu (2011：29-36)。
23) Shugart and Carey (1992) についての、邦語での的確な紹介としては、辻（2005-06）、建林・曽我・待鳥（2008）など。Shugart and Carey (1992)

なる諸機関の間でいかなる権威関係（ヒエラルヒー関係［hierarchical］か、取引関係［transactional］か）が生じるかという点に着目する。議院内閣制ならば立法府（議会多数派）と執政府の間のヒエラルヒー関係、大統領制ならば立法府と執政府の間の取引関係が重要な特徴となる。これに対し、半大統領制の場合には、より複雑な関係が生じるのみならず、大統領の首相罷免権の有無によって、二つの異なる下位類型に分けられるという（図2-1参照）。つまり、大統領が首相任命権をもつが、首相の罷免権をもたない場合、換言すれば、議会のみが首相罷免権（不信任投票）をもつ場合、一旦任命されると、首相と大統領の関係は、基本的に水平的／取引関係となる（首相は議会に対しては従属的関係）。他方で、大統領が首相任命権に加えて、首相罷免権を有している場合、首相は大統領にも従属することとなり、主として大統領と議会の間に、取引関係が生じるという[24]。以上の特徴から、Shugart and Carey（1992）およびShugart（2005）は前者を「首相-大統領型（premier-presidential system）」、後者を「大統領-議会型（president-parliamentary system）」と命名したうえで、両者の制度発展・パフォーマンスには、大きな違いが見られると主張したのである[25]。

(4) 本稿のアプローチ：大統領の権限配置に基づく下位類型

以上の先行研究を踏まえたうえで、半大統領制の下位類型構築に

およびShugart（2005）の半大統領制に関する議論に焦点を絞り、その有用性についてさまざまな角度から検討することが、本稿の独自な点である。
24) Shugart（2005：328-335）。
25)「大統領-議会型」が、民主政の定着・安定に対して負の影響を与えるという見解については、これを支持する研究が蓄積されつつある。たとえば、Elgie（2011a）、Elgie and Schleiter（2011）、Protsyk（2011）。

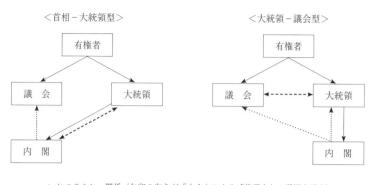

出典：Shugart 2005：332

図2-1　首相−大統領型と大統領−議会型

向けた具体的なアプローチについて検討する。ただし、その前提として、分析対象を確定する必要がある。半大統領制の類型論という観点からは、地理的範囲を限定せずに、冒頭で述べた41の半大統領制「民主主義国」、前述したウーの分類に依拠するならば、「西欧」諸国、「ポスト・レーニン主義（post-Leninist）」諸国[26]、「ポスト植民地（postcolonial）」諸国[27]というすべてのクラスターについて対象にすべきという立場も当然考えられる。確かに、半大統領制のマクロな比較、たとえば、下位類型の相違が、民主政の存続・崩

---

26) ポスト共産主義諸国とほぼ重なるが、このクラスターに台湾を含めるために、ウーはこの名称を用いている。
27) 主として、フランスから独立した諸国（マリ、セネガル、ハイチなど）とポルトガルから独立した諸国（モザンビーク、東ティモールなど）が含まれている。

壊に与える影響を分析するといった場合には、包括的な対象設定が妥当であろう。しかし、そのような研究は、すでに（豊富に）存在する[28]。今後、重要な課題（の少なくとも一つ）となるのは、ある程度民主政が定着した諸国における、半大統領制の制度発展・パフォーマンスの異同の解明であり、筆者は、本稿における下位類型の精緻化を、その前提作業・予備的考察として位置づけている。このような見地から、分析対象国を「西欧」および「ポスト・レーニン主義」諸国の大部分（中・東欧諸国）に限定することは、ある程度正当化されるのではないか[29]。

次に、上述した二つのアプローチの有効性について、本稿の問題関心に引き付けて考察する。まず、下位類型構築の出発点としては、制度の運用や作動様式を重視したアプローチには、問題が多いと考えられる。第1に、分析対象には半大統領制を導入してから20年に満たない国が多数含まれており、憲法上の慣行・制度の運用形態が確立していないことが多い。これと関連して、第2に、ウーのアプローチが典型であるが、議会多数派との力関係（の変動）や「コアビタシオン」という現象に着目した場合（「交替型」・「妥協型」）、該当する類型が、短期間で、たとえば個々の大統領の政治的志向や政治的資源の多寡によって変化する可能性が高い。第3に、運用や作動様式の判断に関しては、主観に基づく評価を排除できず、とりわけ多数の国を対象とする場合、基準の統一は困難となろう。

---

28) 注25参照。
29) ある程度民主政が定着した諸国という基準を用いた場合でも、「ポスト・レーニン主義」諸国の台湾、あるいは「ポスト植民地」諸国にも、該当する事例は一定数存在すると考えられる。しかし、これらを算入したうえで類型を構築することは、試論という形であれ、筆者の能力を大幅に超えていると言わざるをえない。

これに対し、憲法枠組み／制度デザインを重視したアプローチは、運用の実態と乖離する可能性が（絶えず）存在するが、基準の客観性・安定性という意味では優れており、「新興」半大統領制諸国を主たる対象とする場合には、その利点は大きいと考えられる。したがって、本稿では、半大統領制の下位類型を構築する際に、第一義的に憲法枠組みの形式的特徴に着目することとする。ここまでは、シュガートおよびキャリーの著作やシュガートの論文と共通しており、また、次節で述べるように、大統領権限の測定においても、これらの業績から大いに示唆を受けている。しかし、ヨーロッパの半大統領制を分析する場合には、シュガートおよびキャリーの下位類型はあまり有効ではない。端的に言って、「大統領-議会型」がほとんど存在しないからである。本稿の目的からするならば、むしろ「首相-大統領型」内部の差異をも明らかにするような下位類型が必要となる[30]。つまり、大統領の首相罷免権の有無だけではなく、他の憲法権限にも等しく注意を向けるべきである。さらに、デュヴェルジェのように、大統領権限のさまざまな側面を取り上げた場合でも、その合計（足し算）で大統領権限の強弱を論じるだけでは不十分であり[31]、大統領権限の配置に着目し、下位類型の精緻化を試みる必要があるだろう。次節ではこの点について、詳しく検討することとしたい。

---

[30] 「首相-大統領型」内部の差異に着目した先駆的研究としては、Roper（2002）が存在する。ただし、ローパーは大統領の権限を分類する際に、本稿とは異なり、Shugart and Carey（1992）の二分法（立法的権限と非立法的権限）を踏襲している。また、エストニアの大統領の選出方法（「国民一般による選出」と記述）やポーランドの大統領の権限（議会解散権への制約）について、事実関係の誤りがみられる。

[31] Duverger（1978）。

2 大統領の憲法権限の測定

(1) 権限領域の抽出・指標化の洗練

　前節で述べたように、大統領の憲法権限の測定に先鞭をつけたのはデュヴェルジェであるが[32]、権限領域の抽出・指標化の方法という意味で、その後の研究の方向性を定めたのはシュガートおよびキャリーの『大統領と議会』であったと言えよう[33]。シュガートとキャリーは、憲法規定により大統領に与えられている権限を、立法的権限（包括的拒否権、部分的拒否権、法令制定権、予算編成権、排他的法案提出権、国民投票発議権）と非立法的権限（内閣形成権、内閣罷免権、［議会の］内閣問責権限、議会解散権）とに二分するとともに、それぞれの権限について、0から4までの尺度を用いて指標化を試みた[34]。

　ただし、シュガートとキャリーの場合、主として大統領制諸国が念頭に置かれていたために、立法的権限については網羅的に取り上げられる一方で、非立法的権限については、限定的な扱いにとどまっていた。これは、半大統領制の特質（立法的権限ではなく、非立法的権限に重心が置かれることが多い）を考慮すると、問題が多い測定方法であった。これに対し、シュガートの論文は、いわば半大統領制に特化した測定方法として、立法的権限に関しては拒否権に限定する一方で、内閣形成に関する権限については詳細なリスト[35]を提

---

32) Duverger (1978)。
33) Shugart and Carey (1992) を含む、大統領権限の指標化に関する的確で示唆に富む整理としては、粕谷 (2010)。
34) Shugart and Carey (1992：Ch.8)。
35) Shugart and Carey (1992) のリストに加え、（議会の）内閣問責権限に対

示した[36]。しかし、二重執政という半大統領制の特質を重視するならば、内閣形成に関する権限を細分化するよりも、執政に関する権限を追加する方が適切であると考えられる。この意味で、「閣議を主宰し、議題設定に関与する権限」および「外交政策における中心的役割」に着目したシアロフのアプローチは示唆に富む[37]。

(2) 本稿のアプローチ：交渉局面における大統領の資源

以上の先行研究を踏まえ、大統領の憲法権限の測定に関する、本稿の具体的なアプローチを提示したい。出発点となるのは、シュガートが執政制度の分類の際に用いた、異なる諸機関の間での「垂直的／ヒエラルヒー関係」と「水平的／取引関係」というモデルである[38]。このモデルは、以下で述べるように、執政制度の分類、あるいは半大統領制の下位類型だけではなく、大統領の憲法権限の測定に関しても、応用することができると考えられる。

第1に、異なる諸機関の間での「取引関係」という観点から、大統領の権限領域を抽出する。半大統領制の制度デザインでは、①大統領－議会、②大統領－首相・内閣の関係が重要となる。さらに、具体的な取引状況としては、①については、立法にかかわる局面と、内閣の形成・存続に関する局面、②については、執政にかかわる局面が想定できる。したがって、「立法権限」、「内閣形成・存続権限」、「執政権限」の3領域が抽出されるが、以上に加え、本稿では「準立法権限」として、「レファレンダムに関する権限」と「法案を憲

する制約など。
36) Shugart（2005）。
37) Siaroff（2003）。
38) Shugart（2005）、Shugart（2006）。

法裁判所に付託する権限」を取り上げる。後者は、シュガートおよびキャリーの『大統領と議会』やシュガートの論文[39]では指標化されていないが、デュヴェルジェ、そしてとりわけメトカーフの論文で強調されているように、大統領−議会の取引関係に有意な影響を与える要因と考えられる[40]。また、この二つの権限の場合、それぞれ有権者・憲法裁判所という第三者が重要な役割を果たすため、「立法権限」に準じるものの、一応別個のカテゴリーを設けることとする。

第2に、大統領の当該領域における権限を指標化する際にも、「取引関係」モデルを用いる。即ち、大統領の「相当な権力」の意味内容を、取引状況における大統領の資源と読み替えて、その明確化を試みる。具体的には、(半大統領制の制度デザインではほとんど存在しないが)大統領が一方的な決定権を有する場合、あるいは、取引状況を大統領が創出できる場合は強い権限（得点2）、取引状況が生じた際に、それを活用する権限を有する場合は小（得点1）、そのような権限を有しない、あるいは、そもそも取引状況が生じない場合には権限無し（得点0）として指標化する。

(3) 大統領権限の指標化

具体的な権限の測定・指標化の作業に移る前に、「立法権限」、「内閣形成・存続権限」、「執政権限」のそれぞれの領域について、先行研究を踏まえつつ、該当する個別の権限を特定する（「準立法権限」については、すでに検討を加えたのでここでは取り上げない）。

まず、「立法権限」に関しては、シュガートおよびキャリーのリ

---

[39] Shugart (2005)。
[40] Duverger (1978)、Metcalf (2000)。

ストから、「法案拒否権」、「法案提出権」、「法令（大統領令）制定権」を抽出する。半大統領制に限定した場合には、包括的／部分的拒否権という区分や、予算編成権、排他的法案提出権を取り上げる意味があまりないからである（そもそも存在しない）。

「内閣形成・存続権限」に関しては、シュガートの論文のリストから[41]、「首相指名権」、「首相罷免権」、「議会解散権」を抽出する。その他の権限は、基本的には、上述した権限の指標化の際に算入できる権限（組閣に際しての信任投票、議会解散の要件）か、本稿が対象とする半大統領制諸国の制度デザインにおいては、ほとんど見られない権限（シュガートが定義した意味での［議会の］内閣問責権限に対する制約）だからである。また、「議会解散権」は、内閣形成（の失敗）と結びつけて規定されている場合が多いため、このカテゴリーに分類している。

「執政権限」に関しては、半大統領制の特質を考えるうえで重要な領域であるにもかかわらず、知見の蓄積が立ち遅れている。したがって、個別権限を検討するうえで見定めがたい部分が多いが、本稿では、デュヴェルジェおよびシアロフの議論を参考にして、「国防・外交政策に関する権限」と「閣議参加・議題設定権」に着目することとする[42]。

最後に、大統領の憲法権限の測定に関して、重要と思われる点について確認する。本稿では、あくまでも憲法における形式的な規定（条文の文言）に基づいて、権限の有無／内容を判定する。たとえば、第五共和制下のフランスの場合、「統一政府」の時期には、大統領が首相を罷免した事例が見られるが、これは憲法規定から直接的に

---

41) Shugart（2005）。
42) Duverger（1978）、Siaroff（2003）。

導かれた権限とは言えない(政治的/党派的権力と言うべきであろう)。したがって、フランスの場合、大統領の首相罷免権は0となる。

　以上の方法を用いて、前節で述べたように、西欧および中・東欧の半大統領制民主主義国の大統領権限の測定・指標化を試みる[43]。具体的には、西欧の事例としては、オーストリア、フィンランドⅠ[44]、フィンランドⅡ、フランス、アイスランド、アイルランド、ポルトガル[45]、中・東欧のポスト共産主義諸国の事例としては、ブルガリア、クロアチア[46]、リトアニア、マケドニア、モルドヴァ[47]、モンテネグロ、ポーランド[48]、ルーマニア、セルビア、スロヴァキア、スロヴェニア、ウクライナ[49]が対象となる。さらに、ある程度の民主政の定着という本稿の基準とは合致しないものの、重要な比較対象として、ロシアの事例も取り上げる。

---

43) 対象を特定する基準は、①西欧および中・東欧諸国のなかで、②2012年末までの時点で、半大統領制的な憲法枠組みを有し、最低限1回以上の大統領選挙が実施されていること、③フリーダムハウスの指標で、過去10年間に5年間以上「選挙民主主義 electoral democracy」に分類されていることである。

44) フィンランドは1919年憲法により半大統領制的枠組みを導入したが、2000年の新憲法により大統領権限を大幅に縮小した。したがって、1919-2000年の時期をフィンランドⅠ、2000年以降の時期をフィンランドⅡとして、別個に測定する。

45) ポルトガルは、1976年憲法により半大統領制的枠組みを導入したが、1982年の憲法改正により、大統領の権限を縮小した。本稿では、1982年の改正以降の時期を分析対象とする。

46) クロアチアについては、2000年の憲法改正以降の時期を対象とする。

47) モルドヴァは、2000年に憲法改正を行い、大統領を議会選出とすることで、議院内閣制に移行した。したがって、それ以前の1994-2000年の時期が分析対象となる。

48) ポーランドについては、1997年憲法制定以降を対象とする。

49) ウクライナについては、2004年の憲法改正以前の時期、即ち1996-2004年を分析対象とする。

3 測定結果と権限配置に基づく類型

(1) 分析結果

　西欧および中・東欧の半大統領制民主主義国の大統領権限に関する測定結果は、以下のとおりである（表2-1参照、個別権限の指標化・点数化については付表参照）[50]。
　表2-1を踏まえ、当該国の大統領の権限配置の特徴を描出する

---

50) 対象国の大統領に関する憲法上の規定については、主として、各国議会あるいは大統領府のホームページ上にある当該国の憲法条文の英訳版を参照した。ただし、オーストリア、フランス、ポーランド、ロシアについては、阿部・畑編（2009）の邦語訳を参照した。また、ルーマニアおよびモルドヴァについては、原文を参照した。条文の解釈については、当該国に関する専門家の論文・解釈を参考にした。主な参考文献を挙げると、以下のとおりである。オーストリアについてはMüller（1999）、フィンランドについてはArter（1999）およびPaloheimo（2005）、フランスについてはDuverger（1978）およびElgie（1999b）、大山（2013）、アイスランドについてはKristinsson（1999）、アイルランドについてはGallagher（1999）、ポルトガルについてはJalali（2011）、ブルガリアについてはGanev（1999）およびAndreev（2008）、クロアチアについてはKasapović（2008）、リトアニアについてはUrbanavicius（1999）およびKrupavičius（2008）、マケドニアについてはFrison-Roche（2008）、モルドヴァについてはRoper（2008）およびCrowther（2011）、ポーランドについては仙石（2004）およびMcMenamin（2008）、ルーマニアについては、Iorgovan（2005）およびGallagher and Andrievici（2008）、Muraru and Tănăsescu（2009）、ロシアについては、White（1999）および津田（2005）、Schleiter and Morgan-Jones（2008）、セルビアについてはPejic（2007）、スロヴァキアについてはMalová and Rybář（2008）、スロヴェニアについてはCerar（1999）およびKrašovec and Lajh（2008）、ウクライナについてはWilson（1999）およびBirch（2008）、Matsuzato（2011）。また、ヨーロッパ全体に関しては馬場・平島編（2010）および網谷・伊藤・成廣編（2014）、中・東欧諸国全体に関しては伊東編（1995）などを参照した。

表2-1　大統領の憲法上の権限

	A. 立法権限				B. 準立法権限			C. 内閣形成・存続に関する権限				D. 執政権限			総計
	法案拒否権	法案提出権	大統領令	合計	レファレンダム	憲法裁判所	合計	首相指名	首相罷免	議会解散	合計	国防・外交	閣議参加	合計	
オーストリア	0	0	1	1	0	0	0	2	2	2	6	0	0	0	7
フィンランドⅠ	0.5	2	1	3.5	0	0	0	2	0	2	4	2	1.5	3.5	11
フィンランドⅡ	0.5	0	0	0.5	0	0	0	0	0	1	1	1	1.5	2.5	4
フランス	0	0	1	1	1	2	3	2	0	2	4	2	2	4	12
アイスランド	0.5	2	1	3.5	1	0	1	2	2	2	6	2	2	4	14.5
アイルランド	0	0	0	0	0	2	2	0	0	0	0	0	0	0	2
ポルトガル	1	0	1	2	1	2	3	1	1	2	4	1	0	1	10
ブルガリア	1	0	1	2	0	2	2	0	0	1	1	1	0	1	6
クロアチア	0	0	1	1	1	2	3	1	0	1	2	0	1	1	7
リトアニア	1	2	1	4	0	0	0	1	0	1	2	1	0	1	7
マケドニア	1	0	0	1	0	0	0	1	0	0	1	1	0	1	3
モルドヴァ	0.5	2	1	3.5	2	2	4	1	0	1	2	1	2	3	12.5
モンテネグロ	0.5	0	0	0.5	1	0	1	1	0	1	2	1	0	1	4.5
ポーランド	2	2	0	4	1	2	3	1	0	1	2	1	0	1	10
ルーマニア	0.5	0	1	1.5	2	2	4	1	0	1	2	1	1.5	2.5	10
ロシア	2	2	2	6	0	2	2	1.5	2	1	4.5	2	2	4	16.5
セルビア	1	0	0	1	0	0	0	1	0	0	1	0	0	0	2
スロヴァキア	1	0	0	1	0	2	2	1	0	1	2	0	0	0	5
スロヴェニア	0	0	1	1	0	0	0	1	0	1	2	0	0	0	3
ウクライナ	2	2	2	6	1	2	3	1.5	2	0	3.5	2	2	4	16.5

付表　大統領の憲法権限および点数化の方法

A．立法権限
●法案拒否権
　0　　なし／限定的（首相の副署要件等）法案差し戻し権のみ
　0.5　拒否権を持つが、単純多数でオーヴァーライド（再可決）
　1　　オーヴァーライド（再可決）に総議員の過半数という要件
　2　　オーヴァーライド（再可決）に議員の5分の3以上の要件
●法案提出権
　0　　なし
　2　　あり
●大統領令（法令）制定権
　0　　なし
　1　　限定的（状況限定等）にあり
　2　　広範にあり

B．準立法権限
●レファレンダムに関する権限
　0　　実質的権限なし
　1　　限定的な権限をもつ（発議に議会の同意を要する、あるいは実施を決定する権限のみをもつなど）
　2　　イニシアティヴをもつ
●法案を憲法裁判所に付託する権限
　0　　なし
　2　　あり

C．内閣形成・存続に関する権限
●首相指名権
　0　　大統領に裁量の余地が存在しない
　1　　首相指名の条件が明記され、組閣に際して信任投票を必要とするが、一定の裁量の余地が存在
　1.5　首相指名には上記の制約があるが、他の閣僚の指名に一定の裁量を有する
　2　　首相指名に条件が課せられておらず、組閣に際しても信任投票を必要としない
●首相罷免権
　0　　大統領は首相を罷免することができない
　1　　限定された状況において罷免することができる
　2　　大統領はその裁量で首相を罷免することができる
●議会解散権

0 　大統領は実質的に議会解散権をもたない
1 　主として、内閣形成の（連続的）失敗や内閣不信任案の可決等の限定された状況において（のみ）、解散することができる
2 　大統領はその裁量で議会を解散することができる

D. 執政権限
●国防・外交政策に関する権限
0 　大統領は国防・外交政策における実質権限をもたない
1 　大統領が国防・外交領域において中心的役割を果たすと明記されている、あるいは大統領が主宰する国防評議会等の具体的制度に関する規定が存在
2 　大統領が国防・外交領域において中心的役割を果たすと明記され、それを担保する具体的制度が規定されている
●閣議参加・議題設定権限
0 　大統領は閣議に参加することができない、あるいは首相の要請という形でのみ参加できる
1 　大統領は自らのイニシアティヴで閣議に参加できるが、主宰はできない
1.5 　大統領は特定の議題領域に関する閣議について、自らのイニシアティヴで参加し、それを主宰することができる
2 　大統領は、（いかなる議題であれ）自らのイニシアティヴで閣議に参加し、それを主宰することができる

ために、以下の作業を行う。まず、各国大統領の権限領域ごとの平均値を算出する。次に、この平均値に基づき、その権限の強弱（あるいは権限無し）を判定する。その際、半大統領制の特質を考慮し（強い権限［得点2］）は極めて少ない）、平均値が1より大きい場合、相対的に「強い権限」と判定する。最後に、「強い権限」の配置に基づいて、下位類型の構築を試みる。ただし、「準立法権限」については、上述したようにやや異なる性格をもつため、権限配置の特徴を判別するうえでの追加的な判断材料（「補強的権限」）として用いる（表2-2参照）。

以上の測定結果に基づき、大統領権限の配置という観点から西欧

表 2-2　権限領域ごとの平均値

	立権権限	準立法権限	内閣形成	執政権限
オーストリア	0.3	0	**2**	0
フィンランドⅠ	**1.2**	0	**1.3**	**1.8**
フィンランドⅡ	0.2	0	0.3	**1.3**
フランス	0.3	**1.5**	**1.3**	**2**
アイスランド	**1.2**	0.5	**2**	**2**
アイルランド	0	1	0	0
ポルトガル	0.7	**1.5**	**1.3**	0.5
ブルガリア	0.7	1	0.3	0.5
クロアチア	0.3	**1.5**	0.7	0.5
リトアニア	**1.3**	0	0.7	0.5
マケドニア	0.3	0	0.3	0.5
モルドヴァ	**1.2**	**2**	0.7	**1.5**
モンテネグロ	0.2	0.5	0.7	0.5
ポーランド	**1.3**	**1.5**	0.7	0.5
ルーマニア	0.5	**2**	0.7	**1.3**
ロシア	**2**	1	**1.5**	**2**
セルビア	0.3	0	0.3	0
スロヴァキア	0.3	1	0.7	0
スロヴェニア	0.3	0	0.7	0
ウクライナ	**2**	**1.5**	**1.2**	**2**

注：平均値が1より大きい場合、相対的に「強い権限」として太字で表示。

および中・東欧諸国の半大統領制をグループに分けると、次のようになる。

　第1グループは、三つの権限領域、即ち、「立法権限」、「内閣形成・存続権限」、「執政権限」のいずれにおいても、相対的に「強い権限」が存在しない諸国である。具体的には、アイルランド、ブルガリア、クロアチア、マケドニア、モンテネグロ、セルビア、スロヴァキア、スロヴェニアの8カ国であり、これらの諸国の場合、クロアチア以外は「準立法権限」も強くはない。したがって、権限配置の特徴から考えた場合、大統領の役割は儀礼的性格が濃厚であると想定しうるので、「儀礼型」と呼ぶことにする。

第2のグループは、「立法権限」に比重が置かれている諸国であり、リトアニアおよびポーランドがこれに該当する（後者の場合は、「準立法権限」も比較的強い）。以上の権限は、現状変更の試みに対する「事後対応型（reactive）」的性格が濃厚であるため[51]、「拒否権型」と命名する。

　第3のグループは、「内閣形成・存続権限」のみが強力な事例、オーストリアとポルトガルである（後者の場合、「準立法権限」も比較的強い）。これは、内閣形成・存続局面における役割（多数派形成のイニシアティヴ、政治勢力間の仲裁等）に重心が置かれていると想定できるので、「調停型」と呼ぶことにする。

　第4のグループは、「内閣形成・存続権限」および「執政権限」が相対的に強い事例、フィンランドⅠとフランスである。これは大統領が内閣形成局面で一定の役割を果たし、執政局面でも（とりわけ国防・外交領域で）重要な役割を担うこと（「二重執政」）が想定されており、従来、半大統領制の典型とされてきた。本稿では、これを「執政型」と命名する（ただし、フィンランドⅠの場合、「立法権限」も比較的強く[52]、その意味では後述する「優位型」との境界事例と考えられる）。他方で、フィンランドⅡとルーマニアの事例は、「内閣形成・存続権限」が弱いにもかかわらず、「執政権限」が相対的に強いという、やや解釈が難しい権限配置となっている。したがっ

---

51) 現状を基準とした、「事前対応型（proactive）」権限と「事後対応型（reactive）」権限という区分については、粕谷（2010）、Shugart and Mainwaring（1997）。
52) 1987年の改正までは、大統領は法案への署名を拒否することにより、当該法案の審議を次期総選挙後の最初の会期まで延期させることが可能であった。これは、単なる法案の差し戻しよりも、はるかに強力な権限であると解すべきであろう。

て、これを独自の下位類型とはせずに、「限定執政型」として、この類型に含める。

第5のグループは、三つの権限領域のいずれにおいても、文字どおり「強い権限」を有する、ロシアとウクライナの事例である(後者の場合は、「準立法権限」も比較的強い)。これは、大統領がすべての交渉状況において、相対的に多くの政治的資源をもつと想定されるので、「優位型」と呼ぶことにする(アイスランドもほぼこの類型に当てはまるが、大統領の憲法権限は「化石化」しており、議院内閣制諸国における元首(君主)の役割に近いという解釈が通説である[53])。

以上の類型に含まれない事例も存在する。それは、「内閣形成・存続権限」以外の三つの権限領域において、相対的に「強い権限」を有するモルドヴァの事例である。これは例外的事例であり、「拒否権型」と「執政型」の折衷と位置づける他ない。そして、モルドヴァでは、2000年に憲法改正が行われ、議院内閣制に「移行」した。

(2) 制度発展の方向性

次に、このような下位類型、即ち、「儀礼型」、「調停型」、「拒否権型」、「執政型」(および「限定執政型」)、「優位型」という5類型を出発点として、それぞれの想定される制度発展の方向性について、試論的にではあるが簡単な見取図を描いてみたい。

半大統領制の制度発展を説明するうえでは、本稿が比較のための

---

[53] Duverger (1980)、Sartori (1997) および Kristinsson (1999)。また、大統領の法案拒否権については、大統領が署名を拒否した場合、その発効は妨げられないものの、可及的速やかに当該法律の可否についての国民投票が実施され、否決された場合には効力を失うとの規定がある(第26条)。実際に行使された場合には、やはり、単なる法案の差し戻しよりも、はるかに強力な権限であると考えられる。

出発点として着目し、分析を試みた（形式的な）憲法枠組みに加えて、デュヴェルジェ以来、①半大統領制導入に至る「歴史的／政治的経緯・状況」や、②「議会における多数派の性格」および③「その多数派と大統領との関係」などの要因が重視されてきた[54]。②については、主として、一党が過半数を占める「単独政権」なのか、「連立政権」（過半数確保）なのか（連立はさらに優位政党が存在する「支配政党型」と存在しない「均衡型」に分けられる）、あるいは「擬似多数派」（少数派政権）なのかが問題となる。③については、大統領与党（連合）と議会多数派の一致／不一致と、大統領与党（連合）内における大統領の地位が問題となる。①については、各国の特殊性に左右される部分が大きいので、ここでは②と③の要因を重視して、これまでの制度発展の諸特徴と今後想定される制度発展の方向性について検討する。

　まず、「儀礼型」であるが、権限配置から考えて、大統領の第一義的な役割は、元首としての儀礼的役割に限られている。したがって、執政長官という属性はもたず、議会多数派の性格・構成の如何を問わず、政治過程において能動的役割を果たす可能性は低い。換言すれば、大統領－議会の間はもちろんのこと、大統領－首相／内閣の間でも、「取引関係」が生じる余地は少ない（最も議院内閣制に類似）。このような大統領職の性格を反映し、主要政党のトップリーダーにとって、（多くの場合）より優先順位の高い政治目標は、大統領よりも首相の地位ということになるであろう。ただし、特殊な状況（議会多数派の形成が著しく困難など）においては、調停機能を果たす可能性もあり、また、「準立法権限」により補強されている場合は、拒否権的機能を一定程度有していると考えられる。

---

54) Duverger（1980）、Elgie（1999a）、Frison-Roche（2007）。

「調停型」は、政党システムの発展・制度化の影響を最も受けやすい類型と言えるだろう。議会において安定的な多数派が形成・維持される、あるいは政権交代・連立形成のルールが制度化されるならば、大統領の役割は大幅に縮小されるからである（議院内閣制に傾斜）。確固とした支持基盤を有する二大政党（社会党と人民党）が大連合政権を約20年間維持した、戦後オーストリアの制度発展はこのように位置づけられるが[55]、「立法権限」・「準立法権限」により補強されている場合（ポルトガル）[56]、一定の拒否権的機能を保持し続けると推測される。

「拒否権型」は、相対的には、議会多数派の性格・構成の影響を受けにくい類型と考えられる。権限配置から考えて、大統領与党と議会多数派が一致する場合（「統一政府」）においても、大統領が執政長官として政府を率いる可能性は低い。反対に、大統領与党と議会多数派が一致しない場合（「分割政府／コアビタシオン」）においても、それなりに強力な拒否権的機能を留保していると考えられるからである。大統領の政治的選好・戦略は、法案拒否権行使の局面に集中的に表現されることになるであろう。

これとは反対に、フランス第五共和制を典型とする「執政型」は、議会多数派の性格・構成に左右されやすい類型と言えよう。周知のように、「統一政府」の場合には、大統領が執政長官として政府を率いるが、大統領与党が議会多数派を取れなかった場合、反対党派から首相を選ばざるをえず（コアビタシオン）、大統領のリーダーシ

---

55) Müller（1999）。また、大統領候補も通常は政党のトップリーダーではなく、「儀礼型」の事例により近い性格をもつ傾向がある。
56) オーヴァーライド（再可決）の要件は、通常の法案の場合は総議員の過半数であるが、組織法律（の形式を有する法案）の場合は出席議員の3分の2かつ総議員の過半数という、より高い要件が課せられている。

ップは限定的となるからである（多数派の組み合わせにより「振動する」、柔軟な二元的権威構造)[57]。大統領の「内閣形成・存続権限」が弱い、即ち、大統領が（憲法上）内閣形成にあまり主導権を発揮できない「限定執政型」の場合には、執政に関する役割も限定的（抑制的）であると考えられる。つまり、「統一政府」の場合であれ、「コアビタシオン」の場合であれ、首相寄りの均衡が想定されており、大統領が（強引に）主導権を握ろうとした場合、大統領と首相の間での権限の線引きや政治的主導権をめぐる争い、即ち執政部内対立が生じやすいと推測される（その典型が、バセスク大統領期［とりわけ第1期］のルーマニアであろう[58]）。

「優位型」（本稿では、ロシア・ウクライナが該当）であるが、これはシュガートおよびキャリーが提示した、「大統領‒議会型」という類型と概ね重なっている（ただし、要件として「立法権限」と「執政権限」の強さを明示的に組み入れた点に本稿の独自性がある）。この類型に関しては、民主政の安定に対して負の影響を与えるとの見解が有力である。即ち、大統領が首相の指名権・罷免権を有するため、議会多数派の構成にかかわらず（反対党派が多数を占めている場合でも）、内閣形成に際し、自らの選好を優先しようとするであろう。この場合、内閣不信任決議権を有する議会との間で、往々にして内閣の制御をめぐる競合・対立が生じるが、強大な権限を有する大統領の側には、「権力共有」の誘因が弱い。以上の帰結として、民主政の安定が大きく損なわれる、あるいは民主政の定着を阻害するというのである[59]。

---

57) Sartori（1997）。
58) 藤嶋（2013）。
59) Shugart and Carey（1992）、Shugart（2005）、Elgie and Schleiter（2011）、

おわりに

　本稿の主たる目的は、ヨーロッパの半大統領制を比較するための下位類型の構築にある。その出発点として、多くの先行研究と同様に、大統領の憲法上の権限に着目したが、他の主要アクター（議会、首相・内閣）との取引状況（立法、内閣の形成・存続、執政）における大統領の資源という観点から、大統領の権限配置の分類・指標化を行い、権限配置の特徴から下位類型の構築（「儀礼型」・「調停型」・「拒否権型」・「執政型」／「限定執政型」・「優位型」）を試みたことが本稿の独自な点である。あくまでも試論の域を出ない素描にとどまるが、それぞれの類型ごとに想定される制度発展の方向性についても検討を加えた。

　イギリスとアメリカが、それぞれ議院内閣制と大統領制の「原型（prototype）」ではあっても「典型的（typical）」とは言えないように、フランスもやはり半大統領制の「典型」と見なすことはできない（厳密な「執政型」はフランスのみ）。ヨーロッパの半大統領制諸国の半数近くは、（運用ではなく）憲法枠組みの特徴のみに着目しても、議院内閣制との境界事例に位置づけられる（「儀礼型」）。さらに、単なる大統領権限の（足し算による）強弱に基づく分類とは異なる、よりニュアンスに富んだバリエーションが浮き彫りとなった。権限配置に着目することにより、取引／交渉状況の生起や大統領をはじめとする主要アクターの行動・戦略を左右する誘因、さらには制度発展を方向づけるような前提条件（憲法権限から見た大統領職の位置づけ）の相違などをより的確に把握できるようになると考えら

Protsyk（2011）。

れる。これらの下位類型に基づく個別事例研究は今後の課題であるが、取引／交渉状況を分析する際には、上述したように「議会多数派の性格」および「その多数派と大統領との関係」を算入することが不可欠となるだろう。

　また、本稿で試みたアプローチ自体にも多くの課題が残されているが、とりわけ重要と考えられるのは以下の2点である。第1は、たとえ形式的な憲法枠組みや、憲法の条文に焦点を絞った場合でも、見定めがたい部分が多く存在するということである。端的に言って、憲法権限の指標化の際には、明確な規定が存在しない、あるいは一義的に意味が確定できない箇所も多い。内閣形成の具体的過程や手続き、あるいは大統領と首相（内閣）の間での執政権限の配分などが、その最たるものである。より精密な解釈は今後の課題として残されており、とりわけこの点に関し、各国専門家の忌憚のないご意見・ご批判を仰ぎたい。

　第2は、形式的・制度的アプローチの長所と短所である。やはり、判別／選択基準の統一性・指標の客観性と、実態／特質の描出・解釈・説明の妥当性との間には、ある種の緊張関係、場合によってはトレードオフが存在すると言わざるをえない。これは分析のどのレヴェルでも問題となる。たとえば、大統領の個別権限に関し、本稿では基本的に0、1、2という3段階の評価を用いたが、権限ごとの重要性の相違を考慮しなくて良いのか、という疑問が当然生じる[60]。他方で、客観的・統一的基準で比重を評価することが、極めて難しいことも事実であろう。アプローチの特質・制約を十分に意識して

---

60) さらに、個別権限のまとめ方／グループ分けの基準についても、その妥当性に関する厳密な検証が必要となるであろう。この点に関する鋭い指摘としては、Fortin（2013）。

選択を行うことが重要なのであり、個別事例研究や少数事例の近接比較の場合には、より緻密な分析枠組みの構築が求められるはずである。以上のような限界・短所はあるものの、少なくとも、単なる（足し算による）大統領権限の強弱ではなく、半大統領制の特質を考慮し執政権限にも着目したうえで、権限配置に基づく類型を構築するという、本稿のアプローチの有効性の一端は示せたのではないかと考えている。

　最後に、冒頭で提示した「半大統領制の世紀か？」という問いに立ち戻り、簡単な考察を加えることで本稿の結びとしたい。歴史的に見れば、半大統領制は、政党システムの制度化が不十分で、政党自体の正統性も低く、（とりわけ）執政府の組織・運営を担いうる安定した議会多数派の存在が期待できないという状況において、選好されてきたという傾向がある。これを反対から見るならば、以上のような政党側の条件・問題点が「改善」した場合には、議院内閣制的な要素の占める比重が増していくと考えられ、戦後のオーストリアやフィンランドの制度発展はその典型的事例と位置づけられよう。

　しかし、今日において、そのような直線的な制度発展を想定することは難しい。戦後の西欧諸国を特徴づけた（大衆）組織政党の「黄金時代」はすでに過去のものとなりつつあり[61]、中・東欧のポスト共産主義諸国の場合、そもそもそれに対応するのは共産党一党支配の時代である。今後、政党が明確な理念・価値観を掲げ、組織的な紐帯を構築し、安定した支持基盤を確保するということは、ますます困難となるだろう（「黄金時代」に見られた制度化の水準は、も

---

61) Mair（2008）、Mair（2013）、網谷（2014）。

はや期待できない)。そして、政党の果たす(べき)役割についての有権者の疑問・不信感は、少なくとも当面高止まりを続けると予想される。これが、大統領の直接選出という形での民意による信任／表出回路、(民主的正統性をもつ)個人のイニシアティヴが好まれる背景の一つである。したがって、とりわけ新興民主政諸国の場合には、大統領のもつ政治的資源・志向と政党(システム)のあり方次第で、議院内閣制とは明らかに異なる運用や政治状況が生じる余地が、少なからず残されていると見るべきであろう(これをより広い意味での、半大統領制の「制度的柔軟性(institutional flexibility)」と呼ぶこともできる)。

　政党のあり方、有権者の意識という面から見れば、現在、日本を含めた議院内閣制諸国も、まさに共通の問題に直面している。そうであるならば、半大統領制モデルはこれらの国々においても一定の魅力をもち続けるはずである。政治家にとっては、議会における多数派形成問題の一つの解、時には執行権強化の「特効薬」として、有権者にとっては民主的正統性、あるいは「分かり易い」アカウンタビリティ(のイメージ)を担保するものとして。

(付記) 本稿は科学研究費補助金基盤研究(C)「旧東欧の新興民主諸国における民主制の型——執行権と議会、与党と野党の関係の比較」(平成23 〜 25年度、研究代表者：中田瑞穂教授、課題番号23530142)による成果の一部である。

参考文献

阿部照哉・畑博行編 (2009)『世界の憲法集［第四版］』有信堂。

網谷龍介（2014）「ヨーロッパ型デモクラシーの特徴」網谷龍介・伊藤武・成廣孝編『ヨーロッパのデモクラシー［改訂第2版］』ナカニシヤ出版、1-26頁。

網谷龍介・伊藤武・成廣孝編（2014）『ヨーロッパのデモクラシー［改訂第2版］』ナカニシヤ出版。

伊東孝之編（1995）『東欧政治ハンドブック──議会と政党を中心に』日本国際問題研究所。

大串敦（2011）「ソ連共産党中央委員会からロシア大統領府へ」仙石学・林忠行編『ポスト社会主義期の政治と経済──旧ソ連・中東欧の比較』北海道大学出版会、79-105頁。

大山礼子（2013）『フランスの政治制度［改訂版］』東信堂。

粕谷祐子（2010）「アジアにおける大統領・議会関係の分析枠組み──憲法権限と党派的権力を中心に」粕谷祐子編『アジアにおける大統領制の比較政治学』ミネルヴァ書房、1-37頁。

仙石学（2004）「ポーランドにおける執政の変容──権力分担のシステムから効率的統治のシステムへ」『西南学院大学法学論集』第37巻1号、49-69頁。

建林正彦・曽我謙悟・待鳥聡史（2008）『比較政治制度論』有斐閣。

辻陽（2005-06）「大統領制比較のための視座──「制度的権力」と「政治的権力」（一）（二）（三）『法学論叢』第158巻、2号、30-53頁；同3号、54-75頁；同4号、63-81頁。

津田憂子（2005）「大統領制と議院内閣制の選択──1990～1993年のソ連・ロシア」『ロシア・東欧研究』第34号、109-121頁。

時本義昭（1993）「モーリス・デュヴェルジェの半大統領制論」（一）（二）（三）『自治研究』第69巻、6号、113-129頁；同7号、106-118頁；同9号、94-113頁。

馬場康雄・平島健司編（2010）『ヨーロッパ政治ハンドブック［第2版］』東京大学出版会。

藤嶋亮（2013）「『プレイヤーとしての大統領』トライアン・バセスク──比較の視座から見たルーマニアの半大統領制」『ロシア・東欧研究』第41号、3-18頁。

ミフニク、アダム（1995）［川原彰・武井摩利・水谷驍編訳］『民主主義の天使──ポーランド・自由の苦き味』同文舘。

Andreev, Svetlozar A. (2008) "Semi-presidentialism in Bulgaria: the cyclical rise of informal powers and individual political ambitions in a 'dual executive'," in Robert Elgie and Sohpia Moestrup, eds., *Semi-Presidentialism in*

Central and Eastern Europe, Manchester: Manchester University Press, pp.32-50.
Arter, David (1999) "Finland," in Robert Elgie, ed., *Semi-Presidentialism in Europe*, Oxford: Oxford University Press, pp.48-66.
Bahro, Horst, Bernhard H. Bayerlein and Ernst Veser (1998) "Duverger's concept: Semi-presidential government revisited," *European Journal of Political Research*, Vol. 34, No. 2, pp.201-224.
Birch, Sarah (2008) "Ukraine: presidential power, veto strategies and democratisation," in Robert Elgie and Sohpia Moestrup, eds., *Semi-Presidentialism in Central and Eastern Europe*, Manchester: Manchester University Press, pp.219-238.
Cerar, Miro (1999) "Slovenia," in Robert Elgie, ed., *Semi-Presidentialism in Europe*, Oxford: Oxford University Press, pp.232-259.
Crowther, William (2011) "Semi-Presidentialism and Moldova's Flawed Transition to Democracy," in Robert Elgie, Sophia Moestrup and Yu-Shan Wu, eds., *Semi-Presidentialism and Democracy*, Basingstoke: Palgrave Macmillan, pp.210-228.
Duverger, Maurice (1978) *Echec au Roi*, Paris: Albin Michel.
Duverger, Maurice (1980) "A New Political System Mode: Semi-Presidentialism Government," *European Journal of Political Research*, Vol. 8, No. 2, pp.165-187.
Elgie, Robert (1999a) "The Politics of Semi-Presidentialism," in Robert Elgie, ed., *Semi-Presidentialism in Europe*, Oxford: Oxford University Press, pp.1-21.
Elgie, Robert (1999b) "France," in Robert Elgie, ed., *Semi-Presidentialism in Europe*, Oxford: Oxford University Press, pp.67-85.
Elgie, Robert (2011a) *Semi-Presidentialism: Sub-Types and Democratic Performance*, Oxford: Oxford University Press.
Elgie, Robert (2011b) "Semi-Presidentialism: An Increasingly Common Constitutional Choice," in Robert Elgie, Sophia Moestrup and Yu-Shan Wu, eds., *Semi-Presidentialism and Democracy*, Basingstoke: Palgrave Macmillan, pp.1-20.
Elgie, Robert (2011c) "Semi-Presidentialism in Western Europe," in Robert Elgie, Sophia Moestrup and Yu-Shan Wu, eds., *Semi-Presidentialism and Democracy*, Basingstoke: Palgrave Macmillan, pp.81-97.

Elgie, Robert and Petra Schleiter (2011) "Variation in the Durability of Semi-Presidential Democracies," in Robert Elgie, Sophia Moestrup and Yu-Shan Wu, eds., *Semi-Presidentialism and Democracy*, Basingstoke: Palgrave Macmillan, pp.42-60.

Fortin, Jessica (2013) "Measuring Presidential Powers: Some pitfalls of aggregate measurement," *International Political Science Review*, Vol. 34, No. 1, pp.91-112.

Frison-Roche, Fraçois (2007) "Semi-presidentialism in a post-communist context," in Robert Elgie and Sophia Moestrup, eds., *Semi-presidentialism outside Europe: A Comparative Study*, London: Routledge, pp.56-77.

Frison-Roche, Fraçois (2008) "Semi-presidentialism in the Republic of Macedonia (former Yugoslavian Republic of Macedonia)," in Robert Elgie and Sophia Moestrup, eds., *Semi-Presidentialism in Central and Eastern Europe*, Manchester: Manchester University Press, pp.85-107.

Gallagher, Michael (1999) "Republic of Ireland," in Robert Elgie, ed., *Semi-Presidentialism in Europe*, Oxford: Oxford University Press, pp.104-123.

Gallagher, Tom and Viorel Andrievici (2008) "Romania: political irresponsibility without constitutional safeguards," in Robert Elgie and Sohpia Moestrup, eds., *Semi-Presidentialism in Central and Eastern Europe*, Manchester: Manchester University Press, pp.138-158.

Ganev, Venelin I. (1999) "Bulgaria," in Robert Elgie, ed., *Semi-Presidentialism in Europe*, Oxford: Oxford University Press, pp.124-149.

Iorgovan, Antonie (2005) *Tratat de drept administrativ*, vol. I, Bucureşti: All Beck.

Jalali, Carlos (2011) "The President is Not a Passenger: Portugal's Evolving Semi-Presidentialism," in Robert Elgie, Sophia Moestrup and Yu-Shan Wu, eds., *Semi-Presidentialism and Democracy*, Basingstoke: Palgrave Macmillan, pp.156-173.

Kasapović, Mirjana (2008) "Semi-presidentialism in Croatia," in Robert Elgie and Sohpia Moestrup, eds., *Semi-Presidentialism in Central and Eastern Europe*, Manchester: Manchester University Press, pp.51-64.

Krašovec, Alenka and Damjan Lajh (2008) "Slovenia: weak formal position, strong informal influence," in Robert Elgie and Sohpia Moestrup, eds., *Semi-Presidentialism in Central and Eastern Europe*, Manchester: Man-

chester University Press, pp.201-218.
Kristinsson, Gunnar Helgi (1999) "Iceland," in Robert Elgie, ed., *Semi-Presidentialism in Europe*, Oxford: Oxford University Press, pp.86-103.
Krupavičius, Algis (2008) "Semi-presidentialism in Lithuania: origins, development and challenges," in Robert Elgie and Sohpia Moestrup, eds., *Semi-Presidentialism in Central and Eastern Europe*, Manchester: Manchester University Press, pp.65-84.
Mair, Peter (2008) "The Challenge to Party Government," *West European Politics*, Vol. 31, No. 1, pp.211-234.
Mair, Peter (2013) *Ruling the Void: The Hollowing of Western Democracy*, London: Verso.
Malová, Darina and Marek Rybář (2008) "Slovakia's presidency: consolidating democracy by curbing ambiguous powers," in Robert Elgie and Sohpia Moestrup, eds., *Semi-Presidentialism in Central and Eastern Europe*, Manchester: Manchester University Press, pp.180-200.
Matsuzato, Kimitaka (2011) "Disintegrated Semi-Presidentialism and Parliamentary Oligarchy in Post-Orange Ukraine," in Robert Elgie, Sophia Moestrup and Yu-Shan Wu, eds., *Semi-Presidentialism and Democracy*, Basingstoke: Palgrave Macmillan, pp.192-209.
McMenamin, Iain (2008) "Semi-presidentialism and democratisation in Poland," in Robert Elgie and Sohpia Moestrup, eds., *Semi-Presidentialism in Central and Eastern Europe*, Manchester: Manchester University Press, pp.120-137.
Metcalf, Lee Kendall (2000) "Measuring Presidential Power," *Comparative Political Studies*, Vol. 33, No. 5, pp.660-685.
Muraru, Ioan and Elena Simina Tănăsescu (2009) *Drept constituţional şi instituţii politice*, Vol.II, Bucureşti: C. H. Beck.
Müller, Wolggang C. (1999) "Austria," in Robert Elgie, ed., *Semi-Presidentialism in Europe*, Oxford: Oxford University Press, pp.22-47.
Paloheimo, Heikki (2005) "Finland: Let the Force Be with the Leader – But Who Is the Leader ?," in Thomas Poguntke and Paul Webb, eds., *The Presidentialization of Politics: A Comparative Study of Modern Democracies*, Oxford: Oxford University Press（T・ポグントケ／P・ウェブ編（2014）［岩崎正洋監訳］『民主政治はなぜ「大統領制化」するのか』ミネルヴァ書房）, pp.246-268.

Pejic, Irena (2007) "Constitutional Design and Viability of Semi-presidentialism in Serbia," Centre for the Study of Global Governance, Discussion Paper 43.

Protsyk, Oleh (2011) "Semi-Presidentialism under Post-Communism," in Robert Elgie, Sophia Moestrup and Yu-Shan Wu, eds., *Semi-Presidentialism and Democracy*, Basingstoke: Palgrave Macmillan, pp.98-116.

Roper, Steven D. (2002) "Are All Semipresidential Regimes the Same? A Comparison of Premier-Presidential Regimes," *Comparative Politics*, Vol. 34, No. 3, pp.253-272.

Roper, Steven D. (2008) "The impact of party fragmentation on Moldovan semi-presidentialism," in Robert Elgie and Sohpia Moestrup, eds., *Semi-Presidentialism in Central and Eastern Europe*, Manchester: Manchester University Press, pp.108-119.

Samuels, David J. and Matthew S. Shugart (2010) Presidents, Parties,and Prime Ministers: How the Separation of Powers Affects Party Organization and Behavior, New York: Cambridge University Press.

Sartori, Giovanni (1997) *Comparative Constitutional Engineering: An Inquiry into Structures, Incentives and Outcomes*, 2nd ed., New York: New York University Press（ジョヴァンニ・サルトーリ (2000)［岡沢憲芙監訳／工藤裕子訳］『比較政治学——構造・動機・結果』早稲田大学出版部).

Sartori, Giovanni (2002) "Sul Sistema Constituzionale Romeno," *Studia Politica - Romanian Political Science Review*, Vol. 2, No. 1, pp.9-12.

Schleiter, Petra and Edward Morgan-Jones (2008) "Russia: the benefits and perils of presidential leadership," in Robert Elgie and Sohpia Moestrup, eds., *Semi-Presidentialism in Central and Eastern Europe*, Manchester: Manchester University Press, pp.159-179.

Shugart, Matthew Søberg (2005) "Semi-presidential Systems: Dual Executive and Mixed Authority Patterns," *French Politics*, Vol. 3, pp.323-351.

Shugart, Matthew Søberg (2006) "Comparative Executive-Legislative Relations," in R.A.W. Rhodes et al., eds., *The Oxford Handbook of Political Institutions*, Oxford: Oxford University Press.

Shugart, Matthew Søberg and John M. Carey (1992) *Presidents and Assemblies*, Cambridge: Cambridge University Press.

Shugart, Matthew Søberg and Scott Mainwaring (1997) "Presidentialism and Democracy in Latin America: Rethinking the Terms of the Debate," in

Scott Mainwaring and Matthew Søberg Shugart, eds., *Presidentialism and Democracy in Latin America*, Cambridge: Cambridge University Press, pp.12-54.

Siaroff, Alan (2003) "Comparative presidencies: The Inadequacy of the Prrsidential, Semi-Presidential and Parliamentary Distinction," *European Journal of Political Research*, Vol. 42, No. 3, pp.287-312.

Simovic, Darko (2007) "The Definition of Semi-Presidential Regime – Reformulated," Paper presented at the VII World Congress of the International Association of Constitutional Law, Athens.

Stepan, A. and Skach, C. (1994) "Presidentialism and Parliamentarism in Comparative Perspective," in Juan J. Linz and Arturo Valenzuela, eds., *The Failure of Presidential Democracy, vol. 1, Comparative Perspectives*, Baltimore: Johns Hopkins University Press（J・リンス／A・バレンズエラ編 (2003)［中道寿一訳］『大統領制民主主義の失敗——理論編：その比較研究』南窓社）, pp.119-136.

Urbanavicius, Dainius (1999) "Lithuania," in Robert Elgie, ed., *Semi-Presidentialism in Europe*, Oxford: Oxford University Press, pp.150-169.

White, Stephen (1999) "Russia," in Robert Elgie, ed., *Semi-Presidentialism in Europe*, Oxford: Oxford University Press, pp.216-231.

Wilson, Andrew (1999) "Ukraine," in Robert Elgie, ed., *Semi-Presidentialism in Europe*, Oxford: Oxford University Press, pp.260-280.

Wu, Yu-Shan (2011) "Clustering of Semi-Presidentialism: A First Cut," Robert Elgie, Sophia Moestrup and Yu-Shan Wu, eds., *Semi-Presidentialism and Democracy*, Basingstoke: Palgrave Macmillan, pp.21-41.

第II部

意思決定構造の各国比較

第3章
日本：統治構造改革の到達点と課題

飯尾　潤

はじめに

　現代日本の政治は、改革の政治である。選挙制度改革をはじめとする制度改革が、さまざまな分野で推進され、それにともなって政治のあり方も大きく変化してきた。ただ、そうした改革が全体としてどのような関係にあり、その目的を達成しているのかどうかは、簡単には判明しない。それは、制度の相互関係だけではなく、政治的環境や、当事者の認識などが、複雑に絡み合って事態が展開するからである。そこで、本稿では1990年代以来の統治システム改革を、先進各国の政治制度との比較を念頭に、諸改革の連関について検討し、統治構造にかかわる制度改革の成果を概観して、残された課題を検討したい。

1　改革における世界的課題と国別の歴史的課題

　政治に限らず、制度改革については、しばしば海外ではこうなっているから日本も変えなければという言説が見られる。これは、日本が近代化の過程で欧米からさまざまな制度を導入した経験がもとになっているのであるが、単に海外で行われているからといって、それが日本政治にとって有用だとは限らない。また、この改革が世界の流れだという説明もしばしばなされるが、それが各国に等しく

作用している原因によるものであればともかく、いくつかの国で似たような改革が行われたとしても、何が原因でそうした改革が求められているのかを検討しなければ、その適否は判明しない。

このように考えると、改革においては、先進国の共通課題（共時的課題）と、過去の経緯や制度が積み重なって生じている国別の歴史的課題（歴史的課題）の双方に目配りをする必要があることがわかる。たまたま西欧各国で同様の改革が相次いだからといって、過去の経緯からそのような改革がなされているわけで、必ずしも同様の経緯を経ない日本にとって、その改革が有効であるかどうかは、改革の必要性にさかのぼって考える必要があろう。

また、近年では、中国など新興国の台頭によって、たとえば経済発展にとって自由民主主義が不可欠だといった単純な政治体制擁護は難しくなっている。自由主義や民主政それ自体の価値を再確認するとともに、具体的な仕組みについて、歴史的経緯や現在の状況のもとで適切な政治制度であることを論証していくことが必要になったのである。もっとも、非民主政諸国の政治制度まで念頭に置いて、日本の改革課題を考えるのは迂遠であり、この点に関しては、必要に応じて議論に取り入れるというのが、現時点では適切であろう。

(1) 現代世界における統治構造転換への圧力

欧米先進国を念頭にして、現代世界の政治システムが直面している共時的課題には、どのようなものがあるのだろうか。

まず第一に（共時的課題1＝共1。以下同様に）、先進各国における社会構造の弛緩と伝統的統合能力の減衰が挙げられる。これは、つとに1970年代の西欧において「静かなる革命」[1]として伝統的な価

---

1) イングルハート（1978）、その後は、問題が一般化されるかたちで社会関係

値観が弛緩しつつあることが観察されてきたが、冷戦終結後の1990年代から、各国において階級や社会的分界線(ソーシャル・クリービッジ)に基づく伝統的な社会編成が急速に崩れることが観察されるようになった[2]。そこで、そうした社会構造に支えられた政党システムが不安定化したり、行政制度が前提とする構造が変化して対応を迫られるなどのことが見られるようになった。これは、経済成長の結果であるとともに、人口動態の変化や情報交換・通信手段の変化によってもたらされていると考えられる。また、産業構造の転換によって、中間層がやせ細ることによって、国民の一体感が失われてくるという現象もこれと関連している。

第二は(共2)、グローバル化の進展による主権国家の有効性低下である。経済のグローバル化は、さまざまな政策課題を生み出しながら、国家単位での対応を困難にしている。伝統的に国際環境に敏感にならざるをえなかった小国にとってのみならず、人口が多く経済規模も大きい大国においても、対外関係が国内に深く浸透するという状況が生まれてきた。ヨーロッパ連合(EU)の設立は、国家よりも上の単位に権限委譲を行うことで、国家が負う重荷を軽くするという意味で、そうした問題に対する一つの解答であったはずであるが、それはまた主権国家を前提とする伝統的な政治制度への変革圧力を生み出した[3]。また、グローバル化が急進展した背景にある東西冷戦の終結は、新たな民主政諸国の誕生(新たな政治制度の

資本(ソーシャル・キャピタル)の課題に含めて研究されることが多くなっている。たとえばパットナム編著(2013)。
2) たとえば、かつて社会的編成が強固に政治を規定していたオランダでも、急速な変化が生じた(水島 2012)。
3) 高橋・坪郷編(2006)、平島編(2008)、遠藤(2013)第八章および第一〇章。

採用が必要となった）のほか、各国での統治システムの手直しを求めることになった。そのうえ、グローバリゼーションをもたらしている通信環境の変化などが、政治的決定における時間的なゆとりを奪っていることが、統治構造に対する大きな重圧となっていることは無視できない要素である。

　第三は（共3）、基礎的政策課題の実現と実施能力の限界の表面化である。先進各国においては、福祉国家化が進展して、伝統的な政策課題に関しては、一定の政策的対応がとられるようになった。しかしながら、いったん政策的対応がとられるようになると、それを前提に、さらに高い水準の行政サービスが求められるようになる傾向もある。そうしたきめ細かな行政サービスの提供に関しては、政策実施の現場の事情に合わせる必要があり、政策決定から政策実施までの距離の短い地方政府に一定の優位が生まれてくる。たとえば、アメニティーの向上が求められるといったきめ細かな政策対応においては、中央政府の対応力には必然的な限界があるからである[4]。また、伝統的な郷土愛の復活などもこうしたさらに政府への高次の要求と関係しており、こうした傾向を加速する。そこで、地方政府への権限委譲を中心的な課題とする地方分権の流れが、この30年間多くの国で見られるようになった。また、次に述べる財政難とも関係しているが、高次の行政サービスを低負担で実現するためには、行政サービスの提供においても転換が必要となった。具体的な形態はさまざまであるが、この30年の間に各国で進展してきた民営化・民間委託の流れは、新行政経営（NPM）として行政体制を根本から変えていくことになった[5]。さらに、そうしたなかで、ガヴァ

---

4) 西尾 (2013)、松下 (1996)。
5) 大住 (1999)、Barzelay (2001)。

ナンス論が取り上げるように、伝統的な政府と民間との境界が曖昧化する傾向も見られるようになった。主権国家の枠組みは、こうした面においても緩やかに融解し始めているのである[6]。

　第四は（共4）、政治課題の肥大化と財政難・経済危機の深化である。これは先の三つの課題の裏側であるが、さまざまな経済状況全般に政府の責任が問われるようになるほか、社会的な問題を全面的に政策化する動きが絶えず、政治や政府が取り上げるべき課題は肥大化の傾向にある。それを抑制しようとする動きは、先に挙げたヨーロッパ連合の設立や、小さな政府論、あるいは新行政経営などにも見られるとおりであるが、各国とも、政策課題の抑制（門衛機能）に成功しているとは言い難い。そこで、経済危機などを引き金にして、多くの国で財政赤字が深刻化している[7]。また、これと関連してバブル経済の発生と崩壊の繰り返しが大なり小なり起こっており、政治システムへ大きな負荷をかけるとともに、既存体制の信頼性を損なうというやっかいな問題を生じている。こうして経済危機と財政危機の永続化は、現代世界における多くの先進国に共通の課題となっている。

(2) 日本の統治システムにおける歴史的課題

　それぞれの時代における先進各国の共時的課題も、時間が経つにつれ、各国の通時的課題と混じり合ってくるが、日本がたどってきた歴史的経緯のなかで形成された統治構造がもつ比較的永続的な課題の代表例を見ておきたい。もっとも、これはもともと課題というよりは、日本の特徴なのであるが、時代の変化によって、その特徴

---

6) Rhodes (1997)、Kooiman (2003)。
7) さまざまな形で取り組まれている各国の財政再建については、田中 (2011)。

が不具合をもたらすとき、それが改革課題となるという論理関係にある。

第一(歴史的課題1=歴1。以下同様に)は、いわば「中心なき統治構造」の問題とでもよぶべき課題である。これは、明治憲法の権力分立構造を引き継いだ、戦後の日本政治を特徴づける基本構造である。それは統治構造のなかで、最高指導者の指導力が制限されるとともに、政策過程が分散的になることを意味する。法制度的には首相に権力を集中したように見える日本国憲法のもとでの議院内閣制も、実際の運営においては、分担する行政各部の意向を受けた大臣による拒否権が強く、内閣レベルの調整が難しいために、行政官僚制の日常的政策調整に依存する。また、議会における議員の投票行動こそ強力な規律が実現しているが、その背景において多くの議員や議員集団が拒否権をもっているために、前立法過程における行政官僚制と個別議員の密接な調整が行われている。その結果、政党単位での意思集約は消極的なものにとどまり、強力な権力基盤をつくらず、その上に立つ首相の権力も限定的にならざるをえない傾向があり、日常的な行政運営における分散的処理と相まって、統治システムにおける意思集約が弱いという特徴をもっていた[8]。戦後の日本政治は、それを前提に綿密な調整を繰り返すことで、政策過程が作動するように努めてきたものの、時代の変化とともに、このような内部調整コスト(取引コスト)の高い統治システムでは、対処が難しい課題が増えてきたのである。

第二は(歴2)、有権者の主体性が不足する民主政の問題である。多くの後発民主国に見られる特徴でもあるが、政治制度が外部から導入され、総論的な形で民主主義思想が導入されると、民主政の正

---

8) 飯尾 (2007)。

統性が高くても、有権者の側に自発的な参加と、それに伴う責任を引き受ける覚悟がともなわないことがある。戦後日本においても、政権交代の不在を背景に政治イメージが固定化し、いわば観客民主主義とでもいうように、政治を他者によるゲームだという見方が定着していた[9]。政党も社会的存在であるというよりも、政治家による議員政党的色彩が強く、与党になれば国家機関と一体化しているので、有権者の参加の契機が乏しい存在になっている。このことは裏返せば、政党を通じた有権者の意向の反映と、政治の現実による有権者の説得という双方向的やりとりが、きわめて弱いことを意味する。これを補う意味で、各種利益集団などから各行政官庁への情報ルートが、社会的な需要を政策につなぐ役割を果たしていた[10]。ただ、行政による具体的な対応を求める有権者の姿勢は、問題を個別化するとともに、全体的な整合性の確保を他者たる政府あるいは官僚制にゆだねる結果となっている。このように有権者に統治の主体であるという認識が欠けていると、「無い物ねだりのだだっ子」のような有権者を前提とする政治しか展開できないという傾向も見られる。民主政の基本的な要素である選挙を、筋の通った政策展開にとって障害であるという認識が広まっているのも、この傾向の反映である。

　第三に（歴3）、急速な社会的な変化に政策の枠組みがついていけないという問題がある。日本が経験している最も大きな基礎条件の変化に、人口動態がある。高齢化や少子化は、先進国の多くが経験しているが、日本の場合には変化の速度がとりわけ速く、認識が追

---

9) 佐々木（1987）。
10) これを国民代表制に対して省庁代表制と呼ぶこともできよう（飯尾 2007）。

いつかないところがある。また、それらの結果としての人口減少は、すでに現実化しているのに、その緩和策の検討も、それを前提とした政策対応も、きわめて緩やかにしか行われていない。しかも、こうした事態への対処は未知の領域を含んでおり、日本が世界的に見て、きわめて先鋭な問題を突きつけられている。にもかかわらず、日本においては、欧米先進国からの政策輸入の伝統から、政策革新への動きは鈍く、政策を取り巻く統治システムも、そうした政策革新を起こしにくい状況にある。そこで、統治システムにおいても、政策転換を可能とする権力基盤の強化とともに、新たな発想で政策を準備する仕組みが不可欠となっている[11]。

　第四は（歴4）、政治的共同体を維持するための、意識的な政治的努力が弱いという課題がある。単一民族神話などは別としても、戦後日本においては、政治的共同体の一体感を前提に、諸勢力間が競争する際の土台を意識的に整備してこなかった経緯がある。代表的な問題が、憲法問題であって、政権を取り続けている与党勢力（体制側）が、政権の基盤である日本国憲法の正統性を疑い続けてきたうえ、対抗する野党勢力も原則的な護憲論を展開するばかりで、合意できる共通基盤をつくろうとはしなかった。そのなかで、戦後日本社会は、急速な経済発展と都市化によって、きわめて激しい変化を経験したが、社会的変動にもかかわらず、伝統的な日本社会の社会的統合機能が、形を変えて生き残り、たとえばイエ社会原理が会社への帰属で代替されたり、民主主義の諸原則がムラ社会の平等原則に置き換えて理解されたりしていた面がある[12]。こうした社会的統合機能は、社会構造の弛緩とともに緩み始めたのにもかかわら

---

11) 飯尾（2013）。
12) 村上・公文・佐藤（1979）。

ず、政治問題として意識的に対処しようとする動きに乏しかった。そこで、1990年代以降の低成長時代には、重要な課題である社会的統合に関する政策が主要課題にならなくなるという問題を生じた。その結果、たとえば希望格差や社会的疎外の深化が、水面下で急速に進行するという状況がある[13]。あるいは、急に過激なナショナリズムを主張する勢力が現れるというのも、先進諸国と共通の現象ではあるが、その問題の重要性についての認識が広がらない傾向がある。

2 平成の政治・行政改革における問題認識と制度改革への期待

　統治システムの改革は、社会・経済的条件などが変化して、既存の統治システムでは対処が難しい、あるいは不都合が生じるということから、発案されるのが通例である。その意味で、共時的課題を含むさまざまな課題に対する政治側の対応として改革が行われるが、そのとき歴史的な課題あるいは特徴をどのようにそれと組み合わせるかということが問題になる。社会・経済的条件などの変化は目に見えにくいので、むしろ、現行制度の不具合是正という形で、歴史的な課題の解決が主要な目的になることが多い。そのため、改革をせまる課題についての認識が明確でなくなる傾向もある。そこで、改革の流れを整理するために、1980年代末から続く統治構造改革において、こうした課題がどのように認識されてきたのか、簡単に振り返っておきたい。

　政治改革運動が始まったのは、1988年から89年にかけてのリク

---

[13] たとえば山田（2004）。

ルート事件をきっかけとした自民党若手議員の動きからであるが、自民党中枢部においても、統治システム改革への関心が高まっていた。論点は自民党政治改革大綱に集約されているが、その背景には、大平内閣、中曽根内閣と失敗してきた消費税導入が竹下内閣で成功したものの、そこで払われた代償はあまりにも大きく、また自民党の派閥政治システムが限界に来ているという認識があった。そこには、代表制の機能を強化するとともに、政治スタイルの転換が課題とされていた。つまり、財政赤字の処理という課題（共4）に対応するために、政治的意思決定ができる主体確立（歴1）とともに、有権者の巻き込み（歴2）という課題が浮上したということができよう。

また、1990年の湾岸危機は、そうした国際危機に慣れていない日本の統治システムにとって大きな試練であった。またベルリンの壁崩壊に始まり、ソ連解体に至る冷戦終結は、日本を取り巻く外交環境が大きく転換することを意味していた。そして、政治的指導力の強化、なかんずく首相の指導力あるいは権力の強化が大きな課題となってきた[14]。これは、冷静終結による国際環境の変化（共2）に対して、とりわけ日本政治の権力核の形成（歴1）が問われるという点で、改革の必要性を強く認識させた。この流れのなかで、1990年代初頭には、政治とカネの問題の解決と並んで、統治構造の強化のための選挙制度改革などの課題が意識され、具体化したのである[15]。

このように政治改革が進行する反面で、日本経済は根本的な転換期を迎えていた。バブル経済の発生と、その崩壊である。1992年

---

14) 北岡 (1994)。
15) 政治改革の経緯については、佐々木編 (1999)。

以降、日本経済は長期低迷期に入り、バブル経済崩壊にともなう不良債権問題の処理が課題となりながら、それを片付けることができないまま年月が経過することになる。そうした状況で、経済構造転換の必要性が強く認識されるようになった。また、わずかな期間ではあったが、非自民の細川内閣ができたことで、政治システムにも緩みが見られるようになり、規制緩和、地方分権、情報公開などの改革が動き始めた。その流れのなかで起こった橋本内閣における行政改革は、戦後長らく固定化している日本の行政システムを大きく変えた統治システム改革であるが、それも経済や社会の変化に政府が対応できていないという認識に基づいていた[16]。そこでは、経済のグローバル化（共2）とともに、成熟した政策課題の存在（共3）が強く認識され、また急速な社会変化による政策課題の変化と対応の難しさ（歴3）も意識されるようになっていた。こうして90年代は改革の時代となり、司法制度改革に至るさまざまな改革が継続することになるが、手っ取り早く効果の出る改革を求める声も強まって、試行錯誤的要素が出てきたほか、改革相互の関係への注意が十分ではなく、連関すべき改革が連関していなかったり、改革が見落とされる分野が出てきたりした。

2000年代になると、いよいよ政権維持の限界に来たとみられた自民党が、小泉内閣によって復活を遂げ、省庁再編など橋本行革の成果を小泉内閣が享受することで、久しぶりの安定政権となり、不良債権の処理などに一定の成果を上げた[17]。これは、権力核の形成という点（歴1）で成果が上がりつつあることを示していた。その

---

16) 議論の経緯については、行政改革会議事務局OB会編（1998）。
17) 小泉政権の性格と成果については、竹中（2006）、内山（2007）、上川（2010）。

なかで、個別の改革項目についての議論は、ある程度進展し、急速に変化する社会状況（歴3）と背景にある政策課題の成熟（共3）と、政策課題の肥大化（共4）の存在も強く意識され始める。

また、衆議院における新たな選挙制度の定着にともない、現実化した政権交代の可能性が、有権者あるいは政治家の行動を変え始めた。これは次第に有権者が主体性をもち始める（歴2）という流れを潜在的に感じさせる現象であった。その結果として、2009年の政権交代が起こったが、権力の主体となるべき政党の弱さから成果を上げることができないまま終わった[18]。ただ、政権交代効果は、2012年発足の安倍内閣に引き継がれ、とりわけ首相や内閣への権力の集中化傾向は強化された。

ただ、この間の改革は、まだ全体的に制御されているとはいえず、改革の進行によって、政権交代に際しての混乱など、政治が不安定化する状況が生まれたほか、欠けた要素を埋める制度改革へつながる粘り強い動きは阻害されがちであった。いわば改革疲れともいうべき状況で、制度改革に対する懐疑的な見方も増えており、そうしたなかでナショナリズムの急進化や憲法の政治課題化など政治的共同体の不安定化に関する課題（歴4）も大きくなる傾向にある。

このように振り返れば、平成の統治システム改革は、日本の歴史的課題の発見を中心として進展してきたが、その背景には世界的な課題が潜んでおり、そうした連関のなかで改革を把握する必要があることがわかる。また現実にあまり手をつけられていないが、潜在的には重要な課題への目配りも必要である。そこで、これから具体的な制度改革の現状を検討していくにあたり、大きく二つの改革群に分けて検討を進めたい。いずれも歴史的課題の第一と第二にかか

---

[18] 日本再建イニシャティブ（2013）。

わり、中心なき統治構造に代わって政治の中心性を確保するとともに、それに積極的に有権者の参加を要請するという課題を中心に据えながら、その結果として第三の課題である急速な社会変化への取り組みを可能とするとともに、世界的な四つの課題にも取り組めるような政治を可能とすることが目指される。

第一の課題は有権者に根ざした権力主体の創造（権力核の形成）と、それを支える政党政治の改革である。そして第二の課題は、そうした権力主体が政策を運営できるような行政府を中心とする統治機構の改革（政府内取引費用の削減）と、システム転換によって重要度が上がる問題を処理するための制度的手当にかかわる課題である。

3　権力主体の創造——政権交代可能な政党政治への転換

民主的統制と政府部内の権力集中による調整コスト削減という改革目的は、共時的・通時的ないくつかの課題にとって重要な鍵である。とりわけ政党の機能強化は、そうした改革の核となる。しかし、政党が社会と国家をつなぐという政党本来の性格や、政策的志向に応じた支持基盤のあり方、社会構造に規定される点などから、制度的に固定化することが難しく、また望ましくない面がある。そこで、こうした目的を達成するためには、関連する制度改革を重ねて、政治家などのインセンティブ構造を転換するとともに、人々の政党イメージあるいは政治的競争に関する考え方を転換することが必要になってくる。

現代日本の統治システム改革の焦点には、選挙制度改革があった。それは選挙制度が、有権者の選択構造に働きかけ、政党システムを変えることができる最も大きな制度的条件だからである。そして実

際に、内閣の基盤となる衆議院の選挙制度が変更され、日本政治には大きな変化が引き起こされた。この節では、選挙制度改革を中心にして、政党のあり方をめぐる問題に焦点を当てて検討したい。

(1) 自民党長期政権と一党優位政党制

政治改革の対象となった統治システムの要素は、自民党による一党優位政党制であった。その体制のもとでは、選挙における政治的競争は個人単位の競争が主体であり、政権をめぐる争いは実質的にはなく、政党間の競争は二次的な存在となっていた。そこで、政権選択機会である総選挙の意義が小さくなっていたほか、総選挙において政策論争が決着するという政策選択機能も制限されていた。これは日本政治の特徴でもあった。学術的には、こうした例外的な状況であっても、民主政が正当に機能していることを論証する研究[19]がいくつか出たが、発揮できない機能があることにも注意が必要である。

政治的競争は局限化されていたが、競争がないわけではなく、選挙をめぐる個人単位の競争はきわめて激しいものがあった。それゆえ、そうした活動にかかる費用をまかなうために、政治家が資金集めに苦労して、政治とカネの問題が生じたというのも、一般的な観察であった。

そして、政治的競争が個人化していることは、政策課題をめぐる論争が体系化される機会を少なくした。つまり、政策を練るのは行政官僚制の仕事であって、政治家は個別の問題に介入するだけという状況においては、政策全体の検討は行政組織編成に依存したものとなっており、漸変主義的であるために、急激な変化や、新たな問

---

19) 佐藤・松崎（1986）、Pempel ed.（1990）。

題への対処が難しいという特徴をもつことになる。これは、二大政党や二大陣営による競争によって選挙による政権交代が普通に予想される国々ばかりではなく、比例代表制の採用や政党の自律性が高いために、政権が連立交渉をもとにして成立する国々とも異なった状況であり、政治の機能が一部発揮されていないものと考えられる。それゆえ、政治改革の目的は、清潔な政治だけではなく、政党本位の選挙、政策本位の政治ということが掲げられたのであった。

(2) 衆議院における選挙制度改革

1990年前後の日本政治において、選挙制度に焦点が当たった背景には、定数是正問題があった。衆議院議員個人の利害が錯綜し、人口変動にもかかわらず長年にわたり定数是正措置がとられなかったため、いわゆる一票の価値に大幅な不均衡が発生していたのである。そこへ、中選挙区制への批判が、政治改革運動によって盛んになってきた。そして政治改革運動は、まず、中選挙区制からの離脱ということを合意点として進められた。そこで、選択肢としては、小選挙区制と比例代表制が考えられた。小選挙区制は、政党の勢力結集、とりわけ野党勢力の合同あるいは協力を促す効果があり、政権選択を可能とするためには望ましいと考えられたが、現実に存在する小党が立ちゆかなくなることも予想された。そこで、勢力の小さな政党を中心に、比例代表制の採用が主張された。もちろん、中選挙区のままでもよいという意見も根強く、選挙制度改革は激しい権力闘争の様相を呈した。なお、選挙制度改革は、現職議員の身分にかかわるので、実現することは少なく、この頃まで、各国とも平時に大規模な選挙制度改革を実現した例は少ない。

結果として、小選挙区制と比例代表制を組み合わせて、それぞれ別々に議席を計算する小選挙区比例代表並立制が採用された。これ

は、両方の制度を推す声を折衷する妥協策ではあるが、議席配分を比例代表で行う併用制ではなく、並立制であり、小選挙区部分が全議席の6割を占めたので、どちらかといえば小選挙区制中心の制度とみられた。また、日本では比例代表から選ばれるよりも、選挙区から選ばれることを重視する傾向があり、重複立候補だけではなく、選挙区における惜敗率によって比例区における当選が決める制度も設けられたので、小選挙区の敗者が比例区に回ることが多くなるなど、両選挙制度は接合されて、見かけ以上に小選挙区制中心の制度として機能し始めた。そして、小選挙区での選挙戦が、政権党と政権を狙う政党との対決に収斂していくと、総選挙が政権選択の機会であることが広く有権者に意識されてくる[20]。

こうした両選挙制度を組み合わせる選挙制度は、世界的に見ても、このころまでは珍しかったのが、政治危機に襲われたイタリアのほか、冷戦終結後民主化した東欧・ロシアの国々に採用する国がいくつかあるなど、1990年代においては世界的に流行した制度である[21]。

この改革の結果、とりわけ自民党以外の旧野党勢力には、強い再編圧力がかかった。改革直後に結成された新進党、新進党解党後に誕生した（新）民主党、民主党と自由党との合併などは、いずれもこの選挙制度改革の結果である。そして、中小政党も一定の勢力を得て存続したうえで、民主党政権成立までは、二大政党化が徐々に進行して、2009年には選挙による政権政党が交代するという意味での政権交代が実現した。時間はかかった（15年間、6回の総選挙）ものの、政権交代可能な政治への移行という観点からすれば、選挙

---

20) 谷口（2004）、田中・河野・日野・飯田（2009）。
21) Shugart and Wattenberg eds.（2001）。

制度改革は、ほぼ予定された機能を果たしたといえる。

ただ、選挙制度改革という点では、参議院において抜本的な改革が行われず、両院の選挙制度が、やや似通った形になっているのは、大きな検討課題である。似たような二院間の機能分担は難しく、後述する参議院が発揮すべき機能に合わせた改革が必要ではないかと考えられる。

(3) 政党の組織性強化への方策

選挙による政権交代は実現しても、政治が政党本位になったわけではなく、選挙における個人選挙の色彩はまだ強く、政治過程における政治家個人の自律性はまだ高い状況である。民主党政権（2009－12年）が政権運営に苦労し、政権の座にありながら民主党が自ら分裂の道をたどったのも、強い圧力がかかる与党（政権党）の役割を発揮できるほど、政党の組織体制が整備されていなかったという点が大きい[22]。

その点で、政権をめぐる競争を有効に遂行できる政党の組織性強化は、大きな課題である。選挙制度改革の際にも、政党を強化するための補助的な制度的工夫がなされてはいた。たとえば、選挙運動規制においては、衆議院総選挙などにおいて、政党に属する候補者が有利な取り扱いを受ける制度が導入されており、無所属候補が立候補しても、選挙運動が不利になるため、それまでしばしば見られた有力な無所属候補が減ることが予想され、実際にそのようになった。

そして、政治資金に関して、政党交付金制度が創設され、議席や得票数など一定の基準に従って、政党に活動資金として使用できる

---

22) 飯尾編（2013）、上神・堤編著（2011）。

資金を国庫から交付する制度が始まり、資金基盤が弱い政党であっても、政党としての活動ができるような基盤となる制度が作られた。そもそも日本においては、選挙の際の公営選挙制度によって、他国と比して手厚い援助がなされているほか、国会議員の活動については、公設秘書制度や文書交通費の支給、会派に対する立法事務費の補助など、手厚い公的資金援助がなされているので、さらなる政党交付金制度によって、資金的にはかなり充実した援助が政党や政治家に与えられる状況となっている。しかし、政党交付金を所属議員に分配する例も多く、政党組織の充実・強化に本当に役立っているのかは不明である。

また、政治資金規制においては、政治家個人の政治資金管理団体は企業・団体献金を受けることができないこととされ、資金の流れから政党中心の政治への移行が起こると予想されたのであるが、まったく期待外れの状況となった。それは、各政党が政党支部を自由に設立し、政治家個人がそれぞれ政党支部を自らの政治資金管理団体と同様に利用し、企業団体献金を自らが関係する（多くの場合支部長となっている）政党支部に受け入れることで、個人の政治家が実質的に企業団体献金を受け取れる状況となったからである[23]。

そこで、そもそも日本の多くの政党が、議員政党としての性格を強くもっており、有権者の参加の度合いが少ないということが問題点となりうる。日本共産党や公明党は比較的組織が整備されており、選挙に立候補して当選する者以外の党員による活動も活発であり、その点でこうした政党は一定の組織性を備えている。しかし、政権の座を争う自民党や民主党などの政党、あるいは折に触れて誕生する新党は、いずれも議員政党であり、国会議員が5人以上集まれば

---

[23] 政治資金の状況については、佐々木・吉田・谷口・山本（1999）。

政党助成の対象となる政党だという認識は強い。これは、20世紀までに、ほとんどの政党が議員政党（幹部政党）から大衆政党（組織政党）への転換を遂げた西欧の政党のあり方とは大きく異なる。また、政党帰属意識を軸に二大政党が草の根に根づいているアメリカの状況とも違っている。こうした欧米諸国においては、政党の末端党員は選挙の時の運動員として広く活動するほか、政党の方針を決める際に、何らかの関与をする積極的な存在である。もちろん日本の議員中心の政党も、一般党員を抱えているが、多くの場合には、国会議員などが支持者に依頼して党員となってもらう形が広く見られ、受動的な存在にとどまるのが一般的である。そこで、選挙や一般の政治活動において、議員政党に所属する議員や公職の候補者は、自らが政治資金を手当てして、後援会などの自らが支配できる組織を基盤に活動することが一般的である。この点、アメリカの状況と少し似ている点もあるが、政党帰属意識のようなものが見られない日本においては、より政党の枠組みから遠いところで、日常の政治活動が展開している。

　このように政党の実体が弱いことを懸念して、政党法の制定など、政党の組織のあり方自体を規定していくべきであるという意見も根強いが、まだ実現はしていない。

(4) 総選挙による委任と政権公約導入

　選挙制度改革の効果が現れ、次第に二大政党の議席占有率が上昇し、選挙による政権交代の可能性が強まってくると、総選挙の意味が重くなり始める。たとえば、中選挙区時代には、総選挙後2年が経つと解散の可能性が出てきて、3年経つ前に解散が行われることが多かったが、最近は任期満了に近い3年以上経ってからの解散がほとんどであり、政権交代の可能性を考えると容易に解散ができな

いということがわかる。

　また、総選挙における政権選択が意識されるようになると、総選挙後の政権のあり方にも関心が高まる。そうなると選挙の顔としての首相や首相候補の役割が高まってくる。新たな選挙制度による選挙は、首相への評価や政権への評価、あるいはそれに対する代替肢に関する評価が問われるものへと転化していく。そうすると、党内でも首相あるいは党首の指導力は高まってくる。そもそも、無所属での出馬が難しい制度においては、公認調整をめぐって政党幹部の権力が高まるが、幹部を任命することのできる党首は、そうした党内での権力増加によって、指導力の基盤も強化されることになる。その結果として、政権党の党首である首相の政権党への掌握力が向上することによって、首相主導という政治現象も起こってくる。そこで、政権選択選挙で選ばれたという権威を背景に、大胆な政策を実現するという可能性が広がっていく[24]。

　さらに、総選挙が政権選択の機会であることが浸透していくと、政策過程における総選挙の意味も変わってくる。従来であれば、総選挙は自民党長期政権を前提に、政策過程に参加することのできる人々の範囲（誰が国会議員になるのか、誰が国会議員でなくなるのか）を決めることによって、間接的に政策過程に影響することが多かった。もちろん政権の政策が争点化しているときには、与党議席の増減によって、イメージ上で政策への支持の有無が判断され、政策過程における検討が促進されたり停止されたりということはありえた。しかし、政権交代の可能性が高まるにつれて、総選挙を政策の枠組みが選択される機会とする流れができ始める。

---

[24] そのほかの要因も含めて、この問題を総合的に検討したものとして、待鳥（2012）。

象徴的に、この問題が話題になったのは、2003年の総選挙におけるマニフェストブームである[25]。それまでも総選挙において、政党が政策集を発表することは普通であった。しかし、政権公約（マニフェスト）という呼び方で、新たに導入されようとしたのは、従来の選挙公約とは少し違ったものであった。従来は選挙公約の中心は、個人の選挙公約であり、地元に対するさまざまな施策などの実現が列挙されていたが、そうした個人単位の公約ではなく、政権を争う政党単位の公約を重視すべきだということがあった。また、公約の中身も、抽象的で曖昧なものではなく、具体的な政策に踏み込むとともに、細かな政策の列挙ではなく、政権が実現しようとする全体像が俯瞰できるものであるべきだとされた。そのうち、前者の要素が強調されたのが、マニフェストは具体的数値目標、その財源、実行期限を備えるべきだという言説である。

　このように政権公約が重要になってくると、それをいかにして作成するのかという点が問題となる。従来は選挙に合わせて、急いで形を整えるという例が多かっただけに、この点が注目されたが、結局のところ、政党あげての検討の後、しっかりとした政権公約をつくるということは稀であった。とりわけ、自民党や民主党などの大政党では、その組織性の弱さから、党内での検討が不十分なまま政権公約がつくられる例が多かった。欧州の諸政党との対比では、日本の政党内における政権公約など政策課題の検討実績が弱いことは、明確な特徴をなしている。何年もかけて準備し、地方から積み上げて、長期間の党大会で骨格を決めていくというのが欧州の多くの政党における選挙公約作成過程だからである。

　その結果、選挙による政権交代を実現した民主党は、政権公約の

25）当時の状況については、金井（2003）。

無謀性のゆえに、ただでさえ難しい政権運営を一層困難にしてしまい、政権崩壊への道を歩むこととなった。そのため、マニフェストという用語に負のイメージがつきまとい、政権公約を重視する動きはいったん途絶えた形になっているが、政権公約の重要性がなくなったわけではない。

(5) 政権選択機会の多さへの対処

 総選挙による政権選択という傾向が定着し始めたとしても、それ以外にも政権の存立が問われる機会が多いと、できた政権は安定せず、また選択の焦点が絞りにくくなる。

 そうした点で、日本の議院内閣制において問題となるのは、二院制（両院制）の問題、あるいは内閣と参議院との関係である[26]。憲法は、首相指名選挙における明白な衆議院の優越を定め、そのほか予算の議決などにおいて衆議院の優越を定めている。そうした衆議院の優越は、政権が衆議院を基盤にして成立することを明確にするとともに、そうした政権の立場を安定させようとする意図からであると考えられる。ただ、法律案についても、衆議院の優越が定められているが、衆議院の3分の2の再議決によって、参議院案に対して衆議院案が優越するという形になっているので、政権側が衆議院の3分の2以上の基盤をもたないで、参議院での過半数を制しない場合には、政権の立場はきわめて弱くなる。現実に毎年数多くの法律が成立しており、予算執行に必要とされる法律も少なくないということからすれば、このことは政権の存立に重大な制約となっている。そこで、政権を安定させるためには、参議院選挙における勝利も必要だということになる。これが、21世紀になって、ことさら

---

26) 竹中（2010）。

に問題視されるようになった衆参両院における多数派の食い違い状況、いわゆる「ねじれ国会」問題である。二院制を取り、別々に選挙している以上、こうした状況は異例でも何でもなく、起こりうることではある。ただ、55年体制成立以来、自民党が長らく衆参両院において多数を占めてきたため、この問題が表面化せず、対処方法が固まっていないという問題があった。そこで、1990年代以降参議院通常選挙の結果、政権側が参議院での多数を失う場合には、政権が不安定化して、首相の交代に至ることが起こり始めた。

議院内閣制において、二院制との折り合いは難しい問題であり、イギリスなど多くの国においては内閣が基盤とする院（下院など）の優越を定めることで、この問題を解くことが多く、日本もその類型であるが、優越の度合いが弱いために問題が起こっているのである。そのほか、スウェーデン、デンマーク、ニュージーランドなど、上院を廃止して一院制に移行した国や、イタリアやオーストラリアのように上院に解散を導入して、同時選挙などを可能としている国もある。日本が、基本的には下院優越型の国だとすると、この問題の解決については、政権基盤に関係する事項について、衆議院の優越を強化するというのが、一番簡明な解決策となる。

そのほか、政権を担当している政党が独自に党首選挙の規定をもち、党首選挙によって、現職の首相が党首でなくなったことを理由に交代することは、55年体制下では当然視されており、自民党総裁選挙を契機に首相が交代する例が見られた。しかし、これも、総選挙以外に政権が交代する機会となり、政権選択の意義が拡散し、また政権が不安定化する大きな要因となっている。その意味で、首相在任中の党首選挙の停止あるいは、党首でなくても首相の地位に変化はないことを確認するなど、何らかの手当が必要だと見られる。

(6) 国会改革の遅延と必要性（合理化と審議充実）

国会改革は、一連の改革と不可分の関係にあるが、現実の改革進行がきわめて遅い分野である。両院の権限の再配分は必要な改革であるが、その前提としての国会機能の調整も行わなければ国会が議会としての機能を発揮することはできない[27]。それは、法案の事前審査制の高度の発達と相まって、国会審議が多分に形式化し、また国会で議論される論点が少ないうえ、いわゆる揚げ足取り的な質疑中心となって、国家意思の確定機関としての議会機能が等閑視されているからである。そのなかでの権限の再分配を行っても、もめないだけ国会の存在意義が低下することになりかねない。国会議員、とりわけ参議院議員が、二院制改革をはじめとする国会改革に消極的なように見えるのも、そうした懸念があるからであろう。そこで、必要な決定を迅速に行えるという国会審議合理化の方向性と、国会での機能である討論や問題発見、政策形成機能を強化するための、国会審議実質化の方向性の双方が満たされるような改革が望ましい。

国会審議合理化には、権限再分配による両院の役割分担とともに、委員会審議における大臣拘束時間などの制限（短時間化）、定例日制などによる委員会日程設定の硬直化の緩和、会期制の緩和による時間軸の拡大、採決の計画化などが含まれる。それらによって、審議の行方はある程度予測可能となるだけではなく、日程闘争に局限されがちな国会での駆け引きを、別の方面に向けることが可能となる。

逆に実質審議の充実に関していえば、委員会修正が可能となるよ

---

27) 議院内閣制と日本の国会制度の齟齬については、川人（2005）、議会審議の深さを比較したものとして大山（2011）、具体的な国会の審議の問題点については野中（2013）。

うな日程管理とともに、小委員会の活用など細かな工夫の積み重ねや、政府提出法案に関する政府側の発言権確保などによって、不安なく修正に望むことができるようにするなど、審議合理化と共通の改革案が、実質審議の充実にも必要であることがわかる。

　こうした改革は議会内での実務の蓄積によって実現すべきものであり、そのなかで二院制問題のように、憲法改正などが必要となってくる場合でも、将来の制度の先取り的な実態を基盤として、両院や各会派など関係者の幅広い合意を先行させ、その下で実現すべきものである。

　議院内閣制諸国は、1970年代以降、議会の合理化を進めており、1990年代半ばからは、むしろ進みすぎた合理化を修正したり、実質審議充実のための改革を積み重ねている。その意味で、この課題は、共時的な面だけに着目して日本の改革を進めるわけにはいかず、日本の課題に直面しつつ視点を定めて諸外国の事例を参照すべき課題であるといえよう。

4　行政府を中心とする統治構造の集中化と並行的課題

　政権交代を前提とすると、行政府を中心とする統治機構にも変更が必要とされるようになる。とりわけ政治的調整を極小化し、行政部内に社会的利益の調整を委ねる仕組みは、それ自体として明確な権力核の形成を疎外するだけではなく、政府部内での取引費用を増大させる。ただ、統治システムには有機体的側面もあり、改革には一定の代償措置も必要となる。つまり、政治の合理化だけが求められるのではなく、地方分権や、政治的中立を保つ機関の役割増大など、並行して進展すべき課題もあるので、そうした関連諸改革にも目配りが必要である。

(1) 行政官僚制による調整と中心なき政府の運営

 従来からの日本政府の構造を概観すれば、分立する行政官庁中心に政府が構成されていたことが焦点となる。つまり議会に基礎を置く、首相を指導者とする内閣が執政府を構成し、それが一体となって、行政各部を指揮監督しつつ、行政運営を行っていくというのが議院内閣制における行政府の構成であるが、日本の場合には、執政部の働きが弱く、内閣は、むしろ各行政官庁の代弁者たる大臣が集まり、最終調整を行う場として機能し、日常的には、各行政官庁が独自の立場で行政運営にあたるという形が中心であった。これが日本における通時的課題としての、中心なき統治構造の中核的な要素（歴1）である。

 首相を中心とする執政府の政治指導が希薄であっても、日本政府が意思決定できるのは、行政官僚制側が、各行政官庁に分かれつつ、それを越えて合意を形成し、日本政府としての意思を統一することのできる仕組みをもっているからである[28]。これは「あいぎ」とよばれる、所轄部局によるその他の部局への合意調達システムが高度に発達し、予算や法令に関する査定システムと相まって、互いの意見をすりあわせる作業が縦横に行われているからである。そのうえ、各行政官庁は、関連の特殊法人や、全国の地方政府の関連部局を通じて、また関連する業界団体などの利益集団と連携して社会的動向を吸い上げる仕組みを発達させてきた。つまり日本の行政府は、議会の助けを借りなくても、ある程度まで社会的な利害を吸収し、それを調整する仕組みをもっていたのである。これが理論的に可能となるのは、インクリメンタリズム（漸変主義）の原理を想起すれば

---

28) 飯尾（2007）。

よい[29]。つまり行政各部が社会的諸利益の代表となっているとき、それぞれの問題に関して、既存の状況の限界的な変化を通じて、互いの主張が調整される時には、政府全体は一定の均衡的結論を導出することが可能となる。

問題は、こうしたインクリメンタリズムだけでは、急激な変化に対して大胆な対応を行ったり、既存のシステムそのものを変更するような政策は出てこないことである。大きな変革を要求する課題が現れたとき、それに合理的に対応する主体を欠いていては有効な対応をとることができない。そこで、行政府改革においては、決定の中心を強化する、つまり首相や執政府の指導力を上げることによって、インクリメンタリズムとは別の問題処理方法を導入するという必要性が出てくるのである。

(2) 内閣の位置づけの転換

そこで内閣を行政各部の調整のうえに立つ受動的存在ではなく、ある程度の積極性をもつ行動主体としての執政部にしていくことが課題となる。そうした積極性を実現するために、最も必要とされるのが、首相の指導力強化である。議院内閣制を委任関係の連鎖としてみた場合、有権者から出発し、議会で集約された多数派の意思は、首相への行政編成権の委任となり、それが分担されて行政長官である大臣に分割されて再委任され、各大臣は任命権者として官庁の官僚制を指揮していくという関係になる。そのとき、首相は委任の連鎖が 点に集まる枢要の地位にあり、それを強化することは理にかなっている[30]。

---

29) 谷 (1990)、Lindblom (1979)。
30) 首相の地位を変化させる、たとえば直接公選にすることによって、その地

選挙制度改革の効果と政権交代の可能性は、党首権力の強化と総選挙における委任の意義向上によって、首相の地位と権力を高めた。いわゆる首相主導体制の出現である。ただ、この首相主導には二面性がある。一面では、直前で述べたような議院内閣制の強化が、首相の地位向上につながるという側面がある。しかし、他面では、そうした積み上げ型の権力基盤増強ではなく、まさに日本政治の最高指導者としての首相の地位の象徴性ゆえに、有権者の認識のうえで国政を直接委任する感覚が強まり、それを背景に首相が政府部内や、政治システムのなかで、指導力を発揮するという面がある。これが、大統領型首相と呼ばれる現象であり、伝統的な社会構造が変化し、政党を通じた民意集約が弱体化したと考えられた西欧諸国において、新たな政治現象として指摘されたものである[31]。そして日本の場合にも、小泉純一郎内閣などは、与党と争う姿勢をもって国民的人気を維持し、国民的人気を基盤に指導力を発揮するなど、そうした大統領型首相とでも呼べる要素を十分にもっていた。ただ、人気頼みの指導力は、じっくりと有権者を説得する契機を欠いており、下手をすると人気取りに走り、あるいは難しい問題を回避する政権が継続する可能性をもはらんでいる。

そこで、執政部強化という観点からは、内閣が日常の意思決定において実質的な意味をもつ行動を行うことを要請する。そこでまずは閣議の活性化が課題となる。ただ中心なき統治構造のなかで、あまりにも形式化・儀式化している閣議を、もう少し実際的な議論の

位を強化しようという考え方もあるが、それはそれで問題を生み出す。論点に関しては、大石・久保・佐々木・山口編著（2002）、また大統領制や半大統領制が委任関係について深刻な問題を生じることについてはSamuels and Shugart（2010）。

[31] Poguntke and Webb（2005）。

場とすることは、必要なことであるが、それで問題が解決するわけではない。むしろ、閣議は全閣僚が出席するところから時間的な制約が厳しく、また出席者が厳選されていないため話題が拡散しがちである。そこで、議院内閣制をとる先進各国では、閣議の下に置かれる委員会であり、特定の問題に関係する大臣によって構成される内閣委員会（閣僚委員会）が、実質的な決定の場になることが多くなっている。そこで日本でも、こうした機動的な調整の仕組みを備えることが課題となっている。もっとも日本にも、さまざまな問題に対応する政府対策本部というものが数多く設置されてきており、問題ごとに特定の大臣がメンバーとなっているので、形式的には類似の仕組みがあるようにも見える。しかし、こうした対策本部は、いずれも官僚制の調整の上に立つ、形式的な存在であることが多い。例外的に機能したのは、21世紀になってから活動し始めた経済財政諮問会議であり、議員ではなく官僚でもない「民間議員」が含まれているものの、経済問題や財政問題の大枠に関して、実質的な議論の場となったという面で、日本における閣僚委員会整備の先駆的な存在であると評価することもできる[32]。

また内閣の意義が転換され、その積極性が高まると、執政府の活動を支えるために人員の増強が必要となる。それに対応する改革が、副大臣・政務官制の導入である。従来の政務次官制は、政務次官の位置づけが曖昧で、ほとんどの場合権限のない名誉職的な使われ方がなされてきた。それに対して、行政改革を補完する形で導入された副大臣・政務官は、その位置づけも強化され、執政府の拡大という役割を担っている。もっとも、副大臣・政務官の活用法は、イギリスなど先進議院内閣制諸国でも、内閣ごと・大臣ごとに大きな変

32）飯尾（2006）。

化があるとされており、日本もその例外ではない[33]。

(3) 執政中枢の強化

こうして執政府が強化されると、首相などが直接処理する事務が増大する。そのため、官邸主導という言葉に見られるように、首相の直轄組織の役割が重要になる。そもそも日本では、55年体制の時代から、内閣官房長官を大臣にする伝統のある国である。各省の自律性が高く、大臣間の調整をこなすには、首相のほかに調整役としての内閣官房長官の役割が早くから大きかったことが考えられるが、改革の進行とともに、内閣官房長官の重要性はきわめて大きなものとなった。

つまり、かつてのように、ほとんどの場合に、首相が行政官庁の下位部門から順次上がってくるものの最終承認だけを扱っているのであれば、首相周辺の事務体制（首相官邸に中心があるため、官邸と呼ばれる）はごく小さなもので十分であり、むしろ案件が集まって処理が難しくならないように、人員や接触を制限して、官邸を軽くする工夫がなされてきた。しかしそれでは、処理が難しいというところから、橋本内閣で立案決定され21世紀初頭に実施に移された行政改革（橋本行革）においては、首相の指導力の強化と内閣の調整機能の強化を狙って、内閣官房の強化と内閣府の設置が行われた。これは省庁再編によって、総理府に置かれていた調整官庁の扱いが変わったことにもよるが、積極的に内閣レベルの調整を行いうる場を設け、首相の指導力を支えるスタッフの強化を狙ったものでもあった[34]。

---

33) Theakston（1987）、飯尾（2006）。
34) 田中・岡田編著（2000）。

具体的に内閣官房の組織・定員が柔軟化され、必要とあれば、さまざまな立案部局を設置することができるようにし、内閣府に特命担当大臣を置いて、その下で特定課題を処理する仕組みを作ったほか、経済財政諮問会議など重要政策会議を内閣府において、政策調整を担うことができるような場を強化したのである。また最近では、国家安全保障会議の再定義（NSCとしての設置）とともに、事務局としての国家安全保障局が設置され、また内閣人事局が設置されるなど、内閣官房の機構が拡大する傾向にある。そのほか、多数の事務局機能が内閣官房に臨時に設置されているが、内閣官房と内閣府との役割分担はやや錯綜したところがある。また内閣府のほうにも、さまざまな機能が集まり、それに応じて担当者が置かれているため、内閣府の性格が曖昧になっているともされる。いずれにしても、省庁間にまたがる問題が、省庁間で解決されず、内閣官房や内閣府にもち込まれることが増え、その業務が拡大して、全体像が明確でなくなるという問題も起こっている。

　ただ、こうした最高指導者および、それを支える仕組みを強化する流れは、欧米諸国でも明確であり、執政中枢論として、そうした動きが研究の対象となってきた[35]。ただ、こうした動きは、その国の置かれた状況、統治構造の特質、政権党の構造、指導者の個性などによって、大きく変わりうるものであり、一般的な記述は難しい。

　そのほか、日本の行政官僚制が、省庁ごとに強い人事的自律性をもっていることが、省庁間の対立を激化させ、省庁縦割りの弊害を悪化させているとの指摘も根強い。そこで、執政府、とりわけ内閣官房長官を中心とする、官僚人事への影響力発揮が20世紀末から次第に強化されてきた。2014年に成立した新国家公務員法は、そ

35）Smith（1999）、伊藤編（2008）、片岡（1982）。

うした流れのなかにあり、内閣人事局を設けて、各省の審議官以上の幹部人事を、一元的に管理しようとするものである。ただ、省庁の官僚制によって実質的に自己管理されてきた幹部人事を、一挙に政治家である内閣幹部が管理することは、逆に官僚を政治化させることにもつながりかねない危険をはらんでおり、官僚の専門性や政治的中立性と政治的意思の官僚制への貫徹とをどのようにバランスさせるかが課題となっている。その意味で、これまで人事面ではイギリスの官僚制に近く、表面上は政治的中立を建前としてきた日本の官僚制が、フランスのように、政治化した官僚を中心として展開するようになるのかどうかは、注目すべき点である[36]。

(4) 省庁再編

もっとも、執政部強化によって、問題が解決してしまえるわけではない。首相主導によって、すべての問題を首相が処理することは不可能であるし、また首相が日常業務にまで指示するのは事態を混乱させるだけである。その意味で、省庁官僚制が自律的に、相互調整を行う仕組みも、それなりに機能させる必要がある。

橋本行革の段階では、執政府強化の課題は端緒がみえただけであり、全体としては旧来の官僚内閣制的な政策過程が前提とされていた。そこで、省庁の相互調整を前提として、その処理コストを下げるために、調整単位である省庁数を半減させるという構想が立てられ、実施された[37]。それによって、多くの省庁が合併を経験し、巨大官庁が多く出現した。

この改革は、見方を変えれば、インクリメンタリズムによる調整

---

36) 村松編著 (2012)。
37) 田中・岡田 (2000)。

過程を支える省庁の代表制を高める改革でもあった。長年にわたって省庁編成が固定化していると、社会の変化にともなって、省庁が代表する利益が社会を網羅できなくなり、政府の立ち位置が社会の中心からずれるということが起こってくる。省庁再編にともなって、各省庁は局編成の見直しなども迫られたが、その過程で状況に即した領域変更が見られたのである。ただ、省庁の数を減らすという目的が先行した分、そうした分担領域の見直しは、微温的なものにとどまった可能性がある。

　官僚制の認識に着目すれば、こうした省庁再編を通じて、省庁という単位が変わりうるということは、長らくその自律性に安住してきた自らの地位が、政治次第で変更されることを認識する過程であり、政官関係の基盤認識に大きな影響を与えたという点も指摘できる。いずれにせよ、欧米諸国においては、省庁再編はそれなりに頻繁に行われているから、日本の特殊性が少し減少するような対応であったと見られる。

　また、省庁再編から時間が経てば、新たに誕生した巨大官庁のなかには、管理が不能なほど強大化した省も存在し、一定の再編は不可避である。廃止したはずの調整官庁についても、消費者庁などの設置により、橋本行革の理念は崩れている。その意味でも、折に触れての再編はいずれ定着するものと見られる。

(5) 政府と与党（政権党）との関係の転換

　こうした政府組織の裏側に存在するのは、行政府と与党との関係である[38]。すでに政党について論じたところで述べたように、日本

---

38) 内閣のあり方が政権党（与党）との関係に規定されることについては、高安（2009）。

の政官関係の特色として、行政下部の官僚と政治家とりわけ与党議員との接触が密であり、分散的な構造と相まって、独自の鉄の三角形を発達させてきたという面がある。これは、一面において、中心なき統治構造を補完して、政治的意思を行政に伝える回路であるが、他面においては、執政府の指導力を制約し、全体的課題への取り組みや、大胆な政策変更を抑止する仕組みでもある。

また、このような密接な調整システムに、与党議員が組み込まれているのは、国会において政府の立場が弱く、国会における調整に不安があるという内閣側の不安にも由来する[39]。そうして、さまざまな矛盾が調整されるのが、融通無碍な政府・与党関係なのである。その意味で、選挙で勝利した政党が政権を構成し、その政党幹部である内閣のもとで所属議員が統一的に把握される政権党の仕組みとは、異質な仕組みであるという点で、政府・与党二元体制[40]と呼ぶべきものであるが、それを変える一元化には多くの隘路がある。ある理解によれば、首相主導のもとで、与党議員の意向と関係なく行政各部を指揮して政策を遂行するのが一元化であるということになる。あるいは、首相らは与党の結論を待って、それで政策を遂行するのが一元化であるという理解もありうる。しかし、それらの一元化は、片方の要素の無視によって成り立っており、それぞれの機能を活かすことができない点で、望ましい一元化ではない。求められる政府・与党一元化は、首相を頂点とする議院内閣制の仕組みのなかで、与党議員は首相を支えつつ社会的な利害の集約に努め、それを受けた首相は、大筋での委任を基盤に大臣とともに行政官庁を指揮して、その実現に努めるということであり、問題が起これば、首

---

39) 野中 (2013)。
40) 飯尾 (2007)。

相や大臣の直下で調整が行われることが望ましい。要するに一元化とは、両者の機能を集約された形で調整することなのである。

その意味で、政府与党一元化の目的は、議院内閣制における民意の集約機能の強化にあり、その機能を果たせない改革は、一元化の名に値しない。また、そうした二元体制をもたない先進議院内閣制の制度運用を参考にする際にも、出発点が違うために形式的に制度を導入しようとしても、うまくいかないことが多い。まさに機能に還元しながら、求められる機能を発揮できるように、制度を再検討しつつ、改革を進めることが求められる分野であるといえよう。

(6) 地方分権改革

政治・行政改革と並行して1990年代後半に進行した改革に、地方分権改革がある。統治構造において根幹的な問題が、中央・地方関係である。何よりも国家の基本的な姿は、国土に広がる社会をどのように編成するかという点にかかっているからである。日本の場合、中央集権体制であることが強調されてきたが、むしろ中央と地方が渾然一体と融合的に事務処理を行ってきたことにも大きな特徴（中央地方融合体制）がある[41]。そして分権改革が進行するなかでも、融合の側面については、あまり手がつけられることはなかった。

地方分権改革においては、権限と財源の移譲の是非といったいわば綱引き的な改革の次元に関心が集中してきた。しかし、政治的な意志決定の経路という観点からも検討が必要である。つまり政権交代可能な民主政の定着という観点からすれば、日本の中央・地方制度における融合的性格は、政権交代の不在を前提としているところがあり、いったん政権交代によって大胆な政策転換を行おうとすれ

---

[41] 金井（2007）。

ば、地方政府に影響が波及しやすく、混乱のなかで実現が難しくなるという危険性が高い。その意味で、中央政府と地方政府の責任領域を明確化するというある意味での分離の方向性は、統治構造改革の焦点となる。

1980年代以降、欧州で進展したさまざまな分権改革は、一方で共時的改革に応じて、柔軟な政府体制を構築しようとする動きであったが、他方で、ヨーロッパ統合の進展にともなって、主権国家の責任を軽くする動きと連動するものでもあった。日本では、後者の要素を欠いているために、同様の展開を期待すべくもないが、実質的な政府の役割分担を再検討するほど分権が進んだ状況では、中央と地方のそれぞれの政府における意思決定のあり方と関連づけて、その役割分担が構想されなければならないといえよう。そのうえで、分権時代にふさわしい地方自治体の統治システムの構想が必要とされるのは、いうまでもない。

(7) 司法制度改革など政党政治から距離を置く主体の重要性増大

日本の行政システムは、その綿密な社会的ネットワークを使いつつ、社会的紛争の拡大を未然に防止する事前予防の行政体制という側面をもっていた。しかし、高度成長の終焉や、バブル経済の崩壊といった時代の変化とともに、そうした事前予防型行政が機能しなくなり始める。それにつれて、規制緩和などの動きも盛んになり、政府の責任領域の再定義も課題となってきた。そうなると、さまざまな社会的紛争の発生を前提として、事後的に処理する事後的紛争処理機能が重視されざるをえない。司法機能の強化は、こうした文脈からも必要とされる[42]。

---

42) フット (2007)。

そこで、日本でも1990年代末から司法制度改革が推進されたが、その改革の成果は、今のところまちまちである。本質的には、司法部の硬直性が十分に打破されていないために、改革が部分的なものにとどまり、過去の惰性のなかで、改革部分が疎外される傾向がある。最も定着した改革である裁判員制度ですら、一定の運用改善は必要であるが、法科大学院制度や法曹一元化の強化などの課題は、従来体制のもとで疎外され、その狙いは実現していないものとみられる。

　要するに孤立することによって、政治などからの独立性を確保しようとする司法部の閉鎖性が、こうした改革の障害となっているのである。ただ、一般論として、司法機能の強化は、その独立性の保障なくしては意味をなさない。そこで、政治的な介入ではなく、司法部が独自に改革を遂げて行くにはどうしたよいのか、制度設計と制度運用を統一的に把握した改革論が必要とされる。こうした司法制度の改革における根底的な問題は、大陸法系を基本とする日本の法制度のもとで、裁判所制度がアメリカの強い影響を受け、英米法系を前提とするような制度的な構成をもっているところに、根本的な矛盾が生じているという点である[43]。長い間に、そうした矛盾は糊塗されているように見えるが、硬直性が、こうした無理から生じている可能性にも目を向ける必要があろう。

　また、行政部内でも、政治的中立性や専門性の発揮が必要な部門は多く、執政府が強化されれば、その反作用として、こうした政治的独立の要請はむしろ強くなるはずである。たとえば、政治主導という言葉には強い訴求力があるので、行政の政治化が起こりがちであるが、そうした統治構造改革の全体像のなかから、こうした問題

---

43) 御厨編（2013）。

が適切に処理されるような目配りが必要である。

5 統治構造改革に付け加えられるべき課題

これまで検討してきたように、平成の政治改革や関連する統治構造改革は、日本の統治システムにおける歴史的課題への対応という面、とりわけ中心なき統治構造からの転換（歴1）が強く意識されていたが、必然的に世界的な共時的課題への対処につながっていた。推進されてきたそれぞれの改革にも課題は数多く残っており、課題間の連関に関しても、総合的な成果を発揮しているとは言いがたいが、その間あまり強く意識されなかった改革があることにも気づかされる。そうした改革項目は、共時的課題から発生するものもあれば、比較的意識されることの少なかった歴史的課題に由来するものもあり、また諸改革の進展にともなって、自ずと現れる次の段階の課題であることもある。そこで、これまで検討される機会が少なかったそうした改革に関して、まとめて整理しておきたい。

(1) 立憲主義と超党派合意

政権交代が空想上の問題であれば、与野党の対立はいかに激しくてもかまわない。しかし、政権交代が現実化すれば、政権が変わっても維持されるべき仕組みや価値が自覚的に守られなくてはならない。その意味で、政権交代の契機を欠いていた日本において、立憲主義が根づいていないように見えるのは偶然ではない。ようやく必要な状態になったからこそ、立憲主義の意味を政治的な場で確認することが必要となる。

具体的には超党派合意の努力が、政権をめぐる競争と同時並行的に追求されるべきである。政権交代後の民主党政権のもとで、民

主・自民・公明の各党を含む三党合意が、財政再建や社会保障改革に関して追求され、一定の成果を上げたのは、そうした必要性からである。ただ、運び方の拙劣さもあり、超党派合意が果たすべき、安定的な基盤として三党合意が機能しなかったことには注意が必要である。また再び政権の座に戻った自民党によって、こうした超党派合意が尊重されていないようにみえ、また憲法秩序を超党派合意によらずして変更しようとするなどのことは、大きな問題点をはらんでいる。もっとも、超党派合意は、常に現状の維持に帰結するものではない。合意によって、憲法秩序の変更をもたらすことも、また立憲主義の重要な含意である。この問題は、より自覚的に追求されるべき問題である。

そうした問題を考えるとき、日本国憲法が体制を支える基準点となりきれていないことは、確認しておく必要がある。あまりにも強い護憲と改憲との理念的対立は、両者の対立を止揚して、高次における共通理念を作り出すことを妨げている。護憲論が、憲法保障措置である憲法の条文改正に柔軟になり、状況対応に積極化するとともに、部分的改憲論者が、護憲論と折り合いつけつつ具体的憲法改正論議を進め、そのうえで、全面改正論（新憲法制定論）をいかに体制内に取り込むかという課題に取り組んでいく必要がある。その意味で、憲法問題を憲法典の条文の問題に局限せず、生きた憲法を基盤に立憲主義の定着を図る必要がある。

また、日本の内部で進行している脱編成過程に注意を払い、できるだけ幅広い包摂性をもつ統治システムを構想し、実現していくことも重要である。「一億総中流」の幻想がすでに失われ、「ムラ社会」への郷愁も機能しない現在、意識的に国民統合の課題を処理していくことも、政治だけの役割ではないが、政治の重要な機能となりつつある。

(2) 代表制の転換と有権者の主体性

　中心なき統治構造から転換し、一定の権力核ができたとしても、それへの民主的統制は、消極的なものにとどまっているべきではない。民主政の活性化につれて、代表制の意味転換に取り組む必要という課題が表面化しつつある。民主政においては、有権者の意向反映であるとか、社会的利害の吸い上げが問題となってきたが、現状の困難を考えると、有権者への説得や誘導という要素にも目を向けていかなければならない。これは民主政の限界認識と制限といったことに結実するべき問題ではなく、むしろ民主政の構造転換、あるいは本来の民主政の復元という視点が必要である。民主政の本来の当事者は、一般の有権者なのであって、その有権者が必要な判断を下すべき条件整備は、代表制のもとで政治を委任された政治家の責務であるにせよ、有権者が受け身ではそれも機能しない。自分たちが主体だという意識が有権者間に広がってこそ、説得が可能となり、必ずしも口当たりがよいことばかりではない政策を受け入れ、積極的に推進することができるのではないか。

　その意味で、基礎的な部分においては、政党の組織性強化にともなって、政党内部における政策論議の活性化がまず出発点となろう。熟議民主政の課題も、さまざまなメディアを使った各所における実験も有効であるが、全体としては政党を媒介として中心性をもった形で進展するのが望ましい。政党政治は新たな展開が求められているのである。

　欧米諸国で、政党政治の行き詰まりが指摘されるのは、まさに20世紀型の政党が組織的に確立したために、柔軟性を欠いており、そうした役割を果たせないからであって、そうした組織性をもたない日本の政党が、これから組織化されていく過程にこそ、可能性が潜んでいるように思われる。包括的政策論議の舞台としての政党内

(3) 政策における体系性確保

政策転換が必要だという認識は広まり、さまざまな改革が積み重ねられてきたが、個別の改革を総合した政策転換のイメージが問われる段階となっている。課題はいずれも巨大であるから、必要とされる政策課題は、体系化して理解されるべきである[44]。そうした点から、政策を体系化して把握し、ビジョンを描いていく能力の涵養は、個人的なものではなく、統治システム全体の設計にかかわってくる。その点で、政党の役割は大きいのであり、政党の組織性の強化は必要なのであるが、前提となる政策イメージが戦後の左右対立軸や、イデオロギー的対立を前提としていては、絵空事に終わる可能性もある。また、行政内部での調整過程を簡素化して、内部取引コストを下げると同時に、官僚制内部に政策的構想力を生み出す仕組みを作り上げる必要もある。こうした点は、とりわけ日本に求められる課題ではあるが、欧米諸国においても伝統的な政治のほうに培われた政策形成の仕組みが、不十分な側面を露呈していることも確かであり、政策構想における体系性の確保は、ポストイデオロギー時代の統治システムにおける主要な課題の一つであるといえよう。

(4) 知識・知恵の結集

民主政と専門性との緊張関係は、現代政治学における重要な伏線の一つであるが、問題をより広くとらえ、統治システムにいかに知

---

44) 飯尾 (2013)。

識・知恵を取り込むかという観点も重要になりつつある[45]。日本の文脈でいえば、官僚制による知的生産の水準向上や、審議会システムの深化などが具体的な課題となるが、政治家の質の向上や、政治的討論における専門家の役割の強化なども課題となる。

　その際に留意すべきなのは、権力と知恵との分離という課題である。官僚を中心とした政策形成にしろ、重要な審議会の役職を歴任する有識者の役割と能力の問題にしろ、幅広い知識・知恵の蓄積のなかから、必要な政策決定が導き出されなくてはならない。従来は輸入型政策も多く、その気になれば、すぐに新しい政策が作れたという時代もあったが、日本が直面する課題には未知の難題も多いから、その検討体制は分厚いものである必要がある。そこで、当面の政策決定とは別に、知恵や知識、あるいはそれらを使いこなす能力を政府の内外に分厚く確保しておくことが必要である。ところが、近年は、官僚にせよ政治家にせよ、多忙を極めるなかで、当面の対策に関心を集中させ、知識や知恵の蓄積を意識しない傾向も強い。そこで、能力開発を進めるとともに、当面の対策に関係のない政策知識や統治の知恵を意識的に蓄積していく方策を立てるべきである。

(5) グローバル化への対応能力

　統治システムをグローバル化した現実に順応させ、グローバルな観点から政府業務を遂行することは、新興国においてしばしば強調され、欧米では前提とされ、日本でも問題の所在はよく知られている。しかし、この問題は、単に当局者の英語力の問題や、リーダーの国際的教養やネットワークの有無といった問題に還元されるものではない。むしろ国内調整に労力をとられ、海外との交渉あるいは、

---

45) 内山・伊藤・岡山編著（2012）、DeLeon（1988）。

その前提となる情報収集、あるいは奥深い分析能力の涵養などがおろそかになっているところに、本質的な問題がある。

その点でも、政府内調整の簡素化は必要なのであって、これまで述べてきた行政にかかわる制度転換や国会関連の改革が必要であるが、それを越えた工夫もまた求められる。それは、外交・内政の連関を意識的に追求する政策調整過程の仕組み作りであり、行政をはじめとする各機関における国際対応部局の整備・確保という課題である。まずは国内調整にほとんどの官僚が動員され、政治家も自由に口出しできる仕組みが、グローバリズムの時代に通用しないという認識が必要である。

おわりに

これまで検討してきたように統治構造の改革は、日本においても過去25年間にわたって展開されてきたが、一般論としての改革論議は、すでに新鮮さを失い、キッチュ化した観がある。ある意味で、かけ声改革が続いて、改革疲れが生じたともいえよう。とりわけ2009年民主党政権への政権交代と、その後の迷走は、そうした改革論議の転換点となった。その意味で、改革疲れへの対応は、統治構造改革の続行にとっても重要な焦点である。簡単な対処策はないが、海外からの制度移入や、いくつかの象徴的な制度改革によって、あらゆる問題が解決するかのような幻想を使わず、理屈を詰める作業のなかから、幅広い共感の輪が広がり、有権者の主体的参加のなかから、事態が変化していくといった方向性を模索することが必要ではないか。統治構造改革は、現代日本において、次の飛躍のための踊り場にさしかかっていると考えられる。

参考文献

飯尾潤（2006a）「副大臣・政務官制度の目的と実績」『レヴァイアサン』38号、2006年。
飯尾潤（2006b）「経済財政諮問会議による内閣制の転換」『公共政策研究』第6号、2006年。
飯尾潤（2007）『日本の統治構造』中央公論新社。
飯尾潤（2013）『現代日本の政策体系』筑摩書房。
飯尾潤編（2013）『政権交代と政党政治』中央公論新社。
伊藤光利編（2008）『政治的エグゼクティヴの比較研究』早稲田大学出版部。
イングルハート、R（1978）［三宅一郎・金丸輝男・富沢克訳］『静かなる革命』東洋経済新報社。
上神貴佳・堤英敬編著（2011）『民主党の組織と政策――結党から政権交代まで』東洋経済新報社。
内山融（2007）『小泉政権――「パトスの首相」は何を変えたのか』中央公論新社。
内山融・伊藤武・岡山裕編著（2012）『専門性の政治学――デモクラシーとの相克と和解』ミネルヴァ書房。
遠藤乾（2013）『統合の終焉――EUの実像と論理』岩波書店。
大石眞・久保文明・佐々木毅・山口二郎編著（2002）『首相公選を考える――その可能性と問題点』中央公論新社。
大住荘四郎（1999）『ニュー・パブリックマネジメント――理念・ビジョン・戦略』日本評論社。
大山礼子（2011）『日本の国会――審議する立法府へ』岩波書店。
片岡寛光（1982）『内閣の機能と補佐機構――大統領制と議院内閣制の比較研究』成文堂。
金井辰樹（2003）『マニフェスト――新しい政治の潮流』光文社。
金井利之（2007）『自治制度』東京大学出版会。
上川龍之進（2010）『小泉改革の政治学』東洋経済新報社。
川人貞史（2005）『日本の国会制度と政党政治』東京大学出版会。
北岡伸一（1994）『政党政治の再生――戦後政治の形成と崩壊』中央公論社。
行政改革会議事務局OB会編（1998）『21世紀の日本の行政』ぎょうせい。
佐々木毅（1987）『いま政治に何が可能か――政治的意味空間の再生のために』

中央公論社。
佐々木毅編（1999）『政治改革 1800 日の真実』講談社。
佐々木毅・吉田慎一・谷口将紀・山本修嗣（1999）『代議士とカネ――政治資金全国調査報告』朝日新聞社。
佐藤誠三郎・松崎哲久（1986）『自民党政権』中央公論社。
高橋進・坪郷實編（2006）『ヨーロッパ・デモクラシーの新世紀――グローバル化時代の挑戦』早稲田大学出版部。
高安健将（2009）『首相の権力――日英比較からみる政権党とのダイナミズム』創文社。
竹中治堅（2006）『首相支配――日本政治の変貌』中央公論新社。
竹中治堅（2010）『参議院とは何か』中央公論新社。
田中愛治・河野勝・日野愛郎・飯田健（2009）『二〇〇九年、なぜ政権交代だったのか』勁草書房。
田中一昭・岡田彰編著（2000）『中央省庁改革――橋本行革が目指した「この国のかたち」』日本評論社。
田中秀明（2011）『財政規律と予算制度改革――なぜ日本は財政再建に失敗しているか』日本評論社。
谷聖美（1990）「インクリメンタリズム」白鳥令編『政策決定の理論』東海大学出版会。
谷口将紀（2004）『現代日本の選挙政治――選挙制度改革を検証する』東京大学出版会。
西尾勝（2013）『自治・分権再考』ぎょうせい。
日本再建イニシャティブ（2013）『民主党政権失敗の検証――日本政治は何を活かすか』中央公論新社。
野中尚人（2013）『さらばガラパゴス政治――決められる日本に作り直す』日本経済新聞出版社。
パットナム、ロバート・D 編著（2013）［猪口孝訳］『流動化する民主主義――先進 8 カ国におけるソーシャル・キャピタル』ミネルヴァ書房。
平島健司編（2008）『国境を越える政策実ратиv・EU』東京大学出版会。
フット、ダニエル H（2007）［溜箭将之訳］『名もない顔もない司法――日本の裁判は変わるのか』NTT 出版。
松下圭一（1996）『日本の自治・分権』岩波書店。
待鳥聡史（2012）『首相政治の制度分析――現代日本政治の権力基盤形成』千倉書房。
御厨貴編（2013）『園部逸夫オーラル・ヒストリー』法律文化社。

水島治郎（2012）『反転する福祉国家――オランダモデルの光と影』岩波書店。
村上泰亮・公文俊平・佐藤誠三郎（1979）『文明としてのイエ社会』中央公論社。
村松岐夫編著（2012）『最新公務員制度改革』学陽書房。
山田昌弘（2004）『希望格差社会――「負け組」の絶望感が日本を引き裂く』筑摩書房。

Barzelay, Michael (2001) *The New Public Management: Improving Research and Policy Dialogue*, University of California Press.

DeLeon, Peter (1988) *Advice and Consent: The Development of the Policy Sciences*, Russell Sage Foundation.

Kooiman, Jan (2003) *Governing as Governance*, SAGE Publications.

Lindblom, Charles E. (1979) "Still Muddling, Not Yet Though", *Public Administration Review* no.39, 1979, 517-526.

Pempel, T. J. ed. (1990) *Uncommon Democracies: The One-Party Dominant Regimes*, Cornell University Press.

Poguntke, Thomas and Paul Webb (2005) *The Presidentialization of Politics: A Comparative Study of Modern Democracies*, Oxford University Press.

Rhodes, R. A.W. (1997) *Understanding Governance: Policy Networks, Governance, Reflexivity and Accountability*, Open University Press.

Samuels, David J. and Matthew S. Shugart (2010) *Presidents, Parties, and Prime Ministers*, Cambridge University Press.

Shugart, Matthew Soberg and Martin P. Wattenberg eds. (2001) *Mixed-Member Electoral Systems: The Best of Both Worlds?*, Oxford University Press.

Smith, Martin J. (1999) *The Core Executive in Britain*, Palgrave MacMillan.

Theakston, Kevin (1987) *Junior Ministers in British Government*, Basil Blackwell.

第4章
イギリス：中央集権型統治システムの動揺

池本　大輔

はじめに

　イギリスが議会制民主主義の母国であることはよく知られている。ウェストミンスター・モデルが模範として幅広く称揚された時代はすでに過去のものになったが、小選挙区制と二大政党制、総選挙で第一党になった政党が形成する政府への権限集中と定期的な政権交代によるアカウンタビリティの確保、中央集権といった特徴をもつ同国の統治システムは、比較政治学の民主主義体制分析における理念型としての地位を維持し続けている。ところが最近のイギリス政治では、2010年の総選挙後に保守党と第三党の自由民主党によって連立政権が樹立されたように、ウェストミンスター・モデルの特徴に必ずしも適合しない現象も起きている。21世紀のイギリス統治システムはどのような方向に向かおうとしているのだろうか。本稿はこの問いに答えることを目的とする。そこで第1節では、ウェストミンスター・モデルの特徴と、最近起きている変化について概観する。第2節と第3節では、このような変化を大統領制化、合意政治モデルへの移行と解釈する見方をそれぞれ取り上げ、その妥当性を批判的に検討する。イギリス政治は大統領制化しているわけではなく、合意政治化が起きているのは単一－連邦国家次元にとどまるというのが結論である。第4節では、最近のイギリス政治の変化の多くが、大英帝国の衰退、グローバル化の進展やヨーロッパ統合

1 ウェストミンスター・モデルの特徴とその変化

硬性憲法典の不在

日本も含め多くの民主主義国家は、通常の議会制定法に対して法的に優越し、かつ通常の法律とは異なる改廃手続きに服する硬性憲法典を有しているが、イギリスにはそれがない[1]。多くの国では憲法典に含まれる統治機構や市民の権利義務に関する規定が、イギリスでは通常の議会制定法や習律という形をとっているため、議会はそれを自由に変更することができる。しかし、イギリスに憲法がないというのは誤りである。権力を行使する者が他の機関によって政治的（法的でなく）にアカウンタビリティを求められるという意味で、政治的憲法と呼ぶのが適切であろう。

議会主権と下院の優越

イギリス憲法の根本原則は、国王・上院・下院からなる議会が主権を有するという「議会主権」の原則である。「議会は男を女にする以外は何でもできる」と言われるように、議会に対する法的な拘束は存在せず、その議会の決定ものちの議会を拘束することはできない。

1832年の第一次選挙法改正以降段階的に選挙権の範囲が拡大するにつれ、下院は民主的な正統性を獲得し、国王や、世襲貴族と一代貴族によって構成される上院に対する優越的な立場を確立した。

---

1) Bogdanor（1996：chapter 1）。

1946年に制定された国会法のもとで、上院は通常の法律は1年、金銭法案については1カ月、下院の決定を引き延ばす力をもつに過ぎない。下院のみが課税と財政支出に関する決定権をもつ（財政的特権と呼ばれる）という習律[2]、選挙公約に由来する法案には上院は反対することを差し控えるというソールズベリ習律[3]の存在もあわせ、イギリス議会は下院が優越的な地位を占める二院制だと評することができよう。

小選挙区制と二大政党制

1885年の第三次選挙法改正により、下院の選挙制度は原則として小選挙区制に基づく形になった。一般的に、小選挙区制は大政党に有利で二大政党制を生みだしやすい制度であるが、地域的な支持基盤を有する小政党は議席を獲得することが可能である。19世紀には自由党と保守党が二大政党であったが、労働組合に支持された労働党が戦間期以降党勢を拡大し、自由党にとって代わる存在となった。第二次大戦後は階級対立を背景として保守党と労働党の二大政党制が成立し、1955年の選挙では二大政党あわせて96.1％の投票を得た。

しかしながら、1970年代以降下院選挙における二大政党への支持は低下傾向にある。二大政党への支持が低下した理由は、階級意識やそれが投票行動を規定する度合が低くなったこと、脱物質主義的価値観の登場、中央－地方対立の再浮上などにあると考えられる。

---

2) Explanatory note on Financial Privilege by the Clerk of the House of Commons and the Clerk of Legislation (http://www.parliament.uk/documents/commons-information-office/financial-privilege.pdf).

3) The House of Lords Library Note, 'Salisbury Doctrine' (http://www.parliament.uk/documents/lords-library/hllsalisburydoctrine.pdf).

労働党から分裂した社会民主党と自由党が 1988 年に合併して誕生した自由民主党は、脱物質主義的価値観を有する新しい中間層の支持を集め、第三党としての地位を確立した[4]。イングランド以外の地域では、スコットランド国民党やウェールズのプライド・カムリといった地域政党が台頭する一方、北アイルランドでは 1974 年にアルスター統一党が保守党との連携に終止符を打ち、独立の政治勢力となった。それでも小選挙区制のため、議会レベルでは二大政党制が続いてきたが、2010 年選挙では二大政党の得票率は合計で 65.1％に過ぎず、どの政党も単独では過半数の議席を有さない宙づり議会となった。その結果、保守党と自由民主党の間で、第二次世界大戦後初の連立政権が結成された。

執政府への権力集中

バジョットがつとに指摘したように、イギリスの議院内閣制は執政府と議会の融合をその特徴とする点で、アメリカのように大統領制にもとづく政治体制とは異なっている[5]。19 世紀中葉以降議会内での政党規律が強まったことにより、実質的には執政府へ権力が集中した。議会を通過する法案のほとんどは政府提出法案であり、現在の連立政権のもとで固定会期法が成立するまで、首相は国王大権に由来する解散権を行使することができた。他方、首相は国会議員でなくてはならず、内閣は下院の信認がなければ存続できない。内閣が議会に対して連帯責任を負うだけでなく、個々の大臣は自己の

---

4) 自由民主党への支持はイングランド南西部やウェールズ、スコットランド・ハイランド地方（ケルト周辺部と言われることもある）で強く、同党には地域政党としての性格もある。
5) Bagehot（2001）。

管轄する省庁の行動について議会に対して責任を負う。もっとも、内閣や大臣の議会に対する答責性が政党規律の確立とともに低下したのは否定できない事実である。

中央集権

イギリスでは連邦制を採用する国家と比較して、中央政府に権力が集中していると言われる。実際には、地方自治体は教育・住宅問題などさまざまな分野で重要な役割を果たしてきた。ただし議会主権のもとでは、憲法上地方自治体の地位や権限が保障されているわけではない。とりわけサッチャー政権は、地方自治体を自らが推進する新自由主義的経済改革の妨げとみなし、その弱体化を進めた。1984年には地方税法が改正され、地方自治体は任意の地方税率を設定する権限を失った。1986年には大ロンドン地域の自治体が廃止された。これに対し、後でみるように1997年に誕生した労働党政権はスコットランドとウェールズに地方議会を開設し、大ロンドン地域の自治体を復活させるなど、地方分権を推進した。

野党の役割・非公式な権力抑制メカニズム

以上のように、イギリスの政治システムのもとでは政府に権力が集中しており、保守党の政治家ハイルシャム卿はそれを「選挙独裁（electoral dictatorship）」と形容したほどである。しかし政府による権力の濫用を抑制する仕組みが存在しないわけではない。周知のように、イギリスでは野党に憲法上の役割があることが認められ、強力な野党の存在と政権交代の可能性こそが政府に対する何よりの抑制だと考えられてきた。それに加えて、労働組合や職業・専門家団体が中央政府に対する非公式の抑制メカニズムとして機能してきた。1960年代から70年代にかけては、コーポラティズムと呼ばれる、

政府・労働組合・経営者団体の三者協議にもとづく経済運営が行われていた。労働組合はインフレ抑制のため賃上げ要求を緩和することと引き換えに、経済政策に対する幅広い発言権を認められていた。弁護士会・大学・シティなどの専門家・職業団体は、自らの活動分野における自主的なルール設定を認められていた。

　サッチャー政権期には野党が分裂し弱体化する一方、非公式な権力抑制のメカニズムを担っていた団体が政権の推進する経済改革の障害とみなされ、激しい攻撃にさらされた。1979年の総選挙でサッチャー率いる保守党に敗北した労働党内部では、左右対立が激化した。同党は1981年に分裂し、労働党を離脱した右派議員は社会民主党を結成した[6]。労働党の分裂は党組織のあり方をめぐる対立を直接の契機としていたが、欧州共同体加盟をめぐる対立が大きく影響していた。政権から下野した政党がヨーロッパ問題をめぐって内部分裂を起こし弱体化するという現象は、1997年総選挙で大敗した後の保守党にも当てはまる。

　サッチャー政権が労働組合をイギリス経済低迷の元兇とみなし、対決姿勢をとったことはよく知られている[7]。労働組合の影響力は、マネタリズムにもとづく金融政策の導入による失業率の上昇、製造業の衰退にともなう組織率の下落、法的規制の導入により急速に低下した。専門家・職業団体もサッチャー政権が進めようとした改革・競争重視の経済政策の障害とみなされ、激しい攻撃の対象になった[8]。

　このような強力な野党の不在、非公式の権力抑制メカニズムの衰退と先に述べた地方自治体の弱体化が、1990年代以降のイギリス

---

6) Crewe and King (1995)。
7) サッチャー政権の経済政策については、Gamble (1994) を参照。
8) Marquand (2004)。

政治の状況や国制改革要求の高まりを理解するうえで極めて重要である。

国民投票と住民投票

ここまで述べてきたように、イギリスでは議会主権の原則の帰結として、二大政党は単に政治のゲームを支配しているだけでなく、ゲームのルール（憲法）を決定する権限をも手中にしてきた。しかし最近では、憲法にかかわる問題の解決に国民投票や住民投票が用いられるようになってきている。1975年には欧州共同体への残留の是非をめぐってイギリス史上初めての国民投票が行われ、2011年には選挙制度改革が国民投票に委ねられた。またスコットランドやウェールズにおける地方議会開設も、住民投票の結果にもとづくものであった。これらの国民投票や住民投票は議会制定法にもとづいて行われ、結果もウェストミンスター議会を法的に拘束するものではないため、理論上は議会主権の原則を脅かすものではない。しかし実質的には、議会主権の原則が国民主権の原則によって置き換えられつつあるとみることもできよう。

2　イギリス政治の大統領制化?

前節で説明したウェストミンスター・モデルの変容は、労働党政権が誕生した1997年以降のイギリス政治について、従来とは異なる説明・解釈を生み出すことになった。

比較政治学者はさまざまな分析枠組みによって民主主義体制を分類してきた。伝統的に、ウェストミンスター・モデルは以下の二つの対比によって特徴づけられてきた。第一の対比は、すでにみたように議院内閣制と大統領制との対比である。議院内閣制は、執政府

が議会のなかから選出され、その信認を有する限りで存続できること、執政府が一体として議会や有権者に対して責任を負う点に特徴がある。大統領制は、執政府が議会に対して責任を負わないこと、選挙で選ばれた大統領の存在、執政府のなかで大統領のみが有権者に責任を負うという点で、議院内閣制と対比される。ところが最近では、このような伝統的な見方に対して、イギリス政治は大統領制化しつつあるという説が唱えられるようになってきている。

　第二の対比は、レイプハルトによって提唱された、イギリス的な敵対政治のモデルと大陸ヨーロッパ諸国に多くみられる合意型政治のモデルとの対比である[9]。レイプハルトは36の民主主義国の政治体制を執政－政党次元と単一－連邦国家次元という二つの次元に即して分類したが、そのなかでイギリスを敵対政治モデルの典型的な例と位置づけている。ところが最近では、ブレア政権以降の地方分権の進展や、2010年総選挙の結果連立政権が誕生し選挙制度改革が模索されていることを前提に、イギリス政治が合意政治型モデルに接近しつつあると主張する政治学者が日英両国で現れている[10]。後者は次節で扱うとして、ここではまず大統領制化論について検討したい[11]。

　大統領制化論は、執政府・政党・選挙という三つの側面における変化を根拠としている。第一の側面は、意思決定における首相個人への権限集中を意味する。執政府のなかで政府首班の影響力が強く

---

9) Lijphart（2012）。
10) Flinders（2005）は、変化は単一－連邦国家次元に限定されたものだと指摘している。それに対し、小堀（2012）は、執政－政党次元でも変化が起きていると示唆しているように思われる。
11) 以下の大統領制化論の要約は Poguntke and Webb eds.（2005）にもとづいている。

なるとともに、執政府自体が政党から独立していれば、大統領制化が起きていることになる。第二の側面は、政党内部における党首への権力集中を指す。第三の側面は、各政党が自党党首の魅力にフォーカスをあてた選挙キャンペーンを展開すること、それを受ける形でメディアの選挙報道が党首に集中すること、投票行動に対する党首の影響が増大していることを指す。

　大統領制化を唱える論者達は、大統領制化という現象が存在することの論証に重きを置いているが、大統領制化をもたらした要因としては、政治の国際化、国家機構の成長、テレビの普及などマスコミの構造変化、社会的亀裂に基づく政治の終焉などを挙げている。

　この理論をイギリス政治の分析に応用したヘッファーナンとウェブによれば、ブレア政権期のイギリスではまさに大統領制化が起きていたという[12]。彼らによれば、トニー・ブレアとその側近達は首相の権限を強化し、意図的に大統領のイメージをつくり出そうとした。執政府の側面では、首相府（Prime Minister's Office）と内閣府（Cabinet Office）の機能強化により、首相が利用できる制度的な資源は著しく増強された。内閣府は、省庁間の調整組織から首相個人のアジェンダを実現するための機構へと変化した[13]。内閣の決定能力はさらに弱まり、従来閣議で決定されていたような問題が閣僚委員会で処理されるようになった。しかし首相権力の強化を説明するうえでとりわけ重要なのは、閣僚委員会さえバイパスして首相と所

---

[12] Heffernan and Webb（2005）。
[13] もっともこの点につき、成田憲彦と筆者の両名が2010年9月にロンドンで行ったインタビューにおいて、内閣府国内政策局長クリス・ウォーマルド氏は、内閣府の役割は各省庁間の争いの調停役であり、もし他の省庁が内閣府は中立的だと思わなければシステムはうまく機能しないと述べている。以下すべてのインタビューは両名が同時期に行ったものである。

管大臣との二者間折衝で決定が行われる傾向が強まったことと、首相側近の影響力の増大である。彼らによれば、現在のイギリスにおける執政府の実態は、「首相と取り巻きによる支配」が最も説得力のある解釈だという。

　政党の側面では、党活動家層の犠牲のうえに党首の影響力が強化されたことが強調される。とりわけ、総選挙での度重なる敗北を受けて行われた労働党の改革が党首の政策決定における自律性を確保することを目的としていたのであり、その結果として全国執行委員会や労働組合の党内における影響力が低下したことが指摘されている。

　選挙の側面では、主要政党の選挙キャンペーンが党首の魅力を前面に押し出すものになる一方、メディア報道も党首に焦点をあてる傾向が強まっているという。党首要因が実際に各党の得票に与える影響について、選挙分析の専門家の間では意見がわかれているが、ヘッファーナンとウェブは政党に対する有権者の評価自体に党首が間接的な影響を与えている可能性を指摘し、これを大統領制化の根拠の一つとしている。

　大統領制化論については、大統領制化の根拠として指摘されている現象が実際に起きているのかという点と、仮にそのような現象が起きているとして、それを大統領制化と解釈することが適切かという点の2点にわたって疑義を呈することが可能である。

　最初の点について、大統領制化の立場を支持する論者は、首相が政府内部における政策決定に際して有する影響力を過大評価している。ローズとダンレビィによるコアエグゼクティブ研究が指摘しているように、政府内部での首相の政策決定への影響力は、ライバルとなる有力閣僚の存在・大蔵省による経済政策の統括・政策執行の外部委託や国際機関の権限拡大にともなう国家の空洞化（hollowing out of the state)・各省庁の独立性といった要因によって制約される[14]。ブレア政権に即して言えば、大蔵省の組織力をバックにもち、労働党内に独自の支持基盤を有したブラウン蔵相は、国内政策に関して首相に匹敵する発言力をもっていた。ブレアが強く望んだユーロ加盟は、この問題を経済的決定とみなしたブラウンと大蔵省の反対もあって実現しなかった[15]。外交政策については、ブレア首相が国内世論や労働党内の反対を押し切ってイラク戦争への参戦を強行しえたことが、大統領制化の根拠として取り上げられる。しかしながら、この問題は閣議で数度にわたって討議されていたし、閣僚のなかで直接この問題を理由として辞職したのは僅か1名であった。下院でもイラク派兵は二大政党双方の議員の多くから支持を受けた。つまるところ、少なくとも政治エリートの間では、派兵の必要性について幅広い合意があったのである。それゆえ参戦をブレア首相の個人的決断とみなすのは的確でない[16]。

　議会と政府の関係についても、1980年代以降下院に常設の特別委員会が設けられ、バックベンチャーが以前より頻繁に造反するようになるなど[17]、その力関係が政府優位の方向に変化しているとは断定できない。ブレア政権期には法案審議日程の自動化（日程の事前決定）によって法案の円滑な議会通過が図られる一方、立法前審

---

14) Rhodes and Dunleavy eds.（1995）、Rhodes, Wanna and Weller（2009）も参照。
15) Kavanagh（2007）。
16) ある決定が個人的なものか否かを判断する一つの方法は、ブレア以外の政治家がイラク戦争の際に首相だった場合、どのような決定をしたか考えることであろう。ブレアを除く過去4人の首相のうち、メージャー以外の3名（サッチャー・ブラウン・キャメロン）がイラク派兵を行ったことは確実である。
17) Kam（2009）。

議手続の新設や委員会段階での法案審議の拡充によって、議会機能の強化も実現した[18]。

　大統領制化論のより大きな問題は、イギリスにおいて首相のもつ権威・権力を左右する最大の要因は下院における与党の議席数ではないか、という点を十分に考慮していないことである[19]。ブレア政権や大統領制化の嚆矢とされるサッチャー政権は、下院において過半数を大きく上回る議席を有していただけでなく、野党は弱体で分裂していた。政府が議会で安定多数を有していると、議会と大統領がそれぞれ民主的な正統性を有する二元的な政治システムと比較して首相に権限が集中するのは、議院内閣制の特性である。下院での造反を恐れなくてよいなら、閣内の反対派に配慮する必要性も低くなる。対照的に、下院で十分な議席数を有さなかったメージャー政権は欧州統合に懐疑的な自党議員の造反を抑え込む必要があり、首相は融和的な政権運営を行わなければならなかった。このように首相の権力が与党の議席数に左右されているとすれば、サッチャーやブレアが以前の首相より大きな政策影響力をもったとしても、それを大統領制化と解釈することは適当でない。むしろ、執政府と議会の融合こそイギリス統治システムの特徴であり、政府に対するチェックのためには強力な野党の存在が不可欠だというウェストミンスター・モデルの伝統的理解を裏付けるものである。1980年代以降の変化は、野党が選挙の敗北から立ち直るのに時間がかかる傾向に

---

18) Cowley（2007）。筆者のインタビューに対し保守党院内幹事主席秘書官のロイ・ストーン氏は、過去20年間に政府と議会の力関係は後者に有利な方向で変化したと述べている。下院図書館のウーナ・ゲイ氏は、接戦選挙区が減って落選を心配しないでよい議員の数が増えたことが造反増加の一因だと指摘した。

19) cf. Bogdanor（2010）。

あることと、地方自治体や公式の政治制度の枠外で政府の権力を抑制してきた団体の機能が低下したことにある[20]。

サッチャー政権期に政府の権力濫用を抑止する法的・制度的な仕組みを新たに設けることを要求する運動が現れたのは、以上のような文脈に照らし合わせると理解できる。そのなかでも憲章88運動は、地方分権や選挙制度改革、そして成文憲法の制定を求めたが、このうち地方分権はブレア政権によってある程度まで実行に移されることになった。そこで次節ではブレア政権の国制改革（constitutional reform）について詳しくみることにしたい。野党が選挙の敗北から立ち直るのに時間がかかるようになった原因については、ヨーロッパ統合にかかわる第4節で扱うことにする。

3 合意政治型への接近?

(1) ブレア政権の国制改革

1997年に誕生したブレア政権は、地方分権や上院改革をはじめとする一連の国制改革を実行した[21]。その背景に、サッチャー政権のもとでイギリスの伝統的な権力抑制メカニズムが弱体化したことや、それを受けた国制改革の要求があったことはすでにみた。地方分権に関しては、1970年代に地方議会開設を目指す動きがいったん挫折したが、スコットランドやウェールズでは、サッチャー政権

---

20) 大統領制化の第二・第三の側面とされるものは、政党の衰退をめぐる議論のなかで扱われてきた現象である。大統領制化の反対概念が「政党化した政府」（partified government）とされていることは、大統領制化論者もこの理解を共有していることを示唆するが、大統領制化というラベルの適切性についての論証は不十分なように思われる。

21) 地方分権の歴史的沿革については、Bogdanor（1999）を参照。

の経済政策やその帰結である製造業衰退に対する反発から、地域政党への支持が増加し、独立を目指す動きも起きるようになった。地方議会開設は、分権を進めることによってイングランド以外の地域の不満を解消し、イギリスの領域的一体性を維持しようという試みでもあった。

国制改革が遂行されたもう一つの理由は、政党政治の状況に求めることができよう。1992年の総選挙で保守党に4回連続の敗北を喫した労働党は、自由民主党との協力によって巻き返しを図ろうとした。そのため自由民主党の掲げる国制改革を受けいれたのである[22]。スコットランドを地盤の一つとする労働党には、地方議会の開設を支持することで、独立を掲げるスコットランド国民党に対抗しようという狙いもあった。加えて、政権の座についた労働党は経済運営に関し保守党の政策をそのまま受容したため、国制改革が保守党との差を示すイッシューとして選ばれたのである。

イギリス憲法が歴史のなかで段階的に発達してきたという事実に鑑みると不思議ではないが、ブレア政権が実行した国制改革には、その裏付けとなる理念と呼べるものは乏しい[23]。そこで本稿では、一部の論者が主張するように、これらの動きを合意政治モデルの方向への変化と位置づけることが可能なのか検討したい。実のところ、ブレア政権の国制改革は、レイプハルトの枠組みにおける執政-政党次元にはほとんど変化をもたらさなかった。この点について最も象徴的なのは、選挙制度改革が手つかずのままに終わったことである。1997年総選挙の際、労働党は選挙制度に関する国民投票と、小選挙区制に代わるより比例代表的な選挙制度の導入を勧告する独

---

22) Butler and Kavanagh (1997：70, 79-80)。
23) Norton (2007：119)。

立委員会の設立を公約した。この公約にもとづいて設立されたジェンキンス委員会は選択投票比例代表併用制の導入を勧告したが[24]、労働党政権がこの勧告にもとづいて具体的な行動を起こすとはなかった。しかし単一－連邦国家次元では、地方議会の開設やイングランド銀行への独立性付与によって、合意政治モデルの方向へ一定の変化がみられた[25]。

スコットランド・ウェールズ議会の開設

1997年に行われた住民投票の結果にもとづいて制定されたスコットランド法は、税率変更権限を有するスコットランド議会と、その議会に責任を負うスコットランド政府とを創設した。スコットランド議会は、外交・安全保障・財政金融政策などウェストミンスター議会に留保された問題を除いて、一般的に立法を行う権限を認められている。ウェールズでもやはり1997年の住民投票の結果にもとづきウェールズ議会が創設された。議会は2006年の法改正で立法権を有するようになり、あわせて議会に対して責任を負うウェールズ政府が創設された。地方議会の開設は、地方分権の方向へのかなり大きな変化とみなせるだろう。もっとも、イギリスの一部地域のみへの分権は、スコットランドやウェールズ選出の下院議員がイングランドのみにかかわる事柄について投票権を有すべきか、という問題（この問題を最初に提起した議員の選挙区名にちなんで「ウェストロジアン問題」と呼ばれる）を新たに生んだ。

---

24) Cm 4090-I (1998)
25) Flinders (2005)。

上院改革

1999年に制定された上院法は世襲貴族の議員数を92名に限定した。この改革は、世襲貴族の上院からの排除と（少なくとも一部の議員の選出に）選挙を導入する第二段階の改革への第一歩と位置づけられていた。しかし2003年に行われた下院の投票で、公選議員の割合を0％（すべて任命）、20％、40％、60％、80％、100％にする案のすべてが否決されるなど、今日に至るまで第二段階の改革は実現していない。公選が導入された暁には、上院が果たす役割やその権限はこれまでより大きなものになることが予想されるが、現時点では変化はみられていない。世襲議員数の削減による上院の構成変化（労働党政権が上院で敗北する可能性は低下した）をどのように位置づけるかは解釈の分かれる問題であるが、合意政治モデルへの大きなシフトと言えないことは確かであろう。

人権法・三権分立

1998年に制定された人権法は、欧州人権条約を初めてイギリス国内法に編入した。編入によって、イギリスの議会制定法・行政立法・コモン・ローや公的機関の決定が欧州人権条約の規定に違反しているか否かをめぐって、イギリス国内の裁判所で訴えを起こすことが可能になった。議会主権の原則に抵触することを避けるため、人権法は裁判所が条約に違反すると判断した議会制定法の規定を無効にすることは認めなかったが、違反であるとの宣言を行うことを可能にした。その場合、大臣は行政立法によって当該規定を廃止することが認められている。

続いて2005年には国制改革法の制定により、貴族院の最高裁判所としての役割に終止符が打たれ、独立した最高裁判所が新たに設置されることになった。これにより、大法官が内閣の一員であると

同時に貴族院議長と司法府の長を兼ねる状況は解消され、三権分立が実現した。硬性憲法や違憲立法審査の不在という状況には変化がないものの、以上の改革はある程度まで司法の独立性強化につながったと考えられる。

中央銀行の独立

　1997年総選挙の直後、新蔵相になったブラウンはイングランド銀行に金融政策を遂行するうえでの自由を与えるという宣言を行った。これを受けて制定された1998年のイングランド銀行法では、2％のインフレ目標を達成するため、イングランド銀行の金融政策委員会が単独の責任で金利の設定を行うものとされた。換言すれば、イングランド銀行は金融政策の目標を決定する権限は有さないものの、それを実現するための手段を決定する権限を与えられたことになる。以上の改革は、イングランド銀行の独立性を相当程度高めたものと位置づけることができよう。

(2) 連立政権と選挙制度改革

　イギリスでは2010年下院選挙の結果、どの政党も過半数の議席を獲得することができず、保守党と自由民主党によって第二次世界大戦後初の連立政権が結成された。これまでイギリスでは宙づり議会となった場合、少数派政権が組織され、遠からず解散・総選挙に至るのが通例であり、連立政権は戦争のような国家的危機に対処するため一時的に結成されるものであった[26]。それゆえ、平時の連立政権結成は異例の出来事と言える。両党間の合意にもとづいて、2011年5月には選択投票制導入をめぐる国民投票が行われた。国

---

26) Bogdanor（2011：10-11）。

民投票の結果は大差での否決に終わったが、仮に今後宙づり議会が一般化すれば、選挙制度改革が再度議論されることになるだろう。ということは、単一－連邦国家次元だけでなく、執政－政党次元でもイギリスの政治システムは合意政治モデルへ変化しつつあるのだろうか、それとも、宙づり議会や連立政権は一時的なエピソードに終わるのだろうか。

連立政権誕生の背景

連立政権が誕生した背景には、先にみたように保守・労働両党への支持の低下がある。下院総選挙における二大政党の得票率の合計は1955年の96.1％をピークとして徐々に低下しており、2010年には65.1％に過ぎなかった。大政党に有利な小選挙区制のおかげで二大政党は9割近い議席を占めているものの、宙づり議会が誕生する可能性はこれまでより高くなっている。

それ以上に重要なのが、第三党である自由民主党の方針転換である。これまで宙づり議会が連立政権に直結しなかった一因は、同党が連立に対して消極的だったことにある。自由民主党やその前身の自由党は、「第三勢力」として自己を規定してきたわけではない。実のところ、1950年代から60年代にかけて党勢が著しく衰退した時でさえ、同党はあたかも自らが二大政党の地位に返り咲くことが前提であるかのごとく行動していた[27]。このような自由民主党の姿勢は、イギリスにおいて二大政党制のモデルがいかに根強いものであるかを物語っている。

それでは自由民主党が今回連立政権に参加したのは一体なぜだろうか。第一に、リーマン・ショックの後、イギリスが第二次大戦後

---

27) Steed（1979：78）。

最も深刻な財政危機に直面していたことが挙げられるだろう。通例どおり保守党が少数派政権を樹立した場合、遠からず二度目の総選挙が必要であり、政治的に不安定な状況が続けば金融市場の混乱を招く危険性があった。

より大きな理由は、自由民主党の悲願である選挙制度改革の実現であった。自由民主党は比例代表制の導入を主張しているが、そうなれば宙づり議会が恒常化するだろう。もし今回の宙づり議会で自由民主党が政権への参加を拒み、安定した政権が築けなかった場合、同党が主張する選挙制度改革は説得力をもたなくなる。つまり同党としては、選挙制度改革を実現するためにも連立政権が単独政権以上にうまく機能することを示す必要があったのである。自由民主党が労働党と連立を組む可能性もあったため、保守党は選択投票制導入の可否について国民投票を行うことで自由民主党に譲歩し、これが両党間の連立協定締結の決め手となった。

連立政権はウェストミンスター・モデルをどう変えたのか

それでは、連立政権の誕生はイギリス政治のあり方をどのように変えたのだろうか[28]。第一に、政権構成や首相の選出は選挙結果だけでは決まらず、選挙後の政党間の交渉に委ねられるようになった。第二に、単独政権と比較して、連立政権においては首相の権限が縮小することが指摘されている。閣僚の人選は連立政党間の交渉に委ねられるため、首相の一存で決定することは不可能になった。内閣の意思決定がよりフォーマルな形で行われるようになり、とりわけ閣僚委員会の重要性が高まった[29]。各委員会の議長と副議長は必ず

---

28) 以下の記述は Bogdanor（2011：chapter 3）を参照した。
29) Cabinet Office（2010）。

別の政党に所属していることとされ、決定内容が連立の将来にかかわる場合には、キャメロン首相やクレッグ副首相がメンバーを務める連立委員会に諮ることになった。さらに下院には固定任期制が導入され、首相は解散権を失った。これは自由民主党が強く主張したものであり、保守党が自党に都合の良い時期に下院を解散して過半数の議席を確保し、連立を解消することを防ぐのが狙いである。2011年に議会を通過した固定任期法によれば、下院の解散は、内閣不信任案が議決され2週間を経過しても新政権が誕生しない場合か、下院議員の3分の2が賛成した場合のみに限定されている。首相の権限の減少や政策決定がよりフォーマルな形で行われるようになったことは、大統領制化論者が指摘するのとは正反対の方向の変化である。

　このような変化に対しては、国民の政治に対する影響力を低下させるという批判もある。宙づり議会のもとで連立交渉が行われる場合、政権構成が選挙結果を反映したものになる保障はない。連立政権の結成にあたっては連立協定が締結され、各政党の選挙公約に置き換わるため、選挙公約の重要性も低下する。連立協定は選挙公約とは異なり有権者の判断に委ねられたものではなく、各党の選挙公約とは正反対の内容が含まれていることに対する批判も強い。たとえば、自由民主党は選挙公約では連立協定に盛り込まれた即時の財政支出削減に反対していたし、選択投票制については保守党も自由民主党も選挙公約で反対していた[30]。加えて固定任期制により解散も制限されたため、民意を反映しない政権のたらい回しが起きたり、弱体化した政権がいつまでも続いたりするのではないかという懸念が表明されている。一言でいえば、連立政権とそれが体現する政治

---

30) Bogdanor（2011：32）。

スタイルは、選挙で勝利した政党が政権を担当し、その統治実績について次の選挙で有権者が判断を下すという「責任政治」の理念を脅かすものだと受け止められているのだ[31]。

連立政権は恒常化するのか

合意政治化論も大統領制化論と同じく、特定の下院の議席状況におけるイギリス政治像を過度に一般化する傾向がないとは言えない。大統領制化論は、与党が下院で過半数を大きく上回る議席を有する一方、野党が分裂・弱体化し、首相の権力に対する抑制が働きにくい状態のイギリス政治を前提とした議論であった。それに対し合意政治化論は、二大政党の議席数が拮抗し、双方とも単独では過半数の議席を確保できない状況が一般化することを前提としている。しかし、イギリスで今後連立政権が一般的になるのか、それとも連立政権は過去と同じく一時的な現象に過ぎないで終わるのか、慎重に検討する必要がある。宙づり議会や連立政権が今後一般化するという見方は、二大政党への支持の低下、接戦選挙区の減少、保守党に不利な選挙制度、という三つの根拠にもとづいている[32]。このうち二大政党への支持の低下についてはすでにみたので、ここでは後二者について説明しよう。

次節で詳しくみるが、二大政党への支持は地理的に特定の地域に集中する傾向にある。このため、両政党への支持が拮抗する接戦選挙区の数は減少しており、得票率の変化が議席配分の変化につながりにくくなっている。二大政党以外の勢力が一定の議席数を占める状況を前提にすれば、二大政党の一方の単独政権から他方の単独政

---

31) Bogdanor (2011 : chapter 6).
32) Kavanagh and Cowley (2010 : 412).

権への移行が起きるためには、より大きな得票率の変化が必要になるわけである。

 とりわけ、現行の選挙制度のもとで保守党が単独過半数をとるためには、労働党と比較してかなり高い得票率を確保しなければならず、困難であることが指摘されている。これは保守党への支持がイングランド南東部という狭い地域に集中していることと、保守党支持の強い郊外の選挙区の有権者数が労働党支持の強い都市部の選挙区のそれよりも多く、定数不均衡を生じていることが理由である。

 しかしながら、この三つの要因が今後も重要であり続ける保証はない。連立政権成立後、自由民主党への支持は世論調査で10％を下回る状況が続いており、この状況のまま次の総選挙を迎えた場合、同党の議席数は大きく減少することが予想される。第二に、最近の総選挙では二大政党の得票率の変化は従来と比較して大きくなっており、これは接戦選挙区の減少を打ち消す方向に働く。最後に、現行の選挙制度で保守党が不利な立場に置かれている理由の一つは定数不均衡であるが、これは選挙制度に関する国民投票の実施と引き換えに合意された議席数の見直しにより是正されることになった。

 有権者が宙づり議会や連立政権の恒常化を望んでいるのかどうかも疑わしい。2010年総選挙のあと行われた世論調査によれば、58％の有権者は宙づり議会という選挙結果に「失望した」と答えており、「満足した」のは僅か9％に過ぎない[33]。これは自由民主党の得票率23％を大きく下回る数字であり、支持者の多くは同党が二大政党間でキャスチングボートを握る第三勢力となることを望んでいないことを示している。自由民主党への投票の多くは、二大政

---

33) YouGov/The Sun Survey Results (http://cdn.yougov.com/today_uk_import/YG-Archives-Pol-SunResults-100511.pdf).

党に対する不満のためか、自由民主党が単独政権を結成することを期待したものと思われる。

現在のイギリスでは二大政党への支持が低下し、有権者の投票行動の変化が議席配分に反映されない小選挙区制への不満が高まっているのは事実である。反面、責任政治の理念への支持や、選挙の後に行われる政党間の談合で政権構成や政策が決まるような政治スタイルへの拒絶感は依然根強い。このような政治文化や自由民主党への支持の低下を前提とすれば、連立政権を長期化させるためには選挙協力が必要になるが、それに対する一般党員の支持を取り付けるのは難しいだろう。逆に選挙協力が長期的なものとなるならば、別々の党であり続ける必要はない。興味深いことに、イギリスの過去の連立政権は三党状況で結成され、政党制の再編と二大政党制の復帰をもたらす触媒の役割を果たしている[34]。イギリス政治が執政－政党次元でも合意政治の方向に変化していると結論づけるのは時期尚早であろう。

4　グローバル化と地域統合の挑戦

本節では、1980年代以降イギリス政治に起きた変化の多くが、大英帝国の衰退とヨーロッパ統合への参加、グローバル化の進展といった同国を取り巻く国際環境の変化によって引き起こされたことを指摘する。第二次世界大戦後は相対的に隔離された国民経済の時代であったが、1970年代以降は国境を越えた経済活動のハードルが低くなり、相互依存が進展するグローバル化の時代になった。イギリスは大英帝国の存在のため戦後長らくヨーロッパ統合から距離

---

[34] Bogdanor (2011：74)。

をとってきたが、帝国の解体もあって1973年に欧州共同体に加盟し、共同市場の一員になった。1980年代以降、共同市場は域内市場へと発展し、冷戦終結後にはEU（欧州連合）の創設とユーロの導入が決まった。グローバル化の進展やヨーロッパ統合への参加は、イギリス政治に以下の四つの挑戦を突きつけることになった。

国際競争にどう立ち向かうか

イギリスを含めヨーロッパ諸国がグローバル化を初めて意識したのは1970年代のことである。経済的相互依存の進展、ブレトンウッズ体制の崩壊と第一次石油ショックによる国際経済秩序の再編、そして日本の経済的台頭がその理由であった。第二次世界大戦後は先進国経済が順調に発展した時期であったが、イギリスは相対的にみて西ドイツや日本に遅れをとった。そこで経済の相対的衰退にどう立ち向かうかが、重要な政治的アジェンダになったのである[35]。サッチャー政権は、物価の安定を優先するマネタリズムにもとづく金融財政政策、国有企業の民営化、規制緩和、福祉国家の合理化などを通じて、イギリスの国際競争力を高めようと試みた。このような政策の多くは、後の政権にも受け継がれている。

政策決定の国際化や首脳外交の制度化にどう対応するか

経済政策だけでなく、統治システムも見直しの必要性が唱えられるようになった。グローバル化と地域統合の進展は、それまで国内で各国政府が独自に決定していた問題の多くが国際的な枠組みのなかで討議され、それを踏まえた政策決定が求められるようになったことを意味する。1975年に先進国6カ国はマクロ経済運営につい

---

35) イングリッシュ／ケニー（2008）。

て話し合うため経済サミットを創設し、翌年にはG7に拡大された。先進国の蔵相・中央銀行総裁はこれとは別に定期的な会合をもっている。EC（欧州共同体）では設立当初から政策領域ごとに閣僚理事会が開かれてきたが、1974年にそれまでの首脳会議を制度化する形で欧州理事会が創設された。

　政策決定が国際化すると、国内事情と国際的な要請をともに踏まえた意思決定が求められる。EUでは政策決定が省庁（問題領域）ごとに行われる傾向が強く、より多くの問題がEUレベルの政策決定の対象となるにつれ、省庁間の調整の必要性が高まることになった。このため内閣府内部にヨーロッパ・ユニットが設置され、外務省・首相府・ブリュッセル代表部とともに調整の任にあたっている。イギリスの行政機構にはもともと省庁間の調整と情報共有を重視する組織文化があり、EUへの適応に成功していると評されている[36]。

新たな政治的対立軸の形成

　イギリスはイングランド、スコットランド、ウェールズ、北アイルランドからなる連合王国である。連合王国の成立はイングランドの帝国的膨張の第一段階であった。と同時に、大英帝国を維持拡大するという共通のプロジェクトの存在がイギリス人意識の形成を促し、帝国がもたらす物質的利益と相まって、イングランド以外の地域が連合王国に留まり続ける要因となってきた。第二次世界大戦後は、福祉国家の建設もイギリス人意識の存在を支えた。1970年代以降のイギリスでは、それまで政党システムを規定してきた階級対立の重要性が低下する一方、帝国の解体と福祉国家の後退により中

---

[36] Geddes（2004：chapter 8）。

央-地方対立が再燃することになった[37]。

　グローバル化は各国のなかで比較優位にある産業の成長と、そうでない産業の衰退をもたらす。サッチャーの登場以降、ロンドンを中心とするイングランド南部がサービス業・金融業の成長によって潤う一方、イングランド北部・スコットランド・ウェールズは製造業の衰退により低迷した。地域間格差の拡大が中央-地方対立をさらに深刻なものにし、分権や独立を求める声を強めた。したがって、中央-地方対立が経済的な問題とリンクしていることに留意する必要がある。中央-地方対立軸の再浮上は、イギリス政治における「利益」の重要性が低下したことを必ずしも意味しない。イギリスが1973年にECに加盟したことは、ヨーロッパ統合への参加自体の可否や、域内市場への参加にとどめるべきかそれとも単一通貨の採用に踏み込むべきかという形で、統合へのコミットメントの程度をめぐる新しい政治的対立軸をうみだした。

　この二つの新しい対立軸は、異なる形でイギリス政治に影響を与えた。中央-地方対立の再浮上は地域政党の台頭をもたらし、二大政党への支持を地理的に偏ったものにした。保守党はスコットランドにおける議席をほぼ失い、逆に労働党はロンドン以外のイングランド南部で支持を得るのに困難をきたすようになった[38]。これに対して、ヨーロッパ統合をめぐる対立は政党内部の対立という形をとって現れた。1980年代には労働党、1990年代から2000年代前半にかけては保守党がこの問題で深刻な内部対立を経験した[39]。ヨーロ

---

37) Gamble（2003）。イギリス人意識の形成過程については、コリー（2000）。
38) 1955年総選挙において保守党は全国平均で49.3％、スコットランドでは50.1％の得票を獲得したが、2010年総選挙ではそれぞれ36.1％、16.7％であった。Denver, Carman and Johns（2012：189）。
39) Geddes（2004：chapter 9）。

ッパ統合をめぐる党内対立はサッチャー首相失脚の一因であり、後継メージャー首相の政権運営を極めて困難にするなど、首相権力に対する重要な抑制要因となっている。

中産階級の没落？

グローバル化の影響をめぐる論点の一つは、グローバル化の結果として先進国で中産階級の没落が進んでいるのか否かという問題である[40]。民主的な政治体制が中産階級の支持により実現し、福祉国家の建設を通じて中産層を拡大してきたという歴史的事実に鑑みれば、中産階級の没落は民主政治のあり方に大きな影響を与えないではいないであろう。

実のところ、イギリス政治の実証研究は、比較的最近まで中産階級の没落を研究テーマとはみなしてこなかった。むしろ、選挙研究や二大政党の選挙戦略は、組織化された労働者階級の縮小と、上昇志向をもつ中産化した労働者階級（とりわけ、公営住宅でなく持ち家に住む階層）は高課税高財政支出にもとづく福祉国家を支持しない傾向があることに関心を払ってきた[41]。もちろん、このことは従来労働者階級の支持に依拠して福祉国家を推進してきた労働党にとって非常に大きな問題を引き起こした。サッチャー首相が労働組合の弱体化を図る一方、公営住宅の払い下げにより「持ち家民主主義」を推進したのは、この中産化した労働者層を増やして保守党の支持基盤に組み込み、新自由主義路線を強固にしようとしたものだと理解できる。トニー・ブレアは、中産階級の支持を得るため労働党は従来の路線（オールド・レーバー）を離れて中道化する必要がある

---

40) 佐々木（2012：250）。
41) Heath, Jowell and Curtice（2001：chapter 2）。

と主張したが、このニュー・レーバー路線も選挙で勝利するためには中産化した労働者層の支持が不可欠であるという認識にもとづいていた。これに対して、新中産階級と呼ばれる主として公的部門の勤労者層（教育や福祉に携わる者が多い）は、二大政党の選挙戦略のなかで大きな位置を占めてこなかった。この高い教育水準を有する階層は脱物質主義的価値観をもつ傾向が強く、自由民主党の支持基盤となっている[42]。

さて、イギリスでは中産化した労働者階級が選挙結果の鍵を握り、彼らの支持を得るためには新自由主義的政策を受けいれる必要があるという前提に異議を唱えたのがウィル・ハットンである。彼によれば、現在のイギリスは特権階級・中産階級・下層階級が4：3：3の割合で存在する社会である。ハットンは中産階級を「社会から取り残された不安定な人々」と形容したが、それはグローバル化の結果として労働規制の撤廃や業務の外注（contracting out）が進んだ結果、仕事はあるが正社員の安定性を欠く人々の数が増えたからである。そこでハットンによれば、グローバル化により自らの将来に不安を感じるようになった中産階級と下層階級を結集すれば、中道左派の政策を支持する多数派を構築するのに十分な社会的基盤が存在するという[43]。もっともこれまでのところ、有権者が抱いている先行きへの不安と投票行動との関係ははっきりせず、ハットンの議論の実証的な裏付けは不十分である。そしてリーマン・ショック以降の景気後退、不動産バブル崩壊により持ち家の売却を余儀なくされる層の存在、貧富の格差の拡大に対する関心の高まりにもかかわらず、中道左派への支持は広まっていない。

---

42) Heath, Jowell and Curtice（2001：140）。
43) Hutton（1996：105-109）。

おわりに

　以上本稿では近年イギリスの統治システムに起きている変化を検証してきた。イギリス政治は大統領制化しているわけではなく、執政－政党次元における合意政治化が起きているとも言えないというのがその結論である。イギリス統治構造のなかで大きな変化が起きているのは、単一－連邦国家次元であった。その変化の多くは、大英帝国の衰退とヨーロッパ統合への参加、グローバル化の進展といった、イギリスを取り巻く国際環境の変化によって説明できる。

　イギリス政治においては、1930年代以降ゲームのルール（憲法）を二大政党が左右する時代が続いてきた。保守党・労働党はともに全国政党であり、前者は大英帝国の維持、後者は福祉国家の建設を掲げて中央集権的なイギリスの統治構造を支持してきた。それゆえ、大英帝国の衰退、新自由主義の台頭と福祉国家の縮小が、中央－地方対立を再燃させ、中央集権的な統治構造を脅かすことになったのである。1970年代以降、総選挙で二大政党のいずれもが過半数の議席を得られない場合、そのいずれかが自由民主党や地方政党に対して国制上一定の譲歩を行うことと引き換えに政権を維持してきた。このような事情に鑑みれば、制度面で変化が起きているのが主として中央－地方関係であるのは不思議ではない。

　そして近い将来にイギリスの統治構造を大きく変化させる可能性があるのも、スコットランドへのさらなる権限移譲やイギリスのEUからの離脱といった、領域性に関係する出来事だろう。2014年9月に行われた住民投票の結果、スコットランドはイギリスに残留することが決定した。主要政党がキャンペーン中に行った公約にもとづき、スコットランドにはより大きな権限が移譲される見込みで

ある。これは先述したウェストロジアン問題をさらに深刻なものとするため、イギリス統治システム全体の見直しにつながる可能性がある。

これまでのところ、反欧州政党がイギリス総選挙で躍進したことはない。しかし2014年の欧州議会選挙では、イギリス独立党が28％の票を集め第一党に躍進した。2015年に予定される総選挙で同党がどの程度の支持を得ることができるか、注目されるところである。結果次第では、保守党が総選挙で過半数の議席を得た場合に行うことを公約している、イギリスのEU残留をめぐる国民投票の帰趨にも影響が出るだろう。

参考文献

イングリッシュ、リチャード／ケニー、マイケル編著（2008）［川北稔訳］『経済衰退の歴史学——イギリス衰退論争の諸相』ミネルヴァ書房。
小堀眞裕（2012）『ウェストミンスター・モデルの変容——日本政治の「英国化」を問い直す』法律文化社。
コリー、リンダ（2000）［川北稔訳］『イギリス国民の誕生』名古屋大学出版会。
佐々木毅（2012）『政治学講義［第2版］』東京大学出版会。

Bagehot, Walter (2001) *The English Constitution*, Cambridge: Cambridge University Press.
Bogdanor, Vernon (1996) *Politics and the Constitution: Essays on British Government*, Aldershot: Dartmouth.
Bogdanor, Vernon (1999) *Devolution in the United Kingdom*, Oxford: Oxford University Press.
Bogdanor, Vernon (2010), 'Introduction', in Bogdanor, Vernon ed., *From New Jerusalem to New Labour: British Prime Ministers from Atlee to Blair*, Bas-

ingstoke: Palgrave Macmillan.

Bogdanor, Vernon (2011) *The Coalition and the Constitution*, London: Hart Publishing

Butler, David and Dennis Kavanagh (1997) *The British General Election of 1997*, Basingstoke, Macmillan.

Cabinet Office, *Guide to Cabinet and Cabinet Committees* (May 2010).

Cm 4090-I (1998) *The Report of the Independent Commission on the Voting System*, London: HMSO.

Cowley, Philip (2007) 'Parliament', in Anthony Seldon ed., *Blair's Britain 1997-2007*, Cambridge: Cambridge University Press, 16-34.

Crewe, Ivor and Anthony King (1995) *The Birth, Life and Death of the Social Democratic Party*, Oxford: Oxford University Press.

Denver, David, Christopher Carman and Robert Johns (2012) *Elections and Voters in Britain*, 3rd edn, Basingstoke, Palgrave Macmillan.

Flinders, Matthew (2005) 'Majoritarian Democracy in Britain: New Labour and the Constitution', *West European Politics* 28 (1) 61-93.

Gamble, Andrew (1994) *The Free Economy and the Strong State: The Politics of Thatcherism*, 2nd edn, Basingstoke: Macmillan.

Gamble, Andrew (2003) *Between Europe and America: The Future of British Politics*, Basingstoke: Palgrave Macmillan.

Geddes, Andrew (2004) *The European Union and British Politics*, Basingstoke: Palgrave Macmillan.

Heath, Anthony F., Roger M. Jowell and John K. Curtice (2001) *The Rise of New Labour: Party Policies and Voter Choices*, Oxford: Oxford University Press.

Heffernan, Richard and Paul Webb (2005) 'The British Prime Minister: Much More Than "First Among Equals"', in Poguntke, Thomas and Paul Webb eds. *The Presidentialization of Politics: A Comparative Study of Modern Democracies*, Oxford: Oxford University Press, 26-62.

Hutton, Will (1996) *The State We're In: Why Britain is in Crisis and How to Overcome It*, London: Vintage.

Kam, Christopher J. (2009) *Party Discipline and Parliamentary Politics*, Cambridge: Cambridge University Press.

Kavanagh, Dennis (2007) 'The Blair Premiership', in Anthony Seldon ed., *Blair's Britain 1997-2007*, Cambridge: Cambridge University Press. 3-15.

Kavanagh, Dennis and Philip Cowley (2010) *The British General Election of 2010*, Basingstoke: Palgrave Macmillan.

Lijphart, Arend (2012) *Patterns of Democracy: Government Forms and Performance in Thirty-Six Countries*, 2nd edn, New Haven: Yale University Press.

Marquand, David (2004) *Decline of the Public: The Hollowing out of Citizenship*, Cambridge: Polity Press.

Norton, Philip (2007) 'The Constitution', in Seldon, Anthony ed., *Blair's Britain 1997-2007*, Cambridge: Cambridge University Press,.

Poguntke, Thomas and Paul Webb eds. (2005) *The Presidentialization of Politics: A Comparative Study of Modern Democracies*, Oxford: Oxford University Press.

Rhodes, R. A. W. and Patrick Dunleavy eds. (1995), *Prime Minister, Cabinet and Core Executive*, Basingstoke: Macmillan.

Rhodes, R. A. W., John Wanna and Patrick Weller (2009) *Comparing Westminster*, Oxford: Oxford University Press.

Steed, Michael (1979) 'The Liberal Party', in Drucker H. M. ed., *Multi-Party Britain*, London: Macmillan.

*本章における URL は、いずれも 2014 年 5 月 17 日の時点で最終確認したものである。

第5章
ドイツ：「改革渋滞」と「21世紀型統治システム」

安井　宏樹

はじめに

　21世紀の先進国には、グローバル化、脱産業化、少子高齢化といった構造的環境変化に対応すべく、政治的意思決定の仕組みである統治システムを変化させることが求められているのではないか。この問いについて、ドイツを対象として考えると、積極的な答えは出てきにくい。そもそも、ドイツの憲法に当たる基本法は、東西ドイツ統一にともなう1990年の第36次改正以降、2012年の第59次改正に至るまで24回にわたって改正されてはいるものの、首相の地位や権限、政府 – 議会関係など、統治機構の大枠は大きな変更を加えられることなく維持されている。また、政治の大統領制化（presidentialization）を論じたポグントケ自身も、ドイツについては、首相の地位が党や議員団の信任に依存する面がなおも強く残っていることを認めざるをえなかった[1]。

　本稿では、そうしたドイツの政治的意思決定過程が持つ特徴について、内閣制度、政府 – 与党関係、政府 – 議会関係という視点から確認した後、ドイツにおける「21世紀型統治システム」の可能性について検討していきたい。

---

1) Poguntke（2005：82）。

1　内閣制度:「宰相民主主義」?

(1) 首相の権限

ドイツにおける政治的意思決定やリーダーシップのあり方という点で注目を集めやすいのが、強力な制度的権限に支えられた連邦首相(Bundekanzler)が政治を主導するという「宰相民主主義(Kanzlerdemokratie)」というイメージである[2]。

たしかに、連邦首相には比較的強い権限が与えられている。これは、戦前のヴァイマール共和政末期に、国民の直接投票によって選出された大統領が有する緊急命令権や首相任免権に依拠した統治が行われて議会政治が形骸化していったという過去への反省に立つものであるとされる。そのため、戦後のドイツ連邦共和国では、国家元首である連邦大統領(Bundespäsident)の権限が法律の公布といった象徴的な範囲のものに縮小される一方で、連邦議会(Bundestag)によって選出される連邦首相に国政に関する実質的な権限が与えられた。その結果、連邦首相は、事実上の閣僚任免権(基本法64条1項)や、各連邦大臣(Bundesminister)の職務執行の基本方針を決定する政綱決定権(基本法65条第1文)を持つばかりでなく、省庁の数や管轄分野を単独で決定する権限(連邦政府執務規則9条)まで有している[3]。さらに、連邦首相を連邦議会が不信任するため

---

2) Niclauß (2004)、網谷 (2008)。
3) この点で、省庁組織の編成が国家行政組織法によって規定され、国会が法律を改正しなければ省庁再編ができない日本とは大きく異なっている。省庁の数や職掌の決定が連邦首相の専権事項であることから、総選挙後の連立交渉では、閣僚の数だけでなく、管轄分野の範囲も交渉対象となることが通例化しており、その結果を受けての省庁統合・再編が頻繁に行われている。

には後任者を連邦議会の総議員の過半数によって選出しなければならないとする建設的不信任制度（基本法67条）によって、倒閣のためだけの野合的な野党共闘による不信任から連邦首相は制度的に守られている。

とは言え、連邦首相の地位や影響力には制約要因も存在する。制度的な点から言えば、各連邦大臣は、連邦首相の示す基本方針には制約されるものの、所管事務を独立して指揮する権限を有している（基本法65条第2文）。また、閣僚間での意見の相違は閣議での多数決によって裁定されると規定されていることから（基本法65条第3文、連邦政府執務規則24条2項）、法理論上は、連邦首相の意向に反する閣議決定が為される余地も存在する。

またそもそも、連邦首相の地位は連邦議会の総議員の過半数の支持に依存しているため（基本法63条・67条）、連邦首相といえども、連邦議会で多数を占める与党の連邦議会議員団の意向を完全に無視することはできない。たとえば、戦後西ドイツ経済復興の立役者という政治的名声を主要な権力資源としていたエアハルトは、その金看板であった経済政策での蹉跌によって、1966年10月に連立パートナーであった自由民主党（FDP：Freie Demokratische Partei）の支持をつなぎ止めることに失敗し、自身が党首を務めていたキリスト教民主同盟（CDU：Christlich Demokratische Union Deutschlands）

2013年選挙後に行われた第3次メルケル政権の組閣を例に取ると、閣僚数は16のまま据え置かれたものの、消費者保護政策の管轄が食糧・農業・消費者保護省から法務省に移され、省の名称も食糧・農業省と法務・消費者保護省とにそれぞれ変更された他、建設行政も運輸・建設・都市開発省から環境・自然保護・原子力安全省へと移管され、それぞれ運輸・デジタル社会インフラ省と環境・自然保護・建設・原子力安全省とに改称された（http://www.gesetze-im-internet.de/bkorgerl_2013/index.html）。

や姉妹政党であるキリスト教社会同盟（CSU：Christlich-Soziale Union in Bayern e. V.）からの支持までも失って、連邦首相の地位を失った。また、秘書が東ドイツのスパイであった責任を取るという形で 1974 年 5 月に連邦首相の職を辞したブラントの場合も、最大与党であったドイツ社会民主党（SPD：Sozialdemokratische Partei Deutschlands）幹部の間で政権運営方針や手腕に対する疑念が高まっていたことが、ブラントを辞任へと追い込む背景になっていたとされる[4]。いずれの場合も、与党の意向が連邦首相の死命を決しており、ドイツの政治的意思決定過程を連邦首相が独占しているというわけではないことが見て取れる。「宰相民主主義」イメージには一定の留保を付すことが必要であろう。

(2) 内閣での政策調整

内閣における政策調整の仕組みとして、もっとも公的な性格の強いものが、毎週水曜日午前に定例開催される閣議（Kabinettsitzung）である。閣議には、連邦首相をはじめとする閣僚が議決権を持つ構成員として参加するが、それ以外にも、連邦首相府長官、連邦大統領府長官、連邦政府出版情報局長官、連邦首相秘書官が定例の出席者として規定されている（連邦政府執務規則 23 条 1 項）。そこでの決定は法的な拘束力を持つ強力なものであるが、そうであるが故に、かえって、その閣議の場で具体的な政策調整を行うことは控えられる傾向にあり、連立与党間協議などですでに調整済みの案件を粛々と採決する「決議の場」としての性格が強いといわれている。ただし、対外政策に関しては、閣僚間での政治的な討議が展開されるこ

---

4) Merseburger（2002：697-738）。

とも多い[5]。

　また、省庁横断的な特定案件についての事前調整を行うための場として、閣僚委員会（Kabinettsausschuss）が設置されることがある。制度上は連邦首相が閣僚委員会の議長を務めるが、政治的に重要な案件を扱う場合や、連邦安全保障会議（Bundessicherheitsrat）といった特殊な性格を持つものを除けば、連邦首相が閣僚委員会の運営に深く関与することは少なく、主務大臣が実質的な議事運営に当たることが多いとされる[6]。ただし、この閣僚委員会でも実質的な政策調整はそれほど為されず、関係閣僚の間での意見交換と認識の共有という点に力点があると指摘されている[7]。

　それに対して、連邦首相が政府内での政策調整に影響力を及ぼすうえで重要な制度的手段となっているのが連邦首相府（Bundeskanzleramt）である。連邦首相府には、省庁の編制にほぼ対応する形で部局が設置されており、各省庁から出向してきた官僚[8]が、政治家

---

5) Korte und Fröhlich（2004：91）。
6) Busse（2005：91-92）。
7) Korte und Fröhlich（2004：91-92）。
8) 各省庁から連邦首相府への出向は一時的なものとされており、ある程度の期間を経た後には元の省庁へ復帰することが原則とされている（Fleischer 2011：214-216）。こうした人事慣行は日本の事務担当首相秘書官と類似しているが、日本の事務担当首相秘書官が出身省庁の代弁者という傾向を比較的強く持っているとされるのに対して、ドイツの連邦首相府に出向中の官僚は、出身省庁よりも連邦首相に対して忠誠心を向ける傾向が強いとされている。その背景としては、連邦首相府の一員として活躍する方が政策形成過程で大きな影響力を行使しうるという点が指摘されている（Korte und Fröhlich 2004：88-89）。他方、連邦首相府に出向してきた官僚に対しては、政治家の側も一定の信頼を置くようになる。そうした点は、各連邦省庁の事務次官登用母体の時期的な変化に表れている。すなわち、ドイツでは、局長級以上の官僚については、大臣との間の政治的な信頼関係が必要であるとの観点から、公務員としての身分保障の原則が緩和され、理由なしに休職・交代さ

である連邦首相府長官と政治任用された政策企画スタッフとの指揮のもと、官僚としての専門性を活かした情報収集と政策調整の立案とに従事している。また、連邦首相府長官は、閣僚委員会への出席権を有しており、政府内で進められている政策調整についての情報を集めやすい立場にある。こうして集められた情報は、連邦首相にとっての重要な権力資源となってきた[9]。ただし、連邦首相府を通じての政策調整は、省庁間の政策対立や意見の相違の調整が中心となっており、与党や議会との対立までも調整する性格のものではない。その点については、政府－与党関係を検討する必要がある。

2　政府－与党関係：連立政権

(1) 政府閣僚と与党・連邦議会議員団との距離

ドイツでは、政府閣僚と与党・連邦議会議員団（Bundestagsfraktion）との間に一定の距離が見られる。

その制度的な背景としては、連邦首相をはじめとする閣僚となるための要件として、連邦議会議員であることが必要とされてはいな

せることが認められているため、高級官僚の人事には政治家の意向が反映していると見ることができる。この観点から連邦省庁の事務次官に登用された者の前職を検討すると、政権交代後の1期目は州政府の官僚が連邦省庁の事務次官に登用される傾向が強いのに対して、政権2期目以降になると、連邦首相府の部局長から抜擢される傾向が強まるのである（Fleischer 2011：210-211）。政権1期目の登用者に州政府官僚が多く見られる背景として、新たに連邦政府の与党となった政党が、事務次官の政治的忠誠心を確保すべく、自らが野党の時期に掌握していた州政府から政治的に信頼できる官僚を連れてくるという点があるところからすると、政権2期目以降に連邦首相府出身者が増大することについても、同じように政治的忠誠心の確保を期待している面があるものと考えられよう。

9) Korte und Fröhlich（2004：87）。

いという点が指摘できる。すなわち、首相の要件として国会議員であることを求めている日本とは異なり、ドイツでは、連邦首相となるためには連邦議会の総議員の過半数によって選出されるだけで十分であり、連邦議会議員であるか否かは問われないのである。そのため、連邦議会任期途中の連立組み替えによって1966年12月に成立したキージンガー大連立政権では、連邦首相に迎え入れられたキージンガー（前職はバーデン－ヴュルテンベルク州首相）と連邦副首相兼外相になったブラント（前職は西ベルリン市長）のいずれもが、非議員のまま、1969年9月の任期満了選挙まで在職した。

　他方、与党の連邦議会議員団長（Fraktionsvorsitzender）が閣僚を兼務することは忌避されており、連邦議会議員団長を務めていた政治家が内閣改造などで入閣する際には、連邦議会議員団長の座から離れることが慣例となってきた。

　また、政府と与党との間にも一定の距離があり、与党党首と連邦首相とが別人によって担われるという（日本でいうところの"総・総分離"に相当する）現象がしばしば見られる。歴代連邦首相8名の内、連邦首相就任時に党首の座にあったのは、アデナウアー、ブラント、コール、メルケルの4名だけであるが、アデナウアーの場合は初代連邦首相の座を求めて党首が選挙に臨んだというものであり、それ以外の3名も、野党党首として政権奪取に挑み、勝ち取ったパターンである。また、エアハルト、キージンガー、シュレーダーの3名は、連邦首相となった後に与党党首となっているが、それらの場合でも、双方の役職を兼ねることが当然視されていたわけではない。エアハルトがCDUの党首となったのは、連邦首相となってから2年5カ月あまりも経ってからのことであり、そのわずか半年あまり後には、党首の座を保ちながらも連邦首相の地位を追われている。シュレーダーは、連邦首相就任から半年あまり後に就任した

SPD党首の座を第2次政権の途中でミュンテフェリングに譲り渡した。さらに、シュミットに至っては、SPD連邦議会議員団長や連邦首相を歴任しながらも、SPD党首の座に就くことはなかった。

このように、一定の距離を持つ政府閣僚と与党・連邦議会議員団の間では、しばしば対立が発生した。その大きな例としては、先述したエアハルトやブラントの失脚劇が挙げられるが、それ以外にも、1956年2月、FDP党首のデーラーを中心とするFDP連邦議会議員団主流派がアデナウアー首相の外交政策や選挙制度改正の動きに反発して下野を決定したのに対し、FDP出身の閣僚を中心とするグループが離党して新党を結成し、アデナウアー政権に残留した例がある[10]。

(2) 連立与党間の政策調整

ドイツにおける政府-与党関係を見ていくにあたっては、ほとんどすべての政権が連立政権であった[11]ことから、連立与党間の調整という要素が介在してくるという点についても注意を払う必要がある。

---

10) 安井（1999：190-195）。
11) ドイツ連邦議会選挙で単独過半数が達成された例としては、1957年選挙でのCDU/CSUがあるだけである（ただし、CDU/CSUは、1953年選挙後にも議員の移籍によって単独過半数を達成している）。しかし、この際も、CDU/CSUは選挙協力を行っていたドイツ党（DP：Deutsche Partei）との協力関係を重視し、選挙後に同党との連立政権を樹立した（1953年選挙後の場合は、再軍備のための基本法改正を視野に入れて中道右派諸政党による過大規模連立政権が選択された）。そのため、連立崩壊後に形式的に発生する短命なものを除けば、ドイツで単独政権が生じたのは、DPが1960年6月に分裂して連立が解消されてから任期満了総選挙に至るまでの1年3カ月ほどでしかない。

連立与党の間での政策調整のやり方は、政権によってかなり違いがあるが、そうした差異を生み出す大きな要因として、連立のジュニア・パートナーとなる小政党の側が連立離脱・組み替えの威嚇力を持っているか否かという点を見て取ることができる。

連邦共和国の初期、すなわち、1961年選挙までの時期は、CDU/CSUが中道右派勢力のなかで圧倒的な数的優位を保っていたうえ、FDPをはじめとする小政党の側が連立を離脱したとしても、左派の野党であったSPDとの連立可能性は低かったことから、小政党の側の威嚇力は低い状態にあった。こうした状況のもと、大政党であるCDU/CSUは、小政党の側に発言の機会を提供する場となる連立与党間協議の定例化を認めようとせず、この時期の連立合意では、連立与党間協議の場は制度化されずに、状況に応じてアドホックに開催されるものという位置づけにとどめられた。その結果、協議を開催するか否かは、政治的に優位に立っている大政党の恣意に左右されてしまい、有意な政治的意思決定の枠組みとはならなくなってしまった。そのため、連立与党間での具体的な政策調整に際しては、閣議をはじめとする内閣主導の調整枠組みが専ら利用されることとなったが、先述したような閣僚と与党・連邦議会議員団との間の距離が影響して、小政党出身の閣僚はしばしば大政党の側に取り込まれてしまい、小政党の連邦議会議員団に大きな不満を生み出す結果ともなった。先述した1956年2月のFDP分裂と党首・連邦議会議員団主流派の下野決定は、そうした不満が爆発した結果であった。

それに対して、CDU/CSU・SPD・FDPの3政党が鼎立するようになった1961年選挙から1983年選挙までの時期は、小政党のFDPが二大政党の間でキャスティング・ヴォートを握る格好になっており、連立離脱・組み替えの威嚇力は大きく高まった。そのた

め、連立を組む大政党の側としても小政党の意向を無視することはできなくなり、連立与党間協議の仕組みも組織化が進むようになっていった。その端緒となったのが、1961年選挙後のCDU/CSU-FDP連立政権における連立委員会（Koalitionsausschuss）の定例化である。1961年選挙で3党鼎立の状況が生まれると、CDU/CSUとの連立協議に臨んだFDPは、連立与党の連邦議会議員団幹部によって構成される連立委員会の定例開催を要求し、CDU/CSU側に認めさせた。ただ、この連立委員会は、閣僚を排除して組織された[12]ため、政府閣僚と与党議員団との間の距離を埋めることができず[13]、有意な政治的意思決定中枢にはなれなかった。その結果、連立委員会という連立与党間協議の場を制度化したにもかかわらず、第4次アデナウアー政権での連立与党間調整は不足気味となり、1962年のシュピーゲル事件や1966年秋の予算問題などのような与党間での対立・紛争に苦しめられることとなった。そして、こうしたFDPとの政権内部での対立が、CDU/CSUをSPDとの大連立政権樹立へと傾斜させる一因ともなったのである。

　他方、二大政党が大連立を組んだキージンガー政権では、政府・連邦議会議員団・与党の幹部が集まる非公式会合での調整が重視された。キージンガーの別荘地にちなんで「クレスブロン・サークル

---

12) 閣僚を連立委員会から排除した背景には、FDP党首のメンデが1961年選挙戦でアデナウアー政権の長期化・独善化を批判し、「アデナウアー抜きのCDUと（Mit der CDU, aber ohne Adenauer!）」連立を組むと公言していたという事情もあった。選挙後の連立交渉の結果、メンデはアデナウアーの連邦首相続投を受け入れざるをえなかったが、公約違反との批判をかわすべく、アデナウアーと同じ場で統治に関与する形になることを避けようとした。そのため、メンデは入閣せずに連邦議会議員団長の職にとどまり、閣外で新たな政治的意思決定の場を作ろうとしたのである（Rudzio 2005：79）。
13) Rudzio（2005：79-86）。

(Kressbroner Kreis)」と呼ばれた会合には、連邦首相・CDU 党首のキージンガー、CDU/CSU 連邦議会議員団長・CDU 副党首のバルツェル、連邦財務相・CSU 党首のシュトラウス、連邦副首相兼外相・SPD 党首のブラント、SPD 連邦議会議員団長のシュミット、連邦全ドイツ問題相・SPD 副党首のヴェーナーなどが中核的なメンバーとして参加した他、会合で討議される政策課題の関係者も随時招かれ、両党の間での調整が必要となった懸案事項についての協議が行われて[14]、大連立政権の政治的意思決定中枢として機能した。この「クレスブロン・サークル」での綿密な調整を通じて、二大政党による大連立政権は、基本法の改正を必要とする連邦制度改革や非常事態法制整備といった諸懸案への対応に成功したのである。

　また、1969 年選挙後に成立したブラント SPD − FDP 連立政権では、閣僚レベルと議員団レベルの双方で密接な協議が展開され、政策調整と連立与党間の連携が図られた。とくに、労働組合を支持基盤に持つ社会民主主義政党である SPD と、経済界とのつながりを持つ自由主義政党である FDP との間での潜在的な対立争点であった社会政策・経済政策をめぐっては、SPD のエーレンベルク社会相と FDP のラムスドルフ経済相とによる定期的な協議が行われ、両大臣による合意形成が図られた。この定期協議による合意形成が、両党間の潜在的な対立が拡大・激化することを抑制するうえで大きな役割を果たしたと評価されている[15]。

　こうした小政党の意向をかなりくんだ形での連立与党間協議という傾向は、1983 年選挙で緑の党（Die GRÜNEN）[16] が議会進出に成

---

14) Eichhorn（2009：169-194）、Rudzio（2005：91-95）。
15) Rudzio（2005：110-112）、Völk（1989：171）。
16) 1993 年に旧東ドイツの市民運動政党「同盟 90」と合同して「同盟 90/ 緑

功して以降、ドイツの政党システムの多党化が進行し、小政党による連立離脱・組み替えの威嚇力が低下し始めると、弱体化していくことになる。それでも、コール率いる CDU/CSU-FDP 連立政権（1982~98年）の前半期には、CSU 党首でバイエルン州首相のシュトラウスが、CDU 党首で連邦首相であったコールのリーダーシップに挑戦し続けていたため、コールは、シュトラウスの動きを牽制すべく、FDP の連邦閣僚・連邦議会議員団幹部を交えての連邦レベルでの連立与党間協議の枠組みを重用した[17]。

しかし、1998年選挙で政権交代を果たしたシュレーダー SPD －緑の党連立政権では、小政党である緑の党の立場はかなり苦しいものとなった。環境政党である緑の党と CDU/CSU・FDP との間の政策距離が大きく、緑の党に連立離脱・組み替えの威嚇力がほぼなかったためである。その結果、1998年選挙後の連立協定では、両党から8名ずつ出して構成される連立委員会の設置が規定されはしたものの[18]、実際には、構成員を固定しないアドホックな連立協議が不定期に行われるだけとなった[19]。そして、シュレーダー政権での政策調整は、SPD 幹事長ショルツ、SPD 連邦議会議員団長ミュンテフェリング、連邦首相府長官シュタインマイアーら、シュレーダーの側近集団によって主導され[20]、連立与党間での調整が難航する場合には、シュレーダーが議論を打ち切って決定を下すというト

の党（Bündnis 90/Die GRÜNEN）」となるが、本稿では合同以降についても「緑の党」と表記する。
17) Korte und Fröhlich（2004：98）、Rudzio（2005：113-116）。
18) Sozialdemokratische Partei Deutschlands und Bündnis 90/Die GRÜNEN（1998：50）。
19) Rüdig（2002：87）。
20) Korte und Fröhlich（2004：98）。

ップダウン型の政策決定スタイル（"Bastapolitik"）も目立った。こうしたSPD・シュレーダーからの圧力に対して、連立組み替えという対抗手段を持たない緑の党は守勢に立つことが専らであった。その好例が2001年のアフガニスタン派兵承認決議をめぐる動きである。党の源流の一つに平和運動を持ち、文化的多様性を尊重する議員も多い緑の党にとって、「十字軍」的な言説をまといがちであったアフガニスタンでの「対テロ戦争」へのドイツ軍参加を求める決議案は抵抗感が強く、当初は8名の緑の党の議員が決議案での反対を表明していた。しかし、シュレーダーが決議案を内閣信任案と結合させて連邦議会に上程し、緑の党に連立崩壊の威嚇を行った結果、造反の動きは弱まり、11月16日に行われた採決での緑の党からの造反者は4名にとどまったのである[21]。

他方、二大政党が大連立を組んだ第1次メルケル政権では、連立与党間協議が再び組織化された。これは、二大政党の勢力がほぼ同等であったことと、与党のどちらもが野党のいずれかとの間に潜在的な連立可能性を持ち、互いに一定の威嚇力を持つ状態であったためであった。その結果、第1次メルケル政権の連立協定では、少なくとも毎月1回は連立委員会を開催すべきことが明記されたのである[22]。この連立委員会の中核的な構成員とされたのは、連邦首相・CDU党首のメルケル、CDU/CSU連邦議会議員団長のカウダー、CSU連邦議会議員グループ代表のラムザウアー、連邦副首相のミュンテフェリング、SPD党首のプラツェック、SPD連邦議会議員団長のシュトルックであり、政府・連邦議会議員団・与党の最高幹

---

21) 小野（2009：184）、西田（2009：178-180）。
22) CDU, CSU und SPD（2005：141）。

部が一堂に会する政治的意思決定中枢となった[23]。この連立委員会を通じての政策調整が為された結果、メルケル大連立政権は連邦制度改革や医療保険制度改革などに成功することになる[24]。

以上のように、連立与党間の政策調整は、政権によって方法が異なっているものの、連立組み替えのリスクが存在する場合には、組織化される傾向が強まることが見て取れる。また、連邦政府・連邦議会議員団・与党の3者の幹部が連立与党間協議の枠組みに代表されることによって、政策調整の安定度が増すことも見て取れよう。ただし、この連立与党間協議の枠組みによって調達されるのは、あくまでも与党勢力の間での合意であり、ドイツの立法過程全体での合意調達に直結するわけではない。その点については、さらに政府－議会関係を検討する必要がある。

3 政府－議会関係：分割政府

(1)「半議院内閣制」と分割政府状況の出現

ドイツの立法は連邦議会と連邦参議院 (Bundesrat) とによって担われている。連邦議会は国民の直接選挙によって任期4年で選出される国民代表機関である。それに対し、連邦参議院は「州が連邦の立法と行政に協力する」(基本法50条)ための機関であり、各州議会が議院内閣制の仕組みで組織する州政府の閣僚らによって構成される。各州はそれぞれの人口に応じて3票から6票を連邦参議院で有しているが、「連邦の立法と行政に協力する」主体が「州」と

---

23) Korte und Fröhlich (2004：99-100)、Miller und Müller (2010：172-175)。
24) 安井 (2007)。

されていることから、投票の際はその持ち票を一括して投じなければならないと規定されている(基本法51条3項)。また、すべての立法に連邦参議院の合意が必要とされているわけではなく、連邦参議院の過半数の賛成票による同意が必要となるのは、同意法律(Zustimmungsgesetz)と呼ばれる、州の権限・予算・行政活動に関係する法案だけである。それ以外の異議法律(Einspruchsgesetz)と呼ばれる法案については、連邦参議院が同意を表明しなかった(もしくは異議を表明した)場合でも、連邦議会が総議員の過半数をもって再議決すれば、連邦参議院の異議は覆され、法案は成立する。しかし、ドイツでは、連邦法の執行に州の行政組織が関与することが多いため、法案の半分以上が同意法律となっており[25]、市民生活への影響が大きい重要法案になると、同意法律となる傾向は一層強くなる。したがって、立法過程での機能や政治的な意義という観点からすると、ドイツの議会制度は、両院が実質的な権限・意義を持つ実質的二院制の性格が強いものであると言えよう。

それに対して、連邦政府との関係は、連邦議会と連邦参議院とで大きく異なっている。まず、連邦議会は、首相の選出と不信任の権限を有する(基本法63・67条)のと同時に、(制約は多いものの)首相によって解散させられることのある存在であり(基本法68条)、両者は議院内閣制のもとで「権力融合(fusion of power)」の関係にある。他方、連邦参議院は首相任免に関与できず、首相によって解散させられることもないため、連邦参議院と連邦政府の関係は、大統領制のもとでの立法府と執政府の関係と同様に、「権力分立(separation of power)」の関係にあると言える。したがって、一般にドイツは議院内閣制の国と位置づけられてはいるものの、イギリスの

---

[25] Schindler (1999 : 2430f.)。

ような典型的な議院内閣制の国とは異なり、議院内閣制の力学が働いているのは政府 – 議会関係の一部分だけということになる。この点については、これまで十分に理論化されているとは言い難いように思われるが、「一部分だけ」という点を重視するならば、半大統領制（semi-presidential system）にならって、「半議院内閣制（semi-parliamentary system）」と位置づけることができよう。すなわち、半大統領制が、二元化した執政府（大統領と首相）の一方（首相）と立法府とが権力融合の関係に立ち、他方（大統領）と立法府とが権力分立の関係に立つ仕組みだとするのであれば[26]、その主客を入れ替えるような形で、執政府が二院制の立法府の一方と権力融合の関係に立ち、他方と権力分立の関係に立つドイツのような仕組みについては「半議院内閣制」と呼ぶことができるだろう[27]。

そうした大統領制的な側面を政府 – 議会関係の一部に含んでいるドイツでは、大統領制の典型例とも言えるアメリカ同様、執政府与党が立法府の一部で少数派となる分割政府（divided government）の状況——ドイツでの具体的な現れ方としては、連邦議会多数派である連邦政府与党が、連邦参議院で過半数の票をコントロールできない状況——がしばしば発生することとなった。その原因として、アメリカの場合については、4年に1度の大統領選挙の中間時点で実施される中間選挙の存在が指摘されているが、ドイツでも、連邦参議院を構成する州政府代表の決定を左右する各州での州議会選挙が連邦議会選挙とは別の時期に行われることが多い[28]ため、連邦政

---

26) Elgie（2011：22）。
27) そのように考えた場合、日本の内閣と衆議院・参議院の関係も、ドイツ同様、「半議院内閣制」と位置づけられることになる。
28) ドイツの州は、日本の都道府県とは異なり、自らの議会や執政府のあり方を州憲法や州法で独自に決定することができる。それでも、当初は連邦議

府与党が票を減らしやすいという中間選挙効果の存在が従来から指摘されてきた[29]。その結果、1949年9月20日から2014年5月20日までの2万3618日の間に、連邦政府与党だけで構成された州政府（「与党州（Regierungsländer）」）の持ち票の合計が連邦参議院の過半数を占めていた期間、すなわち、統一政府（unified government）の状態であった期間は6987日、全体の29.6%にとどまっている[30]。しかし同時に、連邦レベルでの野党だけで構成された州政府（「野党州（Oppositionsländer）」）が連邦参議院の過半数の票を支配していた期間、すなわち、分割政府となることが明確な「完全な分割政府」（full-divided government）の状態であった期間は、それよりも少ない5083日（21.5%）にとどまっている。それ以外の1万1548日、全体の約半分（48.9%）に相当する期間は、連邦レベルでの与党・野党のいずれもが連邦参議院での過半数の票を支配できていない「不完全な分割政府（semi-divided government）」とも言うべ

会と同じく任期4年としていた州議会が多かったが、任期を5年に変更する州議会が徐々に増えていき、2014年の時点では、全16州の内、14州の議会が任期5年となっている。この任期の長さの違いによって、連邦議会選挙と州議会選挙の実施時期がずれるようになっていることに加えて、任期の変更が各州によって自律的に行われたため、変更時期にもばらつきがあり、選挙実施時期はますます分散することとなった。近年の状況を見ると、2011年に州議会選挙を実施した州は7と多かったものの、2012年から2014年までは毎年3つの州で州議会選挙が行われている。このように、連邦参議院の議席配分に影響を与える州議会選挙が毎年行われていることから、ドイツは「永続的選挙戦（Dauerwahlkampf）」のもとにあり、政治家が常に選挙を気にして、いわゆる"痛みをともなう改革"が先送りにされがちであるとの指摘もメディアなどでは為されている。

29) Jeffery and Hough（2001）。
30) Schindler（1999）、Feldkamp（2005）、Leunig（2006）、Träger（2008）、報道資料、連邦参議院ウェブサイト http://www.bundesrat.de/DE/bundesrat/mitglieder/mitglieder-node.html などのデータに基づいて筆者が計算した。

き状態にある。これは、州レベルで連邦与党と連邦野党が連立しているケースや、連邦議会に議席を有していない政党が州での連立政権に参加しているケース[31]などの「混在州（Mischländer）」が生じているためである。

　こうした「不完全な分割政府」の状態が多くなる傾向は、多党化が進行した1990年代以降、一層強まっている。統一ドイツとしての連邦政府が発足した1990年11月8日から2014年5月20日までの8594日の期間について見ると、統一政府であった期間は1743日（20.3%）、「完全な分割政府」の期間は1644日（19.1%）といずれも減少傾向にある一方、「不完全な分割政府」の期間は5207日で、当該期間の60.6%を占めるに至っている[32]。

（2）分割政府状況での政策調整

　与党が立法府の少なくとも一部において過半数を有していない分割政府の状態において円滑な立法活動を実現するためには、何らかの形で野党の協力を得る必要が出てくる。ドイツで最もよく見られ

---

31) 1950年代には、連邦議会選挙の小党排除条項に抵触して議席を失った小政党が、しばらくの間、州議会での議席維持には成功して州政府にも参加し続けるというケースがかなり見られた。1960年代以降、CDU/CSU・SPD・FDPによる3党制ともいうべき状態が確立すると、このパターンは影を潜めるようになったが、2013年選挙でFDPが連邦議会での議席を失ったことによって、CDUとFDPが連立しているザクセン州がこのパターンでの「混在州」となった。

32) 2013年12月17日に発足した第3次メルケル政権も、二大政党による大連立でありながら、「与党州」が7つで連邦参議院での票数が27票にとどまるため、「不完全な分割政府」状況にある。連邦参議院の過半数である35票以上を確保するためには、連邦野党の内、7つの「混在州」で政権に参加している緑の党の合意を取りつける必要があるが、それが達成できれば、基本法改正も可能な3分の2以上の57票を確保することができる。

るパターンである「不完全な分割政府」の場合、キャスティング・ヴォートを握っている「混在州」の票[33]を取り込むことができれば、連邦政府与党は連邦参議院での多数を確保することができる。そのための手段としては、州独自の利益に訴えかけての取引や、「混在州」政府への参加を果たしている連邦野党の当該州支部との間で当該法案についての合意・妥協を成立させることなどがあるが[34]、当然、そこでの政治行動様式は、与野党間の交渉と合意というものが基調となる。この傾向が「完全な分割政府」状況において一層強まることになるのはいうまでもない。

こうした政党間交渉を通じての合意形成が、連邦・州の双方のレベルにおいて、かなり頻繁に行われていることから[35]、交渉の手順もある程度はルーチン化しており、各党の政策実務者による協議を通じて合意点や相違点をある程度絞り込んだ後、幹部級の政治家に

---

33)「混在州」では連邦レベルでの与党と野党とが連立政権を組織しているため、州の持ち票を連邦参議院でどのように一括投票するかについて、州政府与党間で交渉し、決定する必要が出てくる。戦後初期には、この連邦参議院での「混在州」の投票行動の決定が政治問題化することもあったが（安井1999：173-174）、今日では、政権発足時に締結する連立協定において、連邦参議院での投票行動についての合意形成が不調に終わった場合には連邦参議院での投票を棄権するという条項（通称「連邦参議院条項（Bundesratsklausel)」）を盛り込むことが一般的となっている。ただし、連邦参議院が法案への同意を決議するためには、総票数の過半数が必要とされるため（基本法52条3項）、「混在州」が連邦参議院条項に基づいて棄権してしまった場合、事実上、反対票を投じたのと同じ効果を持ってしまうことになる。
34) 安井（2009）、Yasui（2012）。
35) 政党間の交渉を通じての合意形成は、分割政府状況のもとでの政治的意思決定に限られない。前節で見たように、連邦共和国のほとんどすべての政権は連立政権であるが、その連立合意を作り上げるのも、政党間の交渉によるものである。さらに言えば、州政府も、その多くが連立政権であることから、ドイツの政党は、「永続的選挙戦」の後に必然的に生じてくる"永続的連立交渉"のなかで、合意を模索する活動を繰り返しているとも言える。

よる交渉で決着をつけるというパターンが通例化している[36]。とは言え、与野党の対立争点では交渉が難航することも少なくなく、場合によっては、連邦与党を政治的に追い込むという党派的な目的から連邦野党が交渉を決裂させ、政治運営を阻害することもある。1996年にコールCDU/CSU-FDP政権が福祉縮減改革を進めようとした際には、ラフォンテーヌ党首率いるSPDが連邦参議院での同意拒否戦術で対抗し、改革を停滞させた[37]。改革が進まないなかで国民の不満ばかりが募る状況をドイツのメディアは「改革渋滞（Reformstau）」と表現し、この言葉が1997年の流行語大賞をとるほど人口に膾炙して、1998年選挙でのCDU/CSU大敗を用意する背景となった。ドイツの立法活動を大きく特徴づけている分割政府の出現は、こうした「改革渋滞」の危険と表裏一体になっているのである。

おわりに——ドイツにおける「21世紀型統治システム」の可能性

これまで検討してきたことから明らかなように、ドイツの政治的意思決定過程は、交渉による合意形成が基調となっている。連邦首相の制度的な権限はそれなりに強いものであるが（内閣制度）、連邦議会との間には議院内閣制の仕組みがあるため、与党連邦議会議員団の意向を無視することはできず、政党配置の状況によっては連立与党の意向にも配慮しなければならない（政府－与党関係）。また、連邦政府と連邦参議院が権力分立の関係に立つ「半議院内閣制」であることから、連邦与党が連邦参議院で少数派となる分割政府状態

---

36) 安井（2009：313）。
37) 近藤（2009：110-111）。

の時には、連邦野党との交渉が必要不可欠となってくる（政府－議会関係）。まさに、レームブルッフが「交渉民主主義（Verhandlungsdemokratie）」[38]と指摘したとおりである。

こうした、迅速な決定や改革といったものとは縁遠い政治的意思決定過程を有するドイツも、他の先進国同様、20世紀末から進行したグローバル化、脱産業化、少子高齢化といった構造的環境変化に直面して、一定の対応を迫られた。ドイツの場合、これに旧東ドイツ地域の経済的・社会的統合という困難な課題も加わっていた。

それに対して、1990年代以降のドイツは、一定の改革を試みてきた。その基本的方向性は、福祉のスリム化・縮減を柱とする新自由主義的な性格を持つものであるが、これを従来の「20世紀型統治システム」の枠組みを用いて実現しようとすることには大きな摩擦と困難がともなった。「統一宰相」としての名声と政治的威信を得ていたコールも、従来型の交渉による合意調達を試みるなかで、先述したように、野党SPDからの合意を得ることに失敗し、「改革渋滞」に陥って、1998年選挙での敗北を招く結果となった。コールに代わって政権の座に就いたSPDのシュレーダーも、改革をめぐる与党内の対立が災いして支持率を低下させ、政権発足から半年足らずで連邦参議院での多数を失ってしまい、「不完全な分割政府」状態のもとでの「改革渋滞」に陥ることとなった。それを乗り切るべく2003年に企図されたのが、福祉政策・労働市場政策の領域で新自由主義的な改革を行おうとする政策パッケージ「アジェンダ2010（Agenda 2010）」であった。この改革案の政治過程を本稿の枠組みから整理すると、内閣制度の面では、シュタインマイアー率いる連邦首相府が改革案の立案を独占し、本来であれば原局たりうる

---

[38] レームブルッフ（2004）。

連邦経済省や連邦社会省といった省庁はほとんど介入できなかった。また、政府−与党関係を見ると、連立与党の内、大政党であるSPDには事前に協議が為されたが、小政党である緑の党は放置され、発表された構想を後から押しつけられる格好となった[39]。他方、政府−議会関係を見ると、当時は連邦参議院で連邦与党が少数派となっている「不完全な分割政府」状態であったため、改革法案の成立に当たっては、連邦野党との交渉が鍵となった。「アジェンダ2010」は、政策内容の面で中道右派野党の主張に接近したものであったことから[40]、CDU/CSUとFDPによる党派的観点からの改革阻止を防ぐ効果を発揮して、法案成立へと至った[41]。このように、社会政策の領域では、構造的環境変化に対応しようとする改革政策も、従来型の政治的意思決定過程を経て展開され、交渉による合意形成という時間のかかるプロセスがとられているのである。

　他方、金融政策については、以前から、中央銀行であるドイツ連邦銀行（Deutsche Bundesbank）が政治から独立して政策決定を行ってきた。ドイツ連邦銀行の政策決定機関である理事会の構成員は、連邦政府によって任命されるものの、任命後は政府の意向に拘束されることなく、独自に政策を決定し、遂行することができる。そして、ドイツ連邦銀行の任務として規定されているのは「通貨価値の安定」であり、財政支出の拡大を通じて展開される「分配の政治」には一定の距離を保ってきた。そのため、1970年代には、財政政策と金融政策の調和的な展開を前提とした総需要管理政策を阻害し

---

39) Korte und Fröhlich（2004：310-317）。
40) 近藤（2009）は、SPDモダナイザー・CDU/CSU経済派・FDPによる超党派的な「自由主義連合」が形成されたと位置づけている。
41) 安井（2005）。

かねないという点で問題視されてもきたのである[42]。しかし、グローバル化や脱産業化といった構造的環境変化が進行するなか、政治（とりわけ「分配の政治」）から独立して通貨価値の安定のみを追求するドイツ連邦銀行のあり方は環境との適合性を増していった。その意味では、金融政策での迅速な決定を展開しうるドイツ連邦銀行の存在は、ドイツにおける数少ない「21世紀型統治システム」の要素であったとも評価できよう。

そして、この「21世紀型統治システム」との親和性の高い中央銀行のあり方は、欧州連合（EU：European Union）が加盟国間の財政移転（財政同盟）を排除しながら統一通貨ユーロを導入しようとするにあたって採用され、1998年に欧州中央銀行（ECB：European Central Bank）が設立された。だが、2009年秋以降のユーロ危機のなかで、ECBが金融危機に陥った国の国債を購入して支援・救済する動きが出てくるようになっており、金融政策が政治への従属を強めつつあるのではないかとも見られている。ドイツの数少ない「21世紀型統治システム」の要素は、欧州レベルに拡大された後、皮肉にもその欧州レベルでの政治的圧力によって浸食されているとも言えるだろう。

参考文献

網谷龍介（2008）「ドイツの中核的執政集団——拒否権プレイヤーの中のリーダーシップ」伊藤光利編『政治的エグゼクティヴの比較研究』早稲田大学出

---

[42] 平島（1994：152-157）。

版部、63-84。
小野一（2009）『ドイツにおける「赤-緑」の実験』御茶の水書房。
近藤正基（2009）『現代ドイツ福祉国家の政治経済学』ミネルヴァ書房。
西田慎（2009）『ドイツ・エコロジー政党の誕生――「六八年運動」から緑の党へ』昭和堂。
平島健司（1994）『ドイツ現代政治』東京大学出版会。
安井宏樹（1999）「『第三極』の模索と挫折――一九五〇年代西ドイツの自由民主党（FDP）」『国家学会雑誌』第112巻第1・2号、151-206。
安井宏樹（2005）「社会民主主義政党のイノベーション――ドイツを中心に」山口二郎・宮本太郎・小川有美編『市民社会民主主義への挑戦――ポスト「第三の道」のヨーロッパ政治』日本経済評論社、55-80。
安井宏樹（2007）「ドイツ・メルケル大連合政権の一年――ドイツ政治は「混迷」から抜け出せたのか」ICCLP Annual Report 2006（東京大学大学院法学政治学研究科比較法政国際センター）、94-99。
安井宏樹（2008）「ドイツ――ブラント政権の成立」高橋進・安井宏樹編『政治空間の変容と政策革新4――政権交代と民主主義』東京大学出版会、43-71。
安井宏樹（2009）「ドイツの分割政府と立法過程」日本政治学会編『年報政治学――民主政治と政治制度』木鐸社、303-321。
レームブルッフ、ゲルハルト（2004）［平島健司訳］『ヨーロッパ比較政治発展論』東京大学出版会。

Busse, Volker (2005) *Bundeskanzleramt und Bundesregierung: Aufgaben, Organisation, Arbeitsweise*, 4. Auflage, Heidelberg: C. F. Müller Verlag.
CDU, CSU und SPD (2005) *Gemeinsam für Deutschland – mit Mut und Menschlichkeit: Koalitionsvertrag zwischen CDU, CSU und SPD*, http://www.spd.de/linkableblob/1860/data/koalitionsvertrag_bundesparteitag_karlsruhe_2005a.pdf
Eichhorn, Joachim Samuel (2009) *Durch alle Klippen hindurch zum Erfolg: Die Regierungspraxis ersten Großen Koalition (1966-1969)*, München: Oldenbourg.
Elgie, Robert (2011) *Semi-Presidentialism: Sub-Types and Democratic Performance*, Oxford: Oxford University Press.
Feldkamp, Michael F. (2005) *Datenhandbuch zur Geschichte des Deutschen Bundestages 1994 bis 2003 : eine Veröffentlichung der Wissenschaftlichen*

Dienste des Deutschen Bundestages, Baden-Baden : Nomos.

Fleischer, Julia (2011) „Das Primat der Richtlinienkompetenz im politischen Prozess: Zur Bedeutung der Organisation des Bundeskanzleramtes", in Martin Florack und Timo Grunden (Hrsg.) *Regierungszentralen: Organisation, Steuerung und Politikformulierung zwischen Formatät und Informalität*, Wiesbaden: VS Verlag, 201-223.

Jeffery, Charlie and Daniel Hough (2001) "The Electoral Cycle and Multi-Level Voting in Germany." *German Politics* 10 (2): 73-98.

Korte, Karl-Rudolf und Manuel Fröhlich (2004) *Politik und Regieren in Deutschland : Strukturen, Prozesse, Entscheidungen*, Paderborn: Ferdinand Schöningh.

Leunig, Sven (2006) "„AB(C)" oder „ROM"? Zur Operationalisierung von Mehrheitsverhältnissen im Bundesrat." *Zeitschrift für Parlamentsfragen* 37 (2): 402-420.

Merseburger, Peter (2002) *Willy Brandt 1913-1992: Visionär und Realist*, Stuttgart: Deutsche Verlag Anstalt.

Miller, Bernhard und Wolfgang C. Müller (2010) „Koalitionsmechanismen in einer Großen Koalition: Das Beispiel der Regierung Merkel." In Christoph Egle und Reimut Zohlnhöfer (Hrsg.) *Die zweite Große Koalition: Eine Bilanz der Regierung Merkel 2005-2009*, Wiesbaden: VS Verlag, 156-179.

Niclauß, Karlheinz (2004) *Kanzlerdemokratie: Regierung von Konrad Adenauer bis Gerhard Schröder*, Paderborn: Ferdinand Schöningh.

Poguntke, Thomas (2005) "A Presidentializing Party State? The Federal Republic of Germany." In Thomas Poguntke and Paul Webb eds. *The Presidentialization of Politics: A Comparative Study of Modern Democracy*, New York: Oxford University Press, 63-87.

Rudzio, Wolfgang (2005) *Informelles Regieren: Zum Koalitionsmanagement in deutschen und österreichischen Regierungen*, Wiesbaden: VS Verlag.

Rüdig, Wolfgang (2002) "Germany." In Ferdinand Müller-Rommel and Thomas Poguntke eds. *Green Parties in National Governments*, London: Frank Cass, 78-111.

Schindler, Peter (1999) *Datenhandbuch zur Geschichte des Deutschen Bundestages 1949 bis 1999: eine Veröffentlichung der Wissenschaftlichen Dienste des Deutschen Bundestages*, Baden-Baden: Nomos.

Sozialdemokratische Partei Deutschlands und Bündnis 90/Die GRÜNEN (1998)

Aufbruch und Erneuerung: Deutschlands Weg ins 21. Jahrhundert: Koalitionsvereinbarung zwischen der Sozialdemokratischen Partei Deutschlands und Bündnis 90/Die GRÜNEN, http://www.spd.de/linkableblob/1850/data/koalitionsvertrag_bundesparteitag_bonn_1998.pdf

Träger, Hendrik (2008) *Die Oppositionspartei SPD im Bundesrat: Eine Fallstudienanalyse zur parteipolitischen Nutzung des Bundesrates durch die SPD in den 1950ser-Jahren und ein Vergleich mit der Situation in den 1990er-Jahren*, Frankfurt am Main: Peter Lang.

Völk, Josef Anton (1989) *Regierungskoalitionen auf Bundesebene: Dokumentation und Analyse des Koalitionswesens von 1949 bis 1987*, Regensburg: Roderer.

Yasui, Hiroki (2012) "Divided government and legislation process in Germany", *University of Tokyo Journal of Law and Politics* 9: 7-23.

＊本章における URL は、いずれも 2014 年 10 月 3 日の時点で最終確認したものである。

第6章
イタリア：「政権交代のある民主主義」プロジェクト
日本との比較のなかで

後　房雄

はじめに

　日本との比較を意識しながら最近のイタリア政治を分析するにあたって、まず最初に確認すべきことは、その比較を意味のあるものにする大きな共通点があるということである。

　それは、冷戦終結以降のイタリアと日本においてほぼ同時並行で、「政権交代のある民主主義」プロジェクトともいうべきものが試みられ、それが現時点（2014年4月）においては、ある程度の成果を上げたことは確かであるが同時に当初の予想を超える障害にも直面しているという、一種の踊り場に到達しているように見えることである。

　イタリアにおいて、1993年に両院（権限は完全に対等）の選挙制度が比例代表制から小選挙区制を主体とする混合制へと改正されて以降6回の総選挙を経て、左右の二大勢力の間の政権交代が頻繁に起こるようになったことは大きな成果といえる。その過程で、「反体制政党」（サルトーリ）であった左の共産党は左翼民主党＝民主党となり、右のイタリア社会運動は国民同盟となり、ともに政党連合の一員として与党経験をもつまでになった。

　しかし、現時点では、中道右派を主導してきたベルルスコーニの求心力がかなり衰退し、民主党においても内部で旧共産党系とカトリック系との軋轢が激しくなっているのに加え、左右どちらとも連

携を拒否する五つ星運動という新興政党が20％以上の支持率をもつに至っている。一旦は確立したかに見えた二大勢力の構図が大きく揺らいでいると同時に、左右両勢力がともに旧来型政党、政治家として強烈な批判を受けているのである。

　日本においては、1994年に衆議院の選挙制度が中選挙区制から小選挙区制を主体とする混合制へと改正されて以降、4回の総選挙では自民党（2001年以降は公明党との選挙連合）が多数派を維持したが、ようやく2009年の5回目の総選挙において民主党が政権を獲得した。しかし、3年3ヵ月の民主党政権は惨憺たる失敗に終わり、2012年の総選挙においては自民党・公明党連合が圧勝した。

　現時点においては、民主党が衆議院議席を55議席（定数480）にまで落としているだけでなく強い国民的不信を払拭できないままであり、日本維新の会（53議席）も橋下代表の人気低下、内部の亀裂に悩まされている。その他の野党も、みんなの党（9議席）、結いの党（9議席）、共産党（8議席）、生活の党（7議席）、社会民主党（2議席）と極度の分散状況にあり、小選挙区制におけるもう一つの選択肢の再建の見通しはほとんど見えない。2009年総選挙において、日本国民は歴史上初めて、選挙によって直接に政権を交代させるという経験をし、二大政党による政権交代メカニズムが始動したように思われたが、一転して、かつての一党優位体制に戻りかねない状況となっている。

　こうした現時点に立って、イタリアにおける「政権交代のある民主主義」への移行プロジェクトの全体像を日本との比較を意識しつつ振り返り、何が達成されて何が未解決の課題として残されているのか、さらに、そもそもこのプロジェクト自体が、両国が直面していた時代の課題に応えるような政治の改革として十分なものだったのかどうかを考えようとするのが本章の目的である。

なお、現時点で私自身は、両国におけるこのプロジェクトが失敗だったという評価には与しない。「政権交代のある民主主義」への移行という主目的は最低線においてとはいえ達成されたし、それは政治が時代の課題に応えるための必要不可欠の基礎でもあるからである。もっとも、その最低線すら崩れてしまう兆候も表れてはいるが、維持発展させられる可能性はまだ十分残っていると考えている。だからこそ、プロジェクト全体の総括的分析が必要なのである。

1　プロジェクトの原点

(1) プロジェクトの始動と時代の課題

　両国に共通して、プロジェクト始動の直接の原因は大規模な政治汚職（リクルート事件、タンジェントーポリ）の発覚であったが、それがこれだけ大規模な政治改革へと展開した不可欠の背景として、冷戦終結があったことは疑いない。両国の戦後政治においては、最大で3分の1程度の得票率を占める「反体制政党」が存在しており、国際的な冷戦対立構造がそのまま国内政治にも組み込まれていた。こうして、主要野党が現実的な政権選択肢たりえなかったという事情が、政権交代メカニズムが機能しなかった最大の理由の一つでもあった。

　それだけに、国際的な冷戦の終結は、汚職摘発（これ自体冷戦終結という背景があって大規模化した）と相まって国内政治を一気に流動化させることとなった。そのなかで、政治汚職の防止だけでなく、これまで機能不全であった政権交代メカニズムを機能させるという目標が大きく浮上したことがそれ以前に比べての特徴であった。

　そこで両国において共通に目指されたのは、イギリス・モデルで

あり、いわゆるウェストミンスター型の政治システムであった[1]。要するに、総選挙によって明確な政権政策（マニフェスト）をもった多数派が形成され、議会任期中はその多数派が形成する政府が首相を先頭にしてその政権政策を強力に実施したうえで次の総選挙において信任を問うというサイクルを可能にするシステムである。

そうした型の政治システムを求めさせた主な背景としては、1980年代以降の新自由主義の台頭によって公共サービスへの不満や財政危機を解決するために「大きな政府」の抜本的な見直しが迫られていたこと、冷戦終結によるグローバル市場の形成（イタリアの場合はさらにヨーロッパ統合の進展）、ICT革命の急速な進行のなかで、国際競争力を高める方向での諸制度の改革が迫られていたことが指摘できるだろう。

以上のような大きな共通点があったとともに、両国の間には、実はプロジェクトを主導した政治アクターにおいては対照的ともいえる違いがあった。日本においては、小沢一郎に代表される与党内ないし保守系改革派が主導し、社会党、共産党などは受動的な対応にとどまったわけであるが、イタリアにおいては万年与党キリスト教民主党（DC）内のセーニを中心とする改革派と並んで、あるいはそれ以上にイタリア共産党（PCI）＝左翼民主党が主導した[2]。

なお、1993年8月の選挙法改正の国会議決において棄権したことから左翼民主党が小選挙区制の導入に消極的であったという誤解が一部にあるが[3]、その棄権はフランス型二回投票制を主張しての

---

1) 梅川・阪野・力久編著（2014）、大山（2001；2003）、レイプハルト（2005）。
2) 後（1991；1994）。
3) Giannetti and Grofman ed.（2011：4）。

ものであって多数決型選挙制度を目指していたことに疑いはない（ちなみにDC内改革派の旗手セーニも棄権している）。選挙法改正の国民投票運動において大きな役割を果たしたこと、選挙制度改正後の二大勢力化において強力なイニシアティブを発揮したことなどから見て、左翼民主党（少なくともオッケット主流派）が政治改革の推進者であったことは明らかな事実である[4]。

それでは、本章の考察の出発点として、まず、プロジェクトのスタート時点でのそれらの政治アクターの発言によってプロジェクトのモチーフがどのようなものであったかを確認しておきたい。

最初に、日本におけるプロジェクト全体を通してキーパーソンとしての役割を果たしたと言ってよい小沢一郎の1993年の時点での主張をみよう。

「日本の戦後政治の最大の問題は、その『ぬるま湯構造』にある。（中略）

戯画的にいえば、多少温度差はあるとはいえ、いい湯加減の風呂に、与野党がそれぞれどっぷりとつかり、分け前の談合に花を咲かせてきた。しかも、そのぬるま湯にうっとりしているうちにいつしか"与党風呂"と"野党風呂"を入れ替えなければならないという民主主義の基本さえ忘れ、万党与党、万年野党を不思議とも思わなくなってしまった。与野党とも、なまじ風呂を入れ替えて風邪をひくより、このまま湯につかっていた方がいいと思っている。」[5]

---

[4] 後（1996）、Corbetta e Parisi（1994：146）、Katz（1994：170）。
[5] 小沢（1993：65）。

「[日本が自立した国家として機能しなくても許される世界情勢が変化して] いまや、それではやっていけない。国民によって民主主義的に権力を付託された者が、責任を持って決断できる体制にしなければならない。いうまでもなく、権力は強いだけではいけない。強いと同時に明確に限定されなければならない。(中略)

どのように限定するか。それは話し合いを徹底する、といったことではない。本当に中央政府に必要な権限のほかは、すべて地方に移譲し、中央が身軽になり、国家レベルの課題に集中することである。もう一つは時間による限定、つまり政権交代だ。はっきりしない権力がだらだらと永続するのではなく、形のはっきりした権力が一定期間責任を持って政治を行うということである。このように時間的、空間的に権力を限定する一方で、必要な権力を民主主義的に集中し、その権力をめぐっての競争を活性化する。これが、本当にたくましい『脳』を日本の巨体に植え付ける道ではないだろうか。」[6]

「私はかねてから小選挙区制の導入を主張してきた。

この制度では、各選挙区で一人しか当選しないので、どんなに得票が拮抗しても一票でも多い方が議席を獲得し、少ない方は議席を得られない。これほど明瞭に多数決原理の考え方を反映している選挙制度はないであろう。(中略)

小選挙区制では、得票数の開き以上に議席数が開くので、支持率の変化が敏感に議席に反映され、政権交代が起きやすくなるという点も見逃せない。日本の政治が抱えているほとんどの問題は、

---

6) 小沢 (1993 : 25)。

小選挙区制の導入によって解決できそうだ。」[7]

次に、イタリアにおいて、選挙制度改革（小選挙区制導入）を実現するための国民投票運動（1989年7月14日の記者会見で開始）などによってイタリアのプロジェクトの初期において大きな影響力を発揮したキリスト教民主党のマリオ・セーニ議員（父親は首相、大統領を務めたアントニオ・セーニ）である。モーリス・デュヴェルジェの影響を受けたという彼は、自らの現状認識と改革構想を次のように語っていた。

「わが国の政治システムは不可逆的な危機へと向かっているというのが私のかなり以前からの確信であった。政治世界はもはや解決不可能なまでにもつれていた。もはや職業的存在となってますます市民社会から乖離している政治家階層によって支配された諸政党の危機。比例代表制によって麻痺させられ、政党支配体制に従属させられたことによる中央政府からコムーネ［市町村］に至るあらゆるレベルの統治制度の弱体性。財政赤字や政治腐敗の蔓延などのような重大問題への取り組みが回避され、深刻化していること。こうした状況は、統治制度や政治階層への市民の信頼をますます掘り崩しており、体制の真の正当性を着実に減少させている。

同様に私は、危機の解決は必然的に根本的な統治制度改革によらねばならないだろうと確信していた。統治制度の強化、安定性、指導階級の交代、古い政党モデルとより現代的で市民に開かれた政治組織の取り換えなどは、システムを根本的に変えて他の偉大

---

7) 小沢（1993：68-69）。

な西欧民主主義諸国と同様のものにすることによってのみ可能になる。統治制度改革の核心は選挙制度改革である。変革は、比例代表制に代えて多数決制を導入すること、政党の名簿を、市長の直接選挙、小選挙区、政権の直接的選択に変えることによってのみ起こりうる。」[8]

セーニは選挙制度改革後の最初の1994年総選挙において、「イタリアのための協定」を結成して中道派を結集しようとしたが、6.4％の得票に終わって以降、政治的影響力を失っていく。それに代わって、セーニとともに国民投票運動を推進したPCI（91年以降は左翼民主党、2007年以降は民主党）が二大勢力の一方の基軸としてその後も現在まで大きな役割を担うことになる。

イタリア共産党は、1970年代後半の国民的連帯政府（閣外支持）の試みの挫折、80年代前半の野党路線の混迷を経て、80年代半ば以降、「政権交代システム」の構築を通じた政権獲得という新しい戦略を追求し始めた[9]。その戦略を主導したアキッレ・オッケットは、1987年6月に副書記長に、88年6月に書記長に選出された。彼は、冷戦終結直前の89年3月に開かれ、「強力な改良主義」を掲げた第18回大会において、次のように述べた。

「われわれは政治体制の危機は、根本的には『協調的民主主義』の危機、つまりわが国の政治生活のうえに決定的影響を及ぼし、また、前回党大会でもキリスト教民主党の思考と政治行動を支配した考え方の危機であると強調した。（中略）

---

8) Segni（1994：36-37）。
9) 後（1991；1996）。

ここから次の基本的な目標が生まれる。それは、(後にみるように)キリスト教民主党大会の結果に照らしても、キリスト教民主党中心の連合政権に代わる政府代案の実現という目標を提起すること以外ではありえない、そういう代案の陣地を構築するという目標である。

　したがって、われわれは、われわれの政治的目標が、新しい政権交替制度（それは明らかに同じ連立指導下の異なる勢力によるたらい回しとはまったく別のものだが）のもとで、国の指導にあたる、政綱に基づく政府代案を可能にすることであるということを、きわめて明確にいわなければならない。」[10]

「こうしたすべてのことから、われわれは選挙法改正の提起を含む政治制度改革が必要であると考えるのである。実際、われわれは今日、諸政策と各級政府の問題について市民がより直接的に決定できる可能性を与えることが不可欠だと考える。これは政治制度改革の核心である。これこそが停滞を打破し、政治をよりガラス張りにし、実効ある根本的な政治刷新を促進し、代案が固定化した動きのとれない新しい政治体制を生み出さない明確な保証を作り出す道である。」[11]

「こうした考察にもう一つ別の、根本的な重要性をもつ考察をつけ加えなければならない。政府の指導における交替制は、かならずしもキリスト教民主党に保守的右翼の役割を委ねているわけではないということである。社会が全体としてより成熟した制度

---

10) オッケット（1989b：28-29）。
11) オッケット（1989b：30）。

に向かって進むにつれて、また変化が生まれ——望まれているように——民主化の過程が前進するにつれて、代案は、ますます先進的な選択、新しい文化と新しい文明化の目標および自決と人間的連帯の新しい地平によりいっそう合致する選択をめぐって構築されることができるだろう。また、これまでとは異なった着想に基づく改良主義的、改革的構想の間の交替という展望も形成される可能性がある。」[12]

(2) 比例代表制とイタリアの戦後体制

セーニにおいてもオッケットにおいても、「政党支配体制」ないし「協調的民主主義」は比例代表制と不可分のものとしてとらえられ、それゆえ、そうした政治システムの改革のための最も重要なテコとして小選挙区制（より一般的に多数決型ないし政権選択型の選挙制度）が想定されていたことは以上から明瞭に読み取れるだろう。

そこで、上下両院ともに足切りのない完全比例代表制を採用していたイタリアの戦後政治がどのようにして政権交代メカニズムが機能しないシステムへと変質していたのかを、ジョヴァンニ・サルトーリの政党システム論を紹介する形で見ておきたい。

サルトーリは、政党の数に加えてイデオロギー（その距離と強度）という基準を加えて、一党制から原子化政党制までの七つの政党システムを類型化した。その際の主な狙いの一つは、戦後イタリアが属する「分極化多党制」（その他に、1920年代のドイツ・ワイマール共和国、フランス第四共和政、1973年までのチリなどが想定されている）と、西ドイツなどが属する「穏健な多党制」を区別することにあったと言ってもよいだろう。その違いは、政党間のイデオロギー距離

---

12) オッケット（1989b：34）。

（分極化）が大きいか小さいかにある。もちろん、それは量的な基準ではなく、「体制の正当性を掘り崩そうとする政党」、すなわち「反体制政党」の存否である。

サルトーリは次のような8点を分極化多党制の特徴として指摘している[13]。

①レリヴァントな「反体制政党」の存在。反体制政党はたとえ可能な時でも政府の変更を目指さず、統治システムそのものの変更を目指す。

②与党の両側に相互に排他的な二つの野党勢力が存在していること（双系野党）。

③穏健な多党制のメカニックスが二極相互作用であるのに対し、左－中間－右の三極相互作用である。中間政党の存在は、遠心的ドライブを生む。

④政党間の分界線のミゾが深く切り込まれ、コンセンサスの基盤が薄く、政治システムの正当性が広く異議申し立ての対象となっている。要するに、イデオロギー的距離が大きく、分極化状況が発生する。

⑤求心的ドライブよりも遠心的ドライブが強く、中間勢力が弱体化する。

⑥「政治問題を誇大な構図の中で純理論的、原理論的にとらえる方法」という意味でのイデオロギーが重視される。これは経験主義やプラグマティズムの心的傾向とは相容れない。

⑦「無責任野党」の存在。中間政党（ないしは中間勢力の指導的な政党）を要とした周辺的政権交代しか起こらず、政党連合間の政権交代は起こらない。そのなかで、反体制政党が「無責任野党」に

---

[13] サルトーリ（1980：229-243）。

なると同時に、中間勢力の指導的な政党の同盟軍となる中道左派、中道右派の諸政党も「半無責任政党」となる。
⑧政治システムが「せり上げの政治」、「過剰公約の政治」に陥る傾向。政治的ゲームが公正な政治的競合とならず、絶えざるエスカレーションをともなう不公正な競合となる。

こうした「分極化多党制」類型の説明は、理論的な推論であると同時に、戦後イタリア政治の実態を強く意識しながら構築されていることは明らかである。周辺的でない本格的な政権交代が起こりえないことに加えて、キリスト教民主党以外の諸政党が無責任化すること、過剰公約の政治に陥ることなども見事に説明されている。

なお、サルトーリの類型では、日本はインドとともに「一党優位政党制」に分類されているが、この「分極化多党制」と比較することで、イタリアと日本の興味深い異同を引き出すことができる。

最大の共通点は、レリヴァントな反体制政党（社会党、共産党）の存在と、本格的な政権交代の欠如であろう。そして、これはサルトーリも別の個所で「消極的統合」、「見えざる政治」という用語で指摘していることであるが[14]、時間の経過とともに主要な反体制野党（イタリアにおける共産党、日本における社会党）の行動が事実上変容することによって、表面上のイデオロギー対立の裏で「談合体制」ないし「協調主義体制」が徐々に形成されていったという点も共通点として指摘できる。本格的な政権交代なしの協調主義が汚職や裏取り引きなどを生みやすいことは明らかだろう。

最大の違いは、日本においては反体制野党が左にだけ存在し、そのために遠心的ドライブはそれほど強くならなかったということである（自民党長期単独政権）。しかし、反体制野党やその他の野党の

---

14) サルトーリ（1980-Ⅰ：246-251）。

無責任化、過剰公約の政治という特徴は同様に見られた。

なお、イタリアにおける完全比例代表制、日本における中選挙区制という異なった選挙制度が、多党制を生み出す効果、各党の議席数の激変をもたらさないことによって政党システムを安定化させる効果という点では実は共通していたということも指摘できるだろう。また、イタリアの比例代表制が採用していた3から4票の候補者個人への選好投票は、中選挙区制と同様に個々の議員や派閥による利益誘導を促進する機能をもっていた[15]。

2　選挙制度改革のインパクト

(1) 選挙制度の変遷

イタリアの選挙制度は、1861年国家統一以降の王制時代は男子制限選挙による小選挙区制であったが、1912年には男子普通選挙制が導入され、1919年には比例代表制への転換が行われた[16]。その後、ムッソリーニ政権が成立した翌年の23年にアチェルボ法による選挙制度の変更で、25％以上獲得して相対第一党になった名簿に535議席中356議席（約66％）を割り当てるプレミアム制度が導入された。

第一次大戦後は、1946年に憲法制定会議の選挙制度として完全比例代表制が復活し、それが48年の法律で上下両院にも適用されることとなった。下院は複数の県を含む32の選挙区ごとの比例代表制であるが、上院は州ごとの比例代表制であった。ただし、法文上は、上院だけは小選挙区で65％以上の票を得た候補者が当選す

---

15) 後（1991：162-163）、河田編著（2008：112-113）。
16) 井口（1998：68）、コラリーツィ（2010：80-85）、Fusaro（1995：24）。

るという規定がまず適用され、該当者がいない場合に州ごとの比例代表制が適用されるという仕組みになっていた(これが、1993年の国民投票によって65%という条件を削除することにより、小選挙区制への転換を実現することを可能にする基礎となった)。

その後、1953年には全国集計で50%を超える相対第一位の名簿に下院の590議席中の380議席(約64.4%)を与えるプレミアム制度が導入されたことがあるが(当時はペテン法と批判された)、同年の総選挙だけで用いられ(プレミアム制度は発動されず)、翌年には廃止されている[17]。

こうした変遷を受けて、すでに紹介したような統治制度改革運動の最初の成果として、1993年4月の国民投票で上院選挙制度を事実上小選挙区制に転換させる提案が可決されたことが強力な圧力となって、同年8月には両院の選挙法改正案が国会で可決されるに至る。

93年選挙法の内容は、下院は州を基礎に27選挙区(大きな州は分割)、上院は州単位の20選挙区を設け、それぞれの定数の75%を小選挙区制で選び、25%を比例代表制(拘束名簿式)で選ぶというのが骨格である。下院は小選挙区と比例区の二票制であり、上院は小選挙区での投票を比例区の投票としても集計する一票制である。

名簿が比例区での議席配分を受けられる条件として、下院においては全国集計で4%以上という阻止条項があるが、上院にはない。また、比例区議席の配分に当たっては「控除」制度が採用された(日本では連用制と呼ばれたもの)。つまり、下院では、各名簿の得票数から各名簿の小選挙区での当選者の「当選必要票数」(次点候補の得票数プラス1)を差し引いた票を基礎にし、上院では、各名簿

---

17) Fusaro (1995)。

の小選挙区の当選者の得票数そのものを差し引いた票を基礎にして比例配分するのである[18]。

この制度のもとで、1994年、1996年、2001年の3回の総選挙が行われた後、2005年12月にベルルスコーニ政権のもとでさらなる選挙制度改革が行われた。

2005年選挙法の最大の特徴は、比例代表制を採用したうえで、相対第一位の名簿に最低でも議席の約55％を保証する点である。下院では全国集計での第一位名簿に630議席中の340議席（約54％）を与える。上院では、20の州ごとの集計で第一位名簿に議席の55％を与える。残りの議席は一定の得票率を超えた他の名簿で比例配分される。

こうしたプレミアム制度自体が政党連合を形成する強い刺激になるが、さらに連合を促進するような措置が組み込まれている。下院では、①得票率10％未満の名簿連合は議席を配分されない、②どの名簿連合にも加わらない名簿は4％を超えないと議席を配分されない、③名簿連合に加わった名簿は2％を超えないと議席を配分されない。上院では、①州ごとに、有効投票の20％以上を獲得し、その内部に当該州で有効投票の3％以上を獲得した名簿が存在する名簿連合が議席配分の対象となる、②当該名簿連合の内部に関しては、当該州で有効投票の3％以上を獲得した名簿に議席が配分される、③名簿連合に参加しない名簿および有効投票の20％未満にとどまった名簿連合に参加した名簿は、当該州において有効投票の8％以上を獲得した場合に議席配分の対象になる[19]。

この制度のもとで、現在まで2006年、2008年、2013年の3回の

---

18) Fusaro（1995）。
19) 芦田（2006）、Diamanti e Vassallo（2007）。

総選挙が行われている。しかし、2013年総選挙においては、下院では民主党がプレミアムを得て多数派を形成したが、上院では過半数の議席を確保できず、大連立政権を余儀なくされている。後述のように、その後、2013年12月には憲法裁判所が2005年選挙法（得票数の下限のないプレミアム制、拘束名簿方式）に違憲判決を下したという事件もあり、さらなる選挙制度の改正や統治制度の改革が試みられているのが現在の状況である。

(2) 総選挙と政権交代

1993年選挙法および2005年選挙法はかなり異なった仕組みではあるが、相対第一位の政党ないし政党連合に過半数の議席を与える政権選択型の制度という点では基本的には同じ性格のものといえる。それゆえ、多くの政党が存続、誕生しながらも政党連合を形成して戦うという現象が1994年から現在まで一貫しているのである。これは日本において、自民党と公明党が2000年総選挙から政党連合を形成して戦い始めたのに対し、政権交代を狙うはずの野党は小選挙区にもそれぞれ独自候補を立てて共倒れを繰り返し、そのために政権交代が2009年まで遅れたのと極めて対照的である。その理由として、イタリアでは比例代表制の歴史から政党規律が強いのと対照的に、日本では個人後援会に基づく選挙のために党本部による候補者調整が難しいという点が指摘できる[20]。

1994年以降の6回の政権選択型の総選挙の構図と得票率は表6－1のとおりである。94年総選挙においてセーニらの中道派が15.7%を獲得して第三勢力となった以外は、中道右派連合と中道左派連合の二大勢力の対決が基本的構図となっている（それだけに、2013年

---

20) 後（2009）、Giannetti and Grofman（2011：68-70）。

表6-1 第二共和制下の総選挙結果（下院）

	急進左派	左派	中道左派	中道右派	右派	急進右派
第12回 1994. 3.27-28	進歩主義者33.8[213]			イタリアのための協定7.3[46]	自由の極58.0[366]	
	PRC 6.1	PDS／DS 20.4		PPI 11.1 Segni 4.7	FI 21.0　AN 13.5　LN 8.4	
第13回 1996. 4.21		オリーブ 51.1[322]			自由のための極39.0[246]	9.4[59]
	PRC 8.6	PDS 21.1	PPI-Prodi 6.8	CCD-CDU 5.8	FI 20.6　AN 15.7	LN 10.1
第14回 2001. 5.13	1.7[11]	オリーブ 39.7[250]		自由の家58.4[368]		
	PRC 5.0	DS 16.6	マルゲリータ 14.5	白い花(CCD + CDU) 3.2	FI 29.4　AN 12.2	LN 3.9
第15回 2006. 4.9-10		同盟 55.2[348]		自由の家 49.7[281]		
	PRC 5.8	オリーブ(DS +マルゲリータ) 31.3		UDC 6.8	FI 23.7　AN 12.3	LN 4.6
第16回 2008. 4.12-13	虹の左翼	ヴェルトローニ39.2[247]		中道同盟 5.7 [36]	ベルルスコーニ54.6[344]	
	3.1	PD 33.2[211]	IdV 4.4[28]		自由の人民 37.4	LN 8.3
第17回 2013. 2.24-25		ベルサーニ29.55[345]		M5S[109] モンティ 10.56[47]	ベルルスコーニ 29.18[125]	
		SEL 3.2	PD 25.4	25.6	SC 8.3　UdC 1.7	自由の人民 21.6　LN 4.1

注：＊各選挙上段の政党連合（単独政党の場合あり）の数値は、議席比［議席数］を指す。下段の各党数値は、比例代表部分の得票率を示している。下段の各党得票率は、第12回〜第14回に関しては比例代表部分の得票率、第15回以降はイタリア本土（ヴァッレ＝ダオスタ除く）の得票率を示す。網掛けは勝利した政党連合を指す。

＊AN＝国民同盟、CCD＝キリスト教民主中道、CDU＝キリスト教民主主義統一、DS＝左翼民主主義者、FI＝フォルツァ・イタリア、IdV＝価値あるイタリア、LN＝北部同盟、M5S＝五つ星運動、PD＝民主党、SC＝市民の選択、PDS＝左翼民主党、PPI－人民党、PRC＝共産主義再建党、Prodi＝プローディ派、Segni＝セーニ派、SEL＝左翼・環境・自由、UDC＝キリスト教民主同盟、UdC＝中道同盟。

出典：伊藤（2014：255）。政党名を若干修正した。

総選挙において、第三勢力として五つ星運動が25.6%を獲得し、左右両派ともに両院を通じる多数派を形成できなかったことは変動の重大な兆候と思われる)。

　もう一つの顕著な特徴は、毎回の総選挙において中道右派と中道左派の間で多数派が入れ替わり、政権交代が起きていることである。その理由は明らかで、前回勝利した与党連合は、政権運営を通じて内部対立が激化するために次の総選挙に当たっての連合に加わる政党数が減るのに対し、前回敗北した野党連合は、勝利するために多少の政策的妥協をしてでも可能な限り多くの政党で連合を形成しようとするからである。

　1994年総選挙以降の内閣の変遷は下記のとおりである[21]。

| 1994年3月総選挙 | 中道右派の勝利
　　第一次ベルルスコーニ内閣（1994年5月10日-1995年1月17日）
　　ディーニ専門家内閣（1995年1月17日-1996年5月17日）
| 1996年4月総選挙 | 中道左派の勝利
　　第一次プローディ内閣（1996年5月17日-1998年10月27日）
　　第一次ダレーマ内閣（1998年10月27日-1999年12月12日）
　　第二次ダレーマ内閣（1999年12月12日-2000年4月25日）
　　第二次アマート内閣（2000年4月25日-2001年6月11日）
| 2001年5月総選挙 | 中道右派の勝利
　　第二次ベルルスコーニ内閣（2001年6月11日-2005年4月23日）
　　第三次ベルルスコーニ内閣（2005年4月23日-2006年5月17日）
| 2006年4月総選挙 | 中道左派の勝利
　　第二次プローディ内閣（2006年5月17日-2008年5月8日）

---

21) イタリア政府HP（http://www.governo.it/Governi/governi.html）。

|2008年4月総選挙| 中道右派の勝利

　第四次ベルルスコーニ内閣（2008年5月8日－2011年11月16日）

　モンティ専門家内閣（2011年11月16日－2013年4月28日）

|2013年2月総選挙| 下院では民主党が過半数。上院では多数派なし

　レッタ大連立内閣（2013年4月28日－2014年2月22日）

　レンツィ大連立内閣（2014年2月22日－　　）

(3) 二大勢力化の進行と挫折

　以上を踏まえて二つの新しい選挙制度の政治や政党制に対するインパクトを総括するならば、以下のような点が指摘できる。

　第一に指摘すべき最大のインパクトは、すでに見たように総選挙ごとに多数派が変わって政権交代が起きることによって、「政権交代のある民主主義」という目標が過剰なまでに実現したことである。これにともなって、サルトーリのいう「分極化多党制」の特徴の主要な部分は消滅した。PCIの左翼民主党＝民主党への転換、イタリア社会運動の国民同盟への転換、および両者の与党連合＝政権への参加によって、左右の「反体制政党」の体制内化（「積極的統合」）は完成したといえる。そして、イタリア政治のメカニズムは三極相互作用から二極相互作用へと転換した。そのなかで、DCが体現していた「カトリックの絆」[22]が解体され、カトリック政治勢力は左右両派へと完全に分解することとなった。これは、日本の自民党においてハト派とタカ派の共存が現在も続いているのと対照的である。

　第二に指摘しなければならないのは、当面の選挙戦略として採用された左右の政党連合が恒常化し、理想とされたイギリス型の二大

---

22) イングラオ（2000：154）。

政党制への歩みは遅々として進まなかったことである。左右両派の得票率の差が小さい激戦が多かったこともあり、左右両派が最大限広範な政党連合を形成しようと競うなかで小政党の選挙上の重要性が高まったため、結果として完全比例代表制時代をも越える極端に多数の小政党が議席を得て存続することになった。

その結果として第三に、与党となった政党連合の内部対立が激しく、政権が不安定化して十分な成果が上げられず、任期中の首相交代や繰り上げ総選挙が頻繁に起こることとなった。総選挙で勝利した首相候補が5年の任期いっぱい首相を務めたのはベルルスコーニ（2001年～2006年）のみであった。中道右派においては連合内で一貫してベルルスコーニが代替不可能な基軸であり続けたのに対し、中道左派においては、最大勢力の左翼民主党が共産党時代の負のイメージを引き摺っていたため、プローディらカトリック中道左派が勢力以上の発言力をもったこと、左翼民主党の左に共産主義再建党などの有力な急進左派勢力が絶えず存在したことなどの事情で政権の安定化が妨げられた。

第四に、共産党が左翼民主党＝民主党に転換し、キリスト教民主党が左右両派へと分解し、社会党が汚職への深刻な関与のために消滅に近い状況となったことで、戦後政治を担った大衆組織政党が消滅、または衰退した一方で、「パーソナル・パーティ」が新たな主体として登場したことが注目される。

その最も重要な例がほかならぬベルルスコーニ現象であった。巨大企業グループのオーナーで、メディアの帝王とも呼ばれるベルルスコーニの圧倒的存在感が、中道右派だけでなくそれに対抗する中道左派をも結束させて二大勢力化を推進し、新しい選挙制度のもとでの総選挙の首相選択選挙としての性格を強化した。ただし、それには、民間テレビ局の独占的所有、企業グループのオーナーと首相

という立場の間の利益相反、自らの訴訟（贈賄、脱税など）への政治的介入などの病理現象がともなった。

それ以外にも、ボッシを党首とする北部同盟、1992年以降の大規模な汚職摘発の英雄であった元検事ディ・ピエトロを党首とする価値あるイタリア、フィーニを党首とする国民同盟、ヴェンドラを党首とする左翼・エコロジー・自由、グリッロを独裁的指導者とする五つ星運動など、ある程度の票を集めた政党のほとんどが際立った指導者に率いられていたことを考えると、イタリアの場合、パーソナル・パーティの現象はかなり普遍的なものといえる。

最後に指摘しておきたいのは、2007年10月に左翼民主主義者とカトリック中道派「マルゲリータ」の合同で結成された民主党の初代党首ヴェルトローニが、2008年総選挙へ向けて、不利を承知であえて政党連合方式を捨てて単独で戦う戦略を打ち出すことで二大政党制への挑戦を開始したことである。

ヴェルトローニは、1994年以降のイタリア政治の過渡期の大きな成果として二大勢力の形成と政権交代を指摘し、「イタリア人が歴史上初めて自らの投票で時の政権を倒すという快感を味わった」ことの重要性を強調したうえで、乗り越えるべき深刻な弊害がともなっていたことを正面から認める。それは、政党連合が何かを実現するためのものではなく、何かに対抗するためのものだったために、政治的凝集性や政策的同質性が不十分で、政権が国の構造的な諸問題に切り込むことを困難にしたということである。ヴェルトローニの決断が、2006年総選挙で勝利した中道左派が共産主義再建党などとの対立によって2年弱で崩壊に追い込まれた経験を直接の契機としていたことは疑いない[23]。

---

23) Veltroni（2007）。

こうして、2008年総選挙において、左派の「虹の左翼」との連合を拒否し、価値あるイタリアだけと連携してほぼ単独で戦った民主党は、10％近い大差で中道右派連合に敗北することとなった。しかし、この試みは、中道右派の側にも、フォルツァ・イタリアと国民同盟が総選挙において「自由の人民」という一つの名簿・シンボルのもとに統合し、09年3月には単一政党「自由の人民」の結成にまで進むという動きを生み出すこととなった。その後、2013年総選挙では民主党は再び左翼・エコロジー・自由と連合したし、自由の人民からは総選挙前に旧国民同盟が分裂し、ベルスコーニの有罪判決確定後には書記長だったアルファーノが率いる新中道左派が分裂するなど、二大政党への道は依然として程遠い状況に戻っているのが現状であるが、イタリア政治のなかにこうした胎動が生まれたことは過小評価すべきではないだろう。

　これに関連して、最後に紹介しておきたいのは、ヴェルトローニの二大政党制へ向けた大きな決断の基礎にあった政治構想には、イタリア政治の過渡期を終了させるための包括的な統治制度改革の構想が含まれていたということである。次のような10項目は、「政権交代のある民主主義」の完成のためには、選挙制度改革による二大政党化をさらに進めることに加えて、かなり包括的な統治制度改革が不可欠であることを中道左派の中心的指導者が明確に認識していたことを示している[24]。あとでも見るように、そうした認識は中道右派の政治家たちにも大筋で共有されている。

①現行の完全二院制を廃止して、下院だけに政府の信任や立法の権限を与え、上院は国家と州や地方自治体との協力の場とすること。
②国会議員の大幅な削減。つまり下院議員を618人から470人へ、

---

[24] Veltroni（2007）。

上院議員を 309 人から 100 人へ削減すること。
③政策的、政治的に同質な勢力による二大政党制化を促進するような選挙制度の改正と候補者の選定における予備選挙の導入。
④首相権限の強化。
⑤多数派の専制やポピュリズム的逸脱の危険を避けるための保障システム（司法）を強化すること。
⑥法案や予算の国家審議手続きの迅速化。
⑦選挙に提出された名簿と対応しない院内会派を作れないようにする国会規則の改正と、政党の細分化を抑止するような政党や政党機関紙への公的助成制度の改正。
⑧財政的連邦制、州の自治権の強化などにより連邦制改革を完成すること。
⑨選挙の候補者および名簿筆頭者の少なくとも 40％ を女性とすること（民主党自身は名簿の女性比率を 50％ にする）。
⑩地方選挙の投票権を 16 歳以上に引き下げる（現状は 18 歳以上）。

　ここに示されているような、ウェストミンスター・モデルへの接近のための選挙制度以外の統治制度の包括的改革の構想は、実は 1980 年代以降のイタリアにおいて議会設置の委員会などで何度も検討され、一部は実現しつつも大部分は挫折してきたものである。次に見る憲法改正の試みの内容と大きく重なるが、首相権限の強化、内閣による議会コントロールの強化、議会規則や審議手続きの改革、連邦制導入、一院制への転換などが主な要素である。

　次に、憲法改正も含むそうした統治制度の改革がどのように試みられ、実現してきたかを辿り、残された課題を明らかにすることにしよう。

3 統治制度改革の前進と挫折

(1) 制度改革と憲法改正の歴史

1980年代のクラクシ首相による「大改革」提唱以降、議会に設置された委員会による憲法第二部の改正による統治機構改革の度重なる試みが始まった。表6-2に見るように、2012年までに7回にわたって包括的な憲法改正案がまとめられたが、与野党間の合意の難しさから結局どれも実現せずに現在に至っている[25]。

ただし、2001年憲法的法律第3号による行政的連邦制の導入(権限移譲)、2012年憲法的法律第1号による均衡予算原則の導入は実現した[26]。なお、2005年には中道右派の包括的憲法改正(州へのさらなる分権、事実上の一院制、首相権限の強化、建設的不信任制度など)が議会で可決されたが、2006年6月の国民投票によって否決され、無効となった[27]。

こうした憲法改正による統治機構改革の累次の試みの一貫した中心的テーマは、首相権限の強化と、連邦制とそれにともなう上院の州代表機関への性格転換による一院制の導入であった。連邦制については、北部同盟の強い圧力もあって部分的には実現したが、税財政の権限移譲が実現しないため不徹底にとどまっている。

(2) 首相の権限強化

1992年総選挙までの比例代表制時代は、DC内部の派閥争い、連

---

25) フザーロ(2014:29)、Fusaro(1991)、Lanzalaco(2005)。
26) 芦田(2012)、柴田(2004;2006;2007)、高橋(2005;2008)。
27) 岩波(2006)、Bull(2007)。

表6-2 イタリア二院制議会改革案比較表

共和国憲法(1948年〜1963年)	ボッツィ委員会(1983年〜1985年)	ラブリオーラ案(1990年〜1991年)	デ・ミータ=イオッティ委員会(1992年〜1994年)	ダレーマ委員会(1997年)	中道右派改革(2005年)	ヴィオランテ案(2007年)	現行案(2012年)
630名(下院)	削減、ただし数値なし	変更なし	変更なし	400名〜500名(下院)	518名(下院)	512名(下院)	508名(下院)
315名(上院)	削減、ただし数値なし	変更なし	変更なし	200名(上院)	252名(連邦上院)	196名(連邦上院)	250名(連邦上院)
終身上院議員(5+n)	8名以上に増加	変更なし	変更なし	大統領経験者のみ	終身下院議員(3+n)	変更なし	変更なし
選挙権年齢18歳/25歳	変更なし	変更なし	変更なし	両院18歳	両院18歳	下院18歳	18歳/18歳
被選挙権年齢25歳/40歳	変更なし	変更なし	変更なし	21歳/35歳	25歳/25歳	18歳/18歳	21歳/35歳
直接選挙	変更なし	変更なし	変更なし	変更なし	変更なし	下院のみ	変更なし
同一任期(5年)	変更なし	変更なし	同一任期(4年)	変更なし	常設の上院	常設の上院	変更なし
両院による信任投票	合同会議	変更なし	合同会議	下院のみ	下院のみ	下院のみ	変更なし
立法権:すべての面で同一	事項により分化	事項により分化	特定の事項に関して僅かに分化	明確な分化、下院の優越	事項により分化	両院手続による一定の立法、分化	新たな手続、基本的に同一の権限
意見が一致しない場合、両院は対等	一定の事項に関して下院の優越	事項により、いずれかの議院が優越	両院は対等	両院手続による立法に関して下院の優越	内閣の要求により、下院が優越	(両院手続による立法に関して)下院の優越	法案が提出された議院に最終決定権
調査:同一権限	上院により大きな権限	変更なし	変更なし	上院により大きな権限	下院により大きな権限	変更なし	変更なし
任命(憲法裁判所):同一権限	変更なし	変更なし	変更なし	上院のみが裁判官選任	下院が3名、上院が4名の裁判官を選任	変更なし	変更なし
同様の選挙法	非憲法事項							

フザーロ (2014:29)。

立与党間の争いのため、首相は必ずしも強力な指導者ではなく調整型の政治家が多かった。明確な政策方針をもたず、閣僚への指導力も弱かった。しかしこの点は、90年代以降の選挙制度改革による二極化で、首相候補の選挙における重要性が高まり、首相の連立与党に対する指導力が強化することで大きく変化した。首相が大臣の人事権を掌握したこと、マニフェストによって政策方針が明確化したことがそれに寄与した。

ところが、首相の指導力強化のためには、もう一つ、制度的、行政的リソースの不足という重大な障害が残っていた。首相の指導力、調整力が必要だという認識自体が弱く、また、大臣ポストが与党間の妥協で配分されているシステムでは、各政党は自らに配分された大臣の活動についてフリーハンドを要求したという事情もあった。

それを象徴する事実であるが、首相府（PCM）の財政的、組織的な自律性は極めて低く、内務省の中に置かれ、そこからスタッフ（1961年までのスタッフ数は50人以下）を供給してもらっている状況であった。首相府は、首相の指導力を補佐するよりむしろアドホックに必要となった課題を担当する機関とされ、特定の分野を担当する閣外大臣が任命され、首相府内に担当部局を設置していた[28]。

ようやく首相府の機能と組織がある程度体系化されたのは、1988年の法律400号の改革によってであった。これにより、初めて首相府が自らの予算をもつようになった。首相府事務総長は首相によって個人的に任命され、去就をともにする。首相府内の部局の長は行政外部から任命できるようになった。首相が組織編成で裁量権をもてるようになり、恒久的部局のほかに新しい部局を設置できるようになった。

---

28) Cassese (1980).

この88年改革によって、有効な調整のための制度的可能性は高まったものの、90年代までは与党連合の不安定性のために効果は出なかった。しかし、多数決的選挙制度の導入とヨーロッパ統合による強力な指導力の要請によって、1999年の立法命令303号による改革が行われることになる。

　首相府が首相と内閣の両方を支えるという二重性が整理され、アドホックな任務は各省や新しいエージェンシーに移された。首相府自体は、首相の指導のもとでの政策的調整というコア業務に集中することになった。また、組織、会計、財政に関する自律性が高められ、議会の承認を受けずに新しい部局を創設することが可能になった。首相府のスタッフ数は、1963年に約300人、1980年に約800人と増加し、2000年頃までには約4000人になっている。ただし、この時点でも、首相府の一部（1451人）だけが首相を直接に補佐するにとどまり、それ以外の職員は本来は各省に配置すべき任務を担う雑多な部局に属しているという構造的問題点は未解決であった[29]。

　その後、2005年にベルルスコーニ政権のもとで、首相に議会解散権、大臣の任免権を与え、建設的不信任制度を導入し、大統領から首相指名の裁量権や議会解散権を奪う憲法改正が議会通過まで行ったが、国民投票での否決によって無効となったことはすでに触れたとおりである。

(3) 行政改革

　首相の指導力強化のためには、首相府改革に加えて、さらに執政部の行政組織全体への指導力を強化する一連の改革が必要となる。

---

29) Cassese（2000：103-105）、Stolfi（2011）、Calise（2005）、Cotta e Verzichelli（2007：103-136）、Newell（2010：108-142）。

①官僚制を再編成する権限、②公務員の雇用の任期や条件を決定する権限、③幹部公務員を任命する権限、④予算をコントロールする権限、などである。

これらの権限について、従来の実態は以下のようであった[30]。

①について、1946年憲法は、権威主義の復活を阻止するための保障の一つとして、「行政機構は、法律の定めるところにしたがい、行政の能率的な運営と公平とが確保されるよう、組織される」（97条の1）と規定していた。また、行政組織の大きな改変は、政党間の権力配分を変更することを恐れる拒否権プレイヤーによって議会において阻止されてきた。

②については、公務員は、民間部門と同様の団体交渉による協定と、公共部門に特有の法的保障の二重の保護を受けていた。

③については、法的には大臣は幹部公務員の任命権をもつが、幹部職員が政策形成にかかわらないことと引き換えに事実上凍結するという暗黙の了解があった。北部出身者の多い政治家と、南部出身者の多い公務員の文化的異質性と相互不信も指摘される。幹部公務員は職員人事を任されるが、執行のルーチン業務に専念し、大臣は、政策形成にかかわる任務については大臣官房や省外の新しい組織を通じて外部人材を活用するという了解であった。これは、「官僚制の罠」からは免れるが、官僚制を指導することはできない状態といえる。

④については、憲法81条において、「両議院は、毎年、政府の提出する予算および決算を議決する」、「予算を承認する法律をもって新たな租税および新たな支出を定めることができない」、「新たな支出または増加支出をともなうその他のすべての法律は、そのための

---

30) Newell（2010：125-129）。

財源を示さなければならない」と規定されていたことの縛りが強かった。このため、予算は、それぞれ他の法律によってすでに決定された税や支出の合計にすぎないものになる。予算編成はボトムアップになり、執政部が全体をコントロールできず、また、マクロ経済政策の目的を追求することも難しかった。

　これらの点については、90年代以降、かなりの改革が進んできている[31]。

　① 1997年のバッサニーニ法によって、政府は委任立法に基づく政令によって組織改変ができるようになった。それに基づき、1999年の政令300号によって、(a) 機能配分の包括的検討に基づいて18省が12省に削減された(その後2001年ベルルスコーニ内閣で14省、2014年のレンツィ内閣で12省)。(b) 省の内部組織を統一化、明確化するとともに、その枠内での変更を柔軟化した。(c) 11の新しい執行エージェンシーを設立した(大臣とエージェンシー長官の間で契約を結ぶ)。

　② 1992年の法律421号と93年のカッセーゼ改革(および94年財源法)によって、公務員の雇用契約が公法から私法に移され、首相府の労働組合関係室へと交渉主体が一本化され、交渉対象が給与のみに限定された。これにより、ポストの安定性が低下し、一方的配置転換が可能になり、幹部職員の民間並のマネジメントが可能になった。

　③ 1998年の政令80号、2002年の法律145号によって、幹部ポストは、外部人材も含めた任期付き契約による任命となった(局長、総局長の外部人材は定員の5%まで)。これにより政治と行政の融合が始まった。

---

31) 工藤 (2000)、田中 (2011)、Newell (2010：129-135)、Bassanini (2009)。

④ 1988年の法律362号によって、政府は5月15日までに「経済財政計画」（3年〜4年）を提出しなければならず、それは7月末までに両院によって（修正）承認されなければならなくなった。そして2カ月後の10月1日から予算議会が始まる。また、これまで曖昧であった財源確保条項の実効性が強化された。

なお、従来は財務省、予算・経済計画省、国庫省が分立していたが、1997年に後2者が統合され、2001年には経済財政省にすべて統合された。

(4) 政府による議会コントロール

従来は、イタリア政府の議会コントロールは弱かったが、その理由として以下の点が指摘できる[32]。

①立法権能は両議院が共同して行使する（70条）、法律案の審議と議決を委員会に付託できる（72条3項）、両議院の各議員が法律案の発案権をもつ（71条1項）など、議会に対する政府のコントロールを弱くする憲法規定が存在すること。

②比例代表制のもとでDCは単独での多数派がなく、他の連立与党からの反対に対処するために、野党第一党のPCIとの取り引きを使った。PCIも影響力を行使するためにそれに応じ、政策的譲歩、常任委員会委員長や下院議長（78年イングラオ、79年ヨッティ）のポストを見返りに得た。この場合、議員の10分の1または委員会の5分の1で議案を本会議に移すことができることがPCIの抵抗手段になった。それゆえ、委員会立法の多さは協調主義の指標と言える。

③政治システムの二極化以後も、協調的決定過程は存続している。

---

[32] Cotta e Verzichelli（2007：129-131）、Newell（2010：111-121）。

委員会立法と、本会議で大多数で成立した法律の合計は以前と比べてほとんど変わっていない。中道左派連合も中道右派連合も内部は異質で、議会では多くの会派で構成されているため、与野党にまたがる広範な多数派の間での交渉が必要になるからである。

また、政府の議会コントロール能力の低下は、政府提出法案の成立率の傾向的低下に表れている。さらに、もう一つの表れとして1990年代以降の委任立法の顕著な増加も指摘できる。

他方で、政府の議会コントロールを強化する方向での以下のような「新しい分業」の動きもみられるようになっている[33]。

その第一として、議会は統治における役割を縮小させ、事前の方向付け（動議、決議、対政府指示議事日程）や事後のコントロール（質問、説明要求、聴聞と調査、調査委員会）に重点を置く方向に向かいつつある。事前の方向付けにより、政府が将来、どのような目的で、どのような価値を重視し、どのような集団の利益のためにどのような行為をとるべきかを指示するのである。また、事後のコントロールにより、すでに政府がなした行為についての情報を得ることができる。

その第二として、従来、イタリアは法律の数や適用範囲が大きい国だったが、1990年代以降、ヨーロッパ統合のなかで、脱法律化（delegificazione）の傾向が強まっている。つまり、議会は大まかな政策決定は行うが、より具体的な決定については政府に委ねるという新しい分業が拡大しているのである。

より具体的な手法としては、暫定措置令の多用が挙げられる。「必要かつ緊急の非常の場合において」（憲法77条）許されている法律の効力を有する暫定措置令は、とくに1970年代以降濫用される

---

[33] Newell（2010：118-121）。

ようになり、「暫定措置令の反復」という現象を生んだ。同一内容の暫定措置令の効力を延長するために、10回以上も同一内容の暫定措置令を出したことすらあった（最高で23回）。つまり、緊急措置が通常の措置になってしまったのである。

ところが、1996年の憲法裁判所の360号判決により、同一の暫定措置令を再び出すこと（反復）は禁止された。それ以前は、議会は60から70の暫定措置令を同時に審議している状態だったが、判決後は、政府が出す暫定措置令の数は一月に2〜3程度に減っている。さらに憲法裁判所は、憲法77条の要件を満たしていない暫定措置令は、議会による法律への転換もできないという判決を出している（2007年、2008年）。

こうして、暫定措置令の数は減ったものの、法律全体のなかでの算定措置令転換法の割合は15％前後へと高まっている[34]。

さらに、議会が採決において否決した場合は総辞職することを政府が公式に宣言する「信任要求」が、憲法的根拠はないが憲法的慣習として行われてきていたが、1971年の議院規則において規定された[35]。これは政治の二極化と相まって、政府の立場を強くしている[36]。

また、議題設定や議事日程などについては、会派代表者会議の全員一致で決められ、そこにおいて政府の意向がまったく考慮されないという慣行が長く続いてきたが、1990年代末以降、ある程度の改革が行われるようになり、政府の代表者が会派代表者会議に出席することができるようになったり、そこでの決定が全員一致から3

---

34) Barbera（2010：103-105）。
35) イタリア共和国議会（1985）。
36) Barbera（2010：283）。

分の 2 の決定になるなどの変化はみられるが、依然として、ウェストミンスター型の多数決的な民主主義での議会手続には転換し切っていないようである[37]。なお、現在、議会 HP においては、ordine del giorno（1 日）、agenda dei lavori（1 週間）、calendario（1 カ月）、programma dei lavori（3 カ月）という形で 3 カ月先までの詳細な議事日程が公表されている。

なお、この政府–議会関係は、日本においても改革が最も遅れている分野の一つである[38]。

（5）大統領職の実質化

イタリア憲法では、もともと大統領の権限は形式的とは言い難いほどに強い。軍隊の指揮権（87 条）、議会の解散権（88 条）、首相の任命権、首相の提案に基づく大臣の任命権（92 条）、政府発議の法律案の国会提出の承認権（87 条）、議会に対する再議請求権（74 条）などである。しかし、従来の政党支配体制のもとではそれらの権限は形式的なものにとどまっていた。

ところが、近年のイタリアでは、選挙制度改革による政党制の再編成期にあって議会多数派の結束が不十分だということもあり、とくに首相指名権や議会解散権を通じた大統領の政治への実質的関与が強まっているのが注目される。1995 年 1 月のディーニ専門家内閣、2011 年 11 月のモンティ専門家内閣、2013 年のレッタ大連立内閣の成立にあたっては大統領が実質的な政治判断を行った。これらは、同時に解散、繰り上げ総選挙をあえて回避するという判断でもあった。とりわけ、現在のナポリターノ大統領においてその傾向は強く、

---

37) Zucchini（2011：58-61）。
38) 大山（2003；2010）、野中（2013）。

また国民的信頼も高いため、2014年には史上初の再選を果たすに至っている。パスクイーノは大きな幅をもつ大統領権限の実態をアコーディオンと表現している[39]。

こうした動向とも関連して、イタリアにおいては、これまで見てきたイギリス型の首相主導の議院内閣制モデル（この方向では大統領権限を首相へと移すことが想定されている）ではなく、もともと憲法上の権限の強い大統領の民主的正当性を直接公選（とくに二回投票制）によって強化することによってフランス型の半大統領制に転換すべきだというサルトーリ、パスクイーノらの有力な提案が従来から存在していることも紹介しておきたい。その基礎には、過剰な政党間対立や政党の逸脱行動を大統領の指導力によって抑制しようとする狙いがある[40]。

4 パーソナル・パーティの台頭

これまでのところでは、主に、イタリアの「分極化多党制」、「協調的民主主義」がどこまでウェストミンスター・モデルに近づいたのかという観点から議論してきた。しかし、この時期は、そのウェストミンスター・モデル自体が、他の多くの国とともに「大統領制化」、「人格化」などといわれるような大きな変化を見せ始めた時期でもあった。小泉首相や日本維新の会代表の橋下徹などの例から明らかなように、日本もその例外ではない。

そして、実はほかならぬイタリア政治自体が、「大統領制化」、

---

39) Pasquino（2012）。
40) サルトーリ（2000：152）、Pasquino（2010：195-201）、Pitruzzella（1996：217）。

「人格化」が最も顕著な国の一つとみなされている。1994 年以降のイタリアは「政権交代のある民主主義」への移行期であると同時に、まさにベルルスコーニの時代でもあった。同時に、北部同盟のボッシ、五つ星運動のグリッロ、民主党の新書記長レンツィなども政治の人格化の顕著な実例である。

　こうした動向は、決して一過性の現象ではなく、大きな社会経済状況の変化を背景とした政治の構造的変化である可能性が高いと考えられる。それゆえ、「政権交代のある民主主義」プロジェクトはもともと冷戦終結が解き放った巨大な社会経済的変化に対応できるような政治システムを目指すものであったが、その移行過程は、単なるウェストミンスター・モデルへの転換にとどまらない新たなモデルの模索の過程へと事実上変容せざるをえなかったのである。

　かつての協調的民主主義がウェストミンスター・モデルに転換すること自体が部分的には新たなモデルへの接近にもなると私は考えているが、それだけでは決定に不十分であることは、イタリア政治が政府の不安定、財政危機、失業、低成長などの諸問題を解決できず、既成の政党、政治家に対する全般的不信が強まっていることから明らかといわなければならない。

　ウェストミンスター・モデルを越える「新たな政治モデル」を探る手がかりとして、ここではイタリア政治の大統領制化、人格化の動向について検討してみたい。

　まず、大統領制化、人格化をめぐる理論動向を簡単に見ておきたい。

　政治の大統領制化をめぐる最も代表的な議論はポグントケとウェブのものである[41]。彼らは、制度的、憲法的変化と対比させて、

---

41) Poguntke and Webb (2005)。

現代政治が事実上「大統領制化」していることに注目し(イタリアについては80年代の社会党首相のクラクシとベルルスコーニが言及されている)、それを①執政部の側面、②政党の側面、③選挙の側面に分けて整理している。①と②は、首相や党首の内閣や政党に対する権力資源や自律性が増大することであり、③は選挙過程において党首ないし首相候補のリーダーシップやイメージが重要になることである(これは、反面では、従来の「政党主導の民主主義」の衰退でもある)。

こうした変化をもたらした構造的原因として四つのものが指摘されている。(a) 政治の国際化、(b) 国家の複雑性の増大、(c) マスコミの構造的変化、(d) 階級、民族、宗教などの伝統的な社会的クリーヴィッジの衰退である。三つの側面の①は主にaとbとcから、②は主にcから、③は主にcとdからもたらされたという[42]。

こうした議論に対しては、大統領制という特定の制度を示す言葉を議院内閣制の変化を描くために使うことが混乱を招くなどの批判もあるが[43]、彼らの主旨が議院内閣制における首相＝党首個人の権力や自律性の増大を指摘する点にあることは明確であり(彼らはほぼ同義で人格化という言葉も用いている)、そのように受け取るならば、現代政治の顕著な特徴の一つをとらえる議論として有益だと考える。

イタリアにおいては、すでにマウロ・カリーゼが2000年の著書『パーソナル・パーティ』(2010年に増補新版)において、強い首相の登場(首相官邸の優位)、PCIとDCの劇的な危機と指導者と市民の直接的な結びつき、アメリカ大統領選式の選挙運動など、ポグン

---

42) Poguntke and Webb (2005：1-17)。
43) 高安 (2010)、待鳥 (2012)。

トケらの三つの側面に対応するような現象に注目していた[44]。

そして、2014年には、ファビオ・ボルディニョンが『首領の政治　ベルスコーニからレンツィへ』という著書で、ベルスコーニが登場した1994年以降の「第二共和政」を政治の人格化、「指導者民主主義」として描いている[45]。

たとえばイギリスに関してサッチャー首相やブレア首相のような首相に焦点を当てて大統領制化が語られているのに対し、イタリアにおいては多くの野党（それゆえ、ほとんどすべての政党）においてもパーソナル・パーティ化がみられることが特徴だといえるかもしれない[46]。もちろん、首相＝与党党首の権力や自律性の増大はイタリアにおいても注目すべき現象であるが。

これらの議論に関して注意すべきことは、彼らが大統領制化、人格化の傾向について、病理現象を含むことは認めつつも必ずしも否定すべき現象とみているのではなく、顕著な構造的社会変化への現代政治の必要な対応として位置付けているということである。

この点で、とくに興味深いのは、カリーゼがイタリアにおける小選挙区制導入の主張の問題点、および中道左派勢力がベルスコーニの長期的優位を許した理由がほかならぬ政治の人格化傾向の重要性を過小評価した点にあったと批判していることである[47]。

カリーゼは、投票行動を四つに類型化する枠組みを基礎にして、小選挙区制導入論者の主張の基礎には、「帰属（イデオロギー）による投票」や「交換（利益供与）による投票」から「意見（政策）に

---

[44] カリーゼ（2012）、Calise（2006）。
[45] Bordignon（2014b）。
[46] Bordignon and Ceccarini（2013）、Bordingon（2014a）、Diamanti（2014）。
[47] カリーゼ（2012：167-179）。

よる投票」へと移行する趨勢が支配的だという想定があったが、それは間違いだったという。現実には、「帰属による投票」（北部同盟の定着など）や「交換による投票」（地方選挙における選好投票の増加）は衰退せず、むしろ復活したと言える状況だというのである。

逆に、「意見による投票」は、増えはしたが予想されたほどには増えなかったという。

さらにより重要なのは、もう一つの類型である「ポピュリスト的投票」、「カリスマによる投票」が新しい現象として急速に強まったことである。

カリーゼは、ベルルスコーニがその新しい現象の重要性を認識し自らカリスマの役割を体現しえたがゆえに「第二共和制」を通して基本的優位を維持しえたのと対照的に、左翼はこの種の指導者を「いかがわしい」ものとして疎んじる傾向があると批判する。その一方で、「自分の頭で考えて投票する有権者といった、左翼知識人の好みから外れる多数の人々の合意は、一体どうすれば得られるのか、皆目見当がつかないまま手をこまねいていたのである」。

彼は、2008年総選挙においてあえて連合形成をしないでほぼ単独で戦った民主党が、「ヴェルトローニの人格を強調する選挙戦略を採用した」ことは認めるが、しょせんは「メディアの狭いサークルでのお遊び」でしかなく、「有権者の五臓六腑に染み渡るようなインパクトをもたらすほどの力はなかった」と批判する。

「『ポピュリスト的な投票』では、指導者との一体感が決め手となる。たとえ権威主義的になろうとも、指導者との関係をある時には熱狂的なものに、またある時には落ち着いた安定したものにできるような訴求力が、指導者には必要なのである。それがあればこそ『価値』のレベルでも指導者との関係は持続的で安定的に

なる。」[48]

　最後にカリーゼが主張するのは、いかなる民主主義政党であれ、市民社会は「理性と利益と情念が織り合わさってできたもの」であり、そこには多様な投票行動が存在することを理解し、4類型のすべての有権者（投票行動）に対して「正当な空間」を与えなければならないということである。

　最近のイタリアにおいては、まさにこうした主張を受け止めるかのように、フィレンツェ市長（2009年6月当選）時代からすでに全国的カリスマとしての存在感を示していたマッテーオ・レンツィが2013年12月の民主党党首選挙に勝利して党首となり、さらに2014年2月にはついに39歳で首相の座につくことになった。ボルディニョンはいみじくも彼を「左派のベルルスコーニ」と呼んでいる[49]。レンツィ首相の登場がベルルスコーニ時代の病理を再現させることなく新しい政治モデルへの道を切り開くことになるのかどうかが、「政治の人格化の時代」のイタリア政治の帰趨を大きく左右することは間違いないだろう。

　さらに言えば、こうした大統領制化の傾向と並行して、イタリアにおいてもジョン・キーンが指摘する「モニタリング・デモクラシー」の台頭が進んでいることも見落とせない。その主たる推進力がテレビや電子メディアなどによるコミュニケーション構造の変化とされていることも、この二つの傾向の同時代性を示すものである。たとえば、先にパーソナル・パーティの一例として挙げた五つ星運動は、グリッロの主宰するブログを舞台にした権力批判や告発を大

---

48) カリーゼ（2012：176）。
49) Bordignon（2014a）。

きな武器としているので、モニタリング・デモクラシーの一要素としての性格ももっている。

キーンは、集会デモクラシーの時代、代表デモクラシーの時代を歴史的に辿ったうえで、「このところ10年ほどのあいだに、集会を基盤とするメカニズムと代表を基盤とするメカニズムの両者が混じり合うとともに、それらは権力行使に対する新しい全社会的な監視・監督の手段と結び付いてきた」[50]と述べる。

キーンのいうモニタリング・デモクラシーとは次のようなものである。

「モニタリング・デモクラシーは、デモクラシーの新しい歴史形態で、数多くの多種多様な議会外的な権力監視メカニズムの急速な発達によって定義づけられる、さまざまな『脱議会制』政治のことである。(中略)

選挙や、政党や、議会が、市民生活に対してもつ中心的支配力が弱まりつつある。デモクラシーは今や、選挙以上のものを意味するようになりつつある、と言って、それ以下のものではないが。

国家の内と外で、独立の権力モニターが実際の成果をあげつつある。政治家や政党や選択された政権を絶えず緊張状態に置くことで、権力モニターは彼らの存続を困難にし、彼らの権威を問い質し、彼らにアジェンダ(行動指針)の変更を迫る——そして時には面目を奪って彼らの息の根を止める。」[51]

21世紀の初期の段階であえてイタリアや日本などの民主主義の

---

50) キーン (2013上:23)。
51) キーン (2013下:226-227)。

将来像を語るとすれば、それは大統領制化とモニタリング・デモクラシーの相互作用のなかで形作られるだろうというのが、とりあえず私が言いうる最大限である。

5 プロジェクトの完成と進化に向けて

レンツィ首相は、就任当初から、選挙制度改革、憲法改正による統治機構改革（二院制の改革、連邦制など）、行政改革、財政再建、労働改革などを包括的に実行する構想（「良き転換」）を示しており、そのためにも2018年の議会任期いっぱいまで政権を維持したうえで総選挙を行うという方針を打ち出した[52]。

党首として2013年2月総選挙の洗礼を受けておらず、しかも2014年2月の民主党指導委員会でレッタからレンツィへの首相交代を決議する形で首相の地位に就いた立場で、なおかつ中道右派勢力の一部を与党に加えた形で政権を維持せざるをえないという事情を考えると今後4年間の政権維持は難しいとしても、最低限、選挙制度改革と二院制改革を実現したうえで解散して次の総選挙において下院多数を確保できるかどうかが決定的な岐路となるだろう。

最近の動きとしては、レンツィ政権は、下院選挙法の改正案を2014年1月に下院に提出し、3月11日に賛成365、反対156、棄権40で可決にまでこぎつけた。この改正案は、基本的にはレンツィとベルルスコーニの合意に基づいて、民主党内の異論を押し切ってまとめられ、可決されたものとされる。

なお、この背景には、2013年12月4日の憲法裁判所の判決によ

---

52) *La svolta buona.* http://www.palazzochigi.it/Notizie/Palazzo%20Chigi/dettaglio.asp?d=75117

って 2005 年の選挙法が憲法違反とされたことで改正を強く迫られていたという事情があった。違憲とされたのは、相対第一位となった名簿に、その得票にかかわらずプレミアムを与えるという仕組みと、有権者が候補者を選べない拘束名簿方式（スペインのような数名の短い名簿の場合は認められる）の2点であった。また、新しい選挙法が成立する前に総選挙となった場合は、1992年総選挙までの選挙法、すなわち選好投票数1の完全比例代表制で投票するものとした[53]。

下院で可決された改正案の 2005 年選挙法からの変更点は以下のとおりである[54]。

① 相対第一位となった名簿がプレミアムを得るためには、37%以上の得票が必要であり、プレミアムは最大でも議席の15%以下とする。第一位の名簿の獲得議席は最大でも340議席（55%）を超えないものとする。
② どの政党ないし連合も37%を超えなかった場合は、上位二者で第二回投票を行う。その勝者は327議席を得、残り290議席はその他の政党に比例配分される（海外選挙区分の議席は除く）。
③ 政党が議席を得るうえでは最低得票が要求される。連合に加わらない政党の場合は8%、連合に加わった政党の場合は4.5%である。連合もまた、12%を超える必要がある（別途、言語的少数派の代

---

53) Il sole 24 ore, 21 aprile 2014. (http://www.ilsole24ore.com/art/servizio/2014-01-13/legge-elettorale-e-porcellum-bocciato-oggi-consulta-riunita-l-esame-motivazioni-121736.shtml?uuid=ABmS4Mp)
54) La Stampa, 12 marzo 2014. (http://www.lastampa.it/2014/03/12/italia/politica/premio-sbarramento-e-doppio-turno-la-legge-elettorale-spiegata-in-punti-Gl1HsdOTv3EVXjWVzNLckN/pagina.html)

表を保障する措置を導入する)。
④全国は最大で120の選挙区(おおよそ県に対応する)に区分され、それぞれの定員は3ないし6とする。各党は短い拘束名簿を提出し、有権者による選好投票はない。
⑤候補者名簿は男女50%ずつでなければならないが、交互である必要はない。男性を2名まで連続させることができる。
⑥個々の候補者は最大で8選挙区から立候補することができる。
⑦政府は45日以内に法で指定された基準に基づいて選挙区を画定する。
⑧上院の廃止ないし抜本的改革を想定しているので、この選挙制度は上院には適用しない。上院の廃止以前に選挙が行われる場合は、選好投票数1の完全比例代表制で投票するものとする。

　この法案は、その後、上院での審議に移ったが、それと並行して、3月31日には、上院の抜本的改革を含む包括的な憲法的法律案が閣議決定された。その主な内容は5点にまとめられる[55]。
　まず対等な二院制の改革は以下のとおりである。

①下院だけが政府を信任する。下院は、政治指導、通常の立法活動、政府活動のコントロールの職務を担う。
②上院は自治体会議と名称を変え、自治体を代表する機関となり、立法活動に参加する。
③憲法改正法案ないし憲法的法律(これらについては従来どおり両院の権限とする)の場合を除き、すべての法律は下院のみによって承認される。しかしながら、自治体会議は、法案について意見を

---

[55] Ministro per le Riforme Costituzionali e il Rapporto Parlamento (2014)。

述べ、修正案を提案する権限を認められる。
④自治体が関心をもつ事柄に関しては、自治体会議が提出した修正案は下院の絶対過半数によってのみ否決される。
⑤以下の分野は自治体会議の職務である。コムーネおよび都市圏自治体の組織、政府機関、選挙法および基本的職務。自治体政府に関する一般的規範。人権保護に関する全国制度および調整。州および自治県のＥＵおよび国際の事案に関する決定への参加方式。
⑥以下のものは自治体会議の職務である。移民、治安、文化財や景観の保護に関する国と州の調整。州と地方の財政の規律。州機関のメンバーの選挙制度および非適格性、兼任不能。
⑦自治体会議は、あらゆる法案や下院で審議される文書についての意見を表明することができ、さらにその絶対過半数による決議をもって、下院に対して法案の真偽を行うように要求する権限をもつ。
⑧自治体議会は、上院の以下の現行の非立法的職務を維持する。共和国大統領の選出および宣誓。共和国大統領の弾劾。最高司法会議の成員の３分の１の選出。議会指名の憲法裁判所判事の５名のうちの２名は自治体会議によって選出される。
⑨自治体会議は以下の者によって構成される。州参事会議長およびトレント県、ボルツァーノ県参事会議長。州および自治県の行政庁所在地の市長。州議会議員から互選された者２名（限定的投票権）。州の全市町から互選された市長２名（限定的投票権）。社会、芸術、文学、科学の分野において功績のあった者のなかから７年の任期で共和国大統領が指名した21名の市民。
⑩自治体会議の議員の任期は、それらの議員の選出母体の機関の任期と同一とする。自治体会議の議員は、下院議員と同様に立法提案の権限をもつ。

⑪政治の費用を抑制する目的のため、自治体会議の議員は歳費を受け取らない。州参事会議長および州議会議員の報酬は、州の行政庁所在地の市長の報酬額を越えてはならない。州議会の政治集団に対して費用弁償またはそれに類した金銭が支払われてはならない。

以上に加えて、政府が下院に対して、政府法案を議事日程に優先的に入れること、そして要求から60日以内に最終評決に付すことを要求できるようにする確定期日投票の制度を導入することによって、議会における政府の役割を強化すること、緊急命令をさらに制限することも盛り込まれている。

また、憲法99条に規定されている経済労働国民会議については、経済的、社会的集団との結合という当初必要とされた機能を果たさなくなっているという理由で廃止するものとされている。

最後の重要な内容としては、2001年の憲法改正の対象ともなった憲法第五章「州、県、コムーネ」のさらなる改正が盛り込まれている。

①第五章の改正は、全国的利益、州の利益、地方の利益を均衡させ、調整された国土計画政策を保障することができるような、より秩序づけられた多元的政府システムを構築することを目的とする。県の廃止は堅持したうえで、国と州の間の混乱した現行の立法権限配分を解決することを目指す。
②現行の硬直的な立法権限配分をより現代的で柔軟な配分に変えなければならない。「競合的」立法権限配分を廃止し、それにともない、国の「排他的」権限と州の「残余的」配分を規定し直す。国法の州法に対する「優越条項」を導入する。国が固有の排他的

権限をもつ分野の立法権限を州へと、場合によっては一時的にでも、委任できるようにする。
③国の排他的権限には以下のものが含まれる。財政および税制の調整。行政手続きおよび公務員の労働法制に関する一般的規範。学校制度、大学教育および研究の戦略計画。コムーネ、大都市、広域自治体の制度。外国貿易、環境、エコシステム、文化財、景観。労働の保護と保障のための一般的規範。

おわりに

このように、レンツィ首相はこれまでの統治機構改革の歴史に決着をつけるような野心的な構想を提案しており、その実現は容易なものではないが、あえて民主党内からの不満を抑えながら、ベルルスコーニとの個人的関係も使い、その一部を政権に加えた中道右派勢力とも連携することによって実現するという新しい試みを行っていることは実現への期待をもたせるものでもある。

さらに、仮にこうした統治機構改革が実現したとしても、左右二大勢力をともに否定する五つ星運動というまったく新しい勢力の台頭に対抗できるかどうかというもう一つの重大な課題が突きつけられている。これは第二共和政のもとで形成されてきた左右二大勢力が国民的信頼を回復できるかどうかという課題でもある。とりわけ、レンツィがカトリック系から選出された民主党党首として、民主党の刷新をどこまで進めることができるかが大きな注目点である。

1990年代以降の改革の帰趨、さらにはイタリア政治の将来を大きく左右するであろうこうした大きな課題の解決が一人の若い指導者にかかっていることは異常なことではあるが、カリーゼが指摘するように、これは「政治の人格化」の時代においては不可避なこと

なのかもしれない。

　実際、レンツィは党首＝首相として臨む初めての全国選挙となった 2014 年 5 月 25 日の欧州議会選挙（4% の足切りのある比例代表制、投票率 57.2%）において、ドイツ以外の EU 主要諸国の与党が軒並み惨敗し反ユーロ政党が急伸するなかで、40.8% というイタリアの左派政党としては史上最高の得票を実現して見せた。しかも、この選挙は、五つ星運動によってレンツィ政権への賛否、五つ星運動への賛否を問う国民投票に変えられてしまった[56]といわれるだけに、その正面からの挑戦を大差で退けたことの意義は大きい。

　民主党以外で 4% を超えた政党の得票率は次のとおりである。五つ星運動 21.6%、フォルツァ・イタリア 16.8%、北部同盟 6.2%、新中道右派 4.4%、もう一つのヨーロッパ（左派）4.0%[57]。

　こうした結果を受け、これまで一切の対話を拒否してきた五つ星運動も、選挙後はグリッロがレンツィとの会談に応じたり、具体的な選挙制度改革案を提案するなど、姿勢の転換を余儀なくされている。最初の関門を越えただけとはいえ、レンツィがイタリア政治の過渡期を完成させる可能性はある程度の現実性をもち始めたといえるだろう。

---

56) Ilvo Diamanti, "L'Europa ringrazi gli antieuropei." (http://www.demos.it/a00999.php)
57) イタリア内務省 HP。(http://elezioni.interno.it/europee/scrutini/20140525/EX0.htm)

参考文献

芦田淳（2006）「イタリアにおける選挙制度改革」『外国の立法』230号。
芦田淳（2009）「イタリアにおける選挙運動規則の現状とその問題点」『選挙研究』25巻1号。
芦田淳（2012）「イタリアにおける憲法改正──均衡予算原則導入を中心に」『レファレンス』。
芦田淳（2014）「イタリアにおける二院制議会の制度枠組とその帰結」岡田信弘編『二院制の比較研究』日本評論社。
飯尾潤（2007）『日本の統治構造』中公新書。
井口文男（1998）『イタリア憲法史』有信堂。
イタリア共和国議会（1985）［衆議院議事部資料課訳］『下院規則、上院規則』
伊藤武（2008a）「イタリア・プローディ政権の成立と崩壊」高橋進・安井宏樹編『政権交代と民主主義』東京大学出版会。
伊藤武（2008b）「政党競合の2ブロック化論をめぐる考察──イタリア第二共和政における政党政治の変化」『専修法学論集』第104号。
伊藤武（2014）「イタリア」網谷龍介・伊藤武・成廣孝編『ヨーロッパのデモクラシー［改訂第2版］』ナカニシヤ出版。
伊藤光利編（2008）『政治的エグゼクティヴの比較研究』早稲田大学出版部。
岩波祐子（2006）「イタリア2006年憲法改正国民投票──修正案の概要と国民投票までの道程」『立法と調査』第259号。
イングラオ、ピエトロ（2000）［後房雄訳］『イタリア共産党を変えた男──ピエトロ・イングラオ自伝』日本経済評論社。
後房雄（1991）『大転換──イタリア共産党から左翼民主党へ』窓社。
後房雄（1994）『政権交代のある民主主義──小沢一郎とイタリア共産党』窓社。
後房雄（1996）「制度改革と政治変動──イタリアと日本における『民主制の民主化』」『年報政治学1996──55年体制の崩壊』岩波書店。
後房雄（1998a）『「オリーブの木」政権戦略』大村書店。
後房雄（1998b）「イタリアの場合──小選挙区制導入で何が変わったか」梅津實ほか『比較・選挙政治』ミネルヴァ書房。
後房雄（1999）「社会運動」馬場康雄・岡沢憲芙編『イタリアの政治』早稲田大学出版部。

後房雄（2004）「イタリアの場合——小選挙区制導入の実験室」梅津實ほか『新版　比較・選挙政治』ミネルヴァ書房。

後房雄（2009）『政権交代への軌跡』花伝社。

梅川正美・阪野智一・力久昌幸編著（2014）『現代イギリス政治［第2版］』成文堂。

大嶽秀夫（2003）『日本型ポピュリズム』中公新書。

大山礼子（2001）「ウェストミンスターモデルと選挙制度改革——ニュージーランドと日本」『選挙研究』第16号。

大山礼子（2003）『比較議会政治論』岩波書店。

大山礼子（2010）『日本の国会』岩波新書。

オケット、アキレ（1989a）「イタリア共産党第18回大会報告（上）」『世界政治』第788号。

オケット、アキレ（1989b）「イタリア共産党第18回大会報告（中）」『世界政治』第789号。

オケット、アキレ（1989c）「イタリア共産党第18回大会報告（下）」『世界政治』第790号。

小沢一郎（1993）『日本改造計画』講談社。

カリーゼ、マウロ（2012）［村上信一郎訳］『政党支配の終焉』法政大学出版局。

河田純一編著（2008）『汚職・腐敗・クライエンテリズムの政治学』ミネルヴァ書房。

キーン、ジョン（2013）［森本醇訳］『デモクラシーの生と死（上下）』みすず書房。

工藤裕子（2000）「統治機構と政官関係——官僚制改革の実験を通して」岩崎正洋ほか編『民主主義の国際比較』一藝社。

小島晴洋ほか（2009）『現代イタリアの社会保障』旬報社。

コラリーツィ、シモーナ（2010）［村上信一郎監訳］『イタリア20世紀史』名古屋大学出版会。

サミュエルズ、リチャード・J（2007）［鶴田知佳子・村田久美子訳］『マキャヴェッリの子どもたち』東洋経済新報社。

サルトーリ、G（1980）「岡沢憲芙・川野秀之訳」『現代政党学Ⅰ・Ⅱ』早稲田大学出版部。

サルトーリ、ジョヴァンニ（2000）［工藤裕子訳］『比較政治学　構造・動機・結果』早稲田大学出版部。

柴田敏夫（2004）「イタリアにおける州制度の実施過程（1）」『専修法学論集』第92号。

柴田敏夫（2006）「イタリアにおける州制度の実施過程（2）」『専修法学論集』第96号。

柴田敏夫（2007）「変容するイタリアの中央——地方関係（1996 - 2006）　共和国憲法第2部第5章の改正と州」『専修法学論集』第100号。

ストーカー、ジェリー（2013）［山口二郎訳］『政治をあきらめない理由』岩波書店。

高橋進（1998）「イタリア極右の穏健化戦略——イタリア社会運動から国民同盟へ」山口定・高橋進編『ヨーロッパ新右翼』朝日選書。

高橋進（1999）「選挙・選挙制度」馬場康雄・岡沢憲芙編『イタリアの政治』早稲田大学出版部。

高橋進（2009）「イタリア——レファレンダムの共和国」坪郷實編著『比較・政治参加』ミネルヴァ書房。

高橋進（2013）「ポピュリズムの多重奏——ポピュリズムの天国：イタリア」高橋進・石田徹編『ポピュリズム時代のデモクラシー』法律文化社。

高橋利安（2005）「イタリアにおける地方制度改革をめぐる動向——二〇〇一年憲法の法律第三号の分析を中心に」愛敬浩二ほか編『現代立憲主義の認識と実践』日本評論社。

高橋利安（2008）「憲法体制転換期におけるイタリア憲法の変容」『修道法学』第30巻第2号。

高橋利安（2012）「ベルルスコーニ時代の司法制度」『修道法学』第35巻第2号。

高安健将（2010）「英国政治における人格化と集権化——大統領化論の検討」『選挙研究』第26巻第1号。

建林正彦・曽我謙吾・待鳥聡史（2008）『比較政治制度論』有斐閣

田中秀明（2011）『財政規律と予算制度改革』日本評論社。

ツェベリス、ジョージ（2009）［眞柄秀子・井戸正伸監訳］『拒否権プレイヤー——政治制度はいかに作動するか』早稲田大学出版部。

内藤光博（1998）「イタリア憲法における国民投票制度の構造と実態」『専修法学論集』第74号。

野中尚人（2013）『さらばガラパゴス政治』日本経済新聞出版社。

馬場康雄・岡沢憲芙編（1999）『イタリアの政治』早稲田大学出版部。

パーネビアンコ、A（2005）［村上信一郎訳］『政党』ミネルヴァ書房。

フザーロ、カルロ（2014）［芦田淳訳］「イタリアにおける二院制」岡田信弘編『二院制の比較研究』日本評論社。

ポグントケ、T／P・ウェブ編（2014）［岩崎正洋監訳］『民主政治はなぜ「大統領制化」するのか』ミネルヴァ書房。

眞柄秀子・井戸正伸編（2007）『拒否権プレイヤーと政策転換』早稲田大学出版部。

待鳥聡史（2012）『首相政治の制度分析』千倉書房。

村上信一郎（1994）「『制度工学』か『政治文化』か？——1994年イタリア総選挙の選挙社会学的分析」中部大学『国際関係学部紀要』第15号。

村上信一郎（1995）「もしイタリアが一つの国であることをやめるならば」西川長夫・宮島喬編『ヨーロッパ統合と文化・民族問題』人文書院。

村上信一郎（2000）「プローディの失脚・ダレーマの挫折・『オリーブの木』の自殺」『神戸外大論叢』第51巻第7号。

村上信一郎（2001a）「欧州経済通貨統合とイタリア政治の構造変容（1）」『神戸外大論叢』第52巻第1号。

村上信一郎（2001b）「欧州経済通貨統合とイタリア政治の構造変容（2）」『神戸外大論叢』第52巻第6号。

村上信一郎（2003）「ＥＵ統合と政治改革——イタリアの『長い過渡期』」日本比較政治学会編『EUのなかの国民国家』早稲田大学出版部。

レイプハルト、アンドレ（2005）［粕谷祐子訳］『民主主義対民主主義』勁草書房。

山崎望（2003）「『後期近代』における政治の変容」『思想』第946号。

山崎望（2008）「分裂と統合——現代民主主義論と政策システム論」城山英明・大串和雄『政策革新の理論』東京大学出版会。

Andrews, Geoff (2005) *Not A Normal Country. Italy After Berlusconi*, London: Pluto Press.

Barbera, Augusto e Carlo Fusaro (2010) *Corso di diritto pubblico. Sesta edizione*, Bologna: il Mulino.

Bassanini, Franco (2009) "Twenty years of administrative reforms in Italy," in *Review of Economic Conditions in Italy*, No. 3.

Bentivengna, Sara (2014) "Beppe Grillo's dramatic incursion into the Twittersphere: talking politics in 140 characyers," in *Contemporary Italian Politics*.

Bordignon, Fabio and Luigi Ceccarini (2013) "Five Stars and a Cricket. Beppe Grillo Shales Italian Politics," in *South European Society and Politics*, Vol. 18, No. 4.

Bordignon, Fabio (2014a) "Matteo Renzi: A 'Leftist Berlusconi' for the Italian Democratic Party ?" in *South European Society and Politics*.

Bordignon, Fabio (2014b) *Il partito del capo. Da Berlusconi a Renzi*, Milano: Maggiori.
Bosco, Anna e Duncan McDonnell (a cura di) (2012), *Politica in Italia. Edizione 2012*, Bologna: il Mulino.
Brunetta, Renato (2009) "Reforming the public administration to make Italy grow," in *Review of Economic Conditions in Italy*, No. 3.
Bull, Martin J. and James L. Newell (2005) *Italian politics*, London: Polity.
Bull, Martin and Gianfranco Pasquino (2007) "A Long quest in vain: institutional reforms in Italy," in W*est European Politics*, Vol. 30, No. 4.
Bull, Martin (2007) "La ≪ grande riforma ≫ del centro-destra alla prova del referendum," in Jean-Louis Brique e Alfio Mastropaolo, *Politica in Italia. Edizione 2007*, Bologna: il Mulino.
Bull, Martin (2012) "The Italian transition that never was," in *Modern Italy*, Vol. 17, No. 1.
Calise, Mauro (2005) "Presidentialization, Italian Style," in Poguntke and Webb ed., *The Presidentialization of Politics*, Oxford: Oxford University Press.
Calise, Mauro (2006) *La terza repubblica. Partiti contro presidenti*, Roma-Bari: Lateerza.
Cassese, Sabino (1980) "Is There a Government in Italy? Politics and Administration at the Top," in Richard Rose and Ezra N. Suleiman (ed.), *Presidents and Prime Ministers*, Washington, D. C.: American Enterprise Institute for Public Policy Research.
Cassese, Sabino (2000) "The Prime Minister's Staff: the Case of Italy," in B. Guy Peters, R. A. W. Rhodes and Vincent Wright (ed.), *Administering the Summit. Administration of the Core Executive in Develoed Countries*, New York: Palgrave.
Cerreto, Roberto (a cura di) (2010) *La democrazia italiana: forme, limiti, garanzie*, Roma: Solaris.
Corbetta, Piergiorgio e Arturo M. L. Parisi (1994) "Ancora un 18 aprile. Il referendum sulla legge elettorale per il senato," in Carol Mershon e Gianfranco Pasquino (a cura di) *Politica in Italia. Edizione 1994*, Bologna: il Mulino.
Cotta, Maurizio e Luca Verzichelli (2007) *Political Institutions in Italy*, London: Oxford University Press.

D'Arema, Massimo (1995) *Un paese normale. La sinistra e il futuro dell'Italia*, Milano: Mondadori.

Dente, Bruno (1999) *In un diverso Stato. Nuova edizione*, Bologna: il Mulino.

Diamanti, Ilvo e Salvatore Vassallo (2007) "Un paese diviso a meta. Anzi, in molti pezzi. Le elezioni politiche del 9-10 aprile," in *Politica in Italia. Edizione 2007*, Bologna: il Mulino.

Diamanti, Ilvo (2014) "The 5 Star Movement: a political laboratory," in *Contemporary Italian Politics*.

Donovan, Mark (2010) "Berlusconi, strong government and the Italian state," in *Journal of Modern Italian Studies*, Vol. 8, No. 2.

Fedele, Marcello (1998) *Come cambiano le amministrazioni pubbliche*, Roma-Bari: Laterza.

Fusaro, Carlo (1991) *Guida alle riforme istituzionali*, Soveria Mannelli: Rubbettino.

Fusaro, Carlo (1995) *Le regole della transizione*, Bologna: il Mulino.

Giannetti, Daniel and Bernard Grofman (ed.) (2011) A Natural Experiment on Electoral Law Reform. *Evaluating the Long Run Consequences of 1990s Electoral Reform in Italy and Japan*, New York: Springer.

Katz, Richard S. (1994) "Le nuove leggi per l'elezione del Parlamento," in Carol Mershon e Gianfranco Pasquino (a cura di) *Politica in Italia. Edizione 1994*, Bologna: il Mulino.

Lanzalaco, Luca (2005) *Le politiche istituzionali*, Bologna: il Mulino.

Mammarella, Giuseppe (2012), *L'Italia contemporanea 1943-2011*, Bologna: il Mulino.

Ministro per le Riforme Costituzionali e il Rapporto Parlamento (2014) *Progetto di revisione costituzionale*. http://riformecostituzionali.gov.it/

Newell, James L. (2010) *The Politics of Italy*, London: Cambridge University Press.

Pasquino, Gianfranco (2010) *Le parole della politica. Nuova edizione*, Bologna: il Mulino.

Pasquino, Gianfranco (2012) "Italian Presidents and their Accordion: Pre-1992 and Post-1994," in *Parliament Affairs*, No. 65.

Pasquino, Gianfranco and Marco Valbruzzi (2012) "Non-partisan Governments Italian-style: decision-making and accountability," in *Journal of Modern Italian Studies* 17 (5).

Pasquino, Gianfranco and Marco Valbruzzi (2013) "Post-electoral policies in Italy: institutional problems and political perspective," in *Journal of Modern Italian Studies*, Vol. 18, No. 4.

Pedone, Antonio (2009) "Leads and Lags and Governance of public spending," in *Review of Economic Conditions in Italy*, No. 3.

Pitruzzella, Giovanni (1996) *Forme di governo e trasformazioni della politica*, Bari: Laterza.

Poguntke, Thomas and Paul Webb (ed.) (2005) *The Presidentialization of Politics*, Oxford: Oxford University Press.

Salvati, Mariuccia (2010) "Behind the Cold War: rethinking the left, the state and civil society in Italy (1940s-1970s)," in *Journal of Modern Italian Studies*, Vol. 8, No. 4.

Savino, Mario (2009) "The institutional problems of fiscal federalism: The necessary reforms," in *Review of Economic Conditions in Italy*, No. 3.

Segni, Mario (1994) *La rivoluzione interrotta. Diario di Quattro anni che hanno cambiato l'Italia*, Milano: Rizzoli.

Stolfi, Francesco (2011) "The Core Executive in Italy: A More Skipper, but Still little Steering," in Carl Dahlstrom, B. Guy Peters and Jon Pierre (ed.), *Steering from the center*, London: University of Tronto Press.

Tranfaglia, Nicola (2009) *Vent'anni con Berlusconi (1993-2013)*, Milano: Garzanti.

Vassallo, Salvatore (2007) "Government under Berlusconi: The functioning of the core institutions in Italy," in *West European Politics*, vol. 30, No. 4, September 2007.

Veltroni, Walter (2007) *La nuova stagione*, Milano: Rizzoli.

Zucchini, Franco (2011) "Italy. Government alternation and legislative agenda setting," in Bjorn Erik Rasch and George Tsebelis (ed.), *The Role of Governments in Legislative Agenda Setting*, New York: Routledge.

＊本章における URL は、いずれも 2014 年 9 月 28 日の時点で最終確認したものである。

第7章

フランス：第五共和制の「半大統領制」と「合理化された議会主義」

大統領・首相・議会と集権化された統治システム

野中　尚人

はじめに

フランスの第五共和制は、「半大統領制」と言われ[1]、また「合理化された議会主義」を特徴としていると言われてきた。本稿の目的は、制度的な仕組みとその条件を理解したうえで現実政治の分析を加えることによって、これらの概念によって語られてきたフランス第五共和制の統治システム全体の実態的な特質をとらえなおすことにある。言い換えれば、本稿での分析は、第五共和制統治の基本構造を確認するとともに、統治システムにいかなる変化が生じてきたかをまとめる意味ももっている。

以下ではまず、大統領と首相との関係を中心として、執政中枢のなかでもとくにトップの構造を解析する[2]。続いて政府内部での意

[1) 「半大統領制」の理論的な分析については、Samuels and Shugart（2010）、Elgie（1999）ならびに本書第Ⅰ部第2章の藤嶋論文を参照。

2) フランスの政治を扱った邦語の文献は歴史分野などではかなりの数に上るが、統治の構造・仕組みに踏み込んだものはそれほど多くはない。法律の専門家によるもの、訳書を含めて、以下のようなものが挙げられる。辻村・糠塚（2012）、植野編（2011）、山口（1978）、下條（1999）、吉田（2008）、大山（2013）、櫻井編（1995）、野中（1995）、大嶽・野中（1999）、シャルロ（1976）、ヘイワード（1986）、レモン（1995）、ビルンボーム（1988）、デュヴェルジェ（1990；1995）。フランス議会法と議院の自律権について検討し

思決定にかかわる諸側面を検討する。これらによって、やや広い意味でのリーダーシップの全体的な構造を分析することが可能となる。成立以来半世紀を経た第五共和制は、大統領と首相が前者のリーダーシップのもとに連結するとともに、首相自身が政府における指導性を確立させることで、縦につながれた二重の集権構造が構築されたのではないか。しかし同時に、議会権能の拡充されたことによって全体のリバランスが進められたと見てよいであろう。これらが主要な論点であり、それらをめぐる論争を整理し実態を明らかにすることが本稿の中心的作業である。最後に、近年の変化の意味と日本との対比、それらの含意について触れておきたい。

1 第五共和制の大統領と首相
―― 「半大統領制」と大統領・首相

　第五共和制の憲法体制の最大の特徴は、大統領にあるとされる。「フランスの大統領は、イギリスの首相の権力と女王の無答責を兼ねている」というのが一つの表現である[3]。この表現には、一定の批判的見解が込められているが、同時に、統治体制をめぐる大革命以来の混乱の歴史が集約されている。大統領は執政の首長を兼ねるのか、それとも、政治的な実権からは距離を置いた「裁定者」な

　　た大石（1988）は特筆に値する。その他の日本人の研究では、とくに法律家による場合、大統領についての記述はかなりあるが、首相や政府については概して扱いが限られている。他方、国会図書館が編集している『レファレンス』には実務的なものを中心に、フランスの統治制度を扱ったレベルの高い論文がかなり頻繁に掲載されている。たとえば2008年の憲法改正について三輪（2009）、フランスを含む主要国の議会制度について古賀・奥村・那須（2010）。

3) Cohendet（2012：1）。

のか。フランスの政治体制の長年にわたる混乱の原因は、何といってもこの点にあり、それは、大統領の地位と権限をめぐるさまざまな歴史的紛争でもあった。この課題は第五共和制に至ってどのような決着に至ったのか。第五共和制の統治システムの特質を理解するには、この点をよく検討することが重要なのである。

そこで以下では、まずフランスにおける大統領と首相のそれぞれの憲法・法制上の権限を整理し、さらに、両者の権限関係について検討する。そのうえで、憲法上の規定と現実政治のなかでの政治行動・権力とのギャップについて分析する。

(1) 大統領の憲法上の権限

第五共和制憲法は、大統領に対して極めて広範な権限を与えている。それらは以下のようなカテゴリーに分類される。一つは大統領が単独で行使できる権限、第二に種々の経緯から大統領にとくに優越性が認められている権限、三つ目は他の行為者と共有する権限、である[4]。

大統領が単独で行使できる権限は、主として首相の副署を必要としないもの、ないしは副署は必要だが首相の提案に基づかないものである。具体的には、8条1項、12、16、18、54、56、61条が該当する。

8条1項—首相の任命

12条—国民議会（下院）の解散

16条　非常時における緊急大権

18条—議会へのメッセージの発出権

54・56・61条—憲法院にかかわる諸権限。委員の指名、とくに

---

4) Massot（2008：110-119）。

委員長の指名（56条）、法律・条約等の合憲性審査の付託権（54・61条）。さらに、5条には、憲法の尊重を監視する役割が規定されている。

　第2のカテゴリーは、1959年にボルドーで行われたUNR（ドゴール派政党）の大会において、当時国民議会議長であったシャバンが提唱した呼称に従って 'domaine réservé'（留保された領域）と呼ばれてきた権限である。外交と防衛の領域は大統領の管轄で、シャバンの表現によれば、「そこでは大統領が決定した政策を政府が実行し、その他の政策領域では政府が決定し実行する」とされ、特別に留保された領域とするという考え方であった[5]。当時継続中であったアルジェリア戦争に関して、ドゴール派内部の反対を抑え込むためであったと考えられている。後にこの考え方は、外交、国防、ならびに公権力にかかわる制度の問題は大統領に排他的に専属する、という形に整理されていった。

　実は、すべての大統領はこの考え方に反対してきた。これらの領域以外での大統領の大権を限定するものと受け取られることを懸念したからである。しかしこの定式化は次第に重視されるようになり、これらが大統領権限の核心部分をなすというイメージが定着してきた。そしてコアビタシオンを経験した現在、'domaine éminent' と呼ぶべきであると考えられ、かなりの程度受け入れられていると言って良い[6]。これらにかかわる条文は、実は過去の憲法と異なるところはない。しかしこれらの領域で何らかの積極的な決定をするためには、大統領と政府との合意が必要とされ、その結果、コアビタシオンに際しても大統領に一定の力（止める権力）があるとされ

---

5) Cohendet（2012：108-109）。
6) François（2011：64）。

ているのである[7]。

　第3のカテゴリーは、他の行為者、とくに首相と共有する権限である。そのなかには、まず、首相の提案に基づく必要のある権限があり、それは以下のようなものである[8]。

1. 政府の辞職。
2. 大臣の任命。これには首相の副署が必要。
3. 大臣の解職。本人が自発的に辞める場合と、大統領あるいは首相が望み、ほぼ強制される場合がある。
4. 閣議の議題決定。
5. 議会の特別会期の召集。
6. 憲法改正―11条の場合は政府の提案、89条の場合は首相の提案に基づく必要。

　上のリストとも一部重なるが、大統領権限のうち、首相の副署が必要なものは極めて多い。大臣の任命、憲法の改正、条約の批准・公表、国防、恩赦、司法官の任命、さらに10条に基づく法律の公布、13条によるオルドナンスへの署名と閣議で審議されたデクレへの署名、軍と民政の公務員の任命などである[9]。

　結局、大統領に与えられた多くの権限のうち、どれが本質的に大統領の裁量的な権力で、逆にどれが基本的に裁定者としてのものな

---

7) Massot（2008：120-121）。Cohendet は、このタイプの大統領権限が本来は誤った憲法解釈に基づくものとして強く批判しているが、実態に関しては、ほぼ同じことを認定している。Cohendet（2012：105-111）。
8) Massot（2008：132）。
9) デクレ（décret）は、大統領または首相によって署名された、一般的効力を有する、または個別的効力を有する執行的決定、とされる。アレテ（arrêté）は、大臣・知事・市町村長などを含む、行政全般による命令である。ただし、内容的には、とくにデクレの場合、行政立法の意味をもつことがある。リヴェロ（1982：74-75）。

(2) 首相の地位・権限

次に、政府の首長である首相の権限を検討し、そのうえで大統領と首相との関係を分析しておこう。第五共和制の憲法では、行政権力は政府に委ねられており、首相こそがその首長である。これらについて以下のような憲法規定がある[10]。

20条―政府が国家の政策を決定し執行する。政府は行政機関と軍を自由に用いることができる。

21条―政府は首相によって指揮される。首相は国防の責任を負い、法律の執行を保証する。13条の留保のもとで、規制権限と任命権をもつ。

39条―議員とともに、首相は法律の提案権をもつ。

54条―国際条約について、憲法院への付託権をもつ。

61条―法律について、憲法院への付託権をもつ。

もし仮に大統領に関する権限規定がないとすれば、こうした首相の権限は極めて広範であり、また強力であると見えてもまったくおかしくない。しかし21条にあるように、大統領権限を規定した13条の留保があり、後に検討するように事態はそれほど単純ではない。しかしまず、大統領と首相・政府との関係を検討する前に、首相の地位と権限についてもう少し詳細に見ておこう。

首相の地位

首相は大統領によって指名される。これは大統領の固有の権限として副署は不要で、大統領単独のデクレで任命することができる。

---

10) François（2011：63）。

以前は、大統領の裁量的な固有権限となることを避けるために、Président du Conseil（第三・四共和制時代の閣僚会議議長。首相に相当。以下、P. du C. と省略）の後任を指名するデクレには、大統領とともに前任の P. du C. が副署していた。しかしその結果多くの変則的な事態が生じていたことに対する修正である[11]。

また首相は、大統領による任命のデクレが発せられると、議会での叙任投票を必要としないままで、即座に権限を行使することができるようになった。とくに、政府を構成する大臣を首相が提案することから、これは重要な規定である[12]。

さらに重要な論点は、首相が辞表を提出していない状況で、大統領が首相を罷免できるか否かである。この点、憲法8条は首相の提案に基づくことを明確に規定しており、起草段階でも、諮問委員会で質問を受けたドゴールは明確にできないと答えていた。

しかし、実際には逆のことが起こってきた。つまり、大統領が議会多数派に対する権威をもっている場合、事実上首相に辞任を強制することができたのである。こうした形の辞任、'démission provoquée'（仕向けられた辞任）は、1962年のドブレ、68年のポンピドー、72年のシャバン、84年のモーロワ、91年のロカール、92年のクレッソンが該当するとされる。とくに、68年のポンピドーと72年のシャバンの場合は、辞任の手紙に、「大統領からの要請を受け容れて」と書かれているとされる[13]。

---

11) Duverger (1996：301)。
12) Duverger (1996：301-302)。
13) Duverger (1996：303-304)。恐らく、2004年のラファラン、2014年のエローもそうである。

首相の権限

 首相の権限にも、単独で行使するものと他の大臣と共同で行使するものとがある。そして単独の権限には、「規範的」な権限と呼ばれるものと、他の国家機関に働きかけるタイプのものがある。さらに、規範的権限には、行政規制（本来的な規制と法律の執行が含まれる）に加えて、政府全体の指揮権限があると考えられている。

 行政規制権限は、広い意味でのデクレを発出する権限で、それは、règlements あるいは décrets réglementaires と呼ばれるものである。第四共和制までは、こうした方式はほぼ法律の執行に限られており、独立的に用いることはできなかった。しかし、第五共和制では原則が変更されたため、法律領域ではない、本来的な行政規制領域に関しては、首相が憲法21条に基づいて執行することとなった。さらに首相は、第四共和制時代までに立法された法律であっても、現在の区分で行政規制領域に当たるものについては、国務院の見解を徴したうえで、この方式によって修正することができる[14]。そして、本来の行政規制および法律の執行には、単に首相の署名だけによるデクレで行われる場合と、閣議を経て大統領の署名をも必要とする場合とがある。前者は首相の固有の権限であるが、後者は政府と大統領とが共有する権限である[15]。

 政府全体の指揮権限が首相にあることは、憲法21条にあるとお

---

14) Duverger（1996：306-307）。また、過去に議会が立法したものに関しても、行政規制の領域にあると考えられ、憲法院のそうした判断を得られればデクレによって修正することができる。
15) Duverger（1996：308）。他方で、議会が法律事項について議決し、その実際の適用についての規制を政府に任せることがある。その場合、21条に基づいて首相がその役割を担う。ただし議会は、その方式について、閣議を経るデクレ、あるいは国務院の審査を経るデクレ、という形でその具体的な方式を限定することができる。

り極めて明確である。ただし、それは閣議で決定する枠内であり、その閣議は大統領が主宰することは重要な条件となっている。首相が政府を指揮する場合、各省に関するデクレへの副署に加えて、各省あるいは政府全体への指令の発出という手段がある。また、Comités interministériels（首相主宰の大臣の一部が参加する会合。大統領は出席しない）がもう一つの重要な手段となっている。これについては後述する[16]。

　首相の権限として、他の国家機関に働きかける形で行使されるものにも極めて重要なものがある。大統領への提案権とデクレ等への副署の権限、憲法院への付託権限などの他に、議会に対する首相の権限は極めて重要である。

　とくに対議会権限は、「合理化された議会主義」の骨格部分である。政府が議会に信任をかける場合などのように、閣議を経るべき（即ち大統領が一定の関与をする）ものもあるが、大半は「政府」が行使することになっており、それらは実質的には政府を指揮する首相が行使する権限となっている。たとえば、議事日程のなかで政府の優先議題を登録しようとする場合は政府事務総長が首相の指揮のもとに実施し、議会内の討議においては、首相の指揮を受ける枠組みのなかで大臣がそれを行う形になっている。その他、首相が単独で議会に対して行使できる権限には、両院協議会の召集、元老院に対して施政方針の承認を求めること（国民議会に対しては、閣議が必要）がある[17]。

---

[16] Duverger（1996：311）。これは事実上、イギリスの内閣委員会制度と同じと見てよい。
[17] これらの論点にかかわる各国の比較は、Rasch and Tsebelis（2011）を参照。

(3) 第五共和制における大統領の特殊性

第五共和制憲法を起草するにあたって、大統領に関連して以下のような三つの基本的な側面が検討されたとされる[18]。

1. 首相（P. du C.）ポストを廃止して、大統領中心とし、さらに議会への責任体制を廃止するか。
2. 代替策として、執政府における二頭制を維持し、そのなかで裁定者としての役割を強化するか。そのためには、伝統的な大権・権限だけでなく、大統領に専属する新たな権限を与えるか。
3. 大統領が議会の指導・監督から脱するために、議会よりも大きな機関による選出、最終的には国民による直接選出にするか否か。

こうした検討は、歴史的な経緯を深く反映しているが、マッソによれば、それは王政に起源をもつ以下のような具体的な制度設計上の論点にもかかわっていた。

1. 大統領任期の7年制（ただし2000年に廃止され任期5年に）
2. Chef du government（政府の首長）の選出における Chef de l'Etat（国家元首）の役割
3. 執政の長の二重の責任制
4. Conseil des ministres（大統領が主宰する閣議）

これらの四つの要因は、確かに、フランスの第五共和制憲法体制における独特の「半大統領制」の由来をよく示している。とくにここでは、Conseil des ministres について、その歴史的な経緯を簡単に述べておく。

大統領主宰の閣議は、1875年の憲法によって正式に設置され、

---

[18] Massot（2008：35-36）。

1946年10月27日憲法（第四共和制）を経て基本的に今日まで維持されてきた。他の議院内閣制の国々とは異なり、フランスでは、伝統的に大統領が閣議を主宰してきたことが大きな特徴である。第三共和制以降、政府の首長は P. du C.、つまり閣僚会議議長であり、第四共和制ではそれが正式名称でもあった。後の首相である。ただし、極めて皮肉なことに、閣議を主宰するのは常に大統領であり、しかもそれは一貫していた。そして実態は、事前に政府内部で実質的な決定がなされ、閣議は単なるセレモニーとなっていた。こうして、大統領の実質的権限は大きく制約され、閣議を主宰するという権限も著しく形骸化していたのである。

しかし、第五共和制では、この権限が大きな実質的意味をもつようになった。以下の案件が、閣議での審議を必要としている。

＊国民投票を大統領に提案する時（11条）

＊国家の最高レベルの官僚の任命（13条3項）

＊オルドナンスならびに最も重要なデクレの案（13条、38条）

＊非常事態をデクレで宣言する時（36条）

＊政府提出法案（39条）

＊首相によって政府の信任をかける時（49条1項、3項)[19]

少なくとも、コアビタシオンの時期を除けば、大統領の意向が政府活動の大きな部分に相当な影響力をもつための仕組みとして機能するようになったと考えられる。

---

19) その他、組織法、あるいは通常法によっても閣議の権能が強められることがある。たとえば後述のように、1958年11月28日のオルドナンスによって、その他の高級官僚人事に対する閣議の権限が与えられた。また、同オルドナンスによって、閣議におけるB議題に関する権限の根拠が与えられた。Quermonne（1987：220-221）。閣議運営の実際については後述。

(4) 現実政治における大統領の優越性

　第五共和制下のフランス大統領は、その歴史的な経緯を反映し、さまざまな点で特殊な地位と権限を付与された存在である。「半大統領制」という概念は、議会制の基本構造と、政府の対議会責任の原則を維持しながらも、特殊な大統領の地位と権限を組み込んだ政治体制のあり方を表現したものである。

　こうした特殊な大統領の地位と権限に関しての法制上の解釈には、伝統的な裁定者（つまり大きな実権をもたない）としてとらえるほうが従来からの経緯を素直に反映して自然であるという議論がある一方、第四共和制までの政治的混乱、とくに政府の不安定性と統合力・実行力の欠如に対処することを優先する立場から、大統領の「憲法逸脱行為」（実質的なリーダーとしての政治指導）をむしろ擁護する議論も展開されてきた[20]。しかし注目すべきことは、どちらの論者も政治的な現実として大統領の実際の権力が極めて大きくなってきたと認定していることである[21]。

　それでは、大統領の優越性とは具体的にどのような事態を指しているのであろうか。

閣議とその審議を経たデクレ

　すでに述べたとおり、憲法9条は大統領による閣議の主宰を定めており、そこでは、すべての政府法案、重要なデクレ、オルドナンス、そして最も高級な官僚の任命などが審議される。そして、閣議の議題は、政府事務総長と大統領府事務総長によって調整されなが

---

20) 代表的な例は、1962年の憲法改正であろう。また、前者の代表的な議論として、Cohendet（2009；2012）が挙げられる。
21) François（2011：64-65）、Cohendet（2012：とくに第2部）。

ら、首相の了解を得て、大統領が決定することになっている。したがって大統領は、優先議題を設定することも、逆に議題から排除することもできるのである[22]。

閣議で審議をしたデクレとオルドナンスに署名することは、副署を必要とするだけの形式的な共有権限のようにも見えるが、大統領にとって極めて重要な権限（13条）となっている。これによって首相のもつ行政規制権限をかなりコントロールすることが可能になるからである[23]。

これに関連して、デクレには2種類がある。一つは、13条による閣議での審議を経たデクレ、もう一つは、21条による、首相のみが署名するデクレである。しかし、その区別は必ずしも明確にはなっておらず、閣議を経るべきデクレの包括的なリストは存在しない。その結果、すべてのデクレ案は閣議の議題に載せることが可能であり、それによって大統領の署名を必要とするものとして扱うこと、つまりは大統領が自己の影響力を反映させることが可能なのである[24]。

これまでのところ、コアビタシオンの時期を含めて、大統領が閣議での審議を経たデクレへの署名を拒否したことはない。しかし、委任立法のための授権法への署名は、1986年にコアビタシオンになった際、ミッテラン大統領によって拒否されたことがある。1986年の7月2日と11日の授権法に関するもので、民営化、選挙区変更、労働時間についてであった。この結果当時のシラク首相は、通常法

---

22) François（2011：69）。閣議の運用実態については後述する。
23) François（2011：70-71）。
24) François（2011：71-72）。さらに、閣議審議を経たデクレに署名する結果、大統領が法律上のその行為者となり、そのデクレは大統領によってしか変更することはできない、とされている。Massot（2008：142）。

案への変更を余儀なくされた[25]。

人事権

　大統領と首相の憲法上の権限が重複するもう一つの重要な領域が、高級官僚等の人事権である。これらにかかわる規定は、13条と21条の組み合わせであって、デクレの場合と同じである。13条は、大統領が任命すると規定したうえで、対象となるグレードとポストを列挙し、これらを閣議に諮るとした。さらに第4項では、組織法によってこの手続きに追加すべきポストと、大統領がその権限を委任する場合の手続きが定められた。他方、21条では、13条の規定を留保したうえで、首相が軍・民の任命を行うと規定される[26]。しかし奇妙なことに、このリストを定めた1959年の組織法自体が、さらにその詳細を閣議を経るデクレによって定めると規定している。結局このリストは、閣議に依存しているということであり、大統領に大きく依存しているということなのである[27]。

　さらに、1回目のコアビタシオンが近づいてきた1985年には、ミッテラン大統領の意向に従った通常法の制定によって、このリストがかなり拡張された。従来の仕組みでは、組織法、さらにはそれを受けたデクレによって指定されており、通常法が排除されていたが、それを拡張したわけである[28]。

　なおも複雑なことに、大統領は閣議を経た人事にすべて署名する

---

[25] オルドナンスについては、13条で大統領が署名する、とあり、38条で、オルドナンスは国務院の見解を徴したうえで閣議において決定する、と規定されている。Massot（2008：139-140）。
[26] Massot（2008：143）。
[27] François（2011：72）。
[28] Carcassonne（2013：107）。

が、組織法オルドナンスには、もう一つのリストが指定されている。国務院、会計検査院、司法官、高等教育機関の教授、軍の将校、などであり、これらは、閣議を経ないで大統領単独のデクレによって任命されることになっている。確かに、それぞれの機関にはそれぞれの人事規則・ルールがあり、大統領が実際に裁量的影響力を及ぼせる範囲は限られているが、リストが膨大であることは間違いない[29]。

こうした事態が示すとおり、人事権に関する13条と21条との組み合わせの結果は、他の規制権限の場合とは大きく異なり、大統領がかなり大きな裁量権を保持してきたことである。この面では、非常に例外的な場合を除いて、首相は他の大臣と同じ権限しかもたないに等しいとされる。つまり、首相府だけが首相に任され、各省の人事は、伝統的なパターンで大統領のarrêté（命令）によって大臣に委任される場合を除けば、かなり広範な領域で大統領が人事権を確保する傾向があると考えられている[30]。

実際の例で最も象徴的なものは、側近の人事である。大統領は、自分の官房で勤務した有力者をさまざまな重要ポストに送り込むことができる。大臣、公的企業の幹部、グランコールへの任命、さらには憲法院などへの任命などである。たとえばシラクは、大統領再選後、大統領府事務総長だったド・ヴィルパンを外相に起用し、さ

---

29) Carcaccoonne（2013：107-108）。たとえば、国務院に関して、最上級グレードの評定官の3分の1、第2級グレードの調査官の4分の1は、tour extérieur（外部登用）によって政府が指名することができる。デュヴェルジェ（1990：331）。そして、それは実際には大統領と首相とが分けることになっているとされる。Massot（2008：143）。フランスの行政官僚の人事システムについては、野中尚人（2005；2008）を参照。

30) Massot（2008：143）。

らに首相にした。サルコジは、大統領になると、内務相時代の側近だったゲアンを大統領府事務総長に任命し、さらに 2010 年には、大統領選挙で重要な意味をもつ内務省の大臣にした[31]。つまり、憲法 21 条と 13 条の規定から見るよりも、首相のこの領域での権限は限定され、大統領の影響力が大きい形で実際の慣行が形成されたのである。

首相の解任

憲法規定からは必ずしも直接想定できない形での大統領の優越性は、首相および大臣への解任をめぐる権力にも見られる。この点で、憲法規定自体は明確である。首相が辞任を申し出ない限り、大統領には解任権限はない。何故ならば、民主主義的な責任原則を尊重する限り、首相や政府を解任する権限は、国民の代表機関である議会しかもちえないからである。

しかし実際には、コアビタシオンの時期を除けば、大統領が首相・政府の解任だけでなく個別の大臣についても解任権までをもつかのような慣行が形成されてきた。実際、大統領選挙あるいは議会選挙ではないタイミングで、かなりの数に上る政府・首相が辞任し交代してきた。それらは 8 例だと考えられるが、そのうち 76 年のシラク辞任を除くと、残りの 7 例は大統領の要求によって辞任させられてきたと見られる。最も象徴的な例は、1972 年のシャバンの辞任で、それは 72 年 5 月の総選挙において大勝をしたわずか 2 カ月後だった[32]。

結局、首相が職務を続けるためには、議会下院の支持に加えて大

---

31) Jan（2011：164）。
32) François（2011：75-76）。

統領からの信任も不可欠となった。これを首相の二重の責任体制と呼ぶことができる。コアビタシオンの時期を除けば、首相は議会に対してだけでなく、実質上大統領に対しても責任を負うようになったのである。しかも、後述するような「多数派現象」の結果、議会への責任が仮想的なものになり、むしろ大統領への責任の比重が大きくなった。民主制・議会制の原則からすれば深刻な事態とも言える[33]。

留保領域の拡大と政府への全般的介入

　大統領に特別の優越的な権限を認める「留保領域」という考え方は、シャバンが1959年に提唱した際は一定の限定性をも意味していたが、その後は次第に拡大してきた。ジスカールは自由の擁護、ミッテランは社会的な既得権の保護、シラクはヨーロッパの権利、サルコジは国内の治安と教育、といった具合に追加されてきたのである。とくに、ヨーロッパに関する政策が外交だとすると、今やほとんどすべての政策領域が当てはまるとも言える[34]。

　他方、憲法規定にはまったく根拠がないが、大統領が政府の政策決定にさまざまなパターンで介入してきたことも指摘されている。たとえばドゴールとポンピドーは、閣議あるいは限定された閣僚会議（その後活用されなくなったConseil restraint）を通じて、ジスカールは、さまざまな分野において自分で決定を行い、大臣への直接の手紙やエリゼ宮からのコミュニケといった方式で政府への指示を行った。ミッテランやシラクも同様な行動を採ったとされる。さらにサルコジは、ジスカール方式に加えて、独自のやり方を開始した。

---

33) François（2011：75-77）。
34) Cohendet（2012：111）。

代表例は 2007 年 11 月 23 日にエリゼ合意として調印されたもので、これは情報に関する不法行為についての合意であったが、大統領と 3 人の大臣、関連の公的機関、民間機関などが参加したが、首相は不在だった。内容が法的な文書として確認され、議会でこれについて答弁すべき首相が関与できたのは、数カ月後だったとされる[35]。

つまり、大統領の専管とみなされる政策領域が次第に拡大されただけでなく、政府の政策決定の多くの場面で、大統領が直接関与し影響力を行使するパターンが増えてきたのである。

(5) 何が大統領の逸脱的な強大化をもたらしたか

コアビタシオンの時期には、以上のような不均衡なまでの大統領の優越的権力は見られない。むしろ、主導権は議会多数派の支持のうえで成立する首相と政府のほうに移ることは明らかである。それでも、本来の裁定者としての機能（これには一定の条件下での下院解散権を含む）に加えて、オルドナンスへの署名拒否や、人事にかかわる交渉力など、本来の憲法規定から想定されるよりも大きな権力が大統領には残されていると言われる。しかも、2000 年の憲法改正による大統領 5 年任期制の導入と、それに併せて導入された大統領と議会との選挙タイミングの一体化（2001 年組織法）によって、コアビタシオンの可能性が相当に限定されるようになった。こうして、大統領の優越的な権力はさらに安定したと見てよい。

それでは、こうした大統領の強大な権力は、一体どうして構築されたのだろうか。フランソワ は、以下の四つの説明を挙げている[36]。

---

35) Massot（2008：150-152）。
36) François（2011：79-80）。

1．憲法による大統領権限の大きさ。
2．1962 年以降、大統領の直接選挙制度が導入されたことによって、その正統性と権威が大きくなっただけでなく、政治の世界での競争が大統領選挙を中心に構造化され、政党システムの 2 極化が進んだため。
3．議会について、多数代表選挙制度をほとんど常に適用してきたことにより、議会における多数派の形成が進んだため。
4．合理化された議会主義によって、議会におけるこの多数派の規律が確保され易くなるとともに、大統領は首相を使うことによってこれをさらに有効なものとできたため。

そのうえで同氏は、「制度の戦略的分析派」と呼ばれる人々――デュアメル、デュヴェルジェ、パロディ、ヴデルら――の議論として、これらの説明モデルを組み合わせたもの、つまり、第五共和制の特徴、とくに大統領の優越性については、政治・憲法的な一連の特質の重複の結果として理解するという考え方を紹介している。

たとえばパロディは、議会についての多数代表選挙、大統領の直接選挙、そして大統領の下院解散権という三つが密接に関連し合うことで、初めて一定の方向が明確になったと主張している。これによって、一方では安定的で均質な議会多数派が形成され、他方では執政府での大統領の優越化と大統領選挙を基軸とした政治競争の構造化が進んだと論じた。つまり、レジームの「多数派化」と「大統領化」である[37]。 他方、1980 年代に入ると、こうした構造化されたモデルに一定の変化が生じ始めたとされる。地方選挙・ヨーロッパ議会選挙などで比例代表の要素の拡大、コアビタシオン、政党制

37）Parodi（1988：24-43）。

の「原子化」と国民戦線の進出、などである[38]。

　しかし、大統領の優越化と、政党制の2極化や「多数派現象」の構造化には、もう一つの側面がある。この点を左翼勢力の対応という面から論じたのが、デュアメルである[39]。同氏によると、左翼勢力は主として幹部ら自身の党派的な利害から第五共和制の制度特性を活用する戦術を採用し、大統領選挙に向けた活動へと傾注し始めた、というのである。しかも左翼は、大統領選挙を民主的な政策プログラムに基づく競争へと転換することによって、ドゴールが望んだプレビシット的な論理を阻止し、第五共和制の制度全体の正統化を実現したとされる[40]。そしてそれは、大統領多数派と議会多数派を重ね合わせることを可能にし、多数派が交代することに道を開いたのである[41]。

　こうした動きを象徴するのがミッテランである。当初ミッテランは、共和主義の伝統に立って第五共和制の憲法体制に反対していた。しかし、数度の大統領選挙を経て1981年に大統領に当選すると、それまでの主張をほぼ完全に放棄し、多数派の真のリーダーとしての大統領の指導性を前面に出すようになった[42]。大統領選挙直後の下院解散と、その結果を受けた7月8日のメッセージで、大統領選挙の際の約束こそが政府の行動と立法活動の憲章となる、と宣言したことがそれを物語っていた。また、首相の解任という点でもはっきりと大統領の優越性を打ち出そうとしただけでなく、1986年のコアビタシオンのもとでは閣議での審議を経たオルドナンスへの署

---

38) François（2011：81-82）。
39) Duhamel（1980）。
40) François（2011：89-91）。
41) Colliard（1998）。
42) Massot（2008：55）、Cohendet（2012：111）。

名を拒否した。結局、第五共和制憲法を批判し、ドゴール派による支配を永久クーデタだと批判してきたミッテランは、1992年には、大統領直接選挙制度がフランス人の心のなかに溶け込んだと宣言するに至った。最も強力な「共和制的国王」とさえ評されるようになったのである[43]。

 こうして大統領は、憲法が付与する裁定者としての正統性と、現実政治における多数派のリーダーとしての正統性をともにもつ強力な権力者となったのである[44]。直接選挙による正統性、制約の少ない解散権、国民議会選挙での多数代表制、これらが議会プロセスの合理化とも組み合わされた結果、大統領は政府を経由して議会を強力に支配できるようになった。このロジックが効いている限り、大統領の政府に対する影響力は揺るがないのである。そして、政党助成制度による議員の政党への依存の強化、政治の舞台のメディア化と連動した権力の「個人化」などとも関連しつつ、体制を安定させるには大統領の強力な権限が不可欠と考えられるようになったのである[45]。

2 政府の意思決定・政府−議会関係における首相の役割
―― 「合理化された議会主義」と集権化された政府−議会関係

(1) 政府運営における首相の重要性

 統治機構全体のなかでの大統領の実態的な優越性は、決定的と言える状況になってきた。権力はピラミッド型に組み上げられ、その

---

43) Massot(2008：51-52)、Cohendet(2012：116)。
44) Cohendet(2012：126).
45) Cohendet(2012：139-140)。

頂上には大統領がいて政策の大きな方向性を決め、その下に政府があり、さらにその下に議会という形である。議会の多数派は、選挙での勝利は大統領に依存すると考え、合理化された議会に甘んじ、そして解散を恐れる存在になったという評価もなされてきた[46]。

しかし実は、巨大な政府機構に対して、大統領が直接コントロールできる領域は相当に限られている。それは、以下の二つの事実によって確認できる。

一つは、大統領府（エリゼ宮）の組織・人員・予算が首相府（マティニオン宮）のそれに比べて圧倒的に小さいという事実である。たとえば、2008年時点では、首相府の予算が約18億ユーロであるのに対して大統領府は約1億ユーロ、首相府の人員数が8366名なのに対して大統領府は983名に過ぎない。

組織的に見ると、大統領府は大きく分ければ二つの部署からなっている。官房を含んだ事務総局と、軍事参謀本部である。これらは、実は各省における大臣官房とほぼ同じ形をとっている。それに対して首相府では、事務的な補佐機構である政府事務総局と首相官房の二つが中核である。つまり、両機関の人員数の大幅な相違は、政府事務総局の存在に起因している。とくに1974年にヨーロッパ共同体事務総局が廃止されて以降、大統領は、政府事務総局に相当するような組織を有していない。つまり首相府には、政府の広範な業務をこなすために大きな組織が設置され、それに見合った相当な予算と人員が配置されているのに対して、大統領府は最小限の補佐機構だけを従えた体制なのである[47]。

---

46) Cohendet（2012：123）。
47) Massot（2008：169-189）。また、大統領・首相の官房を含む大臣官房については、濱野（2014）が詳しい。

大統領による政府の直接コントロールが限られていることを示すもう一つのデータは、デクレの内訳である[48]。

下の表は 2006 – 07 年の 2 年間に発出されたデクレを集計したものである。署名者別の数字を見ると、首相によるデクレ、つまり大統領の署名がないものが圧倒的に多い。むろん、最も重要なものは閣議での審議を経て大統領が署名するデクレであるが、少なくとも数の点で言えば、大統領が関与せず首相によって決裁されるデクレが圧倒的に多いのである[49]。

	2006 年	2007 年
合計	1728	1834
署名者別		
閣議審議を経た大統領デクレ	65	70
閣議を経ない大統領デクレ	143	160
（うち、国際条約の公表）	(120)	(126)
首相によるデクレ	1520	1604
検討プロセス別		
閣議による審議を経るデクレ	65	70
（うち、国務院の審査を経るもの）	(57)	(57)
国務院の審査を経るが閣議を経ないデクレ	708	735
国務院・閣議の両方を経ないデクレ	955	1029

これらのデータから、フランスの統治システムのもう一つの側面、つまり、政府の運営における首相の主導的地位と役割が改めて

---

[48] Massot（2008：149）。
[49] 閣議を経ない大統領のみの署名によるデクレは、法的には効力がないことが確定している。いわば「箔づけ」に過ぎない。Massot（2008：149）。

クローズアップされる。確かに、首相は大統領に対して「責任を負う」のに近い、従属的な立場にある。しかし、膨大な政府機構を直接コントロールする役割は首相に与えられている。憲法 21 条は空文ではなく、実態に深く反映されているのである。

以下、本節では、執政中枢での首相の中心的な役割について、政府内意思決定の仕組み、ならびに政府と議会との関係という観点から検討する。

(2) 政府内意思決定の仕組み[50]

憲法は、20 条で政府は国家の政策を決定し実行する、と規定し、21 条で首相が政府の行動を指揮する、と規定している。確かに、憲法によって政府に付与される多くの権限は、個々の形で「首相の権威のもとで」と規定されている訳ではない。しかし、政府の首長としての首相は、政府の他のメンバーに対して指令を出し、また、各省間の対立に関して裁定を行う権能をもつと考えられている[51]。

首相が政府活動全般を指揮するための手法の一つとして、通達（circulaires）がある。1988 年 5 月 25 日、ロカール首相が就任直後に職務遂行上の規範を通達したもの、あるいは 1997 年 6 月 1 日にジョスパン首相が出した各省間調整についての考え方に関する通達などが著名である[52]。また、法律を執行するためのデクレについて、

---

[50] 大統領と政府を含んだ全体の政策の総合調整について、執政中枢論の立場から包括的に検討した研究として、Hayward and Wright（2002）が挙げられる。同書は、憲法・制度面の一定の検討を交えながら、また、政治的調整と行政的な側面を関連づけながらともに視野に入れ、フランスでの執政中枢の意思決定の複雑さに焦点を当てている。

[51] Massot（2008：153）。

[52] Schrameck（2006：126）。

その執行状況を事後に確認するための通達も多い。また、当然、各省レベルでの通達は非常に多い[53]。

また首相は、政府の各省間の業務を調整し必要ならば裁定による決定を行う責任と権限を負っており、その比重は極めて大きいが、このプロセスでは首相官房と政府事務総局の役割が大きい[54]。

首相と大臣との間では、行政規制権限が首相に与えられていることは明確である。国務院の過去の判断でも一貫しており、管轄下の省庁の組織にかかわる権限が当該の各大臣にあることと、法律あるいはデクレが特定の大臣への権限付与を明示している場合だけが例外である。したがって、行政規制権限を行使する際の手段は首相のデクレであり、そこに該当の大臣が副署をすることになっている[55]。

要するに、首相の各大臣に対する指導的地位は極めて明確であり、しかもそれらは十分な補佐機構に支えられていることがわかる。そして重要なことは、これらが首相ないしはその官房、あるいは政府事務総局の主導のもとで運営されていることである。

次に、政府内での実際の意思決定プロセスについて検討すると、それには閣議の他にいくつかの会議体が用いられることがわかる。

Comités Interministériels（首相を中心とする大臣・官僚の会合

---

53) Massot（2008：154）。
54) エリゼのメンバーが、マティニオンで開かれる決定会合（réunion d'arbitrage）に参加するにしても、それは単に情報を大統領に届けるためになっている。膨大な作業に対して、大統領府の人員は極めて少なく、カバーできないからである。Massot（2008：155）。
55) 実際国務院は、大臣による指示や通達のうち、かなりの数のものについて、その効力を認めない決定をしてきた。ただし公務員の地位に関しては、首相単独のデクレではなく、閣議を経たものでなければならない。Massot（2008：161-162）。

＝一定の法令根拠に基づく常設的委員会）

　首相のイニシアティヴによって、マティニオン宮において開催される大臣ならびに高級官僚が参加する委員会。根拠文書に基づく恒常的な機関[56]。会議には、すべての大臣とSecrétaire d'Etat（副大臣）が参加し、さらに高級官僚が必要に応じて召集される。事務的にはほとんどが政府事務総局によってカバーされる。

　Comités Restraints（首相を中心とする大臣・官僚の会合＝特定テーマごとのアドホック委員会）

　首相によって、特定の課題に関して大臣と高級官僚が召集される委員会。根拠文書はなく常設でもない。閣議への準備の場合も含めて、首相の裁定によって省庁間の調整と決定を行うために開催する。大臣本人が参加するが、1-2名の補佐官を同行することもある。開催回数は、大体1年に120回前後である[57]。事実上、イギリスなどにおける内閣委員会システムと同様な役割を果たしている。

　Réunions Interministérielles（首相官房主宰の事務方の会合）

　首相の権限に基づいてマティニオン宮で開催される。首相官房または政府事務総局のメンバーによって主宰され、高級官僚だけが参加する。各省の大臣官房と部局のメンバーを集めて調整あるいは決定を行う。大臣等の参加する会議の準備でもあり、あるいは閣議決定の事後をフォローする機能を果たすこともある。

　近年の開催回数は極めて多い。以前には各省大臣ないしは各局のレベルで処理されていた案件が、第五共和制では次第に首相の決裁に回されるようになったためとされる。ドブレ首相時代の1961年

---

56) 1976年に16、1986年7月時点では33委員会が設置されていた。Quermonne（1987：223-224）。
57) Quermonne（1987：224-225）。

には142回であったが、1980年代には年間1300–1800回に増大し、この10年間ほどにおいても、年間平均で1200回ほどとされている[58]。

(3) 閣議決定へのプロセス―首相官房と政府事務総局の重要性

次に、政府全体の意思決定として閣議決定に至るプロセスの特徴をまとめておこう。まず、基本的な流れを政府事務総局の関与を軸にまとめると以下のようになる[59]。

政府法案の場合、政府事務総局は議会への法案提出までに七つの段階で関与している。

第1に、首相官房と政府事務総局によって計画会議を行い、政治的な適切さ、法律的必要性、ならびに影響評価の必要性などを検討する。

第2に、法案の準備段階で省庁間に対立がある場合、その調整を進め、最終的に首相官房による裁定での決定に向けた作業を組み立てる。裁定決定会合は首相官房のメンバーによって主宰され、事務は政府事務総局が担当する。こうして到達した決定は、'blue de Matignon'（ブルー）と呼ばれ、政府の最終的な判断を示す重要な文書となる。

第3に、政府事務総局は、法案が一連の手続き的な要件（見解の聴取等）を満たし、同時に形式的な要件、とくに目的の説明と影響評価についての具体的な表現が適切であるかをチェックする。

第4に、政府事務総局は、法案を国務院に付託する。これはすべ

---

[58] Quermonne（1987：225）。近年の数字はMassot（2008：190）による。
[59] 以下の整理は、若干の補足を除いて基本的にMassot（2008：190-191）による。

ての政府提出法案に対して憲法39条で義務づけられており、原則的に閣議に提出する4週間前までに行う。

第5に、政府事務総局は、首相官房に対して、国務院の見解に従うか否かを提案する。国務院の見解が木曜日の午後に示された後、翌金曜に開催される首相官房と政府事務総局との合同会合（réunion de lecture）において検討される。

第6に、次に政府事務総局は、関係大臣の副署を集める。

第7に、最後に、政府事務総局が閣議の議題に政府提出法案を載せることを提案する。

水曜日に開催される閣議の議題調整は、前々日の月曜日の夜には政府事務総長と大統領府事務総長とによって行われ、最終的に大統領が議題を決定する。大統領は、提案された議題のすべてを受け容れる必要はないが、逆に、調整の段階で提案されていない議題を載せることはできない[60]。

確かに、コアビタシオンでない時期には、大統領がさまざまな形で事前段階から介入して特定の議題を要求することは可能である。実際、ジスカール大統領は、法案の準備段階においてエリゼ宮での大臣会合を頻繁に招集したとされる。また、サルコジ大統領もエリゼ宮での同様な会合を多用していたとされる[61]。

しかしそれ以外の大統領の時期には、基本的に首相と首相官房、そして政府事務総局を軸とした政府内調整が大半を占め、その仕組

---

[60] 提案された議題の拒否は極めて限られている。シラク大統領とジョスパン首相のコアビタシオンの時期にも数度しかなく、しかもそれらは、単に1週間だけ引き延ばしたに過ぎなかった。Schrameck（2001：114）。

[61] しかも、2008年5月以来、まったく新しい方式として、サルコジ大統領は自分の側近の大臣だけを集め、首相を含まない形で週に1回の会合をもったと言われている。Massot（2008：191）。

みが確立されてきたと言える。しかも、裁定による決定会合に至る調整のプロセスにおいて、首相官房の役割は決定的であった。

前述の第2段階で、各省間で対立のある場合は以下のような手順をたどる。担当者同士の話し合い（réunion inter-service）で解決できない場合、各省の官房メンバーの間での交渉に切り替えられる[62]。しかし、そこでも合意ができない場合、早い時点でさらに次の段階、つまり首相官房のメンバーが主宰する調整会議にもち込まれる。このレベルでは、首相官房の担当官（通常は Conseiller technique〈技術顧問〉か Chargé de mission〈特命担当〉と呼ばれる該当分野の担当者）が調整の中心となり、各省の官房とライン部局の担当者が参加する。問題が重要な場合、あるいは対立が深刻な場合は首相官房の官房長がその役割を担うことがある。大臣の官房長はかなりの程度まで大臣の決裁権を行使できるため、首相官房の官房長は絶大な裁定権限をもつことになる。彼が主宰する時は関係各省の官房長が集められ、ここにはラインの部局は参加しない。こうして、大半の案件はこのレベルまでで決裁がされる[63]。こうした形で首相官房のメンバーが主宰する会合が Réunions Interministérielles であり、年間に1200回ほども開催されているのである。

さらに重要な問題で対立がある場合には、最終的に首相自身が主宰する大臣会合、つまり、Comités Restraints あるいは Comités

---

[62] 以下のプロセスについては、2007年1月30日に行ったグザヴィエ・ユーステル氏（当時財務省予算局次長）とのインタヴューによる。

[63] 大臣、あるいは官房長が、自分の直接関与する以前のレベルでつけられた決着案について不服がある場合には、何らかの形で首相あるいは首相官房に対して不服申し立てに近い行動を採る場合がある。ただし、こうした行動の可能性は各大臣等の「政治力」に依存しているとされる。2007年1月31日　エルベ・モラン氏（当時、国民議会の中道グループの議員団長、後の国防大臣）とのインタヴュー。

Interministériels へと判断が委ねられる。この大臣会合は首相が主宰し、関連各省の大臣がそれぞれの官房長をともなって出席し、政府事務総局が正式に記録をとり、決定文書（'blue de Matignon'）が作成される。この局面では、首相の裁定権限は絶大である。こうした形で閣議案件とすべきものの多くが政府内で決定されるが、そこでは首相と首相官房の実質的な影響力が突出していることが明らかである[64]。

また、閣議自体の運営は以下のようになっている[65]。

1959年以来、閣議の運営は基本的に変化していないとされる。議題の種類はA、B、Cに分かれている。A議題は全般にかかわる案件で、政府提出法案、オルドナンス、閣議で審議すべきデクレであるが、すでに関係の大臣の合意が得られているものである。B議題は個別の決定で、実質的にはほとんどが人事案件である。C議題は、報告・伝達と首相あるいは大臣からの特定の問題の提起・説明である。報告は、外交情勢報告のように毎週行われるものもある。稀に大統領が重大な政策方針について問題提起を行い、全員の大臣から意見を聴取する 'tour de table' が行われることもある。これらに加えてサルコジ大統領は、第4のカテゴリーとして 'Points en disussion' という議題群を設定し、自由な討論を行う一方、詳細な

---

64) ジョスパン首相の時代にその官房長を務めたシュラメックによると、首相官房の影響力は極めて強く、往々にして官房のメンバーが誤解して過信状態に陥りがちであったという。そこで、二つのルールを重視したと述べている。一つは、官房のメンバーは、首相自身の決定を伝えることのみを行い、勝手に大臣への命令や指令を出さないようにすること、もう一つは、複数省庁間で対立がある案件に関して、大臣本人が直接首相への訴えを望んでいる場合は、官房のメンバーが裁定による決定をしないようにさせることであった。Schrameck（2006：124-125）。

65) Massot（2008：192-193）、Bonte（2010：67）。

議事録を残さない方式を導入した。こうした自由な討論はだいたい2回に1回のペースで実施されたと考えられている。

　Secrétaire d'Etat（副大臣）は、関連の案件がかかっている場合を除いて通常は閣議に参加しない。他方で Ministre Délégué（担当大臣）は参加する。その他には、政府事務総長と大統領府事務総長が、発言はしないが記録を取るために出席する。また、特別に大統領の側近が参加することもあった。

　さまざまな証言から、閣議では、A議題についてはほとんど討議されることはなく、B議題については、まったく討議はないとされる。というのも、すでに関係大臣の間を調整する裁定が行われたうえで副署が集められており、さらに大統領と首相の間での合意のうえで閣議の議題に載せるという手続きが踏まれているからである。これらのA・B議題については、大臣からの発言の後に、ほとんどの場合はそれを受けて首相が閣議決定の方向性を打ち出す。ごく稀に、大臣間の対立を大統領が裁定して決定することがある。C議題については、比較的活発に意見交換がなされるが明確な結論には至らず、単に方向性だけが決められ、コミュニケの形で概略を残すのみである。

　総合的にみると、政府内での意思決定プロセスでは首相と首相官房の役割は決定的と言って良いほどに大きく、それを政府事務総局が支える構造になっている。また大統領は、大きな方向性を打ち出し、重要な課題については直接介入できる権力をもち、稀にそうした行動を採るが、全体としては政府の実際の舵とりのかなり大きな部分を首相に任せざるをえない。首相の主導性は、次に見る議会との関係においてさらに顕著となる。

(4) 政府と議会

政府提出法案に関する首相の役割

　第五共和制憲法は、大統領に特殊な権能を与えているものの、他方では議会に対する政府の責任体制は維持されており、その中心は首相である。コアビタシオンの際、オルドナンスとは異なり、政府提出法案の議会への提出について、それを差し止める権限が大統領には与えられていないことがこのことをよく表している[66]。

　憲法39条によると、法律の提案権は議員と首相の両者にある。そして、政府提案の場合は、国務院の見解を徴したうえで、13条に基づいて閣議での審議にかけられた後、大統領がそのためのデクレに署名する。しかし、この手続きが他の案件と同じように大統領に一定の裁量権限を与えているかと言えば、そうではない。提案権者は首相であるうえに、議会内プロセスでどこまでの修正を受け容れるのかを判断するのも、また、政府の首長として議会に対して責任を負うのも首相だからである。

政府の信任手続きをめぐる首相と大統領

　政府が議会に対して信任を問う手続きには、49条の1項と3項がある。1項は政策プログラムあるいは全般的な方針の宣言に関するもので、単純過半数で決する。第3項は、政府提出法案にかかわる信任手続きである[67]。

---

66) ミッテランは、政府提出法案への拒否権限はないとはっきりと指摘している。閣議では、単に大統領が反対の見解をもっていることを公表するだけだとされている。Massot（2008：146）。
67) これは、第四共和制では「信任問題（question de confiance）」と呼ばれていたもので、政府の不安定さをもたらす一つの大きな問題と考えられていた。デュヴェルジェ（1990：49-51）。

これらの二つの手続きは、事前に閣議での審議を必要としている点で共通している。この手続きは、1986年までは、実質的に大統領の承認を取りつけることを意味していたが、本来の法令解釈からすれば説得的ではない。そして1986-88年の間に、49条3項はミッテラン大統領が反対したにもかかわらず、シラク政府によって何度か使われることとなった[68]。

立法に関する大統領の権限

　閣議への議題設定とその後の署名に加えて、大統領は立法プロセスにおいて二つの権限をもっている。一つは臨時議会の召集と閉会が大統領のデクレによって行われることであり、二つ目は法案が両院を通過したあと、署名をする前に、憲法院への付託と再審議の請求ができることである。

　コアンデの解釈では、これらの権限は大統領に意図的な拒否等の権限を与えるものではないが、実際には、歴代の大統領がそれを行使してきた。1960年にはドゴールは臨時議会の召集を拒否し、ミッテランも1987年12月に、臨時議会の召集とその議題の決定は大統領の権限だと宣言して政府が要求していた召集を拒否した。しかも当時のシラク首相自身、「これはまったくそのとおりで、大統領の権限だ」と認めている。したがって大統領は、立法機能にブレーキをかけたり、麻痺させたりする実際の権能をもっていることになる[69]。

---

[68] ただし、1997-2002年の3度目のコアビタシオンでは49条3項の使用はない。逆に、コアビタシオンではないが、2002-2007年の間には2度使われた。これに関連し、49条3項の信任手続きと44条の「一括投票」制度の意味については、Huber（1996）が詳しい。

[69] Cohendet（2012：94-96）。

結局、政府法案の立法プロセスにおいても、大統領には一定の影響力が確保されている。しかし、人事権などに比べれば強力とは言えない。この面では、政府の首長たる首相こそが中心なのである。

(5) 合理化された議会主義における首相の役割

次に、政府提出法案の扱いを中心とした政府と議会との関係を検討しておこう。

当初の第五共和制憲法における「合理化された議会主義」の大枠は以下のとおりである[70]。

1. 法律事項の限定。デクレ形式での行政命令の範囲を設定。また、これに関する合憲性審査の導入[71]。
2. 議会での法案審議プロセスにおいて政府の主導権を広範囲に認めた。

    本会議議事日程の設定における政府の決定的な権限、修正案の取捨選択と組み合わせた「一括投票」制度、政府の信任手続きによる立法、などが中心である。
3. 議会による政府統制の手段を大きく制約した。

    不信任案の可決条件を厳しくし（棄権者はカウントせず、母数は議席総数とした）、同時に政府責任を問う手続き要件を厳格にしてその機会を限定した。第五共和制での不信任案可決

---

70) 政府活動を安定化させるための「合理化された議会制度」は、すでにワイマール（1919）、オーストリア（1920）、チェコスロバキア（1920）、ポーランド（1921）などの憲法で取り入れられていた。Bradley and Pinelli（2012：655）。
71) この点については、Jan（2010：105-108）を参照。また、実質的な深刻さの度合いは別にして、従来の議会主権体制（régime d'Assemblée）からの大きな変更であることは間違いない。

は、1962年10月5日の対ポンピドー政府のみである。また、議会会期に制限があることもかなりの意味をもつとされる。
4．委員会権限の縮小。

　　常任委員会の数が六つに制限されるとともに、法案審議は、原則として当該法案のために設置する特別委員会において実施することとなった。また、本会議での審議では、委員会で修正された場合でも政府が提出した原案が対象となる。
5．議会の各議院の規則について、憲法院による合憲性審査を義務づけた（憲法61条）。

　　第三、第四共和制では各議院が規則を自己決定していたが、その結果、しばしば濫用に近い状態が生じていたとされる。1959年から2009年までの間に、69回にわたってこの規定によって審査がなされた[72) 73)]。

この構造のなかで首相がもつとされる権限は以下のようなものである。

まず、政府法案の提出権をもつのは首相であり（39条）、上下両院のどちらに提出するかを決定する。政府の名において本会議の議題をほぼ独占的に決定し（48条）、修正案の取捨選択を行い、さらに、いくつかの審議促進手続き（42条）、両院協議会の開催（45条）、一括投票（44条）、さらには政府の信任をかける手続き（49条）、などを適用するか否かを決定するのも首相である。これらの権限行使に際しては、対議会関係大臣や法案そのものに直接関係する大臣に

---

72) Assemblée Nationale（2009：201）。
73)「合理化された議会主義」の全体について、大山（2003）は、これらの他に閣僚と議員との兼職禁止を、また、福岡（2001）はさらに両院協議会による法案審議の促進、を挙げている。

よって実施されることもあるが、その権限は基本的に政府の首長である首相にあるとされている[74]。また、委員会段階では、政府提出法案に対する与党グループ・議員からの修正活動が最も重要である。通常、それへの対応は、担当の大臣とその官房に委ねられている。しかし、重要な論点について新たに判断する必要が生じた場合には、担当大臣の官房から、首相官房の担当者に対して連絡がされ、判断を仰ぐ仕組みになっている[75]。また、大統領に対して特別会期の議会の招集を要請するのも首相であり（29条）、（一定の手続きを踏んだうえで）追加の補充日程を設定する権限ももっている（28条）。

以上の検討が示すとおり、政府法案の立法プロセスにおける首相の役割は極めて大きい。つまり、統治システム全体の運用方針や政策の大きな方向性については大統領の主導性が大きいことは間違いないが、他方で、政府の実際の運営と政策の実施、議会との関係をコントロールすることに関しては首相の役割は極めて大きく権限も強力なのである。

3　統治システムの変容と日本への含意
―― 持続する変化とリバランス

(1) 議会機能の強化の動きと2008年憲法改正

近代以降のフランスは、頻繁な体制変動を経験してきたことで知られている。デュヴェルジェによると、フランス革命が起こった1789年から12の政体が相次ぎ、その間に革命が4度、クーデタが

---

74) Massot（2008）、Cohendet（2012）での解釈に加えて、Assemblée Nationale（2009：32-34）でも確認できる。
75) 前述のユーステル氏（当時財務省予算局次長）とのインタヴュー。

2度、外国の介入が2度、赤色恐怖政治が1度、白色恐怖政治が3度起こったとされる[76]。しかし第五共和制は、2008年7月の大改正に至るまで、合計24回の憲法改正を繰り返しながらも今日まで継続している。

比較的重要なものは、大統領の選出方法の間接選挙から全国民による直接投票への変更（1962年11月）、憲法院への合憲性審査の付託手続きの拡大（1974年10月）、そして1990年代以降、数度にわたるEU統合の諸条約にかかわる改正（マーストリヒト条約―1992年6月、アムステルダム条約―1999年1月、リスボン条約―2008年2月など）などである[77]。

また、政治制度の現代化と呼ぶべきテーマも憲法改正のなかで大きな束になっている。単一会期制の導入（1995年8月）、社会保障予算制度の創設（1996年2月）、大統領任期の5年への短縮（2000年9月）などが挙げられる。

他方、議会改革の動きは1970年代ころから開始され、とくに1990年代以降は着実に進みつつあった。1974年の憲法院への合憲性審査の付託権の拡大と対政府質問制度の導入、77年の調査委員会への強制調査権の再導入、ファビウス国民議会議長時代（88年6月から92年1月）の委員会改革、大臣質問制度の実験的導入、法律適用の監視強化、EUに関する議会代表団の改革などが実現した。

また、ミッテラン大統領は、1992年11月に広範な議会改革案を含む大規模な憲法改正の骨格を提案し、翌12月には「憲法改正諮問委員会」（通称、委員長の名前をとってヴデル委員会）を設置した。翌年2月に同委員会は、多くの議会改革案を含み、後の2008年大

---

76) デュヴェルジェ（1990：3）。
77) Jan（2009：2008-2019）。

改正へとつながる提案を提出した。

1994年には、セガン議長のもとで再び下院規則が改正された。66条の改正、7条の追加、4条の削除という大掛かりなもので、委員会運営における聴聞の扱い、修正案の手続き等が改正された。さらに、1995年の憲法改正による会期制度の改革、議事日程の配分ルールの変更などが行われ、翌1996年にも再び憲法改正が行われ、社会保障予算法の制度が作られて議会の審査権限が拡充された。また、議会公共政策評価局が設置されたのも1996年である[78]。

さらに、2001年8月には、予算組織法（LOLF: Loi organique no.2001-692 du août relative aux lois de finances）が成立し、政府の予算作成ルールの大幅な変更に伴う形で、議会での予算・決算審議の役割等を飛躍的に向上させる改正がなされた。同組織法は、4年あまりの準備期間を経て、2006年より正式に実施に移された。極めて重要な変更を伴うこの組織法が成立するまでの過程では、左派と右派とが実務の責任者レベルで十分な検討と準備を行い、実質的に全会一致に近い形で導入にこぎつけている。このことは、2008年の憲法大改革へとつながるという点でも非常に重要な意味をもった[79]。

2008年7月の憲法改正の直接の出発点は、2007年5月に当選したサルコジ大統領の選挙公約である。当選後、元首相のバラデュー

---

78) 福岡（2001：1-14）、大山（2003：69-74）。
79) ちなみに、LOLFの導入とほぼ同じ時期に、それと連動して「拡大委員会制度」（Commission élargie）が本格的に動き始めたことも、議会改革の加速の動きとして注目に値する。Assemblée Nationale（2007）：72-73．ジャック・ローズ氏（国民議会事務局予算委員会担当副部長）へのヒアリング（2010年3月16日）でも、同制度の重要性が大きくなっていることが確認された。議会改革が全体として大きく動き始めていたということである。

ルを委員長として「第五共和制の諸制度の現代化と均衡回復に関する検討および提案のための委員会」(通称バラデュール委員会) を設置し、その提案をうけて法案化されたものが、翌 2008 年 7 月に、最終的に両院合同会議において可決され成立した。

改正の概要は以下のとおりである[80]。

1. 基本理念・主権について
   男女の平等参画、多元的な意見表明の保障
2. 大統領制の改革
   大統領の多選制限、大統領による任命に関する議会の常任委員会による拒否権の創設、大統領の議会 (両院合同会議) における声明の創設
3. 国民投票制度の拡充
4. 議会改革
   a. 議会の機能として、政府行為の監視と公共政策の評価を明示
   b. 国民議会と元老院の議員数の上限の設定
   c. 国民議会における在外フランス人代表の導入
   d. 選挙区の確定・議席配分に関する独立委員会の創設
   e. 公共財政の複数年にわたる方針の法定化・会計均衡目標の導入
   f. 決議制度の導入
   g. 政府の軍事介入決定に関する議会への通知と承認
   h. 委員会の機能強化
   i. 法律案に関する修正権の抑制
   j. 両院協議会の開催要求のための要件の緩和

---

[80] 三輪 (2009)。また、辻村・糠塚 (2012：102-106)。

k．各議院の本会議の議事日程決定権の強化
　　l．政府信任手続きを用いた立法手続きの限定
　　m．政府の声明の創設
　　n．会派の権利、野党会派・少数会派の特別な権利の明示
　　o．政府の監視・政策の評価を行うための調査委員会の創設
　5．会計検査院の機能強化
　6．司法改革
　　具体的案件に係る違憲審査制の導入、司法官職高等評議会の民主化
　7．その他

　改正条項は広範にわたったが、なかでも議会機能の強化が極めて大きな比重を占めていることは明らかである。会計検査院の強化も、実質的には議会の政府監視機能を補佐することが中心であり、これらがとくに90年代以降進められつつあった議会機能の再強化の動きを憲法レベルに反映させた面の大きいことがわかる[81]。逆に、大統領の権限については、一部（議会での声明が可能になった点）には強化された面があるものの、多くはむしろその権能を制約するものである。したがって、改正の主な方向性は、議会機能の強化によって統治制度全体をよりバランスのとれた均衡状態に戻すことであったと言える。

　ただし、大統領の主導性が全体として弱まったとは言えない。すでに指摘したように、大統領と国民議会の任期が5年でそろえられ、原則的に大統領選挙に続いて国民議会選挙が実施されることとなったため、コアビタシオンの可能性は極めて小さくなり、その意味で

81）この改正にともなう議会による政府活動への統制強化については、服部（2013）を参照。

大統領が多数派のリーダーとしての地位と権限を確保できるようになったことは明らかだからである。

しかしながら、大統領権限の強化によって「半大統領制」を改革することがサルコジ大統領の当初の最大の目的であったことからすると、この最終結果は、より大きな変化の流れを反映していたことがわかる。そしてそれは、議会の再興と憲法体制のリバランスと言ってもよいであろう[82]。

(2) 統治の安定化・集権化と民主制強化とのリバランス

フランスの第五共和制は、「執政府のあいまいな二頭制」と呼ばれることがある[83]。それは、行政権の二重の正統性と呼ばれることも、また首相の二重の責任制と表現されることもある。国家元首である大統領が単なる裁定者の役割を超えて政治的行為者としての側面を強くもっていることも明らかである。そして、議会多数派を掌握する大統領が、規律の効いた政党と合理化された議会主義によって、実質的には政府全体を統制するリーダーの役割を果たしてきたことも事実である。それが、規範的な側面では権限の逸脱的濫用という批判を受けてきたとしても、大統領の主導性は第五共和制の制度が持続するなかで正統性を強めてきたと言える。そして、ドゴールの個人的な威信を大きな支えとして出発した体制は、ミッテラン大統領と社会党政権への政権交代によって、十分な定着を実現したといえる[84]。

---

82) ただし、大統領の国防上の権限が明確化されたことには留意する必要がある。三輪（2009：729）。
83) François（2011：66）。
84) デュヴェルジェ（1990：第3部）。

確かにコアビタシオンは、この第五共和制憲法にはまったく異なった体系的な解釈の可能性があることも示した。それは、裁定者、憲法制度の正常な機能を保証する者としての大統領の役割であり、政治的行為者としてのそれではない。まさに、あいまいな二頭制の制度的な基盤はここにあったのである。

　しかし、2000年10月の憲法改正によって大統領任期が5年に短縮され、さらに翌年5月の組織法によって国民議会との選挙のタイミングが基本的にそろえられた結果、コアビタシオンの可能性は大きく減じた。これは恐らく、大統領を実質的な多数派のリーダーとする政治体制が続き易くなったことを意味している。2007年から5年間にわたってサルコジ大統領のもとで首相を務めたフィヨンは次のように述べている。「サルコジ大統領は、政府全体と行政機構を指揮するという真正の意思をもっている。私には、それを拒否する理由はない。それが共和国の制度の現実だと考えるからだ。私の役割は、大統領の提案が実現可能なものか否かを判断すること、そして政府の調和を図ることだと考えている」[85]。これは恐らく、サルコジ大統領のパーソナリティを反映したやや極端な状況ではあろう。しかし、「共和国の制度」とは多数派現象を含むもの、つまり、全体的な政治行動のパターンが大統領を中心として構造化された状況だと考えれば、フィヨン首相の言うとおりであろう。

　結局、第五共和制の統治体制の全体像について、議会機能の再強化と全体のリバランスという観点を交えながらまとめると、以下の

---

85) Bacqué（2008：92）。ただし、Massot（2008：197）からの引用。またフィヨンは、政府の政策の立案者としてではなく、大統領の政策プログラムの実行者として、大統領の「スーパー官房長」としての役割を担うことを受け容れたとされる。Conac et Le Gall（2009：280）。

ようなことが指摘できよう。

一つには、「半大統領制」は、大統領と首相との曖昧な共存状態というよりは、かなり明確な上下の指揮命令関係に落ち着きつつある。大統領が多数派のリーダーとして決定し、政府・首相が執行するという構造である。それは、大統領選挙が明らかにマニフェストを掲げて争われるようになったうえに、議会選挙がその直後に行われるようになったために一層強化されてきたと考えられる。大統領が政治的に無答責であるという法的原則には、もちろん変化はない。しかし、少なくとも5年後には選挙の洗礼が待っている。一定の民主的責任サイクルに近い仕組みが機能しているとも考えられる。いずれにしても、フランス人の大半はこうした大統領制に近い形での正統性の担保に一定の理解をするようになったと見てよい。

大統領と首相との関係は、大統領のパーソナリティに大きく影響を受けることは明らかである。しかし他方で、議会との関係のうえでの権限体系（対議会の政府責任原則）、物理的な補佐機構のあり方、政府内部での首相の裁定権に基づく意思決定システムなどを見る限り、首相の役割を完全に消し去ることは不可能であろう。第三・四共和制時代には大統領が「消え去った」ことがあったのとは異なり、第五共和制の首相が消え去ることはないのである。

これらの状況から、全体としては大統領と首相が上下関係で連結するとともに、それぞれが集権的な指揮権能を発揮する体制をもつ形として理解することができる[86]。つまり、縦につながれた2重の

---

[86] 1989年に筆者が実施した、国政上の影響力者は誰かと問うたフランス国民議会議員へのアンケート調査でも、与野党を問わずその回答はほぼ9割が大統領であり、この第一人者を除いて2番目の影響力者を問うた時の回答は、50〜70％が首相であった。同じ時期の日本では、首相を第一の影響力者と答えたのは、逆に与党自民党でも野党社会党でもともに半数以下であっ

集権構造が、変化の結果到達した第1の特質と言うことになるであろう。そしてこれは、ヨーロッパの議院内閣制諸国において通常の国家元首がもつ裁定者の役割と多数派のリーダーとしての役割とを大統領が兼ね備えるとともに、政府内部での首長としての首相の権能の強さが組み合わされたものである。

第2に、議会機能の強化による統治システム全体のリバランスである。合理化された議会主義の骨格を残しつつも、さまざまな面で政府への監視の仕組みが導入された結果、政府の一方的な優越性は取り除かれてきた。コアビタシオンの可能性を小さくし、大統領を真のリーダーとする形での政府の集権化が進められた一方で、国民の代表機関である議会機能の強化、つまりは民主的な統制の仕組みをより幅広く、奥行きのあるものへと拡充する方向とが組み合わされてきたと言えよう。

おわりに

フランスの第五共和制は、インドシナ戦争から北アフリカでの相次ぐ植民地独立運動、とくにアルジェリアにおける内乱状態に近い深刻な状況から生み出された。2世紀近くにわたる政府の不安定という背景を抱えるなか、ドゴールのイニシアティヴが強く反映されたと言える。しかし、その後の第五共和制の足取りを見ると、右派と左派が国民の大多数とともに体制の骨格を受容し、多数派現象と政権交代がセットとなって安定するとともに、合理化された議会主義から、議会権能の拡充を伴った一定のリバランスへと動いてきた。一言で言えば、第五共和制は持続し、安定性を強めてきたのである。

たのとは大きく異なる。野中（1995：242）。

そしてそのコインの裏側は、ほとんど常に変化し続けたという事実であろう。2008年の大改正に至るまでに、憲法改正だけで24回に上ったのに加えて、組織法による改正が102回も行われた[87]。ヨーロッパ統合の進展とともに、EUでの合意を国内で実施するための法体系の改正が頻繁に必要になってきたことに加えて、議会をはじめとした政治制度を現代化するために多大な努力が払われ続けたからである。しかし、制度変化の一方で、現実の政治にも大きな変動が起こりつつある。1980年代に始まった極右の国民戦線の勢力の拡大は、第五共和制の憲法・政治制度のロジックをも突き崩しながら続いている。制度と現実のせめぎ合いは姿を変えながら続いているということである。

最後に、日本政治にかかわる若干の含意を指摘しておこう。

一つは、制度を変更し改善する頻度である。この点では、日本の現憲法が一度も改正されていないことは象徴的である。また、国会制度にかかわる金縛りのような状態も、フランスの状況とは大きく異なっている。

二つ目に、政治的なリーダーシップのあり方である。大統領と首相との関係にかなりの特徴があるが、いずれにしても、集権的な権限構造と、それを実際に支える一定の機構や行動ルールが形成されている。短く言えば、政治の意思決定の構造が明確になっていることである。とくに政府内では、首相と首相官房、政府事務総局を軸として、実質的に議院内閣制諸国でのCabinet Committeeシステムと同じような意思決定の仕組みが構築されており、権限の集中と決定のスピード、そして行政に対する「政治」の優越性もはっきりとしている。

---

87) Luchaire, Conac, et Prétot eds.（2009：2097-2104）。

三つ目に、国家元首たる大統領の、裁定者としての役割には、フランスの場合にもかなり複雑な実態と「逸脱」がある。しかしいずれにしても、憲法体制の正常な運用のために、大統領には大きな役割があるとともに、憲法院にも重要な機能があり、しかもそれらは拡充されてきた。しかし日本には、実質的にこうした制度がほとんど不在である。最高裁判所の違憲立法審査権にはさまざまな制約があるし、政府の一部局であるはずの内閣法制局がこれを肩代わりするということならば、まるでおかしな制度構造と言わざるをえない。

　日本とフランスには、むろんさまざまな違いがある。それらは時に根本的である。しかし同時に、グローバル化が不可逆的に進む現代にあって、フランスの動向も、我々にとって多くの示唆を与えるものであることは間違いない。

参考文献

植野妙実子編（2011）『フランス憲法と統治構造』中央大学出版会。
大石眞（1988）『議院自律権の構造』成文堂。
大嶽秀夫・野中尚人（1999）『政治過程の比較分析』放送大学教育振興会。
大山礼子（2003）『比較議会政治論』岩波書店。
大山礼子（2013）『フランス政治制度』（改訂版）東信堂。
古賀豪・奥村牧人・那須俊貴（2010）「主要国の議会制度」『レファレンス』
　2010年3月。
櫻井陽二編（1995）『フランス政治のメカニズム』芦書房。
下條美智彦（1999）『フランスの行政』早稲田大学出版部。
シャルロ, J.（1976）『保守支配の構造』みすず書房。
辻村みよ子・糠塚康江（2012）『フランス憲法入門』三省堂。
デュヴェルジェ、M.（1990）［平林正司・木俣章・田代訳］『市民の共和国』
　三嶺書房。

デュヴェルジェ、M.（1995）［時本義昭訳］『フランス憲法史』みすず書房。
野中尚人（1995）『自民党政権下の政治エリート』東京大学出版会。
野中尚人（2005）「高級行政官僚の人事システムについての日仏比較と執政中枢論への展望」比較政治学会編『日本政治を比較する』165-228頁。
野中尚人（2008）「フランスの公務員制度」村松岐夫編『公務員制度改革』学陽書房、207-265頁。
服部有希（2013）「フランスの議会による政府活動の統制――2008年憲法改正による議会権限の強化」『外国の立法』255、2013年3月。
濱野雄太（2014）「フランスの行政府における大臣キャビネ」『レファレンス』2014年3月。
ビルンボーム、P.（1988）［田口富久治監訳・国広敏文訳］『現代フランスの権力エリート』日本経済評論社。
福岡英明（2001）『現代フランス議会制の研究』信山社。
福岡英明（2011）「大統領」植野妙実子編『フランス憲法と統治構造』中央大学出版会。
ヘイワード、J.（1986）［川崎信文・岩本美砂子・古川都・田口富久治訳］『フランス政治百科』（上・中）勁草書房。
三輪和宏（2009）「フランスの統治機構改革――2008年7月23日の共和国憲法改正」『レファレンス』2009年5月。
山口俊夫（1978）『概説フランス法 上』東京大学出版会。
吉田徹（2008）「フランスのコア・エグゼクティヴ」伊藤光利編『政治的エグゼクティヴの比較研究』早稲田大学出版部。
リヴェロ、J.（1982）［兼子仁・磯部力・小早川光郎訳］『フランス行政法』東京大学出版会。
レモン、R.（1995）［田中正人・塚本俊之訳］『フランス 政治の変容』ユニテ。
渡辺啓貴（1998）『フランス現代史』中央公論新社。

Assemblée Nationale（2007）*Lois de finances et lois de financement à l'Assemblée Nationale*.
Assemblée Nationale（2009）*L'Assemblée Nationale dans les institutions françaises*, Assemblée Nationale.
Bacqué, Raphaëlle（2008）L'enfer de Matignon, Albin Michel.
Bonte, Bérengère（2010）*Dans le Secret du Conseil des Ministres*, Editions du Moment.
Bradley, Anthony W. and Pinelli, Cesare（2012）"Parliamentarism" in Michel

Rosenfeld and Andras Sajo eds., *The Oxford Handbook of Comparative Constitutional Law*, Oxford U. P.

Carcassonne, Guy (2013) *La Contitution*, 11ème éd, Edition Pointe.

Cohendet, Marie-Anne (2009) "Article 9" in F. Luchaire, G. Conac et X. Prétot éds., *La Constitution de la Cinqième République, Economica,* pp.371-387.

Cohendet, Marie-Anne (2012) *Le Président de la République*, 2nd éd. Dalloz.

Colliard, Jean-Claude (1998) *Les Régimes Parlementaires Contemporaines*, Presses de la FNSP.

Conac, Gertard et Jacques Le Gall (2009) "Article 5" in F. Luchaire, G. Conac et X. Prétot éds., *La Constitution de la Cinqième République, Economica,* pp.229-297.

Duhamel, Olivier (1980) *La Gauche et la Vème Réplique*, PUF.

Duverger, Maurice (1996) *Le Système Politique Français*, 21ème éd, PUF.

Elgie, Robert (1999) *Semi-Presidentialism in Europe*, Oxford U. P.

François, Bastien (2011) *Le Régime Politique de la Vème République*, 5ème éd, La Decouverte.

Hayward, Jack and Vincent Wright (2002) *Governing from the Center: Core Executive Coordination in France*, Oxford U. P.

Huber, John (1996) *Rationalizing Parliament: Legislative Institutions and Party Politics in France*, Cambridge U. P.

Jan, Pascal (2009) "De la révision, Article 89", in F. Luchaire, G. Conac et X. Prétot, éds., *La Constitution de la République française*, 3ème éd. Economica, pp.2008-2019.

Jan, Pascal (2010) *Les Assemblées Parlementaires Françaises*, La documentation Française.

Jan, Pascal (2011) *Le Président de la République au Centre du Pouvoir*, Documentation Française.

Luchaire, François, Gérard Conac et Xavier Prétot éds. (2009) *La Constitution de la République française*, 3ème éd. Economica.

Massot, Jean (2008) *Chef de l'Eat et chef du government : La dynarchie hiérarchisée*, La documentatin Française.

Parodi, Jean-Luc (1988) "Elements constitutifs et combinatoires institutionelles", in O. Duhamel, et J. -L. Parodi, éds., *La Constitution de la Cinquième République,* Press de la Fondation Nationale des S.P.

Quermonne, Jean-Louis (1987) *Le Gouvernement de la France sous la Ve Ré-

publique, 3ème éd, Dalloz.
Rasch, Bjorn Erik and George Tsebelis eds.（2011）, *The Role of Governments in Legislative Agenda Setting*, Routledge.
Samuels, David and Mathew Shugart（2010）*Presidents, Parties, and Prime Ministers: How the Separation of Powers Affects Party Organization and Behavior*, Cambridge U. P.
Schrameck, Olivier（2001）*Matignon Rive Gauche*, Le Seuil.
Schrameck, Olivier（2006）*Dans l'ombre de la République*, Dalloz.

第8章

アメリカ：変革なき権力分立型統治システムの課題
オバマ政権1期目の事例から

廣瀬　淳子

はじめに

アメリカの統治システムは大統領制、あるいは権力分立制と分類される。政治的意思決定をめぐる点では、大統領と連邦議会で立法権が共有され競合する関係にあり、抑制と均衡が重視される一方、両者を調整するシステムは欠如している。ジョーンズはその特質を、「共有された権力を競っている分離した機関による政府」[1] としている。

サルトーリは、このように権力が分立した構造になればなるほど、統治システムが機能するためには、両者が同一の政党により統制されることが必要となるとしている。両者が異なる政党によって占められる分割政府（divided government）に対しては無防備な分立した権力であり、このようなアメリカ連邦憲法のもとでも政府が機能する3要因として、思想的な無節操、脆弱で無規律な政党、地域中心的な政治を挙げている[2]。

ラニーは、アメリカの政党はウェストミンスター・モデルの諸国のようなより内部規律が確立し、イデオロギー的にも一致し、二大政党間で対立軸が明確な責任政党制を目指すべきであるとする見

---

1) Jones（1999）。
2) サルトーリ（2000：98-100）。

解[3]に対して、アメリカのような権力分立制を採用し、大統領と連邦議会が別個の選挙で選出され、多数派による決定を制約する憲法システムのもとでは、責任政党は政治的な大惨事をもたらすと指摘していた[4]。

現代においては、分割政府が常態化しており、構造的にアメリカの統治システムの機能は、政党のあり方に大きく左右される状況にある[5]。アメリカの政党制は、諸外国では例外的ともなっている二大政党制を維持している。ヨーロッパ諸国と比較すれば制度化されていない政党制であり、選挙のための政党とされ政策政党ではなかった。その実態は大きく変化しており、サルトーリの指摘した三つの要因はいずれも現在では満たされなくなっている。

現在常態化しているのは、非常にイデオロギー的に分極化し、党派で結束している議会内政党のもとでの分割政府である。ラニーの指摘した政治的大惨事を招く条件となる責任政党制に近づいてきている。その原因としては、有権者の投票行動の変化や政党支持基盤の変化等を挙げることができる。連邦議会においては議会改革により会派指導部の権限が強化され、会派の規律の指標となる党派投票は一貫して増加する傾向にある。連邦議会で扱う政策課題も戦前とは比較にならないほど広範な分野に及んでいる[6]。

---

3) American Political Science Association (1950)。
4) Ranney (1951)。
5) 後述するように、現代の政治的意思決定についても、政党の役割を重視せず、大統領と個々の議員の政策選好によって説明できるとするKrehbielらの合理的選択論の研究者も存在する。しかし、大統領と連邦議会との交渉が会派指導部中心に行われていることや議会内で会派の規律が強化される傾向がみられることから、その立場は取らない。
6) 1960年代以降の福祉国家化により、州政府などの地方政府でもっぱら扱われてきた課題が、連邦政治の課題となってきた。Pierson (2007)。

近年では党派対立の激化により、抑制と均衡を重視し迅速な政治的な意思決定を阻む統治システムのもとで、政治の機能不全と行き詰まりが大きな課題となっている。しかしこれらの課題を解決するために、統治システムを憲法レベルから抜本的に改革するべきであるとする議論は、アメリカにおいては近年ではまったくと言ってよいほど見られない[7]。権力分立制を基礎とする憲法構造に対する支持は現在でも非常に高いといえよう。1990年代以降では有権者はむしろ、統一政府となり大統領が大きな権限を行使してその望む政策を迅速に実現できることを嫌っているかのような、あえて分割政府を生じさせる投票行動を繰り返している[8]。つまり政治制度に対してではなく、政治家の側が現行の制度のもとで適切な合意形成ができず、対立を繰り返していることに対して批判が強いのである。しかし、イデオロギー的に分極化した分割政府のもとで超党派の合意を形成するには非常に時間がかかり、いかなる大統領にとっても非常に困難なプロセスである。

---

7) サンドクィストは、アメリカ政治の機能不全に対する有効で実現可能性のある統治システムの改革案として、大統領、副大統領、上院議員、下院議員の一括名簿による投票、下院議員の4年任期、上院議員の8年任期、議員と閣僚との兼職の容認などの議院内閣制的な制度を導入するための憲法改正を提案している。Sundquist (1986)。ダールは、連邦憲法の規定する大統領選挙人による大統領の間接選挙や、州の人口規模にかかわらず各州から2名ずつ選出される上院議員の選出方法の非民主性を批判し、憲法改正を主張している。ダール (2003)。またオーンスタインらは、アメリカ政治の機能不全を強く批判しているが、憲法レベルの改革ではなく、連邦議会上院の議事規則の改革、法律レベルでの大統領の権限強化、政党政治の改革等を提案している。Mann and Ornstein (2012)。
8) たとえば統一政府であったG・W・ブッシュ政権のもとでのイラク戦争や、後述するオバマ政権の医療保険改革に対しては強い反動がみられ、大統領の政党は連邦議会での多数党の地位を失う結果となった。

本稿では、アメリカの統治システムをめぐる制度と政党制の特色を概観したうえで、戦後における政党制をめぐる変化の状況を示し、オバマ政権1期目の事例から、近年の課題を明らかにする。

1 アメリカの統治システムの特徴と変化

(1) 統治システムの特徴

アメリカの統治システムは、その制度的安定性と継続性に大きな特徴がある。基本的な制度は、連邦議会上院議員の選出方法と大統領の3選禁止を除き1788年の連邦憲法制定時から変化していない。その一方で、連邦政府の果たす機能や、議会大統領関係などの実態面では大きく変化してきた。

政治的な意思決定については、効率性や迅速性よりも権力の抑制と均衡を重視したシステムとなっている。行政権、立法権、司法権が分立的であると同時に、これらの権限が異なる機関で部分的に共有されている。機関同士が対立した場合の調整の仕組みは、制度的には存在していない。その結果、法律や予算が成立しない政治的な行き詰まり（gridlock）や、成立まで非常に長期間を要する停滞を招きやすくなっている。

ニューシュタットは1960年にアメリカ連邦憲法で定められた統治システムの特徴について、「分離された機関による共有された権力」とし、立法に関する大統領の憲法上の権限は非常に限られており、「大統領の権力とは、説得する権力である」[9]としていた。立法権が共有されている以上、両者の協力なしには法律や予算を成立させることはできない。しかし、1970年代以降になると大統領と連

---

9) Neustadt（1960：10）。

邦議会の相互の立法に関する競合関係と対立が深まっていったことから、ジョーンズは両者の関係を前述のように「共有された権力を競っている」関係としている[10]。この両者の関係を規定するうえで重要なのが、政党制のあり方である。

大統領と内閣制度

大統領は、副大統領とともに大統領選挙人による間接選挙で選出される[11]。任期は4年で、連続して2期までしか務めることはできない[12]。

連邦憲法第2条第1節第1項は、「行政権（Executive power）はアメリカ大統領に属する」と大統領の独任制を定めており、「行政権は、内閣に属する」（日本国憲法第65条）とする日本とは異なり、行政権は大統領個人に帰属している。大統領には外交や軍の最高指揮官としての権限も付与されている。

立法権について大統領は、自ら必要かつ良策と考える施策について連邦議会に審議するよう勧告できることができ[13]、通常は連邦議会両院の合同会議において一般教書演説として提示される。大統領には両院を通過した法案に対する拒否権も付与されており、これを覆すには両院の3分の2の再可決が必要である[14]。

アメリカ連邦憲法には内閣に関する規定は存在せず、また、日本の内閣法に相当する法令も存在しない。このため、内閣の構成、地

---

10) 近年の大統領と議会の競合関係については Thurber ed.（2006）、両者の憲法上の権限をめぐる対立については Fisher（2007）参照。
11) 連邦憲法第2条第1節。
12) 連邦憲法第22修正。
13) 連邦憲法第2条第3節。
14) 連邦憲法第1条第7節第3項。

位、権限、閣議の決定過程等については法令上の明文規定は存在せず、大統領が閣僚級としたものが内閣を構成すると考えられ、その他も大統領の決定にすべて委ねられている。日本の内閣の連帯責任（日本国憲法第66条第3項）や、事務の分担管理（内閣法第3条第1項、国家行政組織法第5条第1項）といった概念は存在しない。内閣は通常、大統領、副大統領、各省長官、その他大統領の選択する大統領補佐官や行政管理予算局長等で構成され、大統領に対する諮問的な役割を果たす。なお、各省長官等の責務については、各省設置法において規定されている。

閣僚は連邦議会の議員と兼務することはできない。アメリカにおいては、議院内閣制の諸国とは異なり、閣僚となることは連邦議会議員の政治的な目標とは必ずしもなっていない。閣僚に政治家ではなく企業経営者や研究者が任命される場合もあり、政策分野への専門知識と組織運営の経験が求められる。閣僚は、大統領の指名に基づき、連邦議会上院の承認を経て任命される。罷免は大統領によってなされ、連邦議会は弾劾の場合を除き関与できない。

大統領は、行政各部局の長に対して、それぞれの職務に関するいかなる事項についても、文書によって意見を述べることを求めることができる[15]と規定されているが、実際には初代ワシントン大統領以来、閣議を開き、閣僚が直接意見交換を行っている。もちろん、大統領の政策決定は、閣議に諮る必要はない。閣議の開催決定、出席者の選定、議題等は、すべて大統領の決定による。閣議の開催頻度は政権によって異なるが、一般に全閣僚が集まる閣議の頻度は低いとされている。

大統領の活動を支えているのは、大統領行政府（Executive Office

---

15) 連邦憲法第2条第2節第1項。

of the President）と大統領補佐官である。大統領行政府は、ホワイトハウス・オフィス（Office of the President、ホワイトハウス事務局とも呼ばれる）、副大統領事務局（Office of the Vice President）、大統領行政府に属する各機関（Agencies of the Executive Office of the President）、大統領諮問機関（Presidential Advisory Organizations）で構成されている。大統領行政府の組織は、法律により設置されたものと、再編計画や大統領令によって設置されたものがある。政権ごとに大統領の優先政策課題に合わせて、新設や改編、または廃止される。

大統領行政府と大統領補佐官を制度化したのは、フランクリン・ルーズベルト大統領である。大恐慌後の一連のニューディール政策を実現するために、1939年に予算局（Bureau of Budget: BOB）を財務省から大統領行政府に移管し、ホワイトハウスの機構や人員を整備していった。予算局が大統領行政府に移管されたことで、連邦予算への大統領の関与が強化され、予算局が行政管理を直接担当することになったことや、各省庁が原案を作成する法案が大統領の政策と合致しているかを、連邦議会に送付する前に一元的に審査し管理するようになったことから、大統領の影響力が強化された。ルーズベルトは、現代的な大統領制や大統領行政府を誕生させたと評価されている[16]。

戦後でも大統領が立法過程で果たす機能を補佐する組織の整備が進められ、大統領権力の組織化や制度化が一層進展した。たとえば、アイゼンハワー大統領はホワイトハウスに、政権の優先課題について連邦議会に対してロビーイングを行う立法担当室を設置した。予算局は行政管理予算局（Office of Management and Budget: OMB）に

---

16) Bruke（2000：1-12）。

改組され、各省庁からの法案への拒否権行使の可否に関する意見の集約をする体制の整備が図られた。大統領補佐官などのホワイトハウスのスタッフや大統領行政府については、その後も予算や人員が強化され、世界的にみても大統領を補佐する体制が非常に整備されている[17]。最も規模が大きかったのは帝王的大統領といわれたニクソン政権時であった[18]。

省庁間の情報共有や政策調整を行い、場合によっては政策決定の役割を担っているのは、国家安全保障会議（NSC）、国家経済会議（NEC）、国内政策会議（DPC）などの関係閣僚による会議体である。これらの会議の実質的な役割や組織等は、政権ごとに異なる。このような省庁間政策調整会議が発達していることも、アメリカの大統領制の特色である。いずれの会議も全メンバーが出席する正式な会議より、そのもとに設置されている各種委員会等で実質的な業務を遂行している。それぞれの会議は担当の大統領補佐官をスタッフの長として、そのもとに独自のスタッフを擁しているため、関係省庁から独立して活動することが可能となっている。政策調整が有効に行われるかどうかは、大統領補佐官と閣僚の関係によるところが非常に大きいとされている[19]。

大統領補佐官の職務や権限について規定する法律は存在せず、給与に関する規定の範囲内で、大統領が任命する。オバマ政権においては、約20名の大統領補佐官が置かれている。首席補佐官（chief of staff）は、文字どおり首席たる大統領補佐官であり、大統領の側

---

17) これは、大統領の独任制を採用している内閣制度にも起因している。
18) ニクソン政権時には5000名近いスタッフがいたが、オバマ政権の2010年度での予算定員は1765名となっている。これまでの変化については、Patterson（2008）、Hess（2002）、廣瀬（2007：43-58）参照。
19) たとえばNSCについては、Inderfurth and Johnson eds.（2004）参照。

近としてホワイトハウスを統括してスタッフを管理し、閣僚、行政各部、連邦議会や各種団体等との折衝や調整役を務め、政権運営全般を補佐する。国家安全保障問題担当大統領補佐官は、外交、安全保障政策立案の助言、省庁間調整、政策実施の調整、NSCの運営と、そのスタッフの統括を担当している。現代の大統領制において、大統領補佐官は政策形成や省庁間政策調整で不可欠な役割を果たし、大統領補佐官なしには機能しえなくなっている。

戦後の長期的な傾向として、閣僚を中心とする政権運営から大統領補佐官を中心とする政権運営に変化してきた。大統領が巨大な連邦政府をコントロールするには、もはや閣僚を中心とする政権運営では不十分で、さまざまな調整等を行う大統領補佐官の実質的な機能や権限が増大してきている。大統領補佐官は、大統領にとってはその任命に上院の承認が不要であるなど自由度の高いシステムで、少数の関係者による意思決定の迅速さ、情報漏えいの可能性の低さ、省庁の利益や官僚制にとらわれずに大統領の優先課題を実現できること、議会証言の必要がないことなどから大統領が自在に使いこなすことが可能となっている。他方、ホワイトハウスのスタッフの肥大化、組織の非効率、説明責任を負わずに政策に影響力をもちすぎること、近視眼的で政治的判断を重視しすぎること、少数の大統領補佐官への権力の集中、などが課題とされている[20]。

連邦議会

連邦議会は、上院（Senate）と下院（House of Representatives）で構成される二院制を採用している。定数は、上院が100名、下院が435名である。下院議員の任期は2年で全議員が同時に改選され

---

[20] Patterson（2000）参照。

る[21]）のに対して、上院議員の任期は6年[22]で2年ごとに3分の1が改選される[23]。選挙区は下院議員が全米で435の小選挙区であるのに対して、上院議員は州を選挙区として各州から2名がそれぞれ異なる時期に選出されるため、1回の上院議員選挙では州単位の小選挙区制となる。アメリカは連邦制を採用しており、上院議員は各州から同数（2名）の議員が選出されるため、上院は州の代表機関とも分類される。連邦議会選挙は、大統領選挙が行われる年には大統領選挙と同時に実施され、大統領選挙のない年の選挙は中間選挙と呼ばれる。各党の候補者の選定は予備選挙による。

　法案の提出権は両院の議員のみが有し、両院を通過した法案は大統領の署名を経て法律として成立する。法案審議について両院は対等の権限をもつが、連邦憲法は、歳入法案の下院先議を定めている[24]。上院も他の法案と同じく、歳入法案についても修正等の審議は下院と同様に可能である。歳出予算法案については、下院先議の慣行もある。

　連邦憲法は上院にのみ、条約と人事の承認権[25]を定めている。連邦憲法上、立法権においては下院と対等な権限をもち、上院にのみ条約や人事承認権が付与されていることから、権限の面では先進諸国の第二院と比較しても強い権限をもつ[26]。

　上院議員の選出方法が、1913年に州議会による選出から直接投

21）連邦憲法第1条第2節第1項。
22）連邦憲法第1条第3節第1項。
23）連邦憲法第1条第3節第2項。
24）連邦憲法第1条第7節第1項。
25）連邦憲法第2条第2節第2項。
26）レイプハルトは、「強い二院制」に分類している。レイプハルト（2014：170-172）。

票へと変更された[27]。これ以外に憲法レベルでの基本的な制度の変更は行われていない。近年においては、1970年代と1995年に大規模な議会改革が行われた。

1970年立法府改革法、1973年戦争権限法、1974年議会予算法などによる1970年代の一連の議会改革では、ベトナム戦争やウォーターゲート事件への反省から、肥大化した大統領権力に対抗して、武力行使の承認や予算の面から連邦議会の権限の拡充を図ると同時に、法案審議に強い影響力をもっていた常任委員長の権限を議会指導部と小委員会への権限の集約と分散をし、会派の多数派の意向がより立法過程に反映されやすくする改革が行われた[28]。下院では40年にわたる民主党多数派議会の後に1995年に登場した共和党の議会改革では、委員長から指導部への一層の権限の集約が図られた[29]。他方で1995年の議会改革では、小委員会の設置数の削減や小委員長の権限を委員長に移す改革も実施された。

アメリカ連邦議会の制度的特徴の第一として挙げられるのは、立法や行政監視における連邦議会の権限の強さである。大統領と連邦議会の立法をめぐる権限についてみれば、議院内閣制的要素を排除した大統領制となっていることから、大統領は法案の拒否権を除いて、法案の提出権や議会の解散権をもたない。また大統領は、連邦議会において法案の審議日程の決定に関与したり、法案の通過を図る手段をもたない。大統領は政権の優先立法課題や予算について教書として連邦議会に送付し、議会指導部を中心にその成立を求めて議員を説得するのみである。大統領制を採用する諸国の議会と比較

---

27) 連邦憲法第17修正。
28) Sundquist (1981)。
29) 詳細については、廣瀬 (2004：125-155) 参照。

しても、政府あるいは大統領の立法に関する権限が制約されている。また、議会での修正も多く、制度面だけではなく実態としても議会の立法権限が強いといえる。1970年代の一連の改革までの時代は、委員会政府と呼ばれたように年功で選出される委員長が法案の審査に大きな権限をもち、委員会における修正が中心であった[30]。その後、とくに1995年以降の共和党多数派議会においては、指導部の意向を反映した本会議での修正が重要性を増している[31]。ただし、上院では委員会に付託されずに本会議で審議される法案も多く、法案修正の中心はむしろ本会議となっている。

行政監視についても、上院の条約や人事承認、財政面からの統制、委任立法の統制、常任委員会による恒常的な行政監視、連邦議会への各種報告義務などの制度が発達している[32]。

第二に、上院の権限が強い二院制となっている点である。上院では下院とは異なり、個々の議員の発言や修正案提出の権利が下院より広範に認められている。上院ではフィリバスターと呼ばれる議事妨害が可能で、これを打ち切るには上院の5分の3の賛成が必要であり、個々の議員が実質的に拒否権をもっているにも等しいことから、立法過程において上院の影響力が大きな二院制となっている[33]。また、このような上院の存在は、統一政府のもとでも過半数の議席をもつ多数党による決定を困難としている。

第三に、予算審議過程の重要性が挙げられる。大統領は政権としての予算案を予算教書として連邦議会に送付する。連邦議会ではこ

---

30) Deering and Smith (1997)。
31) Sinclair (2007)。
32) アメリカ連邦議会における行政監視の制度については、廣瀬 (2013) 参照。
33) フィリバスターをめぐる改革論議については、廣瀬 (2014) 参照。

れを参考に毎年歳出予算法案を作成し審議するが、後述するように予算額をめぐって毎年激しい対立が繰り返されることから、大統領にとっては予算法案の審議過程が政治的に非常に重要な意味をもっている。

(2) 政党制の特徴

アメリカの政党制の特徴としては、主要国では例外的となった二大政党制が維持されている点と、制度化、組織化されていない政党制を挙げることができる。

連邦政治のレベルでは、19世紀半ば以降民主党と共和党の二大政党制が定着している。連邦議会選挙では上院、下院ともに小選挙区制を採用していること[34]、また、大統領選挙も含めて選挙制度が二大政党制を前提としたものとなっていることから、全国的な勢力をもつ第三党が発達しにくい制度となっている。歴史的にみても、大統領選挙で一定の支持を得た第三党の政策は二大政党に取り込まれてしまい、第三党の発展は困難であった。

アメリカでは各州の選挙法等で政党が規定されているが、連邦法レベルでは政党法制が存在しない。連邦議会両院の議事規則でも、会派は明確には定義されていない[35]。二大政党の組織も、地方組織を中心とした選挙のための分権的な組織となっている。ただし、近年では、選挙のための全国的な組織が強化される傾向にある[36]。ヨーロッパ諸国の政党とは異なり、党則や党員の要件、党としての

---

34) いわゆるデュヴェルジェの法則では、小選挙区制は二大政党制をもたらす傾向があるとされている。Duverger (1954)。
35) 主要国との比較については、廣瀬 (2010)。
36) Herrnson (2002)。

政策を政党自体が策定しない。予備選挙による候補者選定が行われ、政党指導部の権限も限定的である。

政党制も二大政党制としては変化していないが、各政党の支持基盤やその主張する政策、どちらの政党が優位となるかなどの実態はこれまで大きく変化してきた。歴史的には、大統領選挙を契機とする28年から36年の周期での決定的選挙により、一方の政党が大統領選挙、連邦議会選挙でともに優位となり、政党の支持基盤の組み換えが起こる政党再編成が観察されてきた。近年では明らかな決定的選挙と呼べる選挙はなく、政党の支持基盤が長期的に変化しているとされている[37]。

統治システムのなかで政党が果たす役割については、アメリカの政党はヨーロッパ諸国のような政策志向の政党ではなく、もっぱら選挙のための組織と見なされてきた[38]。19世紀には、統一政府の場合大統領と議会を橋渡しして協調させる役割を有権者を介して政党が担い、いわゆる責任政党政府ともいえる状況が実現していた[39]。しかし、20世紀に入ると、予備選の導入、秘密投票の導入、ペンドルトン法による猟官制の改革など一連の公務員制度改革などの各種の改革により、政党のこのような機能は失われていった。戦後直後ではアメリカ政治における政党の役割は非常に限られているとして、ヨーロッパ的な責任政党論が主張されていた[40]。1960年代ま

---

37) 政党再編成論については、Key (1955)、Rosenof (2003)。1932年の選挙を契機とする第五次政党制は1960年代後半まで継続したとされている。その後第六次政党制と呼べる時代が来ているか否かについては、大きな論争がある。政党の支持基盤の長期的な変化については、Stonecash, Brewer and Mariani (2003) 参照。

38) Epstein (1986)、Aldrich (1995)。

39) Schaattschneider (1940)。

40) American Political Science Association (1950)。ただし、これに対する憲

では、選挙のためのラベルとしての政党としてとらえられてきた[41]。1970年代以降では、イデオロギーと党派性の増大が注目され、現在では、分極化と党派対立に関心が集まっている。

(3) 政党制の変化

アメリカにおいては統治システムも二大政党制も、上述のように非常に長期間維持されている。しかし、その実態は戦後の期間だけをみても変化しており、とりわけ21世紀に向かう時期には、大きな変動が出現している。本節では、政治的な意思決定に影響を及ぼす議会内政党制の変化を示す。

分割政府の常態化

分割政府とは、大統領の所属政党と連邦議会の少なくとも一院の多数党が異なる状態である。1990年代以降で統一政府となったのは、クリントン政権の2年間、G・W・ブッシュ政権の4年間、オバマ政権の2年間のみである（表8-1参照）。

政党支持が社会的属性により固定的で、大統領選挙と連邦議会選挙で異なる政党の候補者に投票する分割投票も少ない時期においては、分割政府は例外的であった。1960年代以降では無党派層が増大し政党支持が流動化したこと、予備選が定着し地方の政党指導部の影響力が弱まっていったこと、候補者中心に選挙運動が行われるようになったこと、政党支持による投票から候補者個人の人柄や政策に対する投票が増大するなど、さまざまな要因により投票行動が

法システムからの反論が、前述のラニーの主張である。
41) このような見解の代表として、Mayhew（1974）。

表 8-1 大統領と議会の構成

議会期	年	大統領	政党	上院 民主	上院 共和	上院 無所属	上院 欠員	下院 民主	下院 共和	下院 無所属	下院 欠員
80	1947 - 1948	トルーマン	民主	45	51			188	246	1	
81	1949 - 1950			54	42			263	171	1	
82	1951 - 1952			48	47	1		234	199	2	
83	1953 - 1954	アイゼンハワー	共和	46	48	2		213	221	1	
84	1955 - 1956			48	47	1		232	203		
85	1957 - 1958			49	47			234	201		
86	1959 - 1960			64	34			283	153		
87	1961 - 1962	ケネディ	民主	64	36			262	175		
88	1963 - 1964	ケネディ／ジョンソン	民主	67	33			258	176		1
89	1965 - 1966	ジョンソン	民主	68	32			295	140		
90	1967 - 1968			64	36			246	187		2
91	1969 - 1970	ニクソン	共和	58	42			243	192		
92	1971 - 1972			54	44	2		255	180		
93	1973 - 1974	ニクソン／フォード	共和	56	42	2		239	192	1	3
94	1975 - 1976	フォード	共和	61	37			291	144		
95	1977 - 1978	カーター	民主	61	38	1		292	143		
96	1979 - 1980			58	41	1		276	157		2
97	1981 - 1982	レーガン	共和	46	53	1		243	192		
98	1983 - 1984			46	54			268	166		1
99	1985 - 1986			47	53			252	182		1
100	1987 - 1988			55	45			258	177		
101	1989 - 1990	G・W・H・ブッシュ	共和	55	45			259	174		2
102	1991 - 1992			56	44			267	167	1	
103	1993 - 1994	クリントン	民主	57	43			258	176	1	
104	1995 - 1996			47	53			204	230	1	
105	1997 - 1998			45	55			207	227	1	
106	1999 - 2000			45	55			211	223	1	
107	2001 - 2002	G・W・ブッシュ	共和	50	50			211	221	2	1
108	2003 - 2004			48	51	1		205	229	1	
109	2005 - 2006			44	55	1		201	232	1	1
110	2007 - 2008			49	49	2		233	202		
111	2009 - 2010	オバマ	民主	55	41	2	1	256	178		1
112	2011 - 2012			51	47	2		193	242		
113	2013 - 2014			53	45	2		200	233		2

注：議員数は、議会初日の議員数。分割政府の議会期は網掛け
出典：*Vital Statistics on Congress* <www.brookings.edu/vitalstats>

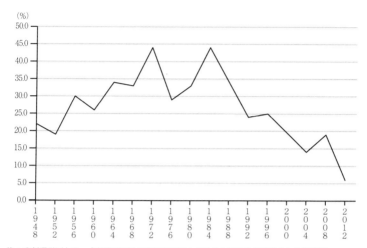

注：分割選挙区とは、大統領選挙と下院選挙で異なる政党の候補者が選出された選挙区
出典：*Vital Statistics on Congress*, <www.brookings.edu/vitalstts> のデータを基に筆者作成

図 8-1　分割選挙区の割合

変化し分割投票も増大したこと[42]から、1968年以降では分割政府が常態化している。

　大統領選挙は4年ごと、連邦議会選挙は2年ごとに実施される。大統領選挙が行われない中間選挙は、大統領の業績に対する信任投票的な意味合いがあり、大統領の所属政党は議席を減らす傾向がある。上院議員は3分の1ずつ改選されるため、多数派の交代は下院より遅れて政党支持の変化を反映する傾向がみられる。また、議会選挙では現職が優位となる傾向があり、大統領選挙での候補者への支持が同じ政党の議会選挙の候補者にも有利に働く効果（coattails）は減少していて、両者の選挙の連動が弱まったことも分割政府の一

---

42) ただし、分割投票は1972年をピークに減少に転じて以後減少傾向が続いている（図8-1参照）。

366 第Ⅱ部 意思決定構造の各国比較

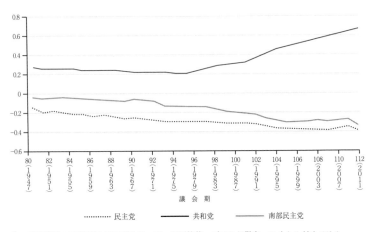

注：下院議員の DW-NOMINATE スコアーの平均値、プラスが保守、マイナスがリベラル
出典：voteview<voteview.com> のデータを基に筆者作成

図 8-2-1　下院の分極化

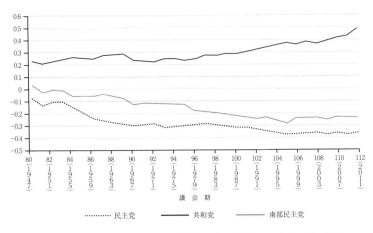

注：上院議員の DW-NOMINATE スコアーの平均値、プラスが保守、マイナスがリベラル
出典：同上

図 8-2-2　上院の分極化

因となってきた。

　大統領と連邦議会両院の多数派が同じ政党で占められるいわゆる統一政府（unified government）の場合、分割政府に比較すれば一般的には、大統領の支持する重要法案は成立しやすく、連邦議会の行政監視は低調となる傾向があるとされている[43]。メイヒューの研究[44]が示しているように、分割政府のもとでも超党派の議員連合の支持により画期的な法律が成立する場合もあり、分割政府が超党派性を促進する場合もあるが、両党の分極化が著しい分割政府のもとでは、超党派連合の形成は非常に困難となっている。

議会内政党の分極化

　現在、アメリカ政治が戦後では最もイデオロギー的に分極化し[45]、党派対立が激化して政治に行き詰まりをもたらしている点は多くの研究が一致して指摘している[46]。また、議会内政党制の変化として、両党所属議員のイデオロギー的分極化と連邦議会における対立の激化も多数の研究が一致して指摘している[47]。議会における党派性の増大は、下院のほうがより顕著であるが、上院でも党派性が増大す

---

43) 分割政府が重要法案の立法成果にもたらす影響については、多数の研究が蓄積されている。Ripley（1983）、Sundquist（1986）、Binder（2003）。ただし、分割政府か統一政府かにかかわらず、政党ではなく大統領と連邦議会の政策選好で政治的な行き詰まりを説明できるとする立場の研究としては、Krehbiel（1998）、Brady and Volden（1998）。
44) Mayhew（2005）。
45) ここで留意すべきは、より長期的に観察すれば、戦後から1970年代までの両党の議員がアメリカ史のなかでは例外的にイデオロギー的に分極化していなかったという点である。
46) Mann and Ornstein（2012）、McCarty, Poole and Rosenthal（2008）、五十嵐・久保編（2009）。
47) Theriault（2008）、Poole and Rosenthal（2007）、Sinclair（2006）。

る傾向にある[48]）（図8-2-1、8-2-2参照）。

　その要因は非常に複雑でさまざま指摘されているが、ひとつには中道派議員の減少が挙げられる。人口動態の変化により南部への人口の流入などから、かつては民主党の安定的な支持基盤であった南部は、1990年代に共和党支持に変化し[49]、保守的で共和党とともに投票していた南部民主党議員はほぼ消滅した。共和党でも中道派の北東部選出議員もほぼ消滅した。選挙区の再区割りにより連邦議会選挙では、両党ともに安定選挙区が増加してきている。その結果、予備選において中道派の現職議員が党内の右派や左派からの挑戦を受け、敗退する事例もみられ分極化を促進している[50]。分割投票や無党派層は、1970年代をピークに減少に転じた。

　両党の所属議員のイデオロギーや政策的立場の均質化と中道派議員の減少の進展は、超党派での協議を困難にしている。

議会内政党の規律の強化

　連邦議会では、会派やその指導部の果たす役割が強まり、党派一致投票が増大し会派の規律が強化されてきた。

　1970年代の一連の議会改革により、それまで年功により選ばれ法案の審査に大きな権限をもっていた常任委員長から、会派の指導

48）Han and Brady（2007）。
49）詳細については、Black and Black（2002）。
50）安定選挙区ではその政党の候補者が議席を獲得することがほぼ確実なため、接戦選挙区のように超党派の支持を得られる中道派の候補者を選ぶ必要性が低下する。たとえば、2010年中間選挙では、民主党内で財政保守派のBlue Dog Coalition 所属議員の半数が、2012年選挙でも残りの20%の議員が落選または引退したのに対し、民主党リベラル派の議員数はほとんど変化せず、中道派議員の減少と分極化が一層進んでいる。*CQ Almanac*, 2012, B-7.

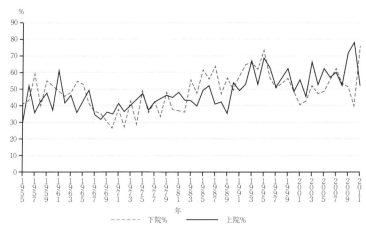

注:党派一致投票とは、民主党議員の半数以上が共和党議員の半数以上と反対の投票を行った投票の割合である。

出典:"Party Unity History," *CQ Almanac*, 2012, B-20 を基に筆者作成

図8-3 党派一致投票

部と小委員長に権限が分散される改革が行われた。下院では1995年からの共和党多数派議会では、議会内権力構造を変化させる改革が行われ、委員長から会派の指導部へ一層の権限の集約が行われた[51]。上院では下院ほどの制度的な改革は行われていないものの、指導部の権限は強化される傾向にある[52]。

他方、連邦議会における党派一致投票は、長期的に増大している(図8-3参照)。

これらの政党制の変化が相まって、本来的に調整機能をもたない

---

[51] 下院の長期的変化については、Polsby(2004)参照。分極化と会派指導部の権限強化を結び付ける理論としては、条件付き政党政府理論がある。Rohde(1991)参照。

[52] Sinclair(1991)。

政治制度のもとで、政治的意思決定を一層困難にしている。その影響が最も顕著に観察されるのは、近年イデオロギー的な対立の激しい予算、財政赤字削減や、福祉政策をめぐる対立であろう。オバマ政権１期目の事例から、両党の具体的な対立状況と、対立を克服するべくいかなる努力がなされているのかを明らかにする。

2. オバマ政権１期目における政治的意思決定の課題

アメリカにおいては、1981年に登場したレーガン政権以降、大きな政府か小さな政府か、メディケアなどの福祉国家政策を継続するのか、財政赤字削減や減税を優先すべきかなど、イデオロギー的な対立が党派対立と結び付き、アメリカ政治の主要対立軸となってきた。

2008年大統領選挙は、民主党オバマ候補と共和党ジョン・マッケイン候補で争われた。民主党はその綱領である『アメリカの約束の刷新』[53]のなかで「アメリカンドリームの刷新」と題された経済政策を最優先課題として掲げ、具体的には、経済の回復等のために500億ドルの緊急経済対策、雇用対策、所得補助、国民皆保険に向けた医療保険改革、風力や太陽光などの再生可能エネルギーへの投資、アメリカの競争力の回復のための中産階級への減税、高額所得者へのブッシュ減税（後述）の一部廃止、北米自由貿易協定（NAFTA）の見直しを掲げていた。

これに対して共和党の綱領[54]は外交・安全保障政策が中心となっ

---

53) The Platform Committee, *Renewing America's Promise*, August 13, 2008.（http://www.presidency.ucsb.edu/papers_pdf/78283.pdf）
54) *2008 Republican Platform*, September 7, 2008.（http://www.gop.com/

ており、経済財政政策については、財政赤字削減、財政均衡を義務化する憲法改正、項目別拒否権の導入、個所付け予算（ear mark）の禁止、義務的経費の改革、経済成長のためのブッシュ減税の継続、法人税の大幅減税、中小企業対策、持ち家の促進、企業への損害賠償訴訟の改革、自由貿易促進、社会保障制度の見直しを主要な内容としていた。

中間層への経済的支援や競争力回復への経済投資を重視する民主党に対して、共和党は小さな政府の実現と富裕層減税の継続と、真っ向から対立する政策となっていた。

選挙の結果、民主党バラク・オバマ候補が勝利し、議会両院も民主党が多数派となる、第103議会（1993-94年）以来の民主党統一政府となった。上院においては、フィリバスターと呼ばれる議事妨害を打ち切れる60議席がないと、真の多数党とはいえない。過去に多数党が60議席を有していたのは、第95議会（1977-78年）で、第111議会（2009-10年）では無所属議員も含めて、民主党が久々の60議席を確保できた。ところがエドワード・ケネディ上院議員の死去による2010年1月の補欠選挙で共和党議員が当選し、民主党が安定多数を失ったことから、オバマ政権の議会対策は統一政府のもとでも厳しいものとなった。

(1) 第111議会

リーマン・ショックに端を発する相次ぐ金融機関の破たんや、自動車産業の経営危機により、経済問題が深刻化したことから、オバマ政権の当面の最重要立法課題は、選挙戦の公約でもあった経済対

---

wp-content/uploads/2012/06/2008platform.pdf）

策と医療保険改革であった[55]。

オバマ大統領は、2009年2月の施政方針演説[56]や予算教書[57]で、緊急の景気回復策、今後2年間で350万人の雇用を救済・創出、中間層減税の第一段階として国民の95％にあたる勤労者世帯に対して一人400ドル、世帯で800ドルの減税の恒久化、自動車産業の保護、金融システム安定化のための2500億ドルの緊急準備金、政権1期目で財政赤字を半減すること、今後10年間で2兆億ドルの歳出削減、エネルギー、医療保険、教育の3分野に重点的に投資、ブッシュ政権の富裕層減税の2011年での打ち切り、国民皆保険を実現するための医療保険制度改革とそのための今後10年間で総額6340億ドルの社会保障基金創設等を優先政策として打ち出した。

景気刺激法

景気刺激法案は、第111議会開始早々の2009年1月に両院の民主党指導部により、両院に提出された。オバマ大統領の選挙公約をもとに、景気回復のための所得税減税、法人税減税、公共投資等を柱として、ニューディール政策以来とも評される総額で8250億ドルに上る大規模なものであった。オバマ大統領は、景気刺激法案の内容の詳細を示すことはせずに連邦議会に法案作成を任せていた。下院では共和党が大幅な減額を求めたことから、民主党のみで法案

---

55) Nather (2008 : 2962-2963)。
56) "Remarks of President Barack Obama-Address to Joint Session of Congress," Feb. 24, 2009.（http://www.whitehouse.gov/the_press_office/Remarks-of-President-Barack-Obama-Address-to-Joint-Session-of-Congress）
57) *A New Era of Responsibility: Renewing America's Promise*, Feb. 2009.（http://www.whitehouse.gov/sites/default/files/omb/assets/fy2010_new_era/A_New_Era_of_Responsibility2.pdf）

が作成された[58]。上院対策では、2008年12月の段階でエマニュエル首席補佐官が6人の中道派共和党議員を選んで、バイデン副大統領に集中的に交渉させたとされている[59]。

これらの結果、2009年2月という政権発足後の早期に総額7870億ドルに上る大規模な法律が成立し、オバマ政権最初の立法成果をもたらした。しかし、下院共和党議員で法案への賛成者はいなかった。上院でも共和党からはオリンピア・スノウ、スーザン・コリンズ、アーレン・スペクターの3名の中道派議員の賛成のみで通過した。共和党の結束は固くオバマ大統領の掲げた超党派路線は放棄せざるをえなくなった。法案審議の過程で、民主党内の財政保守派とリベラル派の対立が顕著になった。

オバマ大統領は、就任早々からホワイトハウスに両党の指導部を招いて協議したり、自ら議会に出向き共和党議員の説得を重ねた。景気刺激法案の審議の各段階で、あたかも上院の筆頭議員のように委員長や議会指導部と緊密に協議を重ねた。自ら共和党議員の意見に耳を傾ける姿勢は、ブッシュ前大統領が議会対策にほとんど関心を払わなかったこととは、非常に対照的であった。

医療保険改革法

アメリカでは高齢者を対象としたメディケアや低所得者を対象としたメディケイドなどの公的医療保険は存在したが、他の主要先進国のような国民皆保険制度は存在せず、長年国民皆保険制度の実現が、とりわけ民主党政権のもとで大きな政策課題となってきた。他方で医療費は高騰していて、医療費のGDPに占める割合は、約

---

58) Calmes（2009）。
59) Weisman and Bendavid（2009）。

17％と先進国のなかでは群を抜いて高く、医療費の削減も課題となっていた。

　民主党クリントン政権時の第103議会でも包括的な医療保険改革法案が審議されたが、業界団体の強い反発もあり、議会両院で本会議採決にももち込めず廃案となった。伝統的に共和党は民間の保険による医療保険を支持しており、政府による国民皆保険制度の導入には反対してきた。無保険者を保険に加入させるためには財政支出が必要となり、財政赤字が増大することや、政府の役割が大きくなるためである。また、すでに医療保険に加入している者にとっては増税につながる懸念もあった。高齢者はメディケアの給付水準が切り下げられるとして反対があり、各種利害対立の非常に激しい課題であった。しかし、サブプライムローン問題に端を発する経済危機により、個人で医療保険に加入していても、保険料の上昇に対応できず無保険となったり、企業が負担に耐えられずに従業員に保険を提供しなくなるなど、無保険者が急増し、その対策は急務であった。

　オバマ政権は、2009年の政権発足後から2010年3月まで、全精力を医療保険法の成立に注いできた。2009年3月には、オバマ大統領が業界団体や連邦議会議員を招いて、サミットを開催した。政権として原案や改革の基本的な枠組みを提示しない戦略が取られたため、議会での原案作成に時間がかかり、審議は6月から本格化した。下院では、歳入委員会、教育・労働委員会、エネルギー・商務委員会の3委員会からそれぞれ主要条項の異なる3法案が下院に報告された。これらの法案の一本化に時間を要し、2009年11月7日に下院を賛成220、反対215で通過した。賛成した共和党議員は1名のみで、民主党からも39名が反対した。このうち32名は、共和党が優位な選挙区から選出された議員であった。9月には、オバマ大統領が連邦議会で極めて異例の法案通過を求める演説を行った。

上院では、財務委員会、厚生労働委員会でそれぞれ法案が作成され、これらを一本化して2009年11月18日に上院に報告した。財務委員会は超党派で協力する伝統があり、今回も超党派で法案が作成された。12月24日に賛成60、反対39の完全な党派投票で通過した。両院通過法案には、主要条項に大きな隔たりがあった。

　2009年のほとんどの期間、政権は議会に立法戦略を委ねて、それほど積極的に介入しなかったとされる。ところが2010年1月に民主党のエドワード・ケネディ上院議員が死去し、マサチューセッツ州の上院議員補欠選挙で共和党候補が当選したことから、上院で60議席を失い成立が危ぶまれてくると、大きな戦略転換が図られた。エマニュエル首席補佐官の発案とされる、超党派の両院主要議員を2月25日にホワイトハウスに招いてのサミット開催等の多様な手法が採られた。サミット直前に、政権は初めて主要条項の調整案を提示した。法案通過に向けて大統領自身も外遊日程を延期し、必死に民主党議員を説得した。エマニュエル首席補佐官は、オバマ大統領と民主党議員とを橋渡しし、共和党議員や関連業界とも交渉を重ねていった[60]。

　2010年3月23日、上院法案に下院が同意して、民主党からの賛成のみで成立した。両院の相違点は、予算調整法案に盛り込み、別に成立させた。予算調整法案に対しては、上院でフィリバスターが制限されるためである。両院協議会を開催せずに法案を二段階で成立させる戦略をとったことも成立の重要な要因といえよう。

　医療保険改革法案の議会戦略でオバマ政権は、同じく民主党のジョンソン政権での画期的なメディケア制度の導入成功の事例と、クリントン政権での医療保険改革法案の失敗の事例を参考にした。両

---

[60] Wayne and Bettelheim（2010）。

者の最大の違いは、法案の作成を議会に委ねるか、政権で原案を作成するかであったため、原案の作成を議会に委ねる戦略を採用した。クリントン政権では、ヒラリー・クリントンを長とする大規模なタスクフォースによって法案の形で原案を作成したが、その過程の密室性には議会側の反発が強かった。クリントン政権の医療保険改革法案には、業界団体がこぞって反対したこともあり、業界の反対を抑えその意向がより反映されやすくするように配慮した。オバマ政権は、原案の作成を議会に委ねれば議会の意向が反映されて、成立がより容易となると考えた。そして、超党派で協力する伝統があり中道派の多い、上院財務委員会の審査を先行させる戦略が採られた。大統領は財務委員会法案を支持していた[61]。

この結果、医療保険改革法案は、下院で3委員会、上院の2委員会の五つの委員会が所管し、五つの別個の法案がゼロから作られることになった。それぞれの委員会内での原案作成に非常に多くの時間と労力が注がれ、さらには下院と上院のそれぞれで、各委員会案を一本化するためにも膨大な時間を割くことになったのである。審議の主要論点は、改革に必要な予算額、被保険者の範囲、パブリックオプション、加入義務、不法移民、中絶、保険取引の導入等であった[62]。

医療保険改革法案の審議の過程で、景気刺激法案の審議の際にも明らかになった議会民主党内の亀裂が一層深くなった。下院民主党内のプログレッシブ・コーカスなどリベラル派と、財政保守派のブルードッグ・コアリションの対立である。とくにパブリック・オプションと呼ばれた公的保険導入をめぐって大きな対立がみられた。

---

61) Wayne and Hunter (2009)。
62) 医療保険改革の詳細については、Jacobs and Skocpol (2010)。

ブルードッグ・コアリションには、第111議会下院で50名を超えるメンバーがいた。委員会段階でも共和党議員と協働して法案審査が遅れる場面がみられた。共和党議員の結束は固く、保守派の民主党議員グループの支持を得るためにさまざまな妥協を強いられ、民主党内リベラル派の議員の不満も高まっていった。

近年の議会政治を最も特徴づけているのが、激しい党派対立である。両院で民主党が議席を伸ばし統一政府となった第111議会においても、弱まる気配はなかった。

2010年中間選挙

2010年中間選挙の公約集として、下院共和党の候補者は、2010年9月に「アメリカとの誓約」(*A Pledge to America*)[63]と題する政策集を公表した。1994年中間選挙の際の下院共和党候補者の選挙公約ともいえる「アメリカとの契約」に倣ったものである。主要な内容は、2010年に成立した医療保険改革法の廃止、財政赤字の大幅削減、具体的には国防予算を除き2008年度の水準まで歳出予算を削減、経済政策については、ブッシュ減税をあらゆる所得層で継続、雇用を減少させるような増税阻止、中小企業への法人税減税、連邦予算の妊娠中絶への使用の恒久的な禁止等を掲げていた。いずれも非常に保守的な内容で、オバマ政権の重視する政策とは、真っ向から対立するものであった。

中間選挙の結果、連邦議会下院では共和党が67議席増の242議席となり、多数党が民主党から共和党に交代した。共和党が下院で占める議席としては、1950年代以降最多となった。ティーパーテ

---

[63] GOP, *Pledge to America*, September 2010.〈http://gop.gov/resources/library/documents/solutions/a-pledge-to-america.pdf〉

ィ運動の支持を受けた共和党候補が当選する一方、南部出身の民主党中道派議員の落選が相次いだ。上院では民主党が多数派を維持したものの51議席と6議席を減らし、大統領と上院の多数派は民主党という分割政府が出現した。上院でも、共和党でティーパーティ系の非常に保守的な議員5名[64]が当選し、分極化が進展した。オバマ大統領は、アメリカが長年の課題としてきた医療保険改革法を成立させ、歴史的な立法成果を達成したが、民主党が大幅に議席を減らすことにつながった。

アメリカ政治はこれまでもイデオロギー的な対立や党派対立に特徴づけられてきたが、第112議会（2011-12年）では、1994年中間選挙で40年ぶりに下院で共和党が多数派となった第104議会を上回る、民主党はリベラルへ、共和党は保守へとイデオロギー的に分極化した議会となったことが示されている[65]。この分極化を両党で比較すると、民主党ではそれほど大きなリベラルへの変化は見られないものの、共和党でより保守への分極化傾向が顕著となっている[66]。

(2) 第112議会

オバマ政権前半では、大統領選挙の公約に掲げられた医療保険改革と金融危機対策が連邦議会のアジェンダの中心を占めたが、中間選挙で敗北後は、下院共和党のアメリカへの誓約に掲げられた項目、とりわけ財政赤字削減に大きく連邦議会のアジェンダが変化してい

---

64) マルコ・ルビオ、ランド・ポール、パット・トゥミー、マイク・リー、ロン・ジョンソンの各議員である。
65) Abramowitz（2011）。
66) Christopher Hare, Nolan McCarty, Keith T. Pool, Howard Rosenthal, "Polarization is Real," *voteview blog*, May 16, 2012.（http://voteview.com/blog/）

2011年度歳出予算法

両院で民主党が多数派であった2010年でも省庁別に12本の2011年度歳出予算法案は、2011会計年度の始まる2010年10月1日までにはいずれも成立せず、2010年12月までに4本の短期の暫定予算法を成立させた。2011年3月4日までの第4次暫定予算法（P.L.111-322）は、中間選挙後の2010年12月に成立した。審議は2011年1月から始まる第112議会へ引き継がれたが非常に難航し、短期の暫定予算法を3本成立させ、2011年4月にやっと年度末である9月までの一括予算法が成立した。

アメリカでは、不足金返済制限法（Antideficiency Act）の規定により、歳出予算法が成立しない場合、緊急性の高い業務を除いて連邦政府の機関は原則として活動を停止しなければならない。いわゆる政府窓口の閉鎖である。暫定予算法が成立しなければ、予算切れから政府窓口閉鎖に追い込まれ、国民生活に大きな影響が出る。審議の最大の争点は、財政赤字の削減額であった。

2011年2月11日に9月30日までの期間の各省の歳出予算を統合した2011年度予算法案が下院に提出され、2月19日に下院を通過した。下院共和党保守派の主張を反映した法案で、3名をのぞく共和党議員が賛成し、民主党議員は全員反対する党派投票となった。下院共和党は、オバマ政権の予算案から、安全保障以外の裁量的な経費で1000億ドルの削減を中間選挙の際に掲げており、この法案はこれを実現し、2010年度の予算額からは総額で615億ドルを削減するものであった。大統領は、政府の基本的な機能を損ない経済成長を損なうと、拒否権行使を示唆していた。

ベイナー議長を中心とする共和党指導部は、より穏健な予算案を

支持していたが、保守的なティーパーティ系新人議員らの造反で大幅な予算削減法案が提出され、また、下院では異例のことではあるが、修正案の提出を自由に認める審議を余儀なくされた。このため、審議は90時間に及び、RSC（後述）によるより一層の予算削減修正案は否決されたものの、医療保険改革法施行のための予算の削減、環境保護庁（EPA）の環境規制のための予算の削減、F-35戦闘機の代替エンジン開発の中止など、非常に多くの分野で予算が大幅に削減される修正案が可決されていった[67]。

法案は、3月9日に民主党が多数派の上院で、予算削減が巨額で非現実的と否決された。上院では、同法案への修正案として民主党主導のより予算の削減額の少ない修正案も審議されたが、これも3月9日に否決された。オバマ大統領も、大幅な予算削減は政府の基本的な機能を損ない、経済成長をも阻害するとして、拒否権行使の可能性を示唆していた。

政府窓口の閉鎖を防ぐため、3月18日までの2週間分の小規模な予算削減を含む第五次暫定予算法は、3月2日に両院とも超党派の賛成で通過成立した。3月3日からバイデン副大統領と議会両院の両党の指導部との協議が継続されたが、長期的な予算法案では合意できず、4月8日分までの3週間分の小規模な予算削減を含む第六次暫定予算法が3月18日に成立した。下院の採決では、予算の削減が不十分などとして、下院共和党から54名が反対した。このうち25名はティーパーティ議員連盟（後述）のメンバーであった。政府窓口の閉鎖を防ぐための非公式協議が政権と下院共和党で続けられ、4月8日のぎりぎりになり、年度末までの一括法案と、1週間分の第七次暫定予算法案で合意が成立した。2011年4月15日に

---

[67] *CQ Almanac*, 2011, 2-5。

9月末までの5カ月半分の一括法が成立した。

最終的に成立した一括法は、総額で予算を2010年度と比較して399億ドル削減するもので、下院の採決では、賛成260、反対167で共和党から59名の議員が予算の削減が不十分であるとして反対した。これに対して民主党からは、81名が賛成した。ティーパーティ議員連盟の投票は賛否が二分し、23名が反対票を投じた。上院の採決では、共和党議員からの反対は13名でこのうち3名がティーパーティ議員連盟のメンバーであった。下院共和党が主張していた全米最大の中絶提供機関（Planned Parenthood Federation of America）と医療保険改革法の予算削減が争点の一つとなったが、上院で否決され盛り込まれなかった。

短期間の暫定予算法では原則として前年度と同額の予算が継続されるため、新規の政策の実施や安定的な政府の活動も困難となる。政府窓口の閉鎖は大きな政治的コストを伴い、下院共和党はそれを盾に妥協を引き出す手法を取った。結果、7次にわたる暫定予算をめぐる期限ぎりぎりまでの消耗戦となった。

連邦政府の債務上限引き上げと予算コントロール法

2011年5月中旬に連邦政府の債務の総額が法定された上限に達し、新たな上限を法定しない限り政府が債務不履行に陥る可能性が生じた。当面は公務員年金の資金を流用していたが、その限度も2011年8月とされた。大統領の要求に従い、債務の上限を14兆2940億ドルから16兆7000億ドルに引き上げる法案は、財政赤字削減をセットで求める共和党の反対で、2011年5月に下院で否決された。

下院共和党保守派は、債務上限の引き上げを予算の大幅な削減の手段とみなしていた。政権と連邦議会との協議は2011年7月から本格化した。共和党側は、債務上限の引き上げより大幅な予算の削

減とブッシュ減税の維持を主張し、民主党側は、減税の廃止を求めていた。7月末の期限に向けて大統領とベイナー下院議長の協議が続き、最終的に大統領が譲歩し、今後10年間で40億ドルの財政赤字削減と、増税、義務的経費削減で合意した。しかしこの合意は議会の両党にとって受け入れがたいものであった。7月末には大統領とベイナー議長との協議が決裂し、その後、上院共和党院内総務のマコーネルがリード院内総務とバイデン副大統領との協議を続け、債務上限の期限の数時間前に合意に達したのが、債務の上限引き上げと財政赤字削減策を連動させた予算コントロール法案である[68]。

　予算コントロール法は、2011年8月に成立した。下院の採決では、共和、民主両党の投票が分裂し、後述するように共和党保守派の投票も分裂した。

　同法は、2012年度から2021年度までの10年間で、連邦政府の債務の上限を最小で2兆1000億ドル、最大で2兆4000億ドル引き上げることを可能とするが、同期間に財政赤字の削減額も同額とするとするものである。財政赤字削減額のうち、1兆5000億ドルは、この法律により新たに設置される両院合同委員会の勧告により、9000億ドルは裁量的経費に上限を設けること等により削減するものとされた。今後10年間の裁量的経費には各年度で上限が設けられ、この上限額を上回る予算法案は連邦議会で審議できないと規定された[69]。また、財政赤字削減が実現できない場合は、予算を一律に削減する仕組みも規定された。一律削減額は、今後10年間で最大1兆2000億ドルであり、半分は国防予算から、半分は非国防予算で、義務的経費と裁量的経費がともに対象となる。

---

68) *CQ Almanac*, 2011, 1-5。
69) 法律の内容については、廣瀬（2011）。

財政赤字削減両院合同委員会は、両院の超党派の議員 12 名で構成される。2011 年 11 月 25 日までに今後 10 年間で 1 兆 5000 億ドル以上の財政赤字削減案を作成し、連邦議会は 2012 年 1 月 15 日までにこれを成立させなくてはならないとされた。これができない場合は、予算の一律削減が開始される。

　予算コントロール法に基づき設置された連邦議会の合同委員会に対して、オバマ政権は 2011 年 9 月に「収入の範囲で暮らし、将来に投資する」と題した新たな政権としての財政赤字削減計画[70]を提出した。経済成長と雇用対策に加えて、その財源として必要となる義務的経費の削減、医療保険予算の削減、富裕層への増税を柱とする税制改革が主要な内容となっている。今後 10 年間で総額 4 兆 4000 億ドルの財政赤字を削減するとし、内訳は予算コントロール法による歳出予算の削減で 1 兆 2000 億ドル、義務的経費の削減や行政改革で 5800 億ドル、アフガニスタンやイラクからの撤兵で 1 兆 1000 億ドル、税制改革で 1 兆 5000 億ドルとなっている。税制改革については、被雇用者の給与税（payroll tax　日本の社会保険料に相当）を半分にする減税や中小企業への減税を実施する一方、ブッシュ減税を 2012 年で廃止し、年収 25 万ドル以上の者への控除等を削減するとした。

　連邦議会合同委員会は、結局 2011 年 12 月までに財政赤字削減案を作成できなかった。また、連邦議会も財政赤字削減法を 2012 年 1 月までに成立させることはできなかった。両党の立場の隔たりが

---

[70] Office of Management and Budget, *Living within Our Means and Investing in the Future: The President's Plan for Economic Growth and Deficit Reduction*, September 2011.（http://www.whitehouse.gov/sites/default/files/omb/budget/fy2012/assets/jointcommitteereport.pdf）

非常に大きく、共和党側は富裕層増税に強く反対し、民主党内にも予算削減に対して反対があったためである。連邦政府が債務不履行に陥るぎりぎりの期限で成立した予算コントロール法は、国防予算の一律削減にまで踏み込むかつてない大規模な予算の削減を目指すものであったが、具体的な削減は2012年度歳出予算法案等の審議に持ち越された。

2012年度歳出予算法

オバマ大統領は、2011年2月の予算教書で、総額3兆7300億ドル、2011年度予算教書より総額で2.4%削減する2012年度予算案を示し、今後10年間で財政赤字を1兆ドル削減し、アメリカ経済の競争力を高めるため、教育、科学技術、社会資本整備に重点を置くとし、社会保障費の削減は含まれなかった。2011年4月にオバマ大統領は、2月の予算教書から一層の削減を目指す新たな財政赤字削減策「繁栄の共有と財政責任の共有のための枠組み」[71]を発表した。今後12年間で4兆ドルの財政赤字を削減し、2014年度までに財政赤字が減少に転じない場合には、歳出を一律削減する仕組みを導入するが、社会保障費や低所得者向け施策には適用しないとした。2023年度までに国防費以外の裁量的経費を7700億ドル削減し、国防費は4000億ドル、メディケア等は1000億ドル削減し、富裕層に対するブッシュ減税を廃止するとされた。

下院共和党は、国防予算も含めて予算額の大幅削減を求めていて、

---

71) "The President's Framework for Shared Prosperity and Shared Fiscal Responsibility," April 13, 2011. 〈http://www.whitehouse.gov/the-press-office/2011/04/13/fact-sheet-presidents-framework-shared-prosperity-and-shared-fiscal-resp〉

下院予算委員長のポール・ライアンは、独自の2012年度予算案を予算決議として提出したが、下院は通過したものの上院の審議は進まなかった。

2011年度に続き2012年度も会計年度が始まる2011年10月1日までに、12本の歳出予算法案はいずれも成立しなかった。9月30日には、10月4日分までの暫定予算法を、10月5日には11月18日分までの暫定予算法を成立させた。いずれも、原則として2011年度予算と同額を認めるものである。引き続き、下院共和党の強く求めていた財政赤字の削減額が争点であった

2011年11月18日に、農務省歳出予算法など3省分の年度末までの歳出予算法が成立した。12月23日には、残り9省分の年度末までの歳出予算法を統合した一括法が成立した。予算コントロール法で定められた、裁量的経費の上限を満たすものである。大統領の要求額からは、12省庁分合計で980億ドルの削減となった。

「財政の崖」の回避

ヨーロッパ債務危機により景気後退が懸念される状況のもとで、予算コントロール法に基づき、2013年1月から1090億ドルの予算の一律削減が開始されることに加え、ブッシュ減税と給与税減税が2012年12月に終了することから、2013年からの「財政の崖」と呼ばれる大幅な景気後退が予測されていた。議会予算局（CBO）は、これらが予定どおり実施されると2013年の実質経済成長率は、4.4%から0.5%に減少して不況に陥ると予想して[72]、その早急な対策が

---

[72] CBO "Economic Effects of Reducing the Fiscal Restraint That Is Scheduled to Occur in 2013", May 2012.（http://www.cbo.gov/sites/default/files/cbofiles/attachments/FiscalRestraint_0.pdf）

求められていた。

ブッシュ前政権では、2001年経済成長減税法、2003年雇用成長減税法により、いわゆるブッシュ減税と呼ばれる個人所得税などの大幅な減税が実施された。その期限が2010年末となっていたため、延長が課題となった。CBOの試算によれば、すべてのブッシュ減税を継続すると財政赤字は今後10年間で3兆3120億ドル増加すると予想されていた[73]。

オバマ大統領は、ブッシュ減税を、個人所得で年間20万ドル以下、世帯で25万ドル以下の中間層に限って恒久化し、これ以上の富裕層については2010年末で廃止する方針を示していた。廃止の対象は、全納税者の2%である。共和党側は、すべてのブッシュ減税の継続を一貫して求めていた。民主党では、下院のペロシ議長や上院財務委員長のマックス・ボーカスは、オバマ大統領の提案を支持していたが、景気対策の観点からブッシュ減税を一定期間延長することにも支持があり、党内が分裂していた。減税の財源をめぐっても、両党は対立していた。

2010年の中間選挙後、民主党が共和党側に譲歩し、所得に関係なくブッシュ減税を2年間延長する減税・失業保険延長・雇用創出法が2010年12月17日に成立した。この法律には、民主党側の求めていた失業保険の延長が盛り込まれた。また、オバマ大統領の重視する雇用政策の一環である給与税の減税も、2011年末までの期限付きで2%の減税が盛り込まれた。この延長をめぐり大統領と連邦議会の対立が続いていたが、2011年12月23日に2012年2月末

---

73) CBO, *The Budget and Economic Outlook: An Update*, August 2010. (http://www.cbo.gov/sites/default/files/cbofiles/ftpdocs/117xx/doc11705/08-18-update.pdf)

までの2カ月分の暫定延長法案が成立した。減税の対象者は1億6000万人に及び、減税が延長されないと一人当たり年間1000ドルの増税となることから、その延長が大きな政治的関心を集めていた。その後、これを2012年末まで延長する法律が、2012年2月に成立した。

財政の崖を回避する法案は、民主党の主張を反映した上院法案が2012年7月25日に上院を通過し、共和党の法案が下院法案として8月1日に下院を通過した。オバマ大統領は下院法案に拒否権行使を示唆していた。上院法案は富裕層への減税打ち切り、下院法案はすべての所得層へのブッシュ減税延長を主要な内容としていた。

オバマ政権と議会側の交渉は、選挙後の11月16日から開始され感謝祭後本格化した。両者とも財政の崖の回避では一致していたが、具体的な譲歩には抵抗が大きかった。共和党は、富裕層への増税に強く抵抗し、年収100万ドル以下の層への減税の延長を支持していた。オバマ大統領と共和党ベイナー下院議長との交渉でベイナー議長が譲歩して合意案ができたが、これに対しては下院共和党の賛成が集まらず、下院では12月20日に予算の一律削減の代わりに裁量的経費の削減と、年収100万ドル以下の層へのブッシュ減税打ち切り等を内容とする代替案を通過させた。協議は上院へ持ち越され、最終的にバイデン副大統領と、上院共和院内総務のミッチ・マッコーネルの交渉にゆだねられ、大晦日になりやっと合意が成立した[74]。

財政の崖を回避するための2012年アメリカ納税者救済法案は、第112議会期末の2013年1月1日に上院を賛成89、反対8、下院を賛成257、反対167で通過し1月2日に成立した。下院では共和

---

74) *CQ Almanac*, 2012, 1-8, 7-4-7-7。

党の賛否が分かれ、賛成85、反対151となった。後述するように、ティーパーティ系と中道派共和党が分裂し、民主党の賛成票で辛うじて通過した。

ブッシュ減税については、世帯年収45万ドル以下（単身世帯では40万ドル以下）では恒久化し、これを超える世帯では、所得税率を35%から減税前の39.5%に戻した。キャピタルゲインについても税率を戻した。2011年の給与税減税は打ち切られた。予算の一律削減については、2013年1月2日から3月1日まで2カ月延期されたが、2013年3月1日から開始された。

小括

オバマ政権の最初の2年間は、両院ともに民主党多数派議会のもとで、金融危機を回避し、経済対策や医療保険改革など歴史的な立法成果を挙げた。ただし、医療保険改革法以外の多くは、当面の緊急課題の解決や前政権からの積み残しの課題の処理の側面が強いといえよう。しかし、党派的対立は続き、これらの法案はほぼ民主党のみの賛成で成立した。後半の2年間は、連邦議会下院が財政赤字削減などのアジェンダ設定を主導した。移民改革、エネルギー政策、地球温暖化対策法案は成立には至らなかった。

政権1年目に大統領が立場を明確にした法案に対する議会の支持率は、96.7%と歴史的な高率となったが、4年目には53.6%に急落した（表8-2参照）。

成立公法律数は、第111議会で383、第112議会では238となりこれは過去50年間で最も少ない成立数となった。ここで注目すべきは、大統領が拒否権を行使した法案は、第111議会では非重要法案に対して2度のみ、第112議会においては0であった点である。ブッシュ（父）政権時は民主党議会に対して、拒否権が頻繁に行使

表8-2 大統領支持投票率

大統領 / 年	両院平均 (%)	下院 (%)	上院 (%)	大統領 / 年	両院平均 (%)	下院 (%)	上院 (%)
アイゼンハワー				レーガン			
1953	89.2	91.2	87.8	1981	82.4	72.4	88.3
1954	78.3	n.a.	n.a.	1982	72.4	55.8	83.2
1955	75.3	63.4	84.6	1983	67.1	47.6	85.9
1956	69.7	73.5	67.7	1984	65.8	52.2	85.7
1957	68.4	58.3	78.9	1985	59.9	45.0	71.6
1958	75.7	74.0	76.5	1986	56.1	34.1	81.2
1959	52.0	55.5	50.4	1987	43.5	33.3	56.4
1960	65.1	65.0	65.1	1988	47.4	32.7	64.8
平均	71.7			平均	61.8		
ケネディ				ブッシュ			
1961	81.4	83.1	80.6	1989	62.6	50.0	73.3
1962	85.4	85.0	85.6	1990	46.8	32.4	63.4
1963	87.1	83.1	89.6	1991	54.2	43.0	69.0
平均	84.6			1992	43.0	37.0	53.0
ジョンソン				平均	51.7		
1964	87.9	88.5	87.6	クリントン			
1965	93.1	93.8	92.6	1993	86.4	87.2	85.4
1966	78.9	91.3	68.8	1994	86.4	87.2	85.5
1967	78.8	75.6	81.2	1995	36.2	26.3	49.0
1968	74.5	83.5	68.9	1996	55.1	53.2	57.6
平均	82.6			1997	53.6	38.7	71.4
ニクソン				1998	50.6	36.6	67.0
1969	73.9	72.3	76.4	1999	37.8	35.4	42.2
1970	76.9	84.6	71.4	2000	55.0	49.3	65.0
1971	74.8	82.5	69.5	平均	57.6		
1972	66.3	81.1	54.3	ブッシュ			
1973	50.6	48.0	52.4	2001	86.7	83.7	88.3
1974	59.6	67.9	54.2	2002	87.8	82.5	91.4
平均	67.0			2003	78.7	87.3	74.8
フォード				2004	72.6	70.6	74.0
1974	58.2	59.3	57.4	2005	78.0	78.3	77.8
1975	61.0	50.6	71.0	2006	80.9	85.0	78.6
1976	53.8	43.1	64.2	2007	38.3	15.4	66.0
平均	57.7			2008	26.3	33.8	68.5
カーター				平均	68.7		
1977	75.4	74.7	76.1	オバマ			
1978	78.3	69.6	84.8	2009	96.7	94.4	98.8
1979	76.8	71.7	81.4	2010	85.8	88.1	84.4
1980	75.1	76.9	73.3	2011	57.1	31.6	84.3
平均	76.4			2012	53.6	19.7	79.7
				平均	59.9		

注:大統領支持投票率とは、大統領が賛否を表明した投票のうち、議会各院が大統領の立場を支持した投票の割合である。大統領と異なる政党が議会多数派の時期は網掛け

出典:*Vital Statistics on Congress* <www.brookings.edu/vitalstats>

されいわゆる行き詰まりの状況を呈していた。オバマ大統領は、連邦議会から政府窓口閉鎖や債務不履行となることを盾に週単位の厳しい妥協を迫られながらも、拒否権を多用する戦略はとらなかった。第112議会では、上院では民主党が60議席はもたないものの多数派であり、リード民主党院内総務が、「ハスタート・ルール」と呼ばれる下院で採用されていた自党の多数派によって可決できる見込みのある法案しか、上院本会議で審議をしない戦略をとったことが一因である[75]。

アメリカの政治制度のもとでは、大統領がその望む政策を実現するためには議会と協調することが不可欠である。オバマ大統領は超党派政治を掲げて当選したが、中道派議員が少ない分極化した状況のもとでは、実現は非常に困難であった。

3 共和党の課題――ティーパーティ系議員の政策影響力[76]

議会共和党の近年の変化について、ティーパーティ運動と関係する下院の保守的議員集団に着目し分析してみる。

下院でティーパーティ系の共和党議員が2010年7月に結成した議員連盟が、ティーパーティ議員連盟(Tea Party Caucus: TPC)である[77]。代表はミシェル・バックマン議員で、2010年の所属議員は52名であったが、2011年の所属議員は60名となった[78]。憲法

---

75) *CQ Almanac*, 2012, 1-3。
76) 本節は、廣瀬淳子「ティーパーティ議員連盟の政策影響力の分析」比較政治学会研究大会、自由企画「英米における第三政党の現在」(2012年6月23日、於日本大学)報告原稿を基に加筆したものである。
77) ティーパーティ議員連盟の概要については、廣瀬(2012)参照。
78) "Members of the Tea Party Caucus."

の擁護、小さな政府の実現、財政赤字の削減を議員連盟の使命として掲げている。TPC は、ティーパーティ運動の掲げる政策を実現するための組織となることやティーパーティ運動をワシントンから主導することを第一の使命とはしていない[79]。しかし、ティーパーティ運動は、ティーパーティ系の十分に保守的な候補者を当選させて共和党を乗っ取り、ティーパーティ運動の掲げる政策の実現を目指している。G・W・ブッシュ大統領のもとで、共和党は大きな政府を容認するようになってしまい、ティーパーティ運動の理想とする保守からは大きくかけ離れてしまったためである[80]。

TPC やティーパーティ系の議員は、連邦議会においてどのような政策的影響力をもつのであろうか。また、下院共和党をどのように変革してゆくのであろうか。ティーパーティ系議員の極端にリバタリアン的な主張は、従来からの減税や財政赤字削減を重視する共和党内の財政保守派、国防を重視する保守派、家族の価値や中絶反対などを重視する社会的保守派や宗教保守派とも一線を画するものである[81]。

この節では、第一に下院ティーパーティ議員連盟所属議員の特性について概観する。第二に、ティーパーティの掲げる政策アジェンダが連邦議会でどの程度取り上げられているのかについて、2011年からの連邦議会におけるアジェンダ設定と法案の審議動向を分析する。第三に TPC 所属議員の投票行動についてその結束度の面か

　（http://bachmann.house.gov/News/DocumentSingle.aspx?Document
　ID=226594）
79) "Mission"（http://teapartycaucus-bachmann.house.gov/about-me/
　mission）
80) Armey and Kibbe（2010 : ch7）。
81) Aberbach and Peele eds.（2011）、Skocpol and Williamson（2012）。

ら分析する。これらによってTPCの政策影響力と共和党の今後の課題を示す。

(1) 所属議員の特性とティーパーティ議員連盟の性格

　TPCは共和党議員のみをメンバーとしていることから、共和党の内部の保守的なイデオロギーによる議員連盟、あるいは共和党内の派閥としてとらえられる傾向にある。ジェルヴェスらは第111議会におけるTPC所属議員52名の特性を、イデオロギー、選出選挙区の経済状況、議会内での役職、初当選年、人種の面からTPCに所属していない共和党議員と比較して分析している。この結果、議会内の年功や役職については違いが認められないものの、TPC所属議員はより財政的な保守派で、選挙区の失業率はより低い傾向を指摘している。TPCは共和党内の派閥的な議員連盟であるが、所属議員の選挙区の経済状況が議員の加入の判断に影響を与えており、財政的に保守的な立法を推進する議員連盟という性格付けをしている[82]。

　ここでは第112議会のTPC所属議員60名の特性を当選回数、選挙区の地理的要因、2011年の投票行動による保守度から概観する。

① 当選回数

　2010年の中間選挙で当選した下院共和党の新人議員は87名で、このうちTPCに加入したのは17名であった。2010年初当選議員が最も多く、当選3回以内の議員が29名で、平均当選回数は、4.48回である。

② 選出選挙区

　共和党下院議員242名中南部11州選出は94名で、このうち

[82) Gervais and Morris (2012)。

表 8-3 所属議員の特性

	TPC 所属議員	非 TPC 共和党議員
平均当選回数	4.48	4.76
南部 11 州選出議員の比率	60.0%	31.9%

TPC 所属議員は 36 名である。TPC 所属議員のうち南部選出議員の割合は 60%、TPC に所属していない共和党議員のうち南部選出議員の占める割合は 31.9% である。TPC 所属議員は南部選出の割合が高くなっている（表 8-3 参照）。

③ 保守度

2011 年の下院で審議された法案への賛否の投票から求められた DW-NOMINATE スコアーについて、TPC 所属議員と非所属議員の平均値を示したのが、表 8-4 である。TPC 所属議員のほうが保守的な投票行動をとっていることがわかる。

④ RSC 所属

下院には、1973 年に設置された保守系の議員連盟である共和党研究会（Republican Study Committee: RSC）が存在する。第 112 議会では、下院共和党議員の約 4 分の 3 が所属し、共和党の主流派を形成している。TPC の所属議員のうち 56 名が RSC にも所属している。

表 8-4 2011 年の投票行動

	TPC 所属議員	非 TPC 共和党議員
DW-NOMINATE スコアーの平均	0.56	0.45

出典 voteview [83] データに基づき筆者作成

---

[83] voteview, "House 112 Rank Ordering." <http://voteview.com/HOUSE_SORT112.HTM>

(2) 下院におけるアジェンダの設定

第112議会にティーパーティ運動の掲げた政策アジェンダは、どの程度連邦議会下院のアジェンダとして審議されたのであろうか。TPCはこれまで、議員連盟として特定の法案への支持を明確に公表していないため、ティーパーティ系の団体であるフリーダムワークス（Freedom Works）がマニフェストとして掲げていた10項目の政策[84]に関する法案の審議動向から分析してみる。

① 憲法の擁護──すべての法案に憲法上の根拠を明示

第112議会の冒頭で下院議事規則の改正案が、全共和党議員の賛成で可決された。このなかで、法案を提出する際に提出者は、その法案の立法の根拠づけとなる憲法上の権限について記載した文書を提出しなければならないこと、またこの文書は、議事録に掲載され電子的形態で公開されなければならないとする規定が盛り込まれた。

このような規定が下院議事規則に盛り込まれるのは、初めてのことである。この規定は憲法の擁護に対して実質的な効果をもつというよりも、よりシンボリックに下院として憲法を尊重する姿勢を示す規定と解されている。

② 環境規制における排出権取引の否定

排出権取引の廃止法案は、TPC所属議員により提出されたが、実質的な審議はされなかった。環境保護庁（EPA）の規制権限については、温室効果ガスの排出規制や水質規制を制限する法案が下院のみ通過した。また環境保護庁の規制予算の削減も歳出予算法案の修正案として提出され、下院で可決されたが上院では否決された。

③ 財政均衡要求──財政均衡憲法修正

---

84) Armey and Kibbe（2010：154-159）。

2011年8月に成立した前述の予算コントロール法のなかに、2011年12月31日までに財政均衡のための憲法修正案を両院で採決するとの条項が盛り込まれ、下院では複数の憲法修正案が提出された。このうち採決に付された修正案は、可決に必要な3分の2の賛成を得られなかった。下院で財政均衡憲法修正案が採決に付されるのは1995年以来のことで、1995年には下院を通過したが、上院では否決された。

④　抜本的税制改革――単一税率の導入

　単一税率法案はTPC所属議員によって下院提出されたが、実質的な審議は行われなかった。

⑤　財政規律の回復及び憲法的に制限された小さな政府――連邦政府の機関やプログラムを監査する審議会の設置

　2011年度歳出予算法案、2012年度歳出予算法案、予算決議案等の審議過程で、多数の予算の大幅削減修正案が審議され、第112議会の下院審議の焦点は、完全に財政赤字削減となったといっても過言ではない。下院共和党としても予算の削減を最大の目標として掲げていたが、内政に関する予算削減だけではなく、これまで共和党が踏み込んでこなかった国防予算を削減する修正案も審議され、一部は成立した。

　予算コントロール法によって、財政赤字削減のための両院合同委員会が設置され、今後10年間で最低でも1兆5000億ドルの財政赤字削減案を作成して2011年12月までに連邦議会で採決に付すと規定されたが、このような削減案を作成することはできなかった。

⑥　政府支出の制限――連邦政府の支出の伸び率に法定された上限を設定

　予算コントロール法に、財政赤字削減策として今後10年間の裁量的経費の上限額が規定された。この上限額には、国防予算も含ま

れた。

⑦　政府が運営する医療保険の予算停止、廃止及び改革——医療保険改革法の廃止等

　オバマ政権の歴史的な立法成果といえる医療保険改革法の廃止は、共和党の最優先課題でもあった。下院では、2011年1月に全共和党議員が賛成して、医療保険改革法廃止法案が可決されたが、上院では否決された。その後も複数の類似法案が審議された。また、医療保険改革法を施行するための予算を削除する修正案や、メディケアなどの予算を廃止する修正案も、歳出予算法案の審議過程で審議され、一部は下院を通過したが上院は通過しなかった。

⑧　エネルギー政策の変更——輸入エネルギー源への依存を低下させるための国内エネルギー開発の促進と規制緩和

　国内のエネルギー開発を促進する複数の法案が提出され、下院は通過したが上院では審議されなかった。

⑨　お手盛り予算（earmarks）の停止

　お手盛り予算廃止法案は提出されたが、実質的な審議はされていない。

⑩　増税の廃止——所得税等のブッシュ減税の延長

　ブッシュ減税は、前節で述べたように2012年まで延長された。

　このようにフリーダムワークスの掲げた10項目のうち憲法の擁護と財政に関する法案はすべて実質的に審議された。第112議会の下院における法案審議の焦点は、前節で詳述したように2011年度一括歳出予算法案、債務上限引き上げ、2012年度一括歳出予算法案など、もっぱら財政赤字削減となった。とくに政府窓口閉鎖ぎりぎりまで審議がもつれこんで成立した債務上限引き上げのための予算コントロール法の審議が、最大の山場となったといえるだろう。

最終的に債務の上限は引き上げられたが、財政赤字の削減策と抱き合わせて赤字削減策に応じて上限を引き上げることとなった。また、国防予算を含む裁量的経費の削減目標や、両院合同委員会設置条項も盛り込まれ、ティーパーティ運動の主張が実現した。

オバマ政権も下院共和党の動向に対応して、2011年2月の予算教書の発表後の4月に政権としての財政赤字削減策を追加で発表した。このなかで、財政赤字が減少に転じない場合の歳出を一律に削減する仕組みの導入、国防費やメディケアなどの社会保障費の削減、税制の単純化を掲げていた。また、2012年1月に発表された政権の新国防戦略でも連邦議会からの国防予算削減圧力を反映した基本方針を打ち出し、2月には法人税減税案を発表している。オバマ政権としても、連邦議会の予算削減圧力に対応した政策転換を強いられた。

(3) 投票の結束力

2011年の下院本会議における点呼投票の全般的な傾向として、党派で対立する投票の頻度が75.8%と1953年以降で最も高く（図8-3）、共和党議員の平均党派一致度も91%と1995年、2001年、2003年と並ぶ1956年以降では最も高い一致度を示している。共和、民主の政党間では対立し、共和党内では結束した投票の傾向がみられる[85]。このような傾向は、下院民主党にもみられる。これらの党派投票は、前述した両党議員のイデオロギー的な分極化で説明できよう。

TPC所属議員の投票行動の特性を分析するために、2011年の重要投票のうち共和党議員の投票が分裂したものについて、TPC所

---

[85] Ethridge (2012)。

属議員と TPC に所属していない共和党議員の賛成率を比較した。ここで重要投票とは、議会情報の専門誌である *CQ Weekly* 誌の選定した重要投票（Key Votes）[86]と、保守系の団体である ACU の重要投票[87]から共和党内で投票の賛否が分裂したものを選定した（表8-5参照）。

これらの投票については、いずれも TPC 所属議員の投票も賛否が分裂しており、TPC 所属議員は、重要投票に必ずしも結束して投票していない。また、TPC 所属議員は、TPC に所属していない共和党議員と比較して、より財政的に保守的な投票を行う傾向が読み取れる。TPC 所属議員には非常に保守的な議員を含むが、彼らは予算コントロール法案や 2012 年度一括歳出予算法案では、財政赤字の削減額が不十分であるとして、予算の削減額が大きすぎるとする民主党議員とともに反対票を投じている。

(4) TPC と下院共和党の課題

第 112 議会は下院議員がイデオロギー的に分極化し、下院共和党議員が最も保守化した議会となった。下院共和党の投票における結束度も歴史的な高さとなった。財政均衡、医療保険改革法の廃止などが下院共和党の優先政策で債務上限の引き上げ幅や予算の大幅削

---

[86] *CQ Weekly* 誌は、2011 年の下院の重要投票として 14 の法案や修正案に関する投票を掲載している（"Key House Votes," January 9, 2012, pp.48-54）。このうち、共和党の投票が分裂し、共和党からの賛成者または反対者が 10% 以上となっている 4 回の投票（Roll Call No.46, 376, 491, 690）について賛成率を求めた。

[87] ACU は 2011 年の重要投票として、25 の投票を挙げている（American Conservative Union）。このうち共和党からの賛成者または反対者が 10% 以上となっている 9 回の投票（Roll Call No. 54, 133, 144, 275, 432, 580, 586, 690, 941）について賛成率を求めた。

表 8-5 重要投票における TPC 所属議員の賛成率

No	内容	TPC所属議員賛成率 (%)	非TPC議員賛成率 (%)
46	F35代替エンジン予算増額修正案	51.7	43.9
54	法律サービス公社予算削減修正案	84.7	67.0
133	連邦公務員定期昇給予算使用禁止修正案	86.7	78.4
144	賃金差別要件予算使用禁止修正案	93.3	75.1
275	RSC予算決議案	75.0	41.3
376	愛国者法延長法案	86.2	86.3
432	外国農業サービス予算削減修正案	57.6	35.4
491	特許改革法案最終投票	57.6	76.1
580	先端技術ローンプログラム廃止修正案	65.0	41.2
586	再生可能エネルギー増加修正案	8.8	15.6
690	予算コントロール法案最終投票	55.0	78.3
941	2012年度一括歳出予算法案最終投票	47.4	68.2

出典：各投票結果に基づき筆者作成

減などが第112議会の主要論点となり、下院のアジェンダ設定の面では、ティーパーティの政策が反映されたといえるだろう。

第104議会の「アメリカとの契約」の審議にみられたように、ティーパーティの掲げた政策を実現する法案が下院は迅速に通過するが、民主党が多数派である上院で廃案あるいは審議されないまま店晒しとなっている。日切れとなるため成立させなくてはならない連邦政府各機関の再授権法案以外の重要法案の審議はまったくといってよいほど進まない状態となった。共和党多数派議会との対立から、クリントン大統領は中道派路線に政策転換を強いられたが、オバマ政権も政策アジェンダの変更を迫られた。

TPCは、法案提出や投票行動からは、第111議会と同様に財政的に保守的な立法を推進する議員連盟といえるだろう。TPCの今後の課題としては、下院共和党のなかで指導部に対してどのような影響力をもち、共和党をどのように変革してゆくのかという点が挙げられる。また、改革運動として継続性をもちうるのか、実現性の

乏しい政策を掲げ対立と行き詰まりをもたらすのみでは、支持は離れてゆく。

　アメリカの政党制は二大政党制を維持しつつも、ティーパーティ運動にみられるように、国民は民主、共和両党や現在のワシントンの政治には強い不満を表明している。とりわけ立法成果が上がらず対立を繰り返す連邦議会に対して、国民の支持はかつてないほどに低下している[88]。他方ティーパーティ運動に対しても、2011年には不支持が支持を上回り、TPC所属議員の選挙区でも支持と不支持が拮抗している。共和党に対する不支持は、TPC所属議員の選挙区で2011年8月から支持を上回る状況となっている[89]。

　第104議会で強い結束力を示しギングリッチ議長の手足となっていた保守的な共和党新人議員は、その後比較的短期間で落選や引退によりワシントンを離れていった。TPC所属議員も同じ道をたどるのか、あるいは共和党を一層保守化させる勢力として今後とも継続するのかが注目点となろう。

おわりに──オバマ政権1期目の事例が示すアメリカの統治システムの課題

　2012年選挙の結果、大統領選挙ではオバマ大統領が共和党ミッ

---

88) Pew Research Center, "Congressional Favorability." (http://www.pewresearch.org/data-trend/political-attitudes/congressional-favorability/)
89) Pew Research Center, "More Now Disagree with Tea Party-Even in Tea Party Districts," November 29, 2011. (http://www.people-press.org/2011/11/29/more-now-disagree-with-tea-party-even-in-tea-party-districts/)

ト・ロムニー元マサチューセッツ州知事に選挙人獲得数で126名の差をつけて再選された。下院では共和党が多数派を維持したものの8議席減、上院では民主党が多数派を維持し共和党が2議席減となった。下院では、第112議会で所属政党の多数派と異なる投票行動を取っていた中道派議員の半数にあたる17名（民主党10名、共和党7名）が落選または引退し、両党の議員の分極化はさらに進んでいる。

オバマ政権1期目の事例が示しているのは、政権の最初の2年間のように、民主党の統一政府であっても医療保険改革のような歴史的な改革法案を成立させるのは非常に時間がかかり困難なプロセスとなることである。後半2年間は下院で共和党が多数派の分割政府となり、両党ともに中道派議員が減少し党派対立が激しくなった。大統領の重視する政策を議会のアジェンダとすることは困難となり、保守派のなかでもとくに財政赤字削減を重視するティーパーティ系議員がアジェンダ設定に影響力をもった。政府窓口閉鎖や政府の債務不履行を盾にとり、暫定予算法案や債務上限引き上げ法案などの審議で議会下院側は時には数日や数週間といった短期間の小幅な延長や引き上げしか認めず、また時限付きの減税法案など議会側が頻繁に審議できる仕組みを組み込む戦略を取った。

大統領側は短期的な妥協をせまられる政治の繰り返しに追い込まれ、綱渡りの政権運営を強いられた。政権と連邦議会との交渉は、初期段階ではホワイトハウスのスタッフレベルで行われるが、最終的には副大統領や大統領本人が議会側の票を1票ずつ集める交渉と妥協を強いられている。

アメリカの統治システムは、抑制と均衡を重視し、大統領と連邦議会で立法権が部分的に共有されているが両者を調整するシステムが制度的には存在していない。連邦議会においては、過半数の議席

をもつ多数党のみでは決定できない上院の存在が、法案審議を非常に困難なものにしている。党派とイデオロギーが結びつき、しかも分極化が進んでいる状況で分割政府が継続し、党派間や、大統領と連邦議会の間の対立、競合関係が深刻化している。大統領は4年間の任期が固定されているが、毎年度の予算審議や、2年ごとの連邦議会議員の選挙という制度的に固定された短い政治サイクルにより、大統領の政治的な権力は強い制約を受けている。

　有権者は、政治の現状や既存政党に満足してはおらず、ティーパーティ運動は一定の支持を得ていた。ティーパーティ系議員の当選は下院共和党を一層保守的な方向に分極化させた。しかし、議員連盟として法案への賛否を表明したり投票をとりまとめたりはせず、その投票行動は分裂する傾向があること、また中道派のベイナー下院議長の手足とはなっていないことから、クリントン政権時のギングリッチ下院議長のもとでの共和党新人議員のような影響力はもっていない。また、共和党の支持を安定的に拡大するような勢力ともなっていない。有権者はこれまで政治の現状への不満を、選挙での多数派の交代に求めているようにも見える。大統領選挙の際の公約など大統領の主要政策の実現が、大統領の所属政党の議員の増加にはつながっていない。しかし振り子のように繰り返される組み合わせを変えた分割政府は、いずれの政党の政権にとっても困難な政権運営を強いている。

　アメリカ型の権力分立システムの課題を克服するため、1980年代には議院内閣制的な要素を導入する統治システム改革も提案されたが、このような改革への支持や議論に広がりはみられなかった。戦後の政治的変化、とりわけ1980年代以降の政党制を中心とする変化は明らかであるが、イデオロギー対立と分極化の進展に対処する合意形成を促進するような統治システムの改革は依然として主要

な政治的課題とはなっておらず、現状への批判は非常に強いが改革への論議も深まっていない状況である。21世紀型の統治システムとよべるものは未だその萌芽すら登場していない。

参照・引用文献

五十嵐武士・久保文明編（2009）『アメリカ現代政治の構図——イデオロギー対立とそのゆくえ』東京大学出版会。
サルトーリ、ジョヴァンニ（2000）［工藤裕子訳］『比較政治学——構造・動機・結果』早稲田大学出版部。
ダール、ロバート・A（2003）［杉田敦訳］『アメリカ憲法は民主的か』岩波書店。
廣瀬淳子（2004）『アメリカ連邦議会——世界最強議会の政策形成と政策実現』公人社。
廣瀬淳子（2007）「アメリカの大統領行政府と大統領補佐官」『レファレンス』2007年5月、43-58頁。
廣瀬淳子（2010）「憲法、国会法と会派を巡る諸問題」『比較憲法学研究』No. 22、119-144頁。
廣瀬淳子（2011）「債務上限引上げと財政赤字削減の予算コントロール法成立」『外国の立法』2011年10月。
廣瀬淳子（2012）「ティーパーティ議員連盟とティーパーティ系議員の影響力」久保文明編『ティーパーティ運動の研究——アメリカ保守主義の変容』NTT出版、58-71頁。
廣瀬淳子（2013）「アメリカ連邦議会の行政監視——制度と課題」『外国の立法』255号、2013年3月、6-22頁。
廣瀬淳子（2014）「アメリカ連邦議会上院改革の課題——フィリバスターの改革」『レファレンス』2014年3月、35-50頁。
レイプハルト、アレンド（2014）［粕谷祐子他訳］『民主主義対民主主義——多数決型とコンセンサス型の36ヶ国比較研究』原著第2版、勁草書房。

Aberbach, Joel D. and Gillian Peele eds. (2011) *Crisis of Conservatism? The*

Republican Party, the Conservative Movement, & American Politics after Bush, Oxford University Press.

Abramowitz, Alan I. (2011) "Expect Confrontation, Not Compromise: The 112th House of Representatives Is Likely to be the Most Conservative and Polarized House in the Modern Era," *PS Political Science & Politics*, Vol.44, No.2, April 2011, pp.293-295.

Aldrich, John H. (1995) *Why Parties? The Origins and Transformation of Political Parties in America*, University of Chicago Press.

American Conservative Union, "2011 Rating of Congress: House Vote Descriptions." (http://conservative.org/ratings/ratingsarchive/2011/housedesc.pdf)

American Political Science Association (1950) *Toward a More Responsible Two-Party System: A Report of the Committee of Political Parties*, *American Political Science Review*, 44, Part 2, Supplement.

Armey, Dick and Matt Kibbe (2010) *Give Us Liberty: A Tea Party Manifesto*, Harper.

Bellantoni, Christina (2011) "Out of Right Field," *CQ Weekly*, August 1, 2011, pp.1682-1687.

Binder, Sarah A. (2003) *Stalemate : Causes and Consequences of Legislative Gridlock*, Brookings Institute Press.

Black, Earl and Merle Black (2002) *The Rise of Southern Republicans*, Harvard University Press.

Brady, David W. and Craig Volden (1998) *Revolving Gridlock: Politics and Policy from Carter to Clinton*, Westview.

Bruke, John P. (2000) *The Institutional Presidency: Organizing and Managing the White House from FDR to Clinton*, 2nd., ed., Johns Hopkins University Press.

Calmes, Jackie (2009) "With Stimulus, Partisanship Proves a Worthy Foe," *New York Times*, February 7, 2009.

Connolly, Ceci (2010) "61 days from near defeat to victory: How Obama revived his health-care bill," *Washington Post*, March 23, 2010.

Cooper, Matthew and Rebecca Kaplan (2011) "The Tea Party's Legal Brief," *National Journal*, February 19, 2011, pp.28-33.

Deering, Christopher J. and Steven S. Smith (1997) *Committee in Congress*, 3rd ed., CQ Press.

Duverger, Maurice (1954) *Political Parties: Their Organization and Activities in the Modern State*, Wiley.

Epstein, Leon (1986) *Political Parties in the American Mold*, University of Wisconsin Press.

Ethridge, Emily (2012) "Ever More Polarized, Parties Set Records," *CQ Weekly*, January 16, 2012, pp.111-121.

Fisher, Louis (2007) *Constitutional Conflicts between Congress and the President*, 5th ed., Revised, University Press of Kansas.

Gervais, Bryan T. and Irwin L. Morris (2012) "Reading the Tea Leaves: Understanding Tea Party Caucus Membership in the US House of Representatives," *PS: Politics and Political Science*, Vol.45, No.2, April 2012, pp.245-250.

Hammond, Susan Webb (1998) *Congressional Caucuses in National Policy Making*, Johns Hopkins University Press.

Han, Hahrie and David Brady (2007) "A Delayed Return to Historical Norms: Congressional Party Polarization after the Second World War", *British Journal of Political Science*, Vol. 37, No. 3, July 2007, pp.505-531.

Herrnson, Paul S. (2002) "National Party Organizations at the Dawn of the Twenty-First Century," L. Sandy Maisel ed., *The Parties Respond: Changes in the American Party System*, 4th ed., Westview pp.47-78.

Hess, Stephan (2002) *Organizing the Presidency*, 3rd ed., Brookings Institution Press.

Inderfurth, Karl F. and Loch K. Johnson eds. (2004) *Faithful Decisions: Inside the National Security Council*, Oxford University Press.

Jacobs, Lawrence R. and Theda Skocpol (2010) *Health Care Reform and American Politics: What American People Need to Know*, Oxford University Press.

Jacobson, Gary C. (2011a) "The Republican Resurgence in 2010," *Political Science Quarterly*, Vol. 126, No. 1, 2011, pp.27-52.

Jacobson, Gary C. (2011b) "Legislative Success and Political Failure: The Public's Reaction to Barack Obama's Early Presidency," *Presidential Studies Quarterly*, Vol. 41, No. 2, June 2011, pp.220-242.

Jones, Charles O. (1999) *Separate But Equal Branches: Congress and the Presidency*, 2nd ed., Chatham House.

Karpowitz, Christopher F. et.al. (2011) "The Tea Time in America? The Impact of the Tea Party Movement on the 2010 Midterm Elections," *PS Political Science & Politics*, Vol.44, No.2, April 2011, pp.303-308.

Key, V. O. (1955) "A Theory of Critical Elections," *Journal of Politics*, 17, 1955.2, pp.3-18.

Krehbiel, Keith (1998) *Pivotal Politics: A Theory of U.S. Lawmaking*, University of Chicago Press.

Mann, Thomas E. and Norman J. Ornstein (2012) *It's Even Worth than It Looks: How the American Constitutional System Collided With the New Politics of Extremism*, Basic Books.

Mayhew, David R. (1974) *Congress: The Electoral Connection*, Yale University Press.

Mayhew, David R. (2005) *Divided We Govern: Party Control, Lawmaking, and Investigation, 1946-2002*, 2nd ed., Yale University Press.

McCarty, Nolan, Keith T. Poole and Howard Rosenthal (2008) *Polarized America: The Dance of Ideology and Unequal Riches*, MIT Press.

McKay, Amy Melissa and Jenifer Hayes Clark (2009) "The Politics of Health Reform: How Political Interests and Preferences Shape Political Strategy," *P.S. Political Science & Politics*, Vol. 42, No. 4, October 2009, pp.808-811.

Mead, Walter Russell (2011) "The Tea Party and American Foreign Policy: What Populism Means for Globalism?" *Foreign Affairs*, March/April 2011, pp.28-44.

Milkis, Sydney M. and Michael Nelson (2012) *The American Presidency: Origins and Development, 1776-2011*, 6th ed., CQ Press.

Nather, David (2008) "Quick Rise to a Steep Challenge," *CQ Weekly*, November 10, 2008, pp.2960-2968.

National Taxpayers Union Foundation (2012) "Reading the Tea (Party) Leaves: The First Session of the 112th Congress", *Policy Paper*, No. 170, May 15, 2012. (http://www.ntu.org/ntuf/pp-170-bt112-1-report-tea-party-congress.pdf).

Nelson, Michael ed. (2014) *The Presidency and the Political System*, 10th ed., Sage.

Neustadt, Richard E. (1960) *Presidential Power: The Politics of Leadership*, Wiley.

Patterson, Bradley H. (2000) *The White House Staff: Inside the West Wing and Beyond*, Brookings Institution Press.

Patterson, Bradley H. (2008) *To serve the President: Continuity and Innovation in the White House Staff,* Brookings Institution Press.

Pierson, Paul (2007) "The Rise and Reconfiguration of Active Government," Paul Pierson and Theda Skocpol, eds., *The Transformation of American Politics: Activist Government and the Rise of Conservatism*, Princeton University Press, pp.19-38.

Pika, Joseph A. and John A. Maltese (2014) *The Politics of the Presidency,* Revised 8th ed., Sage.

Polsby, Nelson W. (2004) *How Congress Evolves: Social Bases of Institutional Change,* Oxford University Press.

Poole, Keith T. and Howard Rosenthal (2007) *Ideology and Congress,* 2nd ed., Transaction Press.

Ranney, Austin (1951) "Toward a More Responsible Two-Party System: A Commentary," *American Political Science Review,* 45, September 1951, pp.488-499.

Ripley, Randall B. (1983) *Congress: Process and Policy,* W. W. Norton.

Rockman, Bert A., Andrew Rudalevige and Colin Campbell (2012) *The Obama Presidency: Appraisals and Prospect,* CQ Press.

Rohde, David W. (1991) *Parties and Leaders in the Postreform House,* University of Chicago Press.

Rosenof, Theodore (2003) *Realignment: The Theory that Changed the Way We Think about American Politics,* Rowman & Littlefield Pub. Inc.

Schaattschneider, E.E. (1940) *Party Government,* Farrar and Rinehart.

Sinclair, Barbara (1991) *The Transformation of the U.S. Senate,* John's Hopkins University Press.

Sinclair, Barbara (2006) *Party Wars: Polarization and the Politics of National Policy Making,* University of Oklahoma Press.

Sinclair, Barbara (2007) *Unorthodox Lawmaking: New Legislative Processes in the U.S. Congress,* 3rd ed., CQ Press.

Skocpol, Theda and Vanessa Williamson (2012) *The Tea Party and the Remaking of Republican Conservatism,* Oxford University Press.

Stonecash, Jeffrey M., Mark D. Brewer and Mack D. Mariani (2003) *Diverging Parties: Social Change, Realignment and Party Polarization,* Westview.

Sundquist, James L. (1981) *The Decline and Resurgence of Congress,* Brookings Institution.

Sundquist, James L. (1986) *Constitutional Reform and Effective Government*, Brookings Institution.

Theriault, Sean M. (2008) *Party Polarization in Congress*, Cambridge University Press.

Thurber, James A. ed. (2006) *Rivals for Power: Presidential-Congressional Relations*, 3rd ed., Rowman & Littlefield.

Wayne, Alex and Adriel Bettelheim (2010) "Tight Maneuvering on the Hill," *CQ Weekly*, March 1, 2010, pp.492-495.

Wayne, Alex and Kathleen Hunter (2009) "Rough Road Ahead for Overhaul," *CQ Weekly*, November 16, 2009, pp.2660-2663.

Weisman, Jonathan and Naftali Bendavid (2009) "Obama kept lawmakers close to get stimulus bill passed," *Wall Street Journal*, Feb 18, 2009.

CQ Almanac, CQ Press, 各年版.

＊本章における URL は、いずれも 2014 年 10 月 12 日時点で最終確認したものである。

あとがき

　21世紀の日本政治はどうなって行くのか。20世紀、あるいは戦後の政治から何が変化し、逆に何が持続するのだろうか。大きなうねりを見せている世界と日本の動向はどのように関連し合い、あるいは交錯してきたのだろうか。こうした疑問が本書の根底にある。
　2度の世界大戦と大恐慌を経て形成された戦後世界は、冷戦という固い大きな殻と国境というもう1つの枠組みに支えられ、それぞれの国家が基本的な意思決定とその実施を担っていたと言ってよいだろう。その冷戦が終結して「短い20世紀」が終わり、旧ソ連の内部から、またその支配下にあった東欧からは多くの新しい国々・体制が生まれてきた。「第3の波」と呼ばれる民主化の動きでもある。他方で、経済大国へと台頭してきた中国が民主化を回避して権威主義的な体制を継続し、とくに東アジアでの安全保障環境には根本的な変化を起こしつつある。
　また周知のように、ヨーロッパではEUという超国家的機関が成立し、紆余曲折を経ながらもこれまでの主権国家体制とは大きく異なる姿へと変貌しつつある。他方で、スコットランドの独立問題やイギリスのEUからの離脱、イタリアでの南北格差と対立、スペインでのカタルーニャ地方の独立運動など、地域主義が重大な課題へと浮上しつつある。
　一方、経済活動は国家間の相互依存という状態をはるかに超えてグローバル化しつつある。そして、大量生産技術に立脚した経済構造と分厚い中間層を基礎とする社会は急速にその基盤を失いつつある。経済活動の頂点に位置するごく一部だけが巨大な富を独占する

かのような「林冠」経済が、アメリカだけでなく世界に広まろうとしているかのごとくである。ピケティのいう「21世紀の資本」の世界はこうして広がり、国内での格差と世界秩序に公然と挑戦するテロリストとがその反動として浮かんできているように見える。

インターネットやソーシャル・メディアの飛躍的な発達とともに、こうした社会経済的な変容は政治的にも大きなうねりを起こしつつある。情報は瞬時に拡散し、当局の統制をあざ笑うかのような抗議運動があちこちに頻発している。そしてそれらは、残念なことに社会を統合する方向ではなく、民族や宗教の違いや独自性を過度に主張することを通じて社会を分断させ混乱させることに向かっているようである。

つまり、中間層を軸とする伝統的な社会秩序やコミュニケーションと、国境を隔てて組織化され安定していた経済構造の上に成立していた政治の仕組みは、その基礎的な土台を急速に掘り崩されてきたのである。多くの国々で主要政党の党員数が低下の一途をたどり、逆に無党派層の増大や極右政党の進出がいたるところに見られる。選挙での投票率も低下をつづけている。選挙やそれを競う政党の役割と有効性は大きく減じてきたのである。大統領のようになってきたとされる首相のリーダーシップが強調される一方で、内閣はその実質性を失ってきたのではないか。そして議会機能の埋没が懸念されるなかで、代表制民主主義そのものに大きな疑問符がつけられてきたように見える。結局、EU諸国で議論される「民主主義の赤字」は、ほとんどの先進国に共通する本質的問題を提起しているのではないだろうか。

こうした世界の動きのなかで、日本の政治をどのように理解し位置づけることができるのだろうか。

あとがき

　敗戦の混乱から立ち直った後の戦後日本を見ると、前半には高度経済成長があり、後半には打って変わってデフレが続いた。社会の高齢化と人口減少社会の到来という大きな変化も起こった。冷戦のなか、日米安保と吉田ドクトリンが重要な位置を占めてきたが、中国の台頭によってそれも変化を求められている。

　こうした大きな環境変化のなかで、事実上政権交代のない状況が続いたことが日本政治の大きな特徴であった。大きな流れのなかで見れば、安定と配分を重視した政治から、新しい活力を引き出す政治、国内調整型から国際競争への対応、官僚によるマネージメントから本来の意味での政治主導へと大きく舵を切ることが求められてきたといえよう。

　本書の基礎となった共同研究が立ち上がったのは2009年の4月で、まさにそうした日本政治への大変化への予兆が至るところに見え隠れし、何らかの大きな流れに変わろうとしていた時期である。1990年代の自民党の下野、連立政権の常態化、橋本行革と小泉改革などを経て、また選挙制度改革、政党助成制度の導入、マニフェスト選挙の浸透など、さまざまな変化への動きが政権交代へと集約し始めた時期である。二院制とねじれの問題も浮上してきた。

　むろん、世界の大きな流れに沿う側面だけでなく、日本に固有な事情がある。しかし、戦後日本がある種の「成功物語」だったこともあり、いわば20世紀モデルの日本版ともいうべき「55年体制」の仕組みに対して、根本的な改革への取り組みが先送りされる傾向にあったことは否めない。率直に言って、膨大な財政赤字の累積をはじめとして、日本のガバナンスが全体として十分な適応力、行動力そして革新力をもっていなかったのではないか、というのが我々メンバーの共有した感触だった。そして、こうした政治の現実に向

き合ううえで、ヨーロッパの議院内閣制諸国との比較研究という視点が弱かったのではないか。これらのさまざまな思いが本書のスタートにあった。

　共同研究は、文部科学省からの科学研究費補助金（番号：21243009「21世紀型統治システムへの転換」）を受け、4年の計画で始まった。その後2009年の夏には政権交代が実際に起こり、我々は政権中枢の関係者からのヒアリングを行った。またヨーロッパではユーロ危機が深刻化するなか、イタリアをはじめ各国での調査を実施することになった。つまり、時代の大きな流れは研究とともに現在進行形であり、それは日本と世界をまたぐ形で次々と起こってきたのであった。改めて課題の大きさと複雑さに思いを致した次第だった。

　本書を上梓するに至るまでには、当然ながら極めて多くの方々からご支援をいただいた。ご多忙のなか、我々からのヒアリングの要請に快くお応えいただいた要路の方々、日本政治学会の関係者、21世紀臨調の方々、そして、快適な研究環境を提供してくれた各メンバーの所属大学の関係者にお礼申し上げたい。とくに、研究活動の拠点となり、本書の出版に際しても資金援助に応じていただいた学習院大学には心よりお礼を申し上げたい。

　困難な業界事情のなか、本書の出版を急遽お引き受け下さり、迅速かつ緻密な作業で支えていただいた吉田真也さんにはお礼の言葉もない。政治のみならず全体としての日本をめぐる情勢が予断を許さぬ今、本書がその未来をめぐる議論を深める契機になることを念願する次第である。

　　　　　　　　　　　　　　　　　　　　　　　　佐々木毅・野中尚人

人名索引

【ア行】

アイゼンハワー（Eisenhower, Dwight D.） 355
アデナウアー（Adenauer, Konrad） 225, 226, 228
アリストテレス（Aristotelēs） 8
ウェブ（Webb, Paul） 57, 68, 195, 196, 279
ヴデル（Vedel, Georges） 22, 317, 335
エアハルト（Erhard, Ludwig） 221, 225, 226
エリツィン（Yeltsin, Boris） 30, 32
オッケット（Occhetto, Achille） 249, 252-254
小沢一郎 83, 248-251
オバマ（Obama, Barack） 349, 351, 352, 356, 363, 370-380, 383, 384, 386-388, 390, 396, 397, 399-401

【カ行】

キージンガー（Kiesinger, Kurt Georg） 225, 228, 229
キャメロン（Cameron, David） 45, 60, 197, 206
クリントン（Clinton, Bill） 363, 374-376, 399, 402
クレッグ（Clegg, Nick） 22, 46, 47, 60, 206
コール（Kohl, Helmut） 225, 230, 238, 239
小泉純一郎 1, 9, 11, 32, 89, 151, 168, 278, 411
後藤田正晴 83

【サ行】

サッチャー（Thatcher, Margaret） 58, 59, 191, 192, 197-199, 210, 212, 213, 281
サルコジ（Sarkozy, Nicolas） 21, 23, 35, 36, 48, 49, 314, 315, 326, 328, 336, 339, 340
サルトーリ，ジョバンニ（Sartori, Giovanni） 2, 104, 105, 245, 254-256, 263, 278, 349, 350
シュレーダー（Schröder, Gerhard） 65, 225, 230, 231, 239
シュンペーター（Schumpeter, Joseph） 25
ジョスパン（Jospin, Lionel） 322, 326, 328
シラク（Chirac, Jacques） 23, 33, 311, 313-315, 326, 331
ジスカール（Giscard d'Estaing, Valéry） 315, 326
セーニ（Segni, Mario） 248, 249, 251, 252, 254, 260

【タ行】

ダール（Dahl, Robert） 8, 351
ダイシー（Dicey, Albert Venn） 20
チャンピ（Ciampi, Carlo Azeglio） 66
デュヴェルジェ（Duverger, Maurice） 104-108, 113, 114, 116, 117, 126, 251,

299, 313, 317, 330, 334, 335, 339, 361
ドゴール（de Gaulle, Charles）　47, 302, 305, 315, 318, 319, 331, 339, 342
ドブレ（Debré, Michel）　305, 324

【ナ行】

ニクソン（Nixon, Richard）　5, 356
野田佳彦　87

【ハ行】

橋本龍太郎　151, 170
バジョット（Bagehot, Walter）　190
バッサニーニ（Bassanini, Franco）　67, 273
バラデュール（Balladur, Édouard）　48, 49, 336, 337
ピケティ（Piketty, Thomas）　8, 410
ヒトラー（Hitler, Adolf）　74
プーチン（Putin, Vladimir）　32
ブッシュ（Bush, George W.）　351, 363, 370-373, 377, 382-388, 391, 396
ブラウン（Brown, Gordon）　197, 203
ブラント（Brandt, Willy）　222, 225, 226, 229
ブレア（Blair, Tony）　42, 43, 45, 58-60, 194, 195, 197-200, 213, 281
プローディ（Prodi, Romano）　54, 262, 264
ベルルスコーニ（Berlusconi, Silvio）　3, 11, 54, 66, 245, 259, 262-264, 266, 271, 273, 279-283, 285, 290
ポグントケ（Poguntke, Thomas）　57, 68, 219, 279, 280

細川護熙　83, 151
ポンピドー（Pompidou, Georges）　305, 315, 333

【マ行】

マッカーサー（MacArthur, Douglas）　75, 85
マルクス（Marx, Karl）　8
ミッテラン（Mitterrand, François）　22, 33, 47, 311, 312, 315, 318, 319, 330, 331, 335, 339
ムッソリーニ（Mussolini, Benito）　66, 74, 257
メージャー（Major, John）　58, 197, 198, 213
メルケル（Merkel, Angela）　64, 65, 221, 225, 231, 232, 236

【ヤ・ラ行】

吉野作造　73
ラウレル　75
ラスウェル（Lasswell, Harold）　10
ラング（Lang, Jack）　48
ルーズベルト（Roosevelt, Franklin D.）　355
レイプハルト（Lijphart, Arend）　26, 38, 194, 200, 248, 358
レーガン（Reagan, Ronald）　370
レームブルッフ（Lehmbruch, Gerhard）　239
レンツィ（Renzi, Matteo）　54, 263, 273, 279, 281, 283, 285, 290, 291
ロワイヤル（Royal, Ségolène）　23, 48

事項索引

【アルファベット・数字】

ECB →欧州中央銀行
ENA →国立行政学院
EU →ヨーロッパ連合
NEC →国家経済会議
NPM →新行政経営
NSC →国家安全保障会議
20世紀型　8, 10, 17, 180, 239
21世紀型　17, 18, 219, 238, 241, 403, 412

【ア行】

あいぎ　166
アイデンティティ　10
アジェンダ　12, 26, 92, 195, 210, 284, 378, 388, 391, 394, 399, 401
アジェンダ2010　239, 240
委員会立法　52, 274, 275
イエ社会　148
違憲立法審査　74, 203, 344
五つ星運動　246, 262, 265, 279, 283, 290, 291
一党優位　154, 246, 256
一般議員業務委員会　44, 45
イデオロギー　7, 10, 24, 181, 254-256, 281, 349-351, 363, 367, 368, 370, 378, 392, 397, 398, 402
委任立法　273, 275, 311, 360
イラク戦争　197, 351
イングランド銀行　201, 203
インクリメンタリズム　166, 167, 172
インターネット　11, 410

院内総務　44, 46, 382, 387, 390
ウェストミンスター　43, 187, 188, 193, 198, 201, 205, 248, 267, 277-279, 349
右翼　10, 253
欧州中央銀行（ECB）　241
オリーブの木　52
オルドナンス　35, 303, 309-313, 316, 318, 328, 330

【カ行】

改革渋滞　219, 238, 239
会期不継続　41, 80, 84
階級　10, 143, 189, 211, 213, 214, 251, 280, 370
会計検査院　21, 313, 338
解散　21, 40, 47, 54, 62, 63, 65, 71, 113, 114, 117, 159, 163, 190, 203, 206, 233, 271, 277, 285, 301, 316-320, 359
会派　50-53, 78, 158, 165, 267, 275, 276, 338, 350, 359, 361, 368, 369
下院院内総務　44, 46
閣議　59, 63, 70, 76, 77, 79, 80, 87, 115, 117, 168, 169, 195, 197, 221, 222, 227, 287, 303, 306-313, 315, 318, 321, 323-326, 328-331, 354
革新　19, 29, 80, 148, 411
閣僚委員会　59, 169, 195, 205, 223, 224
官僚内閣制　172
ガバナンス　21, 411
議員団　219, 221, 224-232, 238, 327
議院内閣制　39, 48, 55, 58, 61, 66, 68, 73, 75, 79, 84, 88, 91, 101, 102, 104,

107, 109, 110, 118, 125-127, 129, 131, 132, 146, 162-169, 174, 175, 190, 193, 194, 198, 232-234, 238, 278, 280, 309, 342, 343, 351, 354, 359, 402, 412
　半—— 232, 234, 238
議会主権　20, 188, 191, 193, 202, 332
議会制定法　20, 35, 188, 193, 202
議会制度　2, 27, 39, 54, 233, 300, 332
議事規則　41, 42, 50, 52, 53, 55, 351, 361, 394
議事日程　50, 76, 275-277, 289, 307, 332, 336, 338
規制緩和　151, 176, 210, 396
強行採決　89
共産党〔イタリア〕　19, 29, 53, 245, 248, 252, 256, 264
共産党〔旧ソ連〕　102
共産党〔中・東欧〕　131
共産党〔日本〕　158, 246, 248, 256
共産党〔フランス〕　49
共産党〔ポーランド〕　103
教書　21, 49, 65, 353, 359, 360, 372, 384, 397
行政機関法定主義　85-87
共和党　359-361, 368-375, 377-382, 384-388, 390-402
キリスト教民主党　248, 251-253, 256, 264
キリスト教民主同盟　64, 221
緊急命令権　220
金融市場　4-7, 9, 205
グリーンペーパー　90
グローバリズム　17, 183
グローバル化　4, 7, 52, 69, 143, 151, 182, 187, 209, 210, 212-215, 219, 239, 241, 344, 409
経済財政諮問会議　169, 171
決定的選挙　362
権威関係　110
権威主義　272, 282, 409

憲章88　22, 199
建設的不信任　63, 221, 268, 271
憲法改正　3, 19-23, 36, 51, 54, 61, 62, 64, 70, 77, 81, 91, 104, 118, 125, 165, 179, 267, 268, 271, 285, 287, 289, 300, 303, 310, 316, 334-336, 340, 343, 351, 371
憲法裁判所　33, 37, 74, 75, 115, 116, 260, 276, 285, 288
憲法付属法　72, 75, 77, 92
権力核　150, 151, 153, 165, 180
権力分立　146, 233, 234, 238, 349-351, 402
コアエグゼクティブ　196
コアビタシオン　23, 109, 112, 127, 128, 302, 309, 311, 312, 314-318, 326, 330, 331, 338, 340, 342
合意（型）政治　187, 194, 199-202, 204, 207, 209, 215
硬性憲法　188, 203
拘束名簿　258, 260, 286, 287
後発民主国　146
公法律委員会　42, 45
公務員制度　21, 69, 362
合理化された議会主義　47, 50, 51, 299, 307, 317, 319, 332, 333, 339, 342
コーポラティズム　24, 191
国王大権　21, 47, 190
国民議会　301, 302, 307, 319, 327, 335-338, 340, 341
国民戦線　49, 318, 343
国民投票（住民投票、レファレンダム）　21, 27, 30-33, 35, 38, 46, 54, 61, 62, 114, 115, 125, 193, 200, 201, 203, 205, 208, 215, 216, 249, 251, 252, 258, 268, 271, 291, 309, 337
国務院　306, 312, 313, 321, 323, 325, 326, 330
国立行政学院（ENA）　23
国家安全保障会議（NSC）　91, 171, 356

国会法　72, 75, 78, 80, 86, 189
国家経済会議（NEC）　356
固定任期　21, 34, 46, 47, 104, 206
コモンロー　20
コンセンサス　5, 12, 24, 26, 48, 65, 255

【サ行】

再議決　162, 233
宰相民主主義　220, 222
財政赤字　4, 13, 17, 56, 145, 150, 251, 370-372, 374, 377-379, 381-386, 388, 391, 395-398, 401, 411
裁定者　300, 303, 308, 310, 316, 319, 339, 340, 342, 344
左翼民主党〔イタリア〕　245, 248, 249, 252, 263, 264
三権分立　24, 75, 76, 85, 202, 203
暫定措置令　275, 276
ジェンキンス委員会　201
施政方針　62, 63, 307, 372
事前審査制　64, 76, 79, 84, 164
執行権（執行部）　25, 51, 84, 103, 105, 132
執政制度　101, 103, 106, 109, 115
執政中枢　1-4, 9-13, 170, 171, 299, 322
資本主義　17
社会主義　17, 22
社会民主主義　5, 229
社会民主党〔イギリス〕　46, 190, 192
社会民主党〔ドイツ〕　64, 222
社会民主党〔日本〕　246
自由主義　5, 30, 142, 229, 240
　新——　7, 19, 191, 213-215, 239, 248
自由党〔イギリス〕　46, 189, 190, 204
自由党〔日本〕　156
自由民主主義　142
自由民主党〔イギリス〕　22, 33, 35, 40, 46, 60, 187, 190, 200, 203-206, 208, 209, 214, 215
自由民主党〔ドイツ〕　221
自由民主党（自民党）〔日本〕　70, 71, 76, 77, 79-81, 83, 87, 88, 91, 150, 151, 154, 156, 158, 160, 161, 163, 179, 246, 256, 260, 263, 411
主権　4, 20, 26, 143, 145, 176, 188, 191, 193, 202, 332, 337, 409
首相（内閣総理大臣）　1, 21-23, 25, 39, 42, 43, 45, 47, 50, 54, 58-60, 62-68, 71, 76, 77, 85, 87-91, 102-110, 113, 115, 117, 118, 126-130, 146, 150, 152, 160, 162, 163, 166-168, 170, 172, 174, 175, 190, 194-198, 205-207, 213, 219-226, 228-231, 233, 234, 238, 248, 251, 264, 267, 268, 270, 271, 277, 278, 280, 281, 283, 285, 291, 299-301, 303-309, 311-324, 326-330, 332-334, 336, 339-343, 410
　——官邸　45, 59, 60, 170, 280
　——官房　320, 323-329, 334, 343
　——公選　1
　——主導　67, 91, 160, 168, 172, 174, 278
　——府　60, 65-67, 86, 91, 195, 211, 222-224, 230, 239, 270, 271, 273, 313, 320
　副——　22, 46, 85, 206, 225, 229, 231
首相－大統領型　110, 113
主任の大臣　59
小選挙区制　29-33, 35, 46, 155, 156, 187, 189, 190, 200, 204, 209, 245, 246, 248, 250, 251, 254, 257, 258, 281, 358, 361
常任委員会　42, 45, 50, 51, 61, 76, 274, 333, 337, 360
小立法　52

審議会　　182, 395
審議拒否　　89
新行政経営　　144, 145
信任　　39, 50, 51, 54, 65, 117, 132, 219, 231, 248, 266, 276, 287, 307, 309, 315, 330-333, 338, 365
　不――　　39, 50, 51, 54, 63, 73, 74, 105, 110, 128, 206, 220, 221, 233, 268, 271, 332
政官関係　　25, 173, 174
政権交代　　21, 23, 30, 82, 84, 127, 147, 152, 153, 155-157, 159-161, 165, 168, 175, 178, 183, 187, 191, 224, 230, 245-247, 250, 252, 254-256, 260, 262, 263, 265, 266, 279, 339, 342, 411, 412
政権選択　　154-156, 160, 162, 163, 247, 254, 260
政策ユニット　　59, 60
政治改革　　22, 30, 69, 82, 83, 149, 150, 154, 155, 178, 247, 249
政治資金　　21, 27, 84, 157-159
政治的中立性　　172, 177
政治任用　　224
政治不信　　28, 30
政治腐敗　　26, 28, 30, 251
政調　　76, 79
政党　　1, 7, 9-11, 20-22, 24-29, 31, 38, 40, 46, 52, 53, 56, 57, 64-69, 76, 80, 84, 85, 126, 127, 131, 132, 143, 146, 147, 152-161, 163, 168, 173, 174, 176, 180, 181, 187, 189-197, 199, 200, 203-209, 211-216, 222, 224, 226-231, 236-238, 240, 245-247, 251, 252, 254-257, 259, 260, 262-267, 270, 272, 277-281, 283, 284, 286, 291, 302, 317-319, 339, 349-353, 361-363, 365, 367-369, 390, 397, 400-402, 410, 411
　――帰属意識　　159
　――交付金　　157, 158
　――支持　　28, 350, 363, 365
　――政治　　153, 176, 180, 200, 351
　――法　　31, 159, 361
　国民――　　28
　責任――　　256, 349, 350, 362
　大衆――　　27, 159
　包括――　　27, 28
正統性　　83, 131, 132, 146-148, 188, 198, 317, 319, 339, 341
制度論　　1, 2
政府提出法案　　76, 165, 190, 275, 309, 326, 328, 330, 332, 334
政府与党一元化　　175
選挙制度　　19, 26, 27, 29-35, 37, 38, 46, 51, 56, 64, 66, 82-84, 141, 150, 152-160, 168, 189, 193, 194, 199, 200, 203-205, 207, 208, 226, 245, 246, 249-252, 254, 257-260, 263, 264, 266, 267, 270, 271, 277, 285, 287, 288, 291, 317, 319, 361, 411
　→小選挙区制、選択投票制、代替投票制、比例代表制、併用制の項も参照
選好投票　　257, 282, 286, 287
選択投票制　　203, 205, 206
専門家内閣　　262, 263, 277
族議員　　76
組織法　　50, 59, 86, 127, 220, 309, 312, 313, 316, 336, 340, 343, 354
阻止条項　　31, 39, 258

【タ行】

代議制　　2
第五共和制（政）　　20-22, 25, 35, 36, 47-49, 65, 102, 103, 117, 127, 299-301, 304, 306, 308-310, 317-319, 324, 330, 332, 335, 337, 339-343
第三の波　　28, 102
対首相質問　　42
大臣コード　　58

事項索引　*419*

代替投票制　35
大統領 – 議会型　110, 113, 128
大統領制　48, 55-57, 61, 62, 68, 75, 88, 91, 101, 102, 104, 107, 110, 113, 114, 129, 168, 190, 193, 194, 233, 234, 280, 337, 341, 349, 355-357, 359
　――化　1, 49, 57, 58, 68, 187, 193-199, 206, 207, 215, 219, 278-281, 283, 285
　半――　2, 62, 68, 101-119, 122-126, 129, 131, 132, 168, 234, 278, 299, 300, 308, 310, 339, 341
代表制　25-28, 39, 69, 92, 147, 150, 173, 180, 264, 268, 319, 410
大法官　202
第四共和制（政）　20, 47, 254, 306, 309, 310, 330, 333
多数派　26, 53, 55, 62, 103, 109, 124, 126-128, 130, 132, 163, 167, 214, 246, 248, 260, 262, 263, 267, 274, 275, 317-320, 339-342, 350, 359, 360, 365, 367, 371, 378-380, 388, 390, 399, 401, 402
　――現象　315, 318, 340, 342
　議会――　24, 61, 62, 102, 109, 110, 112, 126-128, 130, 131, 234, 277, 305, 316-318, 339
縦割り　77, 80, 86, 90, 171
多党制　254-257, 263, 278
タンジェントーポリ　247
単独政権　126, 205, 207, 209, 226, 256
小さな政府　5, 6, 19, 145, 370, 371, 391, 395
逐条審議　89
地方分権　20, 24, 40, 144, 151, 165, 175, 191, 194, 199, 201
中央地方融合体制　175
中間選挙　234, 235, 358, 365, 368, 377-379, 386, 392
中間層　8, 17, 143, 190, 371, 372, 386, 409, 410
中産階級　213, 214, 370
宙づり議会　190, 203-208
中道派議員　368, 373, 378, 390, 401
超過議席　33, 37, 38
超党派　49, 178, 179, 240, 351, 367, 368, 373, 375, 376, 380, 383, 390
重複立候補　156
ティーパーティ　377, 378, 380, 381, 388, 390-392, 394, 397, 399-402
帝国議会　76, 78, 88
敵対の政治　30
デクレ　303-307, 309-313, 321-323, 328, 330-332
デモクラシー　1, 73, 283-285
天皇　70, 71, 85
ドイツ連邦銀行　240, 241
統治
　――構造　141, 142, 144-146, 149, 150, 153, 165, 166, 168, 171, 174-178, 180, 183, 215,
　――システム　17-25, 28, 29, 38-40, 46-48, 54, 55, 57, 59, 65, 69-73, 80-83, 86, 91, 92, 141, 144-146, 148-154, 165, 176, 178, 179, 181, 182, 187, 188, 198, 210, 215, 216, 219, 238, 239, 241, 255, 299, 301, 321, 334, 342, 349, 350-352, 362, 363, 400-403, 412
同輩中の首席　58, 77
投票
　一括――　237, 331-333
　業績――　28, 38
　争点――　28, 38
　分割――　363, 365, 368
独裁　9, 77, 191, 265
特別委員会　40-44, 47, 76, 197, 333
特命担当大臣　171
取引関係　10, 110, 115, 116, 126

【ナ行】

内閣
　——官房　85, 91, 170, 171
　——官房長官　91, 170, 171
　——人事局　69, 91, 171, 172
　——府　45, 59, 60, 86, 91, 170, 171, 195, 211
　——法制局　70, 344
内閣総理大臣　→首相
ナショナリズム　10, 149, 152
二院制　162-165, 189, 233, 234, 266, 285, 287, 357, 358, 360, 411
二元体制　174, 175
二大政党制　187, 189, 190, 204, 209, 263, 265-267, 350, 361-363, 400
ニューディール　355, 372
ねじれ　163, 411

【ハ行】

パーソナル・パーティ　11, 264, 265, 278, 280, 281, 283
橋本行革（改革）　1, 77, 91, 151, 170, 172, 173, 411
派閥　150, 257, 268, 392
反体制　53, 245, 247, 255, 256, 263
比例代表制　29-33, 35, 51, 64, 82, 155, 205, 245, 251, 252, 254, 257-260, 264, 268, 274, 286, 287, 291
フィリバスター　55, 56, 360, 371, 375
福祉国家　17, 19, 144, 210, 211, 213, 215, 350, 370
普通選挙　26, 72-74, 84, 105, 257
プレビシット　318
プレミアム制度　257-259
分割された政府　24
併用制　33, 37, 64, 156, 201
ペンドルトン法　362

法律事項　50, 59, 85, 91, 306, 332
北部同盟　265, 268, 279, 282, 291
補佐官　91, 324, 354-357, 373, 375
保守　19, 21, 29, 33, 44, 48, 80, 248, 253, 368, 373, 376-382, 390-393, 398-402
保守党〔イギリス〕　22, 33, 35, 40, 41, 46, 60, 187, 189-192, 198, 200, 203-208, 212, 213, 215, 216
ボトムアップ　7, 273
ポリアーキー　8
ホワイトハウス　355-357, 373, 375, 401

【マ行】

マニフェスト　35, 40, 86, 161, 162, 248, 270, 341, 394
民意集約　168
民営化　19, 89, 144, 210, 311
民主化　10, 12, 30, 62, 72, 102, 156, 254, 338, 409
民主主義　19, 25-28, 38, 39, 51, 57, 69, 70, 72, 74, 82, 84, 92, 101, 111, 118, 119, 146-148, 187, 188, 193, 194, 213, 245-247, 249, 250, 252, 254, 263, 265, 266, 277-281, 283, 284, 314, 410
　交渉——　239
民主政（制）　1-13, 92, 101, 106, 110-112, 118, 128, 132, 142, 143, 146, 147, 154, 175, 180, 181, 213, 315, 339
　20世紀——　5
　熟議——　180
民主党〔アメリカ〕　359, 361, 368, 370-382, 384, 386-388, 390, 397-399, 401
民主党〔イタリア〕　245, 252, 260, 263-267, 279, 282, 283, 285, 290, 291
民主党〔日本〕　86, 156-158, 161, 178, 183, 246

事項索引　*421*

ムラ社会　148, 179
命令事項　50
メディア　7, 11, 50, 57, 180, 195, 196, 235, 238, 264, 282, 283, 319, 410

【ヤ行】

ユーロ　2-4, 7, 8, 12, 197, 210, 241, 291, 320, 412
ヨーロッパ統合　23, 52, 56, 176, 187, 199, 209, 210, 212, 215, 248, 271, 275, 343
ヨーロッパ連合（EU）　143, 145
予算　4, 39, 50, 51, 53, 67, 76, 79, 87, 88, 114, 117, 162, 166, 228, 233, 267, 268, 270, 272-274, 320, 335, 336, 352, 355, 356, 358-361, 370-372, 375-377, 379-385, 387, 388, 394-398, 401, 402
予算局　327, 334, 354, 355, 385
与党　25, 33, 42, 51, 56, 64, 65, 72, 76, 79-82, 84, 85, 88-90, 92, 109, 126, 127, 132, 147, 148, 157, 160, 168, 173-175, 198, 207, 219, 221, 222, 224-228, 231, 232, 234-240, 245, 248, 249, 255, 262-264, 270, 271, 281, 285, 291, 334, 341
　連立――　32, 64, 70, 222, 226-232, 238, 240, 268, 270, 274
予備選　267, 358, 362, 363, 368

【ラ行・ワ行】

リーダー　9, 11, 23, 25, 26, 28, 34, 57, 58, 68, 69, 86, 87, 91, 126, 127, 182, 310, 318, 319, 339-342
　――シップ　57, 68, 91, 103, 127, 220, 230, 280, 300, 343, 410
利益政治　7-10
リエゾン委員会　43
リクルート事件　30, 83, 149, 247
リソース　7, 57, 68, 69, 270
立憲主義　178, 179
立法命令　67, 271
両院協議会　50, 51, 55, 63, 307, 333, 337, 375
両院制　54, 162
冷戦　2, 11, 12, 17-20, 29, 30, 52, 80, 143, 150, 156, 210, 245, 247, 248, 252, 279, 409, 411
レジーム　18, 20, 317
レファレンダム　→国民投票
連邦議会　63-65, 220, 221, 224-236, 238, 349-355, 357-363, 365, 367-369, 372, 374, 377, 378, 381-383, 386, 388, 390, 391, 394, 395, 397, 400-402
連邦参議院　63, 64, 232-240
連邦政府　63, 220-222, 224, 232-238, 240, 352, 357, 379, 381, 382, 384, 395, 399
連立　33, 35, 46, 64-67, 88, 126, 127, 155, 204-206, 220, 221, 225-228, 230-232, 236, 237, 253
　――委員会　206, 228, 230-232
　――政権　21, 22, 35, 40, 44, 46, 47, 58, 60, 64, 126, 187, 190, 194, 203-209, 224-226, 228-230, 232, 236, 237, 260, 411
　大――　64, 225, 228, 229, 231, 232, 236, 260, 263, 277
労働組合　189, 191, 192, 196, 213, 229, 273
労働党〔イギリス〕　20, 22, 35, 40, 46, 189-193, 196, 197, 200-202, 205, 208, 212, 213, 215
ワイマール　62, 73, 75, 102, 104, 108, 254, 332

【編者・執筆者紹介】

佐々木 毅　（ささき・たけし）　〔編者、序章〕
東京大学名誉教授。1942 年生まれ。東京大学法学部卒、法学博士。
主要業績：『マキアヴェッリの政治思想』（岩波書店、1970 年）、『政治学は何を考えてきたか』（筑摩書房、2006 年）、『政治学講義〔第 2 版〕』（東京大学出版会、2012 年）など。

成田 憲彦　（なりた・のりひこ）　〔第 1 章〕
駿河台大学法学部教授。1946 年生まれ。東京大学法学部卒。
主要業績：『官邸』上・下（講談社、2002 年）、『この政治空白の時代――橋本、小渕、森そして小泉政権：同時進行分析』（共著、木鐸社、2001 年）など。

藤嶋 亮　（ふじしま・りょう）　〔第 2 章〕
國學院大學法学部准教授。1974 年生まれ。東京大学大学院法学政治学研究科博士課程単位取得退学、博士（法学）。
主要業績：『国王カロル対大天使ミカエル軍団――ルーマニアの政治宗教と政治暴力』（彩流社、2012 年）、『ヨーロッパのデモクラシー〔改訂第 2 版〕』（共著、ナカニシヤ出版、2014 年）、「南東欧諸国における寡頭的議会制からの移行」（日本比較政治学会編『体制転換／非転換の比較政治』日本比較政治学会年報第 16 号、ミネルヴァ書房、2014 年）など。

飯尾 潤　（いいお・じゅん）　〔第 3 章〕
政策研究大学院大学教授。1962 年生まれ。東京大学大学院法学政治学研究科政治専攻博士課程修了、博士（法学）。
主要業績：『日本の統治構造』（中公新書、2007 年）、『政局から政策へ』（NTT 出版、2008 年）、『現代日本の政策体系』（ちくま新書、2013 年）など。

池本 大輔　（いけもと・だいすけ）　〔第 4 章〕
明治学院大学法学部准教授。1974 年生まれ。オックスフォード大学博士号（政治学）。
主要業績：*European Monetary Integration 1970-79: British and French Experiences* (Palgrave Macmillan, 2011) など。

安井 宏樹　（やすい・ひろき）　〔第 5 章〕
神戸大学大学院法学研究科教授。1971 年生まれ。東京大学大学院法学政治学研究科博士課程単位取得退学。
主要業績：『政権交代と民主主義』（共編著、東京大学出版会、2008 年）、「ドイツの分割政府と立法過程」（日本政治学会編『年報政治学：民主政治と政治制度』木鐸社、2009 年）など。

後 房雄（うしろ・ふさお）〔第6章〕
名古屋大学大学院法学研究科教授。1954年生まれ。京都大学法学部卒業、名古屋大学大学院法学研究科博士後期課程単位取得退学。
主要業績：『政権交代のある民主主義』（窓社、1994年）、『政権交代への軌跡』（花伝社、2009年）、『NPOは公共サービスを担えるか』（法律文化社、2009年）など。

野中 尚人（のなか・なおと）〔第7章〕
学習院大学法学部教授。1958年生まれ。東京大学大学院総合文化研究科国際関係論専攻博士課程修了、博士（学術）。
主要業績：『自民党政権下の政治エリート』（東京大学出版会、1995年）、『自民党政治の終わり』（ちくま新書、2008年）、『さらばガラパゴス政治』（日本経済新聞出版社、2013年）など。

廣瀬 淳子（ひろせ・じゅんこ）〔第8章〕
国立国会図書館調査及び立法考査局政治議会調査室主幹・政治議会課長事務取扱。ハーバード大学ケネディ行政大学院修了、行政学修士。
主要業績：『アメリカ連邦議会』（公人社、2004年）、『アメリカ現代政治の構図』（共著、東京大学出版会、2009年）、「憲法、国会法と会派を巡る諸問題」（比較憲法学会編『比較憲法学研究』第22号、2010年）など。

21世紀デモクラシーの課題
意思決定構造の比較分析

2015年1月30日 初版第1刷発行

編　者	佐々木　毅
発行者	吉田　真也
発行所	合同会社　吉田書店

102-0072　東京都千代田区飯田橋 2-9-6 東西館ビル本館 32
TEL：03-6272-9172　FAX：03-6272-9173
http://www.yoshidapublishing.com/

装丁　折原カズヒロ　　　　　　　印刷・製本　シナノ書籍印刷
DTP　閏月社
定価はカバーに表示してあります。
©SASAKI Takeshi et al. 2015
ISBN978-4-905497-25-7

―――― 吉田書店刊 ――――

選挙と民主主義

岩崎正洋（日本大学）編著

気鋭の研究者が選挙をめぐる諸問題に多角的にアプローチ。執筆＝石上泰州、三竹直哉、柳瀬昇、飯田健、岩崎正洋、河村和徳、前嶋和弘、松田憲忠、西川賢、渡辺博明、荒井祐介、松本充豊、浜中新吾　　A5判並製，296頁，2800円

現代ドイツ政党政治の変容──社会民主党、緑の党、左翼党の挑戦

小野一（工学院大学）著

現代政治において、アイデンティティを問われる事態に直面している"左翼"。左翼の再構築、グローバル経済へのオルタナティヴは可能かを展望。ドイツ緑の党の変遷、3.11以後の動きも紹介！　　四六判並製，216頁，1900円

フランス緑の党とニュー・ポリティクス──近代社会を超えて緑の社会へ

畑山敏夫（佐賀大学）著

政治的エコロジーとは何か。ニュー・ポリティクスとは何か。「フランス緑の党」の起源から発展過程を、つぶさに観察。ヨーロッパ各国のエコロジー政党にも随所で言及。　　A5判並製，240頁，2400円

日本政治史の新地平

坂本一登・五百旗頭薫 編著

気鋭の政治史家による16論文所収。明治から現代までを多様なテーマと視角で分析。執筆＝坂本一登・五百旗頭薫・塩出浩之・西川誠・浅沼かおり・千葉功・清水唯一朗・村井良太・武田知己・村井哲也・黒澤良・河野康子・松本洋幸・中静未知・土田宏成・佐道明広　　A5判上製，640頁，6000円

沖縄現代政治史──「自立」をめぐる攻防

佐道明広（中京大学）著

沖縄対本土の関係を問い直す──。「負担の不公平」と「問題の先送り」の構造を歴史的視点から検証する意欲作。　　A5判上製，228頁，2400円

定価は表示価格に消費税が加算されます。
2015年1月現在